U0918553

国家“2011 计划”司法文明协同创新中心核心成果

# 司法文明年度报告2015

SIFAWENMING NIANDU BAOGAO

江国华◎主编

中国政法大学出版社

2016・北京

# 编委会成员

**编委会主任：**王树义

**编委会副主任：**陈家林　刘学在

**编委会委员：**肖永平　陈晓枫　林莉红　江国华　占善刚　刘学在
柳正权　陈家林　孙　晋　廖　奕　祝　捷　何荣功
伍华军　李承亮　杨　巍　武亦文　梁雯雯　张　倩
蒋银华　沈寿文　杨　成

**主编：**江国华

# 序 言

文明是一个美好的词汇，其与野蛮相对，常用来描述人类社会的进步状态。[1]文明时代到来之后，野蛮时代就此结束，人类逐渐走向开化的现代社会。司法文明是文明在司法活动领域的具体体现，是人类社会在司法活动发展中所取得的进步状态[2]。

司法文明作为人类文明的一个子系统，是物质文明、精神文明和政治文明中的有机组成部分。这表现在以下几个方面：首先，物质文明为司法文明提供了必要的基础，经济的发展和社会的进步极大地促进了现代司法制度的发展与完善，司法的专业化和规范化程度日益增强。尤其突出地表现为司法载体的现代化，现代技术广泛应用于司法活动中，提高了司法机关的效率。其次，政治文明的基本标志系法治文明，而司法文明是法治文明的基本标志[3]。司法文明是政治文明的重要组成部分，司法文明建设是政治文明发展与进步的重要举措和必然要求。最后，精神文明是司法文明的灵魂和内核，司法制度中贯穿了精神文明，司法活动中也体现了精神文明。

“司法文明”是动态的、开放的、体现时代精神的概念。从神明裁判到法院审判，随着人类社会的不断发展，司法也实现了从愚昧到文明的蜕变，而其发展也呈现出了“否定之否定”的螺旋式上升的特点[4]。正如张文显教授指出的，如果说古代司法的文明意义在于定纷止争、惩恶扬善，那么现代司法的文明意义则在于保障人权、维护正义[5]。从一定意义上来说，司法

---

〔1〕 蒋先福：《契约文明——法治文明的源与流》，上海人民出版社 1999 年版，第 17 页。

〔2〕 缪蒂生：《当代中国司法文明与司法改革——一种实证方法的研究》，中央编译出版社 2007 年版，第 4 页。

〔3〕 张文显：“司法文明新的里程碑——2012 刑事诉讼法的文明价值”，载《法制与社会发展》2013 年第 2 期。

〔4〕 张保生：“司法文明指数是一种法治评估工具”，载《证据科学》2015 年第 1 期。

〔5〕 张文显：“人权保障与司法文明”，载《中国法律评论》2014 年第 2 期。

文明的程度就代表当下整个司法体系发展的高度，司法文明建设在司法制度的发展与完善过程中具有重要的统率作用。

作为中央全面深化改革、建设法治中国、推进国家治理现代化顶层设计和系统部署的重要组成部分，新一轮的司法改革在党的十八届三中全会后纵深开启。本次改革以破除困扰司法公正和司法独立的体制症结为目标，其触动利益之大引发了巨大的社会影响。为了保证改革沿着正确的方向进行，我们必须加强对司法文明的研究，站在司法文明的高度上统筹改革大局。那么，认识和了解我国当下司法文明的整体状况就是深化司法改革、推动司法文明建设的题中之义了。

# 目录 CONTENTS

# 总报告

# 引 言

作为一种社会现象，司法文明在不同的社会发展阶段呈现着不同的内容和结构，但是现代司法文明有着共有的基本要素：司法理念、司法制度和司法文化。司法文明即为司法机关在司法活动中所建立起来的理念、制度和文化的总和。下面对其内容进行分别介绍：

（一）司法理念

从哲学意义上来看，理念是事物的内在精神和价值观念，是主体对特定现象的性质、内在精神、方法、价值的理解和认识。简而言之，理念就是人们对事物的认识，司法理念就是人们在认识司法的客观规律过程中形成的一系列科学的基本观念〔1〕，支配着人们的司法行动和思维、指导着司法制度架构的理论基础和价值观念。故而，司法理念在司法活动中起着基础性和支配性作用，决定着人们在司法程序中的行为方式，决定着司法制度的价值方向〔2〕。

司法理念的形成具有复杂的社会政治、经济、文化以及思想和道德伦理的基础，而随着社会的变革与时代的变迁，司法制度本身也会随着这些变化不断地进行调整，司法理念也就处于持续的变动与发展之中，不同时代的司法制度孕育出了截然不同的司法理念。从我国司法理念的发展变迁来看，封建时代的司法理念浸透着人治思想和权力本位，司法作为行政的一环并无独立地位〔3〕，司法理念服膺于政治统治理念之下，不能体现司法自身的运作

---

〔1〕 蒋惠岭：“‘培养现代司法理念’系列讲座：现代司法理念基本问题”，载《人民法院报》2003 年 1 月 20 日。

〔2〕 刘青峰、李长军：“现代司法理念与我国司法管理体制的重构”，载《河北法学》2004 年第 12 期。

〔3〕［日］滋贺秀三等：《明清时期的民事审判与民间契约》，王亚新、梁治平编译，法律出版社 1998 年版，第 87 页。

规律。而我国现代的司法理念是在对传统司法理念扬弃的基础上，吸收和借鉴国外优秀司法理念的基础上整合而来的，其代表着正义与文明的司法精神，符合法治建设和人权保障的内在要求。

（二）司法制度

制度是理念的展开，司法制度即指以司法权的配置和形式为中心的制度。我国的司法制度主要包括了侦查制度、检察制度、审判制度、律师制度、监狱制度、司法行政管理制度等。司法制度文明是司法文明的主要载体和表现方式，司法文明的其他内容必须通过司法制度予以落实。司法制度作为国家政治制度的一部分，其产生与发展总是与国家和法律的产生与发展相伴相随，经历了由武力野蛮到公正文明的发展过程。由于各国国情与政治安排的不同，不同国家的司法制度也存在着较大差别。但总体来说，现代文明国家的司法制度都建立在侦查制度、检察制度、审判制度、律师制度、监狱制度等之上，共享司法公正、司法独立、司法权威等理念。一国的司法制度反映了该国司法的基本内容和性质，根据司法理念和具体国情建立起的司法制度具有很强的民族型，是特定国家司法文明的显著体现。

（三）司法文化

关于“文化”的定义林林总总、种类繁多，却没有一个固定的被社会大众普遍认可的概念，其多义性、歧义性和不确定性使对“文化”的定义异常困难。不过，我们还是可以从迄今为止关于“文化”的近200种定义中提炼出某些共同认识来。其中爱德华·泰勒对“文化”的定义堪称经典，其认为文化是一个复杂的总体，包括知识、信仰、艺术、道德、法律、风俗，以及人类在社会里所得的一切能力和习惯〔1〕。司法文化就可以被定义为司法机关及其司法人员在长期的司法实践中所形成并得到普遍遵循的司法职业信仰、职业道德、思维模式以及行为准则，以及与之相关联的制度载体等。司法文化形成于司法领域，具有鲜明的司法特色，司法作为国家司法机关通过专业化的司法程序定纷止争的专门活动，其代表了社会的公平和正义，蕴含了司法独立、司法中立、司法权威、司法谦抑等价值内涵。同时司法文化有着区

〔1〕［英］爱德华·泰勒：《原始文化》，连树声译，广西师范大学出版社2005年版，第1页。

别于其他文化的实践特质，司法文化不仅是一种观念上的文化，更是来自于实践中的文化，是司法机关及其工作人员长期从事司法实践的智慧结晶和经验总结。司法文化是人类司法文明发展历史的重要积淀，它从根本上塑造着司法体制和司法制度，影响着一个民族的精神气质和社会进程〔1〕。

## 一、司法理念建设

我国的司法理念虽然已逐渐实现现代化，但其依然处于变化和发展的过程中，并伴随着司法领域的更新和发展，不断被注入富有时代特色的新内容。近期司法领域的重要文件和重大举措，集中反映出对以下司法理念的重视：

### （一）尊重司法规律

2015 年度内的重大司法改革措施和司法政策都明显地反映了中央对于司法规律的重视和尊重，让司法活动，尤其是审判活动回归司法本质，成为改革的共识。“完善司法管理体制和司法权力运行机制”，“完善确保依法独立公正行使审判权和检察权的制度，建立健全司法人员履行法定职责保护机制”，“优化司法职权配置，推动实行审判权和执行权相分离的体制改革试点”，“推进以审判为中心的诉讼制度改革，实行办案质量终身负责制和错案责任倒查问责制”等都充分体现了中央尊重司法规律、依靠司法规律的理念。

司法规律既是司法制度历史发展的实然结果和趋势，也是对现代司法的应然要求。司法规律体现的是所有现代司法制度的共同属性，是现代司法的最低标准线，司法的规律性表现在六个方面：第一是司法法治，即权力法定、程序法定；第二是司法中立，即法官独立、居中裁判；第三是司法谦抑，包括机构之间职能监督的谦抑、监督必要性的谦抑和监督程度的谦抑；第四是司法公开，从而取信于当事人以及社会；第五是司法衡平，包括控、辩、审三方的结构平衡与司法裁判这一过程的衡平性；第六是司法终局，即司法裁判拥有纠纷解决的最高效力和程序终结的效果〔2〕。

司法权有其自身特殊的运行机制，司法活动不应该受到非法的外力干扰。

---

〔1〕 谭世贵、李建波：“我国司法文化建设的若干构想”，载《中国司法》2009 年第 10 期。

〔2〕 彭巍：“司法规律学术研讨会纪要”，载《法制与社会发展》2015 年第 3 期。

让司法重新回归司法本质，遵循司法规律是近期我国司法领域理念的重大变化。首先，借由“尊重司法规律”这一理念的展开，有望破除我国司法体制长期被人诟病的行政化色彩浓厚、司法独立性不强、易受地方党委和政府干扰等弊端，从而切实保证公正司法，强化司法的权威和公信力。其次，司法规律具有客观性和必然性，在深化司法体制改革的过程中，尊重司法规律的理念可以有效地缓解改革带来的利益冲突和僵局，最大限度地凝聚共识，形成优化司法体制的最强合力。最后，遵循司法规律本身就是司法文明的标志，也是推进司法文明的要求，也可以说是深化司法改革，推进司法文明的必由之路〔1〕。

### （二）维护司法公正

司法是维护社会公平正义的最后一道防线，司法公正是司法工作的基本价值追求，舍此，司法便失去了存在的理由。作为社会纠纷裁判者和终结者，司法公平与正义的理念贯穿了司法活动的始终。而实现司法个案公正又是实现司法整体公正的前提和基础，没有个案的公正，司法公正就无从谈起。习近平总书记多次发表讲话、作出批示，明确提出要坚持司法为民、公正司法，要努力让人民群众在每一个司法案件中都感受到公平正义。这充分表明了党和国家对于依法治国和实现社会公平正义的高度重视，也是在新形势下党和人民对司法工作的新要求、新愿望、新期待〔2〕。

司法公正是司法权运作的理想状态，它要求与司法权运作有关的各种因素，从主体到客体，从内容到形式，从实体到程序，从静态到动态，都达到一种合理而有序的状态〔3〕。司法公正要依靠案件审判质量的提高，司法审判中出现万分之一的错误，对涉案当事人就是百分之百的伤害〔4〕。围绕实现司法公正这一核心内容，以及“努力让人民群众在每一个司法案件中都感受到公平正义”的要求，各级司法机关必须从程序公正和实体公正两个方面着手提高案件质量，落实司法公平和正义的要求。为此，各级司法机关必须

---

〔1〕 彭巍：“司法规律学术研讨会纪要”，载《法制与社会发展》2015年第3期。

〔2〕 江必新：“切实让人民群众在每一个司法案件中都感受到公平正义”，载《人民法院报》2013年5月29日。

〔3〕 曹建明：《公正与效率的法理研究》，人民法院出版社2002年版，第614页。

〔4〕 杨绍华、申小提：“努力让人民群众在每一个司法案件中都感受到公平正义——访最高人民法院党组书记、院长、首席大法官周强”，载《求是》2013年第16期。

坚持法律面前人人平等，依法保护当事人的程序权利和实体权益，使受到侵害的权利得到保护和救济，使违法犯罪行为受到制裁和惩罚。规范法律适用，严格裁判标准，建立以庭审为中心的诉讼制度。对每一起案件的处理，都要做到认定事实清楚，证据确实充分，适用法律准确，确保经得起法律、历史和人民的检验。同时坚持依法独立行使审判权，要敢于排除各种干扰，建立健全保障人民法院依法独立公正行使审判权的机制。为了有效防止冤假错案的出现，必须建立起完善的案件质量监控机制，落实案件质量责任，切实尊重和保障人权。

### （三）推动司法独立

司法独立是现代司法理念的核心内容，其内在符合现代司法的本质要求。司法独立是法治国家的重要标志，强调司法独立，其目的在于通过适当分离司法机关与立法机关、行政机关及政党的关联，以保证司法功能的良好发挥。司法独立的范围内在地包括司法权、司法机关和司法人员三个部分。我国司法实践中，司法机关的正常活动还会受到来自地方政府和党委的不当干涉，司法行政化和司法地方化是不容回避的问题。而我国《宪法》及《法院组织法》和《检察院组织法》并未规定法官和检察官个人的独立，致使法官和检察官在办案过程中不得不受到上级司法机关及司法机关内部的干涉与制约，严重损害了司法活动的独立性。为此，近年来我国司法机关在制度建设中严格恪守司法独立的准则，建立健全了防止干预司法活动的工作机制。为领导干部和司法机关内部人员违法干预司法活动划出了“红线”，建立了司法行为约束机制，落实审判监督权行使的全程留痕制度，实现监督行为网上流转；推动省级以下人、财、物统一管理改革，帮助司法机关摆脱地方干预；改革审委会和检委会工作制度，合理界定其工作范围；完善主审法官、主任检察官独立办案机制，并明确其办案责任；强化司法人员履行法定职责保护机制和法官的职业保障。

### （四）深化司法公开

司法公开是司法机构活动内在属性和本质要求，司法作为实现正义的可靠方式，必须通过公开的、宣示的方式实现正义，秘密主义和暗箱操作只能损害司法正义的实现。作为现代法治国家的重要标志，司法公开具有强烈的针对性和必要性，是维护司法公正、遏制司法腐败和树立司法权威的可靠制度保障〔1〕。司法的公平正义应当通过使社会公众能够看得见的方式实现公平正义，非公开不足以彰显正义，非公开不足以保障公平。司法公开的主体是各级司法机关，而其公开的内容和对象应当包括司法工作的流程和规则公开、司法活动公开、司法文书公开和执法信息公开等。司法公开应“以公开为原则，不公开为例外”，切实将司法公开工作落实到位。近年来，我国司法机关在司法公开领域取得了重大进展，以审务公开、检务公开和狱务公开为核心，依法及时公开执法司法依据、程序、流程、结果和生效法律文书，分别推动了庭审公开制度，实现庭审全程同步录音录像；建立了审判流程公开、裁判文书公开和执行信息公开三大平台，建设诉讼档案电子化工程，完善裁判文书公开平台的查询检索、信息聚合功能；推动检察案件信息、政务信息、队伍信息的公开。

### （五）强化司法权威

司法权威指国家司法机关具有高于所有其他解决纠纷的人和机构的权威，具有法定性和强制性。司法权威具有司法主体的专门性、司法的高度法定程序性、司法活动的强制性、司法的判断性和司法裁判的有效执行性等特点〔2〕。司法的权威性首先来源于法律至上和法律权威，司法机关通过运用法律和实施法律获得了司法裁决的正当性和权威性。司法权威其次来源于司法之公正性与终局性。公生明，偏生暗。司法公正是司法权威赖以建立的基础和源泉。而在法治社会中，司法应具有解决一切法律争议的终局性权力。尊重司法裁判，尊重司法权威，是实现社会长治久安的必要方式之一，如果不能树立司法权威，大量社会矛盾与纠纷就可能通过非法的武力手段和私力征服的方式来解决，造成社会的动荡。司法权威不能单纯依靠国家的强制力予以推进，司法权威来自于民众的对司法的信任和认同，而民众对于司法的信任则建立在司法公正和司法公开的基础上。只有不断推进司法公平和正义的实现，努力让人民群众在每一个司法案件中都感受到公平和正义；只有不断地推进司法公开，使人民群众了解司法机关的司法活动，信任司法机关作出的司法裁决，我国的司法权威才能真正树立在人民群众的心中。

---

〔1〕 王晨光：“借助司法公开深化司法改革”，载《法律适用》2014 年第 3 期。

〔2〕 陈光中、肖沛权：“关于司法权威问题之探讨”，载《政法论坛》2011 年第 1 期。

### （六）践行司法为民

践行司法为民，是司法机关在司法工作中贯彻党的根本宗旨的必然要求。为人民服务是党的根本宗旨。司法工作作为党的司法事业的重要组成部分，必须把“以人为本、执政为民”贯穿于司法活动的全过程。在司法活动中尊重人民主体地位，发挥人民主人翁精神，反映人民意志，维护和保障人民群众的合法权益。在执法办案中牢固树立群众观点，扩大人民群众对司法工作的知情权、参与权、表达权和监督权。始终把解决好人民群众最关心、最直接、最现实的诉讼利益和权益保障问题，作为司法工作的宗旨和根本任务。为此，近年来我国司法机关要从“为民、便民、利民”的理念出发，从立案、审理、执行、信访等各个环节，减轻人民群众的程序负担。在诉讼立案方面，建设诉讼服务中心、立案大厅以及涉诉信访接待窗口，完善各类窗口的实际功能，推行立案登记制，切实解决人民群众反映强烈的立案难问题。在便民利民措施方面，开展了预约办案、巡回办案、网上立案、网上办案等便民、利民举措；同时为人民群众参与诉讼提供必要的程序性指导与帮助；加强司法公正和司法公开，提高案件审理质量，切实做好案件的执行工作，从而使群众在诉讼的各个环节、各个方面都能感受到司法的关怀、温暖和方便。同时尊重人民群众对司法的意见和感受，接受群众对司法活动的监督，自觉按照“司法为民”的要求改进司法工作，优化司法程序，树立司法机关的良好形象。

## 二、司法制度建设

我国司法文明建设涉及了司法领域方方面面的工作，但就其核心而言，司法文明建设主要体现为司法制度建设，司法体制和机制的完善是司法文明建设的出发点与落脚点，也是我国司法文明进步的关键和核心所在。2015 年，为了全面贯彻党的十八大和十八届三中、四中全会精神，各级司法机关在中央的领导下，以司法体制改革为中心，全面加强司法制度建设，依托人民法院、人民检察院、公安部门和司法行政部门的改革，本年度司法制度建设取得了丰硕的成果与长足的进步。

## （一）审判制度建设

最高人民法院在2015年2月26日发布了《关于全面深化人民法院改革的意见》（以下简称《意见》），围绕建成具有中国特色的社会主义审判权力运行体系这一关键目标，提出了7个方面、65项具体司法改革举措。《意见》是在2014年7月9日发布的《人民法院第四个五年改革纲要（2014～2018）》基础上修订而成的，它全面吸收了党的十八届四中全会提出的改革新举措，充分考虑了法院改革推进过程中的新情况、新问题，对原纲要的结构和内容进行了调整。围绕《意见》提出的65项改革举措，人民法院已经在以下方面取得成效：

1. 建立与行政区划适当分离的司法管辖制度

司法管辖制度是我国司法制度的重要组成部分。司法管辖制度作为一种审判制度，为我国司法机关的审判实践提供了制度上的保障，推进与行政区划适当分离的司法管辖制度有利于排除对审判工作的干扰。保证人民法院依法独立公正地行使审判权，由此逐渐构建起普通案件在行政区划内法院审理，特殊案件在跨行政区划法院审理的诉讼格局。根据中央深化改革领导小组第七次会议审议通过的《设立跨行政区划人民法院、人民检察院试点方案》，人民法院积极推进司法管辖制度的改革，落实了以下改革措施：

——设立了最高人民法院第一巡回庭和第二巡回庭

最高人民法院第一巡回法庭在广东省深圳市挂牌成立，集中受理广东、广西、海南三省区内应当由最高人民法院审理的一审、二审、申请再审的民商事案件、行政诉讼案件，刑事申诉案件，以及涉港澳台民商事案件和司法协助案件等，此外就地解决三省区的来信来访案件。最高人民法院第二巡回法庭在辽宁省沈阳市挂牌成立，巡回区包括辽宁、吉林、黑龙江三省。

——建立了跨行政区划法院

上海市第三中级人民法院和北京市第四中级人民法院相继成立。以上海市第三中级人民法院为例，其依法管辖以市级人民政府为被告的一审行政案件，以市级行政机关为上诉人、被上诉人的二审行政案件（不包括知识产权行政案件）；上海市人民检察院第三分院提起公诉的案件以及由上级法院指定管辖的其他案件和原由铁路中院受理的刑事、民事案件。

——设立了知识产权法院

在北京、上海和广州设立知识产权法院，其是我国加强知识产权运用和保护，健全技术创新激励机制，支撑科技创新及其升级转型的重大举措，彰显了我国加强知识产权保护、尊重知识产权权益的对外形象与国际影响。

——跨行政区划集中管辖涉外民商事案件、行政案件、环境资源案件改革稳步推开。

广州市铁路法院系统集中管辖广州市行政案件，公众告广东省、广州市及市辖区三级政府机关的案件，全部由广铁中院和广铁第一法院集中管辖。湖北省实行由武汉海事法院与汉江中级人民法院对全省公益诉讼案件实行跨行政区域审理改革。

2. 优化人民法院内部职权配置

人民法院通过一系列措施优化了人民法院内部职权配置，健全了立案、审判、执行、审判监督各环节之间的相互制约和相互衔接机制。

——立案登记制度改革

2015 年 4 月 1 日，中央全面深化改革领导小组第十一次会议决定于 2015 年 5 月 1 日起全面实行立案登记制，审议通过了《关于人民法院推行立案登记制改革的意见》。随后最高人民法院下发了《关于人民法院推行立案登记制改革的意见》和《关于人民法院登记立案若干问题的规定》，立案登记工作真正开始在全国推开。立案登记制度改革扩大了法院的受案范围，让当事人的诉权得到保障，不仅为社会稳定提供了有利基础，也保障了司法程序的畅通。立案登记制的改革效果首先体现在各级法院受案数量的大幅攀升，2015 年最高人民法院受理案件 15 985 件，比 2014 年上升 42. 6%；地方各级人民法院受理案件 1951. 1 万件，同比上升 24. 7%。

——优化诉讼服务

各地法院纷纷加强了诉讼服务中心建设，配合立案登记制度改革的需求，增设立案窗口、增派立案人员等，还以司法信息化建设为抓手，积极推动专门诉讼服务网和手机客户端的建设，将立案、查询、送达、查询等多种功能积聚起来，实现了司法服务的移动互联，以多样的形式为当事人提供了方便快捷、人性化的线上、线下诉讼服务，满足了人民群众多元的司法需求。各地普遍实现了通过输入身份证号码，或者扫描案件的“二维码”，就可以在司法机关提供的网站、微博、微信、客户端或者自主查询机上，查询到自己案件的案号、案由、合议庭成员、开庭日期、送达信息、执行信息等基本信息。在互联网技术的支持之下，通过对司法案件信息的集约处理与管理，可以让人民群众少跑腿，放宽心。

——完善分案工作机制

全国法院依托法院工作平台，实现了随机分案为主、指定分案为辅的案件分配制度，建立了分案情况内部公示制度。

——推行审判权和执行权相分离的体制改革试点

在深圳前海经济合作区人民法院就实现了审判权与执行权的分离，进一步规范裁决权、执行权和执行监督权的行使，明确审判团队和执行实施团队的权力界限和工作职责，前海法院不设执行部门，主审法官不办理强制执行事项，具体强制事项由市中级人民院统一管理和指挥。

3. 健全审判权力运行机制

建立中国特色社会主义审判权力运行体系，完善了以审判权为核心、以审判监督权和审判管理权为保障的审判权力运行机制，落实了审判责任制。做到让审理者裁判，由裁判者负责，从而有力地构建起了权责明晰、权责统一、监督有序、配套齐全的审判权力运行机制。

——完善主审法官、合议庭独立办案机制

各地法院在今年内针对最高人民法院的改革纲要要求，积极推行主审法官、合议庭独立办案机制的改革与完善。根据审判业务需要，围绕主审法官组建审判团队、合议庭，完善以主审法官、合议庭为核心的审判组织模式和审判工作机制。进一步明确法官及审判辅助人员的工作职责，制定合议庭工作规则，确保权责一致。建立权力清单制度，取消案件审批制，建立裁判文书签发新机制，实行“谁审理谁签发”，确保“让审理者裁判”。

——明确主审法官、合议庭及其成员的办案责任

规范错案责任追究制度，明确追责范围、启动程序、责任类型和免责条件。科学界定合议庭成员的责任，既要确保其独立发表意见，也要明确其个人意见、履职行为在案件处理结果中的责任。完善法官的评价、问责、惩戒

和退出机制，确保落实办案质量终身负责制和错案责任倒查问责制。确保“由裁判者负责”。

——改革审判委员会工作机制

合理定位审判委员会职能，制定审判委员会工作规则，健全审委会讨论事项的先行过滤机制，规范审判委员会讨论案件的范围。完善审判委员会议事规则，建立审判委员会会议材料、会议记录的签名确认制度。建立审判委员会委员履职考评和内部公示机制。重点发挥审判委员会的司法政策指引功能，审判委员会主要讨论案件的法律适用问题，针对重大、复杂、疑难案件提供咨询意见；建立更加科学的审判管理和审判监督机制，完善监督权的行使机制和程序要求，全程监督办案流程。完善审判委员会的议事规则，建立审判委会员决议事项的督办、回复和公示制度。各地还探索建立了科学合理的委员选任机制，吸收资深法官、审判业务专家进入审委会，增强审委会的专业性和权威性。

——推动人民陪审员制度改革

2015 年 4 月 1 日经中央全面深化改革领导小组第十一次会议审议通过了《人民陪审员制度改革试点方案》。4 月 24 日，十二届全国人大常委会第十四次会议作出授权在部分地区开展人民陪审员制度改革试点工作的决定。改革人民陪审员选任条件，放宽年龄和学历要求，进一步扩大人民陪审员的选任范围，实现人民陪审员的广泛性和代表性。完善人民陪审员选任程序，强化随机抽选方式完善人民陪审员参审案件机制。合理界定并适当扩大人民陪审员参审的范围，人民陪审员在案件评议过程中独立就案件事实认定问题发表意见，不再对法律适用问题进行表决。

——完善司法廉政监督机制

改进和加强司法巡查、审务督察和廉政监察员工作。建立上级纪委和上级法院为主、下级法院协同配合的违纪案件查处机制，实现纪检监察程序与法官惩戒程序的有序衔接。建立法院内部人员过问案件的记录制度和责任追究制度。2015 年 6 月 5 日，中央深化改革领导小组第十三次会议通过《关于进一步规范司法人员与当事人律师、特殊关系人、中介组织接触交往行为的若干规定》，依法规范法院人员与当事人、律师、特殊关系人、中介组织的接触、交往行为。

——改革涉诉信访制度

完善诉访分离工作机制，明确诉访分离的标准、范围和程序。健全涉诉信访终结机制，依法规范涉诉信访秩序。建立就地接访督导机制，创新网络办理信访机制。推动建立申诉案件律师代理制度。探索建立社会第三方参与机制，增强涉诉信访矛盾多元化解合力。

4. 构建开放、动态、透明、便民的阳光司法机制

构建开放、动态、透明、便民的阳光司法机制，增进公众对司法的了解、信赖和监督，形成体系完备、信息齐全、使用便捷的人民法院审判流程公开、裁判文书公开和执行信息公开三大平台，建立覆盖全面、系统科学、便民利民的司法为民机制。

——落实庭审公开制度

各地法院加强庭审公开工作，建立庭审公告和旁听席位信息的公示与预约制度，普遍设立了媒体旁听席，优先满足新闻媒体的旁听需要。加强科技法庭建设，推动庭审全程同步录音录像。建立庭审录音录像的管理、使用、储存制度。规范以图文、视频等方式直播庭审的范围和程序。

——落实审判流程公开、裁判文书公开、执行信息公开

继续加强中国审判流程信息公开网网站建设，完善审判信息数据即时汇总和即时更新机制。加快建设诉讼档案电子化工程，推动实现全国法院在同一平台公开审判流程信息，方便当事人在线获取审判流程节点信息。强化了中国裁判文书网网站建设，完善其查询检索、信息聚合功能，方便公众有效获取、查阅、复制裁判文书。严格按照“以公开为原则，不公开为例外”的要求，实现四级人民法院依法应当公开的生效裁判文书统一在中国裁判文书网公布。截至2016年3月1日，中国裁判文书网已经公布裁判文书1577万多份，网站总访问量达到4.83亿人次，成为目前全球最大的裁判文书网。同时各地省高级人民法院也根据当地实际情况开始建立了自己的文书公开网站。定期公布失信被执行人名单信息，充分发挥其信用惩戒作用，促使被执行人自动履行生效法律文书。完善被执行人信息公开系统建设。

——建立网上预约立案、送达、公告、申诉等工作机制

推动远程调解、信访等视频应用，进一步拓展司法为民的广度和深度，

依托已有的互联网资源和技术条件推广电子送达工作。各级人民法院以多样的形式为当事人提供了方便、快捷、人性化的线上、线下诉讼服务，满足人民群众的多元司法需求。群众可以通过输入自己的身份证号码，或者扫描案件的“二维码”，就可以在司法机关提供的网站、微博、微信、客户端或者自主查询机上，查询到自己案件的审理进程，及时获取案件的送达信息。

5. 推进法院人员的正规化、专业化、职业化建设

法院的人员管理制度也是本年度内法院制度建设的重头戏，按照分类科学、分工明确、结构合理的要求，各级法院建立和完善了符合司法职业特点的人员管理制度。

——法院人员分类管理制度改革

各地探索建立了符合职业特点的法官单独职务序列，工作人员分为法官、司法辅助人员、司法行政人员三大职系，科学确定法官、司法辅助人员和司法行政人员的数量和比例，推动司法警察管理体制改革，完善司法行政人员管理制度。

——法官员额制度改革

各试点省份分别建立了法官员额管理制度，根据辖区的经济社会发展状况、人口数量（含暂住人口）、案件数量、案件类型等数据，结合法院审级职能、法官工作量、审判辅助人员配置、办案保障条件等因素，确定四级法院的法官员额。同时，根据案件数量、人员结构的变化情况，实现法官员额的动态调节。在本年度内，七个第一批司法改革试点省份均已启动员额制改革工作，各省确定的法官员额比例均在中央要求的40%红线之下，并在入额考试与入额考核工作中，坚持公平、公正的态度，均顺利完成了第一批法官入额工作。

——法官选任制度改革

司法改革试点省份普遍建立了由各界人士参与的法官遴选委员会，制定公开、公平、公正的选任程序，确保品行端正、经验丰富、专业水平较高的优秀法律人才成为法官人选，实现法官遴选机制与法定任免机制的有效衔接。建立上级法院法官原则上从下一级法院遴选产生的工作机制。完善将优秀律师、法律学者，以及在立法、检察、执法等部门任职的专业法律人才选任为

法官的制度。健全法院和法学院校、法学研究机构人员双向交流机制，实施高校和法院人员互聘计划。

6. 确保人民法院依法独立公正行使审判权

——建立防止干预司法活动的工作机制

2015年2月27日，中央全面深化改革领导小组第十次会议审议通过了《领导干部干预司法活动、插手具体案件处理的记录、通报和责任追究规定》，随后由中央办公厅、国务院办公厅印发。2015年3月，中央政法委出台了《司法机关内部人员过问案件的记录和责任追究规定》，为领导干部和司法机关内部人员违法干预司法活动划出了“红线”。同年8月最高人民法院制定落实两个规定实施办法，防止干预司法的制度构建取得新的进展。建立司法行为约束机制，落实审判监督权行使的全程留痕制度，实现监督行为网上流转，建立法院内部人员非职务行为过问案件的记录制度和责任追究制度。根据上级法院的部署，落实领导干部干预审判执行活动、查收具体案件处理的记录、通报等制度。按照全程留痕的要求，明确审判组织的记录义务和责任，对有关批示、函文、电话记录等信息，建立依法提取、专库录入、入卷存查的机制。完善司法廉政监督机制，实现纪检监察程序与法官惩戒程序的有序衔接。

——推动省级以下人、财、物统一管理改革

省级以下地方法院人员编制统一管理制度，法官统一由省级提名、管理并按法定程序任免的机制。推动省级以下地方法院经费统一管理机制改革。完善人民法院预算保障体系、国库收付体系和财务管理体系，推动人民法院经费管理与保障的长效机制建设，严格“收支两条线”管理。

——强化法官履行法定职责保护机制和法官的职业保障

合理确定法官、司法辅助人员的工作职责，确保法官依法履职行为不受追究，非因法定事由，未经法定程序，不得将法官调离、辞退或者作出免职、降级等处分。完善法官申诉控告制度，建立法官合法权益因依法履职受到侵害的救济机制，健全不实举报澄清机制。设立由法官代表和社会有关人员参与的法官惩戒委员会，制定公开、公正的法官惩戒程序，既确保法官的违纪违法行为及时得到应有惩戒，又保障其辩解、举证、申请复议和申诉的权利。

——建立法官单独的薪酬体系和法官等级晋升保障机制

构建差异化、动态化，符合司法规律的激励机制。探索建立法官工伤保险，意外伤害保险、补充医疗保险和因公伤残牺牲抚恤制度。建立法官和司法辅助人员与绩效挂钩的职业津贴制度；强化对聘用制工作人员的职业保障。

## （二）检察制度建设

人民检察院是我国的法律监督机关，围绕中国特色社会主义检察制度的发展与完善这一工作中心，各级检察院加强法律监督、加强自身监督，优化检察职权配置、优化人权保障，实现了检察工作长足的发展与进步。

### 1. 完善保障依法独立公正行使检察权的体制机制

——推动省以下地方检察院人员、财物的统一管理改革

配合中央有关部门，建立省以下地方检察院检察官统一由省提名、管理并按法定程序任免的机制，建立省以下地方检察院政法专项编制统一管理制度，建立省以下地方检察院经费由省级政府财政部门统一管理机制。

——建立健全检察人员履行法定职责保护机制

非因法定事由，非经法定程序，不得将检察官调离、辞退或者作出免职、降级等处分。完善检察人员申诉控告制度，健全检察人员合法权益因履行职务受到侵害的保障救济机制和不实举报澄清机制。建立检察官惩戒委员会制度。

——设立跨行政区划的人民检察院

上海市检察院第三分院成为我国首家跨行政区划的人民检察院，管辖案件包括：上海市第三中级人民法院审理的行政诉讼案件、跨地区重大民商事诉讼案件；上海知识产权法院审理的知识产权类诉讼案件；上海海事法院审理的海事诉讼案件；上级人民检察院指定管辖的跨地区重大职务犯罪案件；跨地区的重大环境资源保护和重大食品药品安全刑事案件；民航、水运所属公安机关侦查的重大刑事案件，海关所属公安机关侦查的刑事案件；上级人民检察院指定管辖的其他重大案件等。构建普通类型案件由行政区划检察院办理，特殊类型案件由跨行政区划检察院办理的诉讼格局，完善司法管辖体制。

——完善防范外部干预司法的制度机制

配合中央有关部门，建立领导干部干预司法活动、插手具体案件处理的

记录、通报和责任追究制度。

2. 建立符合职业特点的检察人员管理制度

——实行检察人员分类管理

将检察人员划分为检察官、检察辅助人员和司法行政人员三类，完善相应的管理制度。

——建立检察官员额制度

根据检察工作的实际情况，合理确定检察官与其他人员的比例。在2015年度内，司法改革试点省份均开始检察官员额制改革工作，大部分省份已经完成了首批检察官的入额工作。建立检察官专业职务序列及与其相配套的工资制度。

——完善检察官职业准入和选任制度

适当提高初任检察官的任职年龄、法律工作年限。根据检察院的不同层级，设置检察官不同的任职条件。健全检察官统一招录、有序交流、逐级遴选机制。初任检察官由省级检察院统一招录，一律在基层检察院任职，上级检察院的检察官一般从下一级检察院的优秀检察官中遴选。建立检察官遴选委员会制度。建立从符合条件的律师、法学专家中招录检察官制度。健全检察机关和法学教育研究机构人员的双向交流与互聘机制。

——完善检察人员职业保障体系

适当提高检察人员特别是基层检察院人员职级比例。完善检察人员工资、津贴补贴和福利保险体系。

3. 健全检察权运行机制

——深化检察官办案责任制改革

以落实和强化检察官执法责任为重点，完善主任检察官办案责任制，科学界定主任检察官、副检察长、检察长和检察委员会在执法办案中的职责权限。建立健全检察机关执法办案组织，完善检察机关执法办案责任体系。

——完善案件管理机制

深化案件管理机制改革，建立严格规范的案件受理、办理、管理工作机制，完善案件流程监控、质量评查工作机制。

——推进电子检务工程

加快建设全国检察机关统一的信息交换与资源共享平台及服务体系，提升检察业务的信息化、规范化、科学化水平。

4. 健全反腐败法律监督机制

——查办职务犯罪规范化

加强职务犯罪线索管理，健全受理、分流、查办、信息反馈制度。明确纪检监察和刑事司法办案标准和程序衔接，依法严格查办职务犯罪案件。完善职务犯罪案件初查机制。职务犯罪案件跨行政区域管辖制度进一步完善，指定管辖、交办、提办工作得到规范，2015 年反腐领域内的大案、要案基本实现了异地审查起诉和异地审理，通过跨行政区域的管辖或者指定管辖，大大提高了司法反腐的独立性和公信力。

——查办和预防职务犯罪能力建设

推进侦查、预防信息化和装备现代化建设。建立健全职务犯罪案件侦查、预防信息系统，与工商、税务、电信、金融、审计、海关、国土、房管等部门建立信息共享机制。完善行政机关、公共服务行业等部门协查职务犯罪工作机制。深化司法领域区际国际合作，加强反腐败国际追逃追赃工作。

5. 强化法律监督职能

——健全冤假错案防范、纠正、责任追究机制

完善对限制人身自由司法措施和侦查手段的司法监督，加强对刑讯逼供和非法取证的源头预防。落实和完善讯问职务犯罪嫌疑人全程同步录音录像制度，推动建立对讯问活动、重要取证活动全程同步录音或录像制度。强化诉讼过程中当事人和其他诉讼参与人的知情权、陈述权、辩护辩论权、申请权、申诉权的制度保障。2015 年 2 月出台《关于刑事被告人或上诉人出庭受审时着装问题的通知》，其规定出庭受审不穿识别服，落实无罪推定原则，从细微之处充分体现了检察机关人权保障理念的进步。建立对犯罪嫌疑人、被告人、罪犯的辩解、申诉、控告认真审查、及时处理机制，完善诉权救济机制，为诉讼权利受到不当限制或者非法侵犯的当事人提供畅通的救济渠道。

实行办案质量终身负责制和错案责任倒查问责制。统一错案责任认定标准，明确纠错主体和启动程序。明确检察人员的工作职责、工作流程、工作标准。

——完善羁押、刑罚执行等刑事执行活动和强制医疗监督机制

健全和落实羁押必要性审查制度。完善对指定居所监视居住决定和执行的监督机制。完善分级负责的纠防超期羁押和久押不决工作机制。加强对刑罚变更执行的法律监督，配合建立减刑、假释、暂予监外执行网上协同办案平台。配合立法机关，健全社区矫正法律监督制度。完善对强制医疗决定和执行的监督机制。

——完善诉讼监督机制

进一步明确民事抗诉的适用对象、标准、程序和效力。完善和规范检察建议的提出、受理、办理、反馈机制。完善对民事执行活动实行法律监督的范围、方式和程序，健全民事行政裁判执行监督工作机制。细化对行政诉讼活动监督的范围、程序、方式和要求。

——完善行政监督机制

对涉及公民人身、财产权益的行政强制措施实行司法监督制度。强化对行政强制措施实施过程的司法监督，及时纠正违法行政强制措施。建立健全行政违法行为法律监督制度。建立检察机关在履行职务犯罪侦查、批准或者决定逮捕、审查起诉、控告检察、诉讼监督等职责中发现行政机关违法行使职权或不行使职权行为的督促纠正制度。

——建立检察机关提起公益诉讼制度

2015年7月最高人民检察院公布了《检察机关提起公益诉讼改革试点方案》，并选择了北京、内蒙古、福建、甘肃等13个省、自治区、直辖市的检察院为试点单位，这些检察机关可以作为公益诉讼人提起民事公益诉讼和行政公益诉讼。试点阶段民事公益诉讼的案件范围为检察机关在履行职责中发现的污染环境、食品药品安全领域侵害众多消费者合法权益等损害社会公共利益的案件。行政公益诉讼的案件范围为生态环境和资源保护、国有资产保护、国有土地使用权出让等领域负有监督管理职责的行政机关违法行使职权或者不作为，造成国家和社会公共利益受到侵害的案件。重点是对生态环境和资源保护领域的案件提起行政公益诉讼。方案还规定了检察机关提起公益的方式、程序、诉讼请求等内容。检察机关公益诉讼制度的落地为其保护国家和公共利益提供了有效的法律渠道，也发挥了检察机关的法律监督职能，

依法制止和纠正违法行为，维护法律秩序。

——完善检察环节司法救助制度

检察机关充分贯彻落实《关于建立完善国家司法救助制度的意见（试行)》的要求，司法救助已经上升为检察机关的一项日常对外业务。救助范围不限于刑事犯罪案件的被害人及其近亲属，还包括举报人、证人、鉴定人，不限于人身受到侵害，还包括财产遭受重大损失。不仅包括刑事案件，还包括追索赡养费、扶养费、抚育费等，以及道路交通事故等民事侵权行为造成人身伤害的民事案件，符合条件的涉法涉诉信访案件等。各地国家司法救助资金由地方政府财政部门列入预算，并建立动态调解机制。将刑事被害人救助资金、涉法涉诉信访救助资金等专项资金，统一合并为国家司法救助资金，中央财政通过政法转移支付，对地方所需的国家司法救助资金予以适当补助，检察机关开展救助工作的资金保障得到明显改善。

6. 强化对检察权运行的监督制约

——健全内部监督制约机制和防止内部干预制度

明确检察机关内部各层级权限，健全内部监督制约机制。明确上级检察院依法对下级检察院实施领导的途径及方式，严格区分内部行政管理权与检察官依法行使司法职权的界限。建立检察机关内部人员过问案件的记录制度和责任追究制度，防止检察机关内部人员干预其他人员正在办理的案件。依法规范检察人员与当事人、律师、特殊关系人、中介组织的接触、交往行为。严禁检察人员私下接触当事人及律师、泄露或者为其打探案情、接受吃请或者收受其财物、为律师介绍代理和辩护业务等违法、违纪行为。

——完善人民监督员制度

2015 年 3 月，最高人民检察院和司法部联合发布了《深化人民监督员制度改革方案》，改革了人民监督员选任和管理方式，拓展人民监督员监督案件范围，重点监督检察机关查办职务犯罪的立案、羁押、扣押冻结财物、起诉等环节的执法活动，进一步明确人民监督员的法律地位、权利义务，完善人民监督员监督程序。

——推进检务公开建设，构建开放、动态、透明、便民的阳光检察机制

最高人民检察院在 2015 年 2 月下发了《关于全面推进检务公开工作的意

见》，结合《人民检察院案件信息公开工作规定（试行）》，要求检务公开的内容进一步明确——检察案件信息、政务信息、队伍信息都应当进行公开；完善、创新检务公开的方式和方法，完善公开审查制度，加强检察法律文书释法说理工作，加强新媒体公开平台建设，规范检务公开场所建设；同时强化检务公开机制建设，建立健全公开信息审核把关机制，建立健全民意收集转化机制等。

### （三）公安制度建设

2015年2月，中央审议通过了《关于全面深化公安改革若干重大问题的框架意见》及相关改革方案，从而拉开了公安工作全方位、系统化改革的序幕。公安部门在承担社会治安职责的同时，又依法侦查刑事案件，行使国家的司法权，这也是我国司法体制的一部分。公安改革中有关社会治理机制创新、执法权力运行以及警察管理保障等方面的内容均与我国司法文明建设息息相关，是我国司法制度建设的重要内容。

#### 1. 规范执法权力运行机制

围绕推进以审判为中心的诉讼制度改革，完善适应证据裁判规则要求的证据收集工作机制，坚持严格依法收集、固定、审查和运用证据，严格证明标准。不仅要重视收集和采信有罪证据，也要重视收集和采信无罪证据，坚决排除非法证据，有罪则诉，疑罪从无，坚决防止事实不清、证据不足的案件或者违反法律程序的案件“带病”进入起诉、审判程序。

——严格实行非法证据排除规则和严禁刑讯逼供、体罚虐待违法犯罪嫌疑人的工作机制，建立健全讯问犯罪嫌疑人录音录像制度和对违法犯罪嫌疑人辩解、申诉、控告认真审查、及时处理机制，加强对刑讯逼供和非法取证的源头预防，从而纠正刑讯逼供、暴力取证、办案人员体罚虐待或者变相体罚、虐待在押人员等违法行为。

——完善侦查阶段听取辩护律师意见的工作制度

建立公开、规范的与律师交流沟通机制，保障律师依法行使执业权利，对律师提出不构成犯罪、罪轻或者减轻免除刑事责任、无羁押必要、侦查活动有违法情形等意见的，必须及时进行审查，从工作机制上保证律师的意见被听取、合理意见被采信。同时，切实保证律师在侦查阶段依法行使会见权和通信权。

——规范查封、扣押、冻结、处理涉案财物程序，实行涉案财物集中管理

根据中共中央办公厅发布的《关于进一步规范刑事诉讼涉案财物处置工作的意见》，公安部在2015年8月公布了《公安机关涉案财物管理若干规定》，对公安机关涉案财物的保管、处理、监督与救济等问题进行了详细的规定。

2. 完善执法责任制

完善执法责任制，健全执法过错纠正和责任追究制度，在责任环节建立执法责任清单制度，将执法职责细化分解到每个执法单位、岗位，明确办案、审核、审批责任，强化责任追究，打造覆盖执法办案全过程、全环节的责任链条。建立冤假错案责任终身追究制。为此，公安部修订并发布了《公安机关执法质量考核评议规定》和《公安机关人民警察执法过错责任追究规定》，明确了考评范围，科学规范设置考评标准和项目指标。强化考评结果运用，切实发挥好执法质量考评的积极导向作用，充分调动办案民警的积极性，增强责任心，不断提高办案质量和效率。进一步完善执法责任制。明确执法过错的认定标准和责任划分，区分不同情况追究责任，落实冤假错案责任终身追究机制，切实维护人民群众合法权益，努力让人民群众在每一起司法案件中都感受到公平正义。

推动主办侦查员制度试点工作开展，落实办案质量终身负责制。主办侦查员改革的主要内容是确定案件的主办侦查员。发案后，主管局领导、大队领导或中队领导根据案件侦查工作实际需要指派1名主办侦查员负责侦破工作，并确定1~2名协办侦查员，协助、配合主办侦查员开展工作。明确主办侦查员的职责和工作流程，落实奖惩办法。将主办案件的数量、办结案件的数量等指标作为主办侦查员工作实绩考核的重要指标，规定主办侦查员对主办的案件负直接责任。目前山西省、贵州省等省份已经积极开展了主办侦查员试点工作。

3. 完善人民警察管理体制

根据人民警察的性质特点，建立有别于其他公务员的人民警察管理制度和保障机制。一是建立人民警察分类管理制度，按照职位类别和职务序列实

行分类管理，合理确定警官、警员、警务技术职务层次，科学设置职务职数比例，同步实行职务与职级并行制度。二是健全人民警察招录培养机制，以适应正规化、专业化、职业化建设的要求。三是完善人民警察职业保障制度，贯彻落实人民警察生活待遇“高于地方、略低于军队”的原则，建立符合职业特点的工资待遇保障体系，完善津补贴等相关政策，向基层一线、艰苦危险等重点岗位倾斜，建立健全人身意外伤害保险等职业风险保障制度等。此外，这次改革还提出规范警务辅助人员管理，推动出台相关管理办法。中央作出的这一重大改革决定，将极大地鼓舞队伍士气，充分调动广大人民警察的积极性，激励全体民警更好地履行职责、服务人民。

4. 健全海外追逃追赃、遣返引渡工作机制

目前我国开展刑事司法协助国际合作的法律基础和途径主要有多边公约、双边条约和互惠原则，中国政府已经通过谈判签署了51个刑事司法协助双边条约。经过近30年的努力，中国政府依据有关多边公约和双边条约，可以与世界上160多个国家和国际组织开展刑事司法协助。国内对腐败犯罪和经济犯罪的高压态势，促使大量经济犯罪嫌疑人出逃国外，建立健全海外追逃追赃、遣返引渡工作机制，是我国司法部门打击犯罪和保护国家利益的重要任务。公安部在去年“猎狐2014”专项行动的基础上继续推动“猎狐2015行动”工作，重点加强对党员和国企职务犯罪、涉腐案件犯罪嫌疑人的追逃、追赃工作，同时促进国际追逃、追赃“天网行动”继续深入，通过海外追逃、追赃的专项行动，不断扩大与国际社会的刑事司法协助范围，推动刑事司法协助机制的不断完善。

（四）律师制度建设

加强律师职业道德建设。完善律师违法违规行为惩戒制度。为此司法部出台了《关于进一步加强律师职业道德建设的意见》，之后律协发布了《律师职业道德基本准则》对此进行细化。律师职业道德建设的总体要求是：大力加强律师职业道德建设，规范执业行为、严肃执业纪律，切实解决在当前执业活动中存在的突出问题，努力建设一支政治坚定、法律精通、维护正义、恪守诚信的高素质律师队伍。意见还提出要健全完善律师职业道德建设的长效机制，包括完善制度体系、培训机制和监督管理机制、考核奖惩机制等。措施包括对律师违法违纪行为的处罚机制、投诉查处机制、执业信息公开机

制、不良执业纪律的披露查询制度等。

完善律师执业权利保障机制。进一步规范律师与司法人员的交往行为，推动建立相互尊重、相互制约、良性互动的律师与司法人员关系，共促司法公正、维护司法公信。健全在侦查、起诉、审判各个环节保障律师执业权利、完善律师权利救济的工作机制，推动律师与司法人员建立良性互动关系。要积极争取有关部门给予政策扶持，努力拓展律师业务领域，推动律师业务转型升级，促进有条件的律师事务所向专业化、规模化、国际化发展，创造有利于律师队伍建设和律师事业发展的舆论环境。要进一步健全扶持律师业发展的保障机制，推动落实挟持欠发达地区律师事务所发展、政府购买律师公益法律服务、支持西部律师、青年律师和专业、涉外人才培养等政策措施，加大扶持保障律师业发展的工作力度。

### （五）监狱制度建设

深化监狱制度改革的主要内容是：一是深化狱务公开，二是严格规范减刑、假释、暂予监外执行工作，三是健全监狱执法办案责任制，加强罪犯人权保障，继续深化监狱体制改革。对此司法部已经通过了《关于进一步深化狱务公开的意见》《暂予监外执行规定》，修订了《监狱提请减刑假释工作程序规定》。

《关于进一步深化狱务公开的意见》规定了应当向社会公众公开的 23 项内容，应当向罪犯近亲属公开的 10 项信息，尤其是包括了罪犯身体健康状况、体检结果以及疾病诊治等信息。创新狱务公开方式、方法，进一步完善狱务公开工作制度，落实罪犯权利义务告知制度，强化公示制度，健全完善执法监督员制度等。

《监狱提请减刑假释工作程序规定》主要对于减刑、假释程序“五审核”和“一公示”进行了完善，在监狱设置监狱减刑假释评审委员会的基础上，省（区、市）监狱管理局也相应成立减刑假释评审委员会，增加了减刑假释评审委员会成员；强化了监狱刑罚执行部门的审查。明确了监狱提请减刑、假释严格实行办案责任制，执法司法人员在职责范围内对执法办案质量终身负责。对职务犯罪罪犯的备案审查作了指向性规定，要求监狱办理职务犯罪罪犯减刑、假释案件，应当按照有关规定报请备案审查。

（六）司法行政管理制度建设

1. 健全设区矫正制度

司法部会同最高人民法院、最高人民检察院、公安部召开全国社区矫正工作会议，联合下发了《关于全面推进社区矫正工作的意见》，积极推进社区矫正立法，全面推进社区矫正工作。随后，司法部联合六部委联合发布了《关于组织社会力量参与社区矫正工作的意见》。这两个文件对于社区矫正工作提出了很多新的措施和方法：严格落实监管制度，防止社区服刑人员脱管、漏管和重新违法犯罪；建立健全教育矫正质量评估体系；加强社会适应性帮扶工作，协调解决社区服刑人员就业、就学、最低生活保障、临时救助、社会保险等问题；积极推进社区矫正制度化、规范化、法制化建设。除此之外，司法部发文特别强调了组织社会力量参与社区矫正工作，提出向社会力量购买社区矫正社会工作服务、引导社会组织参与社区矫正工作、发挥基层群众性自治组织的作用、加强社区矫正志愿者队伍建设等措施以加强社区矫正专群结合的队伍建设。

2. 完善法律援助制度

在司法部发布的《关于进一步推进法律援助工作的意见》的基础上，中共中央办公厅、国务院办公厅2015年6月印发了《关于完善法律援助制度的意见》，提出扩大法律援助范围、明确重点援助对象、建立多项机制、拓展法律援助咨询手段，切实保障经济困难公民和特殊案件当事人的合法权益等举措。

——多项民生事项纳入法律援助事项范围

扩大民事、行政法律援助覆盖面。逐步将涉及劳动保障、婚姻家庭、食品药品、教育医疗等民生紧密相关的事项纳入法律援助补充事项范围，帮助困难群众运用法律手段解决基本生产生活方面的问题。

——建立值班律师制度，法律援助参与刑事和解、死刑复核

建立法律援助值班律师制度，法律援助机构在法院、看守所派驻法律援助值班律师。建立法律援助参与刑事和解、死刑复核案件办理工作机制，依法为更多的刑事诉讼当事人提供法律援助。

——建立法律援助参与申诉案件代理

探索建立法律援助参与申诉案件代理制度，开展试点，逐步将不服司法机关生效民事和行政裁判、决定，聘不起律师的申诉人纳入法律援助范围。

——法律援助咨询服务全覆盖

建立健全法律援助便民服务窗口，安排专业人员免费为来访群众提供法律咨询。拓展基层服务网络，推进法律援助工作点向城乡社区延伸。加强“12348”法律服务热线建设。创新咨询服务方式，运用网络平台和新兴传播工具，提高法律援助咨询服务的可及性。

——市、县级财政将法援经费全部纳入同级财政预算

完善法律援助经费保障体制，明确经费使用范围和保障标准，确保经费保障水平适应办案工作的需要。市、县级财政要将法律援助经费全部纳入同级财政预算，根据地方财力和办案量合理安排经费。

3. 改革人民监督员制度

2015年3月7日，最高人民检察院、司法部将《深化人民监督员制度改革方案》印发实施。该方案着眼于加强对检察机关职务犯罪案件查办工作的外部监督制约，明确了人民监督员制度改革的总体思路，从人民监督员选任管理方式、监督范围、监督程序、知情权保障、加快制度立法等方面提出了具体改革任务。

——改革人民监督员选任机制

明确了人民监督员的选任机关、选任条件、选任程序等内容。规定人民监督员由司法行政机关负责选任，省级和设区的市级司法行政机关分别选任同级人民检察院人民监督员；人民监督员每届任期五年，连续任职不得超过两届；省级人民检察院人民监督员和设区的市级人民检察院人民监督员不得互相兼任；为提高人民监督员的广泛性、代表性，该方案规定符合条件的公民可以自荐方式参加人民监督员的选任，增加了从机关、团体、事业单位中产生的人民监督员一般不超过选任总数的50%的要求。

——改革人民监督员管理方式

明确司法行政机关负责对人民监督员进行初任培训、考核、奖惩等工作。规定司法行政机关建立人民监督员信息库。

——拓展人民监督员的监督案件范围

明确人民监督员可对检察院办理直接受理立案侦查的11种情形的案件实施监督，即应当立案而不立案或者不应当立案而立案的；超期羁押或者检察机关延长羁押期限决定不正确的；违法搜查、扣押、冻结或者违法处理扣押、冻结款物的；拟撤销案件的；拟不起诉的；应当给予刑事赔偿而不依法予以赔偿的；检察人员在办案中有徇私舞弊、贪赃枉法、刑讯逼供、暴力取证等违法违纪情况的；犯罪嫌疑人不服逮捕决定的；采取指定居所监视居住强制措施违法的；阻碍律师或其他诉讼参与人依法行使诉讼权利的；应当退还取保候审保证金而不退还的，后四处为新增事项。

——完善人民监督员监督程序

明确了参与案件监督的人民监督员的产生程序、案情介绍程序、评议表决及审查处理程序等。规定参与具体案件监督的人民监督员，从司法行政机关建立的人民监督员信息库中随机抽选产生，与本案有利害关系或者担任过本案诉讼参与人的，不得担任该案的人民监督员。同时，该方案为有效解决人民监督员监督意见效力偏弱、多数人民监督员意见未被采纳时缺乏救济程序等问题，专门设置了复议程序。规定检察机关处理决定未采纳多数人民监督员评议表决意见，经反馈说明后，多数人民监督员仍有异议的，可以提请人民检察院复议1次。

## 三、司法文化建设

如果说司法体制和机制的完善是司法文明建设的基础与落脚点，那么司法文化建设则是司法文明建设的内核。司法文化正在以无形的力量深刻影响着司法制度和司法实践，也对司法公信力起着重要的支撑作用。随着司法文明的不断发展，司法文化也在不断更新，成为法治建设和司法改革的重要推动力量或制约因素。因此，法治文明和司法文明建设都离不开理性司法文化的培育。

2015年11月，最高人民法院出台《最高人民法院关于新形势下加强人民法院文化建设的指导意见》，提出了“以社会主义核心价值观和社会主义法治理念为引领，以司法为民、公正司法为灵魂和主线，以服务审判、服务干警、服务法治建设为目标，以培育法治信仰、弘扬法治精神为核心。坚持创新、协调、绿色、开放、共享的发展理念，全面深入推进法院文化建设，实现法院文化对内功能与对外功能协调发展，为人民法院发展改革和全面推进依法治国提供强大的价值引导力、文化凝聚力和精神推动力”的总体思路，并提出了四项基本要求，即：坚持干警主体地位、强化引领激励功能、注重渗透结合融入、法院内外共建共享。

该意见还从以下各方面作出了具体规划和要求：一是培育和弘扬社会主义核心价值观，深化核心价值观宣传教育，强化核心价值观培育养成，认真贯彻落实《在人民法院工作中培育和践行社会主义核心价值观的若干意见》，充分发挥司法裁判对社会价值的规范、指导、评价、引领作用。二是发挥法院文化功能以推进司法为民、公正司法，坚定干警法治信仰、强化干警职业操守、提升干警司法能力、促进干警廉洁司法。三是发挥法院文化功能以促进干警全面发展，营造浓厚学习氛围、丰富干警精神生活、促进干警身心健康。四是发挥法院文化功能以服务国家法治建设，加强司法新闻宣传，繁荣发展法院文艺，推进文化基础设施建设。五是提高法院文化建设信息化水平，推进法院文化网络平台建设，运用网络平台开展文化工作、依托网络平台实现资源共享。六是加强对法院文化建设的组织领导。

### （一）建设智能法院

作为一种物质形态的司法文化，司法设施直接展示着司法的形象。加强司法设施建设，增强司法设施的文化内涵，对于树立司法的良好形象具有十分重要的作用。信息体系的建立和信息应用的不断推广，使得传统司法审判模式越来越难以满足人民群众日益增长的诉讼需求。法院作为我国的审判机关，四级法院层级分明，数量庞大，随着社会的发展和人民维权意识的增强，诉讼门槛越降越低，各级法院接收的案件数量也在呈井喷式增长。尤其在基层人民法院，法官、书记员数量欠缺，频繁出现“久立不审、久审不结、执行困难”的局面。加快法院信息化建设，建设智能法院，在审判管理、队伍建设、政务公开等各方面运用现代科学技术。实行网上立案、办案、执行，完善法院办公网、法院专网、涉密网、互联网、外部专网五大基础性网络建设，能够有效提高诉讼效率、规范办案模式、维系司法权威和司法公正。

2015 年我国在打造智能法院系统项目工程上取得了突破性成果，全国各级人民法院响应中央号召，由点及面，四级法院形成合力，信息化起步较早的中级人民法院、高级人民法院逐渐完成建设—应用—升级的转型工作，并带动、指导基层法院开展智能化、网络化建设的相关工作。力争到2017年底建成法院信息化3.0版，把中国法院真正建设成为“网络法院”“阳光法院”“智能法院”。并设立了司法自助服务平台、审判业务管理系统、科技法庭庭审系统等典型的智能模式。

——诉讼服务平台

即法院外网，其与法院现有审判系统进行对接，通过互联网实现案件进度查询、司法咨询、便民信息查询、诉讼法规查询、开庭信息查询、判后答疑预约、联系办案法官、档案借阅预约、案件证据交换、案件材料收转、网上立案、信访服务、投诉监督等功能。从当事人在网络上自助立案开始，系统便自动生成查询码，从立案到诉讼终审都可以查询到相关信息。案件判决后，自动生成“二维码”和“案件唯一码”，当事人用手机一扫，诉讼费、案件进度、主审法官等信息一目了然。

——审判业务管理系统

该系统不同于以往的单机操作，而是按案件不同类型将办案流程细化到每个节点，同时根据法律规定设置不同时限，可对立案、分案、开庭、送达、结案、归档等重要流程节点进行智能提示、预警，有效防止超审限。系统根据案件办理进度，设置不同的颜色警示按钮，绿灯是案件审限到了1/3，黄灯是审限到了2/3预警催办提示，红灯则表示纪检组已发挂牌督办决定。此外，根据人员角色赋予不同权限，设置上至院长下至审判员的严格审批流程和时限，实现了公文流转和审批提速；法官可实时查询案件的所有关联信息，了解全院工作动态。该系统的运行，有效解决了以往饱受诟病的诉讼拖延问题，网上调阅卷宗、电子签章等大大提高了法官的办案效率；实时查看案件的关联信息和类似判例，又保证了法官的决策能力，并增强了裁判结果的可接受性。

——科技法庭庭审系统

目前建成的科技法庭功能设施完备，配有电脑、证据展示台、数字媒体控制台、电子显示屏等设备，安装了证据管理、视频音响等应用系统。庭审中，系统可自动进行视频、音频、多媒体证据等信息资源的实时采集和资料的数字化存储，最终以多种应用形式展现庭审过程。此外，借助科技法庭现代化设备，能够对法官、公诉人、原被告、证人、犯罪嫌疑人、电子证据等画面进行实时录像和网络直播。以此扩展、延伸传统的审判法庭功能，适应新的庭审需求，达到了强化庭审效果、提高庭审效率、促进审判公开的作用。[1]

——法官办案辅助系统

该系统主要应用于一线法官日常办公的情形，是一种创新办案手法和办案形式的方式。借助该系统，实现格式文书和简易文书自动生成、文书智能校对、智能纠错、文书一键上网、敏感信息自动隐藏。

——执行联动系统

现有技术阶段包括三大模块，一是利用司法协助网络平台，实现与公安、民政、住建、工商等单位的信息对接共享，开展人口、车辆、不动产等信息的网络查询和协作；二是在公开失信被执行人名单的基础上，与其他政务部门、金融监管机构、行业协会等部门进行协同，在投资、高消费、乘坐交通工具等方面对失信被执行人进行信用惩戒；三是建立执行指挥系统，对全省法院重大执行案件进行指挥、协调，在法院内就能与执行现场直接连线，形成高效、快捷的执行联动机制，应对突发事件。[2]

### （二）规范司法礼仪

作为一种行为形态的司法文化，司法礼仪不仅可以展现法官的风度和魅力，还能体现司法官的职业水准、法律学识和法律修养，而且遵循司法礼仪有利于司法活动的顺利进行和矛盾纠纷的有效化解。自古以来，中国就是东方文明的发源地，源远流长的历史文化和文明礼貌的优良传统把我们造就成伟大的礼仪之邦。讲文明、懂礼貌已成为每个人都应当遵守的行为准则。司法官由于其职业的特殊性，除了遵守普通公民所应当遵守的文明礼貌规范以外，还需要遵守自己职业要求的特殊规范，即“司法礼仪”。2015 年内最高人民法院在完善司法礼仪方面做了不少工作，如制定了人民法院落实宪法宣誓制度实施办法，认真组织实施宪法宣誓。明确法院文化环境布设要求，突出社会主义核心价值观、社会主义法治理念、人民法院工作目标和工作主题、

〔1〕“呼和浩特市人民法院四个科技法庭建成并投入使用”，载 http://tech. xinmin. cn/2016/02/17/29512635. html，访问日期：2016 年 2 月 4 日。

〔2〕参见胡晓龙：“互联网技术与‘阳光司法’”，载《计算机光盘软件与应用》2012 年第 2 期。

宪法宣誓誓词等内容。以法官就职宣誓礼仪为例，由于司法是一项崇高的职业，法官就职有必要举行庄严的宣誓。针对此项问题，2015 年 2 月 26 日，最高人民法院召开新闻发布会，通报《最高人民法院关于全面深化人民法院改革的意见》即修订后的《人民法院第四个五年改革纲要（2014～2018）》的有关情况。该意见明确要求完善法官宣誓制度，经各级人大及其常委会选举或任命的法官，正式就职时应当公开向宪法宣誓。

（三）深化理论研究

理论研究是司法文化建设的重要内容，随着近年来《刑事诉讼法》《民事诉讼法》《行政诉讼法》的修改，人民法院和人民检察院有针对性地开展新法律法规和司法解释学习培训，组织干警加强法律条文和司法案例研究。围绕审判工作重点、难点、热点问题，举办法官论坛、法官沙龙、司法讲堂活动，深入开展研讨交流。开展示范庭审、精品案例、优秀裁判文书评选，激励干警提高审判业务能力，使庭审过程、裁判文书成为体现和传播法院文化的重要载体。同时，各地司法机关从审判实践出发，因地制宜地确定了司法理论研究内容、组织专家进行课题攻关。此外，加强与科研院校和高等院校的合作，为干警提供更多的学习深造机会，邀请法学专家讲授法学前沿知识。各地还进一步提高司法机关自办刊物的办刊质量，涌现出了一批如《人民法院报》《检察日报》《中国审判》《中国司法》《中国法律评论》等传播范围广、社会影响大的重要刊物。这些定期出版物的发行与传播，起到了更好地总结司法经验、交流研究成果、宣传法治文化的作用。组织出版少数民族双语法官培训教材和法律词典，适应双语法官学习培训的需要。

深化司法文化理论研究，最核心的一点在于创立司法文化研究组织，由其来负责推动司法文化理论研究工作。针对此，中国审判理论研究会、“一带一路”司法研究中心、中华司法研究会等研究机构充分发挥自身作用，加强应用法学理论、专业审判理论和司法文化研究。2015 年 7 月 4 日，首届中华司法研究高峰论坛在北京人民大会堂隆重举行，中华司法研究会会长、最高人民法院院长周强发表致辞——希望海内外法律界华人携手合作，加强中华司法研究，关注生动丰富的中华法治与司法现实，推动中华法治与司法事业的繁荣发展，为中华民族伟大复兴作出积极贡献。周强表示，首届中华司法研究高峰论坛以“中华司法的历史、现状与未来”为主题，开展研讨活动，进行学术交流，很有意义。具有五千年历史的华夏文明源远流长，为中华法制与司法的发展提供了养料，“中华司法”这一概念蕴含了中华民族数千年来司法文化、司法理论、司法制度、司法实践和司法经验，其总体精神和宏观样式在历史发展的长河中呈现出斑斓色彩和多样特征。从历史的角度对其予以系统梳理，研讨其内在特点和规律，以期利于现实和未来，既十分重要，也十分必要。背倚中华法制与司法五千年的厚重历史，要保持自尊、自信，努力挖掘并继承发扬中华民族法制文化的优良传统，改造、扬弃与现代社会不相适应或者不能共生的因素，走出一条古为今用、洋为中用、兼收并蓄、博采众长的中华法治与司法的创新发展之路。

（四）传播司法文化

进行中国司法文化建设，要不断发挥司法人员在司法文化建设中的主体作用，调动广大司法人员的积极性，更加自觉地进行司法文化的建设与创新，并不断扩大司法文化的社会影响力。2015 年内，全国各级司法机关在以下方面做出了不俗的工作成绩：

第一，强化司法新闻机构建设。司法类新闻机构是我国司法机关对外宣传和司法文化传播的重要载体，建设好各级、各类司法新闻机构，是司法文化建设的首要基础。在互联网技术深入影响社会生活的时代中，各级司法新闻机构也要顺应社会形势，建立“互联网 +”的新媒体思维，有效利用现有的社交媒体和新媒体的平台，从而更好地宣传司法新闻。为此，全国各级司法机关有力地推进司法系统传统媒体与新兴媒体的深度融合与有效发展，实现司法系统新闻出版单位转型升级，从而增强了司法媒体的传播力、公信力和影响力。

第二，积极宣传司法工作。各级司法机关运用自办新闻媒体和社会新闻媒体两个平台，面向社会和人民群众，积极宣传司法理念、司法制度、司法政策与司法实践，传播法治精神、法律知识和法律文化。进一步完善了新闻发布制度，加强司法解释、司法政策的宣传解读，及时发布典型案例和社会关注的案件审理的情况。加强各级法院同当地新闻宣传部门的合作，推动在各级主流媒体普遍设立法制宣传专栏。广泛开展“宪法日”“法院开放日”和法律进社区、进乡村等主题活动。编写、出版通俗易懂的法制宣传图书，组织制作法制宣传公益广告。认真组织实施法律研修学者和法律实习生制度，让更多法学专业师生参与法院实际工作，增进对法院的深度认知和理解认同。

第三，繁荣发展司法文艺。充分发挥中国法官协会法院文化分会和最高人民法院影视中心的作用，推动法院文艺创作和文化交流。组织实施法院文艺作品创作工程，推出了《小镇大法官》等一系列有影响力的司法影视作品，同时各级司法机关还加大了法院题材文艺作品的传播推广力度，分类开展了全国法院优秀文艺作品评选推介工作，推动在主流媒体刊载播映、在公共文化场所演出、在网络平台传播。

（何盼盼）

司法文明年度报告2015

# 专题报告

专题一

# 司法人员管理体制改革

司法人员管理体制改革是本轮司法改革的重点和难点所在，以员额制改革为中心，各地积极推进了司法人员分类管理制度改革、员额制改革、司法人员职业保障制度改革、司法人员选任制度改革等。以员额制改革为例，上海、广东、海南、青海等18个试点省、区、市已完成10 094名法官的入额工作，提高了法官队伍的整体素质，充实了一线审判力量，初步建立和完善了符合司法职业特点的人员管理制度，推进了司法人员正规化、专业化和职业化建设。

## 一、数据盘点

员额制改革是司法人员管理体制改革的重点所在，根据中央的统一要求，七个第一批司法改革试点省市在2015年纷纷推开了员额制改革的进程，根据七省司法机关公布的数据，我们将其员额制改革方案和进展情况进行了整理和比对，制成了下表。

**表1－1　第一批司改试点省市员额制改革情况**

| 省市 | 法官、检察官/司法辅助人员/司法行政人员员额比例 | 首批入额法官/检察官数量 | 首批入额占总编制比例 | 入额前占编法官/检察官比例 |
|---|---|---|---|---|
| 上海 | 33%、52%、15% | 2296 | 25.5% | 56% |
| 吉林 | 39%、46%、15% | 2915 | 33.1% | |

续表

| 省市 | 法官、检察官/司法辅助人员/司法行政人员员额比例 | 首批入额法官/检察官数量 | 首批入额占总编制比例 | 入额前占编法官/检察官比例 |
|---|---|---|---|---|
| 海南〔1〕 | 省院：38%、42%、20%<br>市院：38%、47%、15%<br>基层院：40%、50%、10% | 796 | 31.9% | |
| 湖北 | 39%、46%、15% | 4996 | 34.73% | 64.49% |
| 贵州 | 39%、46%、15% | 99 | 4个试点法院分别为29%、30.7%、24%、30.8% | 64.22% |
| 广东 | 39%、46%、15% | 550 | | |
| 青海 | 39%、46%、15% | 872 | | |

根据上表中的比对，我们可以发现除上海和海南之外，其余试点省市法官、检察官/司法辅助人员/司法行政人员员额比例，均为比照中央所要求的不高于39%的上限制定。而上海与海南虽然都对中央的上限要求进行了变通执行和突破，但是出发点和最终效果亦有所不同。上海市规定的法官/司法辅助人员/司法行政人员的比例是严于中央的上限要求的，33%的法官员额比例意味着上海将有更多的法官不能进入法官员额之中，从而加大了员额制改革推进的难度，但其加压的设计有事前精细化的数据分析和科学化预测的准备。海南的变通改革是基于将审判人员和法官员额向一线倾斜的目的，但是显然省院、市院、基层院之间检察官员额的区别并不大，比较明显的变动出现在司法行政人员的比例上，这样的设置虽然可以在全省统筹使用员额的情况下，实现对基层办案力量的倾斜，但是这种倾斜的力度有多大，实施效果是否明显是有待考证的。

从员额制改革的进展情况来看，湖北、上海、吉林等省市进展较快，入额的法官人数已经基本接近比例要求，员额制改革进入后半程。但其他省份，如广东、贵州则进展缓慢，还处于试点探索阶段，第一批试点单位入额工作刚刚完成，在2016年内还需要完成繁重的入额任务。就入额法官员额制使用

〔1〕 因海南省法官员额制改革数据不全面，故海南省统计的数据为检察官员额制改革情况

情况来看，湖北省员额只剩下了不到5个百分点，上海、吉林、海南等省市还有6~7个百分点，可供后续员额制改革使用。

总体来看，7个试点省市虽然在员额制改革方面进展不一，方式不一，但是员额制改革在已经开展的省份还是产生了良好的实施效果。通过改革，司法人员占编比例普遍从6成左右下降到3成左右，促进了法官、检察官队伍的职业化和专业化，取得了阶段性的胜利。

## 二、理论热点

司法人员管理体制改革作为我国本轮司法改革的重点和难点所在，在理论界也引起了广泛关注，但是由于各省市的司法人员管理体制改革正处在试点和初步探索阶段，改革方案的问题和成效还没充分显现，所以不少学者对于以员额制为主要内容的司法人员管理体制改革还处于观望状态。从已有的研究成果来看，对司法人员管理体制改革进行深入的系统性研究的文章还不多，有近4成的文章是对于本次改革的新闻报道和时事评论〔1〕，只有6成的文章是讨论改革的理论性文章。且在这部分文章中发表于核心期刊上的文章并不多，这从侧面反映了目前对于司法人员管理体制改革的研究还不够深入、广泛，需要随着改革的推进而进行进一步的深入研究。从已有的研究成果来看，理论界对于司法人员管理体制改革的研究主要集中在以下方面：

### （一）司法人员管理体制改革的目标定位

目前司法人员管理体制改革的目标被认为是提高司法队伍的“正规化、专业化、职业化”水平，有学者对这样的定位产生了质疑。其认为员额制等司法人员管理体制改革并不是提高司法队伍专业化和职业化的途径，而是顺应专业化和职业化的结果。而后，其进一步认为“员额制改革的真正目标不应当局限于准入机制对法官素质的筛选和对司法能力的提升，而在于员额身份机制对法官积极性的调动和对司法活力的激励。”其还认为员额制的改革实践要从传统“三化”对人员素质与司法效率的目标中解放出来，将对人员身

〔1〕 在中国知网数据库中，检索以员额制为主题的相关文章，在219篇文章中，有89篇发表于中国重要报纸数据库中，占比为39.7%。

份和司法权威的追求作为进一步改革实践的方向，使法官获得独立性和权威性，增强其职业认同感。[1]

### （二）司法人员管理体制改革的策略选择

从各试点省市司法人员管理体制改革的策略来看，基本采用了考试考核—定岗评级—提高待遇这样的进路，在当下的司法环境之中，这样的改革策略和进路是员额制改革矮化，为了“一种素质筛查机制以及利益分配的铺垫机制”，“将素质和能力问题错误地当成是员额制改革的重心，而忽略了员额制在法官身份独立性上的追求”，而此种利益分配逻辑并不能很好地解决当前司法人员管理中遇到的独立性差、职业认同感差等问题，甚至无益于法官离职潮的减轻。这样的改革与其所真正冀望的“身份塑造逻辑”并不吻合甚至有所抵牾，未来改革应当加强对法官身份的塑造功能。[2]还有学者从具体的改革实践入手，指出当下各省的司法人员管理体制改革有以下进路选择的问题，一是选任过程不够公平、公正，选任标准未统一。目前各试点省份虽然都采用统一的考试与考核结合的方式，但是在具体的选任方式和标准上还是有所差别。[3]而关于选任标准的选择，如部分省份对办案业绩和任职资历的看重则欠缺科学考虑。二是目前员额制改革均以院为单位，固定且相对封闭的选任方式可能会导致基层人民法院法官进入中级人民法院和高级人民法院的渠道收窄。[4]

### （三）司法人员管理体制改革的完善建议

针对目前试点省市改革方案中出现的问题，不少学者提出了优化建议，主要有以下内容：一是强化司法人员管理体制改革的公平性，统一选任的程序、标准、起点，不搞区别对待；二是优化考核与考试的内容设置，合理设

---

〔1〕 参见丰霏：“法官员额制的改革目标与策略”，载《当代法学》2015 年第 5 期。

〔2〕 参见丰霏：“法官员额制的改革目标与策略”，载《当代法学》2015 年第 5 期。

〔3〕 其以上海和海南的改革实践进行举例，上海就对审判员和助理审判员的选任进行了区别对待，即审判员主要采用业绩考核的入额方式，对年资较长的助理审判员则将业绩考核与能力考试结合起来，而对那些新入职的助理审判员则一刀切地降格为法官助理。又如，在海南，法官入额虽有统一考试的程序，但主导司法改革的法院领导却没有参加考试。参见刘斌：“从法官‘离职’现象看法官员额制改革的制度逻辑”，载《法学》2015 年第 10 期。

〔4〕 参见刘斌：“从法官‘离职’现象看法官员额制改革的制度逻辑”，载《法学》2015 年第 10 期。

计考核重点；三是打通上下两级法院的选任过程，使法官在参加入额遴选的过程中可以参加上级法院或者下级法院的遴选，在本级法院不能入额的法官可以参与下级法院的竞争，下级法院的优秀法官也可参与上级法院的竞争。[1]四是完善法官助理制度、司法辅助人员制度、人员分流制度等其他司法人员管理制度的改革，以辅助员额制改革的顺利推进。

## 三、经验总结

按照中央司法改革的要求，全国各省、市普遍开展了对司法人员分类管理的工作，将司法机关工作人员分为法官/检察官、司法辅助人员、司法行政人员三类，实行区别于普通公务员的管理制度。法官、检察官通过遴选进入法官/检察官员额之中，进入员额的法官、检察官必须在司法一线办案，实行办案责任制，对案件质量终身负责。法官员额制改革是确保人民法院依法独立公正行使审判权、健全司法权力运行机制等司法改革重点目标任务的基础性工作，是建立以法官为核心的人员分类管理制度，进一步提高法官素质能力，优化司法人力资源配置的重要措施，在整个司法改革中处于十分重要的位置。实行法官员额制，有利于去除法院内部管理的行政化，逐渐弱化法院的行政管理职能，逐渐使审判业务恢复到法院工作的中心上。各省、市在2015年度内以员额制为中心，积极落实中央提出的各项对司法人员管理体制改革的要求，取得了丰硕的成果。下文以七个第一批改革试点省市作为代表，介绍其员额制方案设计及进展情况。

### （一）上海：高标准、精细化

2014年6月，中央全面深化改革领导小组审议通过了《上海市司法改革试点工作方案》，上海法院被确定为全国首批司法体制改革试点单位之一。同年7月，司法改革试点工作展开。2015年4月，司法改革在上海法院全面推开。在司法人员管理体制方面，制定《人员分类管理办法》，将法院人员分为法官、审判辅助人员、司法行政人员三大类，并确立了33%、52%、15%的员额比例，实行员额制管理。2013年底，全市法官占实有在编人数的56%，

[1] 参见孙英："法官员额制改革的当务之急与长远之计"，载《山东审判》2015年第2期。

按照33%的法官员额比例，将有730名法官不能入额。通过双向选择、公开透明、公平公正、考核考试、差额择优的原则和具体实施方案，于2015年9月完成了首批人员分类定岗任务。入额法官总数为2296人，占总编制数的25.5%，不仅确保了高素质法官进入员额，而且留有余额补充新法官。法官和司法辅助人员的比例从1:0.75提升到了1:1.5。法官队伍结构得到优化，提升了法官群体的职业化、专业化水平，入额法官中45岁以下中青年比例提高了4.1%，硕士以上学历的比例提高了4%，平均从事司法工作年限为18年。

而在检察机关人员分类管理方面，上海市检察院制定了改革试点政策、人员分类、检察权运行、检察官管理等5个方面30余项配套制度。严格执行员额控制，落实分类管理制度。科学制定检察官员额控制规划，严格设置入额条件，择优遴选产生全市首批入额检察官1565名，占队伍编制总数的27.9%，检察官人数比改革前的2884名下降了45.7%；入额检察官全部具有大学以上学历，其中，具有硕、博士学位的达到39.8%，比改革前上升了11.7%，平均办案经历为19年，队伍结构和素养发生重大变化。检察官、检察辅助人员、司法行政人员的比例由改革前的51.5%、20.7%、6.9%调整为目前的27.9%、40.2%、11.4%，结构趋于合理，为推动形成各类人员各司其职、专业发展的分类管理制度打下了良好基础。

上海法院和检察院的人员管理体制改革，尤其是员额制改革，开始时间较早，在全国范围内率先提出了较为成熟的司法人员管理体制改革方案。并提出了党管干部、公平公正、考核（考试）择优、平稳过渡、全市统筹原则，为全国司法系统改革提供经验。具体来说，上海法院和检察院的人员管理体制改革为我们提供了以下经验：

1. 员额比例：科学化和高要求

员额制是司法人员管理体制的核心，甚至可以说是本轮司法改革最大的核心与重点所在，员额制改革实效决定了此次司法改革的成败，意义极其重大。上海作为全国司法改革的探路者，在法官、司法辅助人员、司法行政人员三类人员的比例设计中，采用了科学的统计与研究方法。利用“大数据”的手段，以2013年12月底为基准时间点，先测算出上海法院系统法官的办案工作量，再推算出上海法院系统审判工作需要的法官数量总额。综合考虑各个法院的实际情况后，依据案件权重以及今后案件的发展趋势等数据，科学测算出33%这样一个法官员额比例。[1]而这一比例与中央要求的不超过39%的上线严格了很多，在大多数省份都比照中央上线进行员额分配时，上海员额制自我施压，将法官员额的比例降至33%，更加凸显了员额制改革在促进法官职业化和专业华中的作用。在上海的一些试点法院，实际进入法官员额的仅为26%。这样的低比例既实现了选拔优秀的法官才能进入审判队伍的目标，又为过渡期内未入额的司法辅助人员进入法官队伍留出了空间。[2]

2. 入额工作开展周全

按照司法改革方案的要求，上海法官员额比例要从原有的49%下降到33%，全市应有729名法官入不了员额。法官队伍是法院运作的核心所在，司法人员管理体制改革不可避免地会影响到每位法院干警的切身利益，这是改革的重点和难点所在。一旦处理不好，将会影响法官队伍的稳定，造成军心动摇，对司法改革的推进和正常审判活动的进行产生不利影响。为确保员额制改革平稳开展，上海各级法院通过多渠道深入调研干警的实际情况，实时掌握队伍动态，作为制定人员分类定岗方案的依据。上海法院通过开展岗位意向摸底调研，了解一线法官入额意向，做了大量的数据测算和分析工作，做到手中有账，心中有底。在推进员额制改革的过程中，上海各级法院还进行了多次的访谈与座谈活动，倾听法官的心声和诉求，并通过网络进行舆情收集，实时了解队伍的思想动态。

同时为保障新进法官入额的要求，保持法官不断层。上海法院设定了5年的过渡期，在过渡期内用“老人老办法、新人新办法”来解决员额定岗的问题，从法官队伍的可持续发展出发，对员额使用进行了划分。在消化现有审判员、助理审判员（老人）的同时，考虑为未来法官助理（新人）晋升初任法官预留空间，实现“新老统筹”，避免“一步到位”用尽员额。上海各级法院先后两次开展了法官入额遴选工作，共确认1879名审判员、424名助理审判员纳入法官员额管理，而两批入额的法官员额比例控制在27.6%。在全市先行试点法院人员分类管理改革全部完成后，法官员额将控制在32%以内，还会留有余额补充新法官。

为实现员额的充分使用，上海司法改革还对领导干部入额进行了特别要

---

〔1〕 侯劲松：“上海：员额制改革的先行探路者”，载《民主与法制》2015年第31期。

〔2〕 陈方：“动真格、出实招 员额制取得大进展”，载《上海法治报》2015年7月22日。

求——在综合部门工作包括担任领导职务的法官，若要通过遴选进入法官员额从事审判工作，就不能再担任综合部门的领导职务；如果要继续担任领导职务的话就不能进入法官员额之中。在检察院的员额制改革中，上海检察院也坚持入额检察官必须办案和向一线业务部门、向基层检察院倾斜的原则，一线办案力量由此得到加强和充实。在坚持检察长必须办案的原则之下，上海各级院正、副检察长直接办理有重大影响的案件和重要监督事项等1200余件（项），同比上升68%。

3. 入额考试组织规范

上海市司法改革方案要求，遴选入额法官实行考试与考核相结合的方式，具体来说包括申请报名、法官岗位承诺、入额基本条件审查、业绩考核、入额考试、审委会面试、上海市法官遴选（惩戒）委员会投票表决、党组审议以及公示等九个步骤。参加法官入额考试的既有现任助理审判员，也有在综合部门工作且5年内未在一线办案的现任审判员。考试主要为综合考察参考人员的法律基础知识、法律适用能力和裁判文书制作能力等，因此设置了单选、多选、判断、案例分析、裁判文书撰写等题型，其中案例分析和裁判文书撰写区分专业方向作答。考试结束之后，成绩合格的法官将继续通过审委会面试、遴选（惩戒）委员会投票表决、党组审议等几个步骤才能顺利入额。

值得注意的是上海司法改革方案中对法官检察官遴选（惩戒）委员会的工作进行了规定，首先遴选委员会不设在法院或检察院内部，以期保持其相对独立的地位，遴选委员会主任由专家学者担任，成员组成由相关部门的负责人和专家学者各占一半，在工作机制上按照1.2∶1的差额择优选取入额法官。

不仅如此，在入额考试与考核过程中，上海各级法院为严格把关，设置禁止性条件，法官在司法作风、职业操守等方面有瑕疵的实行“一票否决”。同时，上海司改方案还严格办案业绩考核和办案数量考核，采用案件权重系数进行办案工作量折算，未达到部门法官人均结案数的一定比例的，不予入额；案件质量考核，经抽查发现案件质量差并经审委会确认的也不予入额。

经过事先精心准备，事中严格把关，上海市员额制改革取得了良好的实效。试点法院在案多人少的情况下，通过员额制改革，审判一线的人数实际增加了18.5%，从而促进了办案质量和效率的提升。2015年1月至6月，全市法院共受理各类案件29.93万件，审结28.01万件，同比分别上升15.8%

和 11.3%。[1]

4. 其他改革举措

在大力推动员额制改革之外，上海各级法院在司法人员管理体制的其他改革方面也卓有成效。首先，其探索建立了符合司法规律和职业特点的法官选拔任用制度。明确今后法官主要从法官助理中选拔；高、中级人民法院的法官从基层法院择优遴选。其次，建立了从优秀律师、法律学者中公开选拔法官的制度并率先予以了落实，2015 年 5 月从优秀律师中公开选拔 1 名三级高级法官。再次，建立了法官日常考核机制。明确入额后考核不合格的将退出法官员额，破解了一次入额、终身入额，能进不能出的难题，实现了员额的动态使用。最后，建立了符合法官职业特点的职业保障制度。积极配合市相关职能部门，制定了《上海市法官、检察官工资制度改革试行办法》。

（二）吉林：以上率下、三级联动

吉林省法院采取“省院先行、分步实施”的改革方式，实行“以上率下、三级联动”的一步到位式司改模式，由省高级人民法院率先改革、趟出路子，给高级人民法院和基层法院提供可参考的样本。吉林省在 2015 年 6 月底完成了员额法官选任工作，并按照新的审判机制运行办案，中、基层人民法院跟进改革、全面推进，2015 年 11 月底完成了员额法官选任工作，并按照新的审判机制运行进行办案。推进员额制改革中要求，省、市、县三级法院法官员额比例严格按照中央要求，严控在 34%、37% 和 40% 以内，过渡期内预留员额总数的 10%。全省法院首批共选任法官 2915 名，占中央政法专项编制的 33.1%，这些员额法官代表了目前全省法官的最好水平，同时预留了 15.3% 的法官员额，为优秀年轻法官留足了入额空间。从严把握法院领导进入员额比例，全省法院共有 372 名院领导入额，占院级领导职数的 45.9%，其中省高级人民法院有 5 名院领导入额，占院级领导职数的 31%。全省检察院遴选员额内检察官 2206 名，占政法专项编制的 30.7%，比中央要求 39% 最高限额低 8.3 个百分点。

吉林省法院采取“考试 + 考核”的方式公平公正选任法官，选任考试分

[1] 上海高院：“员额制缓解‘案多人少’矛盾”，载 http://finance.sina.com.cn/sf/news/2015-07-23/0924933.html，访问日期：2016 年 4 月 5 日。

为笔试和面试，笔试重点考查法官的实际办案能力和司法实践经验，面试重点考查法官的综合素质和处理问题的能力，选任考核则重点考查法官“德、能、勤、绩、廉”的情况。对经过考试考核确定的人选，按照1∶1.1的差额比例，统一提交省法官遴选委员会逐一投票选出，并进行公示，最后由各法院党组研究决定。公平公正的选任方式确保选出的员额法官代表了目前全省法官的最高水平。

根据《吉林省司法体制改革试点方案》，吉林省法官、检察官遴选委员会组成人员为17人，分别是来自吉林省委组织部、政法委员会、人大、政协、法院、检察院、社科院、律师协会，以及吉林大学、东北师范大学等单位的资深法官、检察官、律师、业务专家和著名法学学者。根据《吉林省法官、检察官遴选委员会工作规则（试行）》，吉林省法官、检察官遴选委员会设主任委员1人，副主任委员2人，专门委员3人，专家委员11人。主任委员实行任期制，每届任期3年，最多连任2届。

与其他试点省份类似，吉林省在推行员额制改革中也面临着巨大的阻力和压力，改革前吉林全省93家法院有法官5119名，2000多人会因为此轮改革进入不了员额，这个比例接近40%。为了稳定法官队伍的情绪，吉林省高级人民法院采取了多种方式进行调控。一是限定领导干部入额比例。根据法院领导越往上行政事务越多、越往下办案任务越重的实际情况，把省、市、县（区）三级法院院领导入额的比例分别限定为30%、40%和50%。提倡年龄偏大或不具体分管审判业务的院领导发扬风格、做出表率，自愿申请暂不入额。未入额的院领导，除不能直接承办案件外，改革过渡期内，继续履行院领导职务和审判委员会委员职责。全省法院共计372名院领导入额，占810名院级领导职数的45.9%，所有法院领导入额比例均控制在限定比例之内。吉林省法院院领导的表率作用带动了中层干部和部分资深老法官，他们纷纷表态从大局出发选择不入额，把有限的员额指标让给高素质的年轻法官。二是注重人文关怀，倾听法官心声。在员额制改革启动之前，吉林各地法院党组通过座谈会等方式，逐个与可能涉及工作变动的法官交心谈话。对放弃入额或可能不能入额的同志，针对不同年龄、岗位的人员逐一考虑和研究，为其设计职业规划，对老法官的职业待遇适当给予倾斜，对年轻法官做转任、转岗解决，将需要坚守司法辅助或司法行政岗位的年轻优秀法官作为重点培养对象。通过这些细致的工作，吉林省员额制改革过程做到了人心不散、队伍不乱、质效不减。[1]

（三）贵州："以案定员"和"以职能定员"

贵州省作为西部的第一批司法改革试点省份，在上海等地已经开展员额制改革之后，其改革才逐步推开，但是贵州省的改革没有照搬照抄现有模式，而是在符合司法改革规律、符合贵州法院实际的要求之下，创立了"以案定员"和"以职能定员"的精细化、动态化员额制管理方案。

1. 精细化的员额制："以案定员"和"以职能定员"

贵州省员额制改革最大的特色就是实行精细化的改革，其运用信息化系统，根据区域差别、案件类型、办案时间、审判质效、难易系数等大数据反映的特点和趋势，调配员额总数和岗位，确保了审判执行活动的可持续性。[2]按照中央政法委对于法官检察官员额必须严格控制在专项编制39%以下的要求，贵州省法院采取"以案定员""一步到位"原则，对4个试点法院近3年的2.2万多件案件的办案单位时间进行了测算。并根据案件数量及特点、法官承办案件能力等综合因素，计算出各试点法院的法官员额，法官员额一次性控制在39%以内，并为未来留有足够空间。花溪、汇川、贵定、榕江4个试点法院法官员额分别为29%、30.7%、24%、30.8%。对于检察院来说，检察官的工作不仅只有案件承办，还要履行其他检查监督职能，故而贵州省对于检察官员额的确定在"以案定员"外，还进行"以职能定员"，根据各地案件数量及难易程度、办案成本等因素核定的比例分别为41%、40%、38%、37%。

2. 动态化的员额制

贵州省在员额的日常管理上继续沿用了员额确定之时的精细化做法，通过科学设置法官员额进出机制，并定期对案件数量、法官经验、个体绩效、信息化程度进行评估，科学增减法官员额数，既确保案件饱和，又避免法官超负荷运转，从而保证司法质效。[3]员额比例是动态的，每个试点院至少留出员额的10%，这样为以后的入额工作留下空间。动态化的员额制保证了法

---

〔1〕张伟刚、郭春雨："以上率下破员额坚冰——吉林法院人员分类管理改革调查"，载《吉林人大》2016年第1期。

〔2〕金晶："贵州版员额制：彻底、动态、精细化"，载《人民法院报》2015年6月1日。

〔3〕金晶："贵州版员额制：彻底、动态、精细化"，载《人民法院报》2015年6月1日。

官队伍不会固化，相对流动的模式增加了法官队伍的活力，既鞭策现任法官与时俱进，也让暂时没有进入法官队伍的助理和书记员们可藏器待时。〔1〕

3. 员额遴选工作

贵州省员额制的遴选工作并没有像其他省份一样通过统一的考试和考核的方式进行，而是在确定了统一的原则和目标之后，由4个试点法院自行开展法官遴选工作，而试点法院的遴选方案也各有不同。汇川区人民法院以民主测评为主，其中群众测评占70%，领导班子测评占30%。院党组最终根据参加人员的测评总成绩和"德、能、勤、绩、廉"情况确定入额人选。贵定县人民法院则采用民主推荐和民主测评相结合的方式，按班子成员、中层干部、一般干警三个层次分别占比40%、30%、30%进行民主推荐，再由院党组差额选任出入额法官拟任人选，并对入额法官拟任人选进行民主测评。民主推荐和民主测评都当场投票、公示结果。榕江县人民法院在选任裁判法官时还成立了由县纪委、县委政法委、县委组织部等人员组成的选任裁判法官监督小组。花溪区人民法院在遴选法官的要求中，还明确列出一条"能够熟练运用信息化技术，实现网上全程办公办案"。〔2〕在第一批法官、检察官遴选结束之后，为确保第二批试点法院、检察院员额制法官、检察官遴选答辩质量和社会公认度，贵州省法官、检察官遴选委从省党代会代表、省人大代表、省政协委员、资深法官、检察官、律师及高校法学专家中抽调人员组成5个考官组，分赴5地开展遴选答辩工作。

### （四）青海：比例制为主、定额制为辅

青海省在员额制改革中按照中央和省委制定的方案框架，明确员额控制目标，过渡期满后实现将85%的人员安排在办案一线，通过逐步减少法官、检察官占政法专项编制总数的比例，实现总员额39%以下的目标。在具体的方案设计中，青海省根据自身实际情况，也实行了有别于其他省份的员额制办法。

1. 员额分配：比例制为主、定额制为辅

青海省地域辽阔、地区差异大、多民族聚居、多宗教并存，在这样的情

〔1〕 金晶："贵州司改破冰'案'与'员'的辩证法"，载《人民法院报》2015年6月1日。

〔2〕 金晶："贵州司改破冰'案'与'员'的辩证法"，载《人民法院报》2015年6月1日。

况下司法机关办案难度大、办案成本高，加之近年来进入司法渠道的案件呈大幅度增加，完全按照员额目标进行定额不太可行。青海省大多数基层法院、检察院人员编制数少且分布在自然条件特别艰苦的地区，故其试点方案提出按照因素法，采用比例制为主、定额制为辅的方法确定法官、检察官员额，明确编制数在 30 人以下的基层法院、检察院，按照 7 ~ 10 名的定额确定员额。[1]同时，为了保证青年法官、检察官的利益，试点法院法官、检察院检察官按照总员额控制目标的75%进行遴选，预留 25%的员额用于统筹解决员额配置中可能出现的突出问题，让更多年轻的优秀法官、检察官进入员额加强办案一线的力量。而对于领导干部进入法官员额的问题，青海省的做法是建议试点法院、检察员的院级领导暂不进入首批法官、检察官员额。进入员额的领导干部必须按照当地统一的法官、检察官选任标准通过正规的遴选程序，同时明确进入员额前都要独立承办不低于本院人均办案数 20%的案件，不能将案件转嫁他人，并以其办案质效作为考核的主要依据。

2. 入额方式

采取“专业考试 + 专业考核”的综合评定方式确定首批入额的法官、检察官人选。其中专业考试成绩占 30%，专业考核成绩占 70%。专业考试着眼于司法能力和实际办案水平，专业考核则立足于办案数量和质量等工作业绩，确保选任的法官、检察官具有良好的专业素养和品行操守，富有责任感，能够独立办案。为确保遴选的公信力，遴选委员会的委员 50%以上由社会各界人士广泛参与。同时，为确保遴选工作的实际效果，青海省采取对所有入额法官、检察官人选考察面试，进一步掌握入额法官、检察官人选的基本素质、业务能力、办案水平、办案业绩、工作表现等情况，为遴选委员会从专业角度提出法官、检察官人选奠定基础。

### （五）广东：差异化的员额制

广东省作为我国的诉讼大省，司法任务相当繁重，长期以来，广东省法院系统以占全国法院系统 1/20 的人力办理了全国 1/11 的案件。检察院系统以占全国检察机关 1/20 的人力办了全国 1/9 的刑事检察案件，珠三角地区一

---

〔1〕王宥力：“打造司改员额制‘青海样本’”，载《青海日报》2015 年 5 月 19 日。

些基层法院法官年均办案数量甚至超过300件，案多人少的矛盾非常突出。[1]但广东省省内经济社会发展水平差异巨大，各地司法状况也大相径庭，有的地区面临案多人少的问题，但有的地方确实案少人多，这些情况都需要在司法人员管理体制改革中予以体现和解决。为此，广东省员额制方案实行差异化的改革，针对不同地区的不同情况，实行不同的方案。

1. 差异化的员额制改革

按照中央批复的广东省司法体制改革试点方案，根据广东省内各地实际情况，在深圳、佛山、汕头和茂名开展4项综合改革试点，实行差异化探索。其中深圳作为特区“先行先试”的代表，着力打造“综合性改革示范法院”；佛山作为珠三角地区“案多人少”的代表，着力打造“中级法院实践样本”；汕头作为粤东地区“案少人多”的代表，着力解决人员分流等难题；茂名作为经济欠发达地区“案少人少”的代表，着力打造“欠发达地区示范样本”。作为比较，深圳是作为珠三角地区案多人少的典型，深圳在2014年就启动了法院人员分类管理和法官职业化改革，将法官作为第4类别公务员，设置单独的职务序列进行管理。改革后，深圳全市选任主审法官1065名，他们2014年受案量为22.5万件，人均办案超过200件。[2]而在茂名市中级人民法院，现有在编法官112人，2014年全院受案3000多件，法官人均办案不到30件。[3]根据珠三角、粤东、粤西北等地差异化极大的情况，广东省员额的使用不像其他省份一样实行全省定额，而是将39%的员额比例在全省统筹，粤东、粤西北地区不到30%，珠三角地区则突破39%，经过一段时间的过渡期，逐步达到改革目标。

2. 健全员额制的配套制度改革

员额制改革虽然是司法人员管理体制改革的主要内容和重点所在，但是员额制改革也是一个复杂的改革，需要很多配套改革予以支持，这些配套改革的成效决定了员额制改革能够否成功。为此，广东省在以下方面进行了改革：

其一，加强司法辅助人员队伍建设。辅助队伍建设是法官员额制的配套

---

[1] 王逸吟：“法官员额制的广东试点”，载《光明日报》2015年6月8日。

[2] 王逸吟：“法官员额制的广东试点”，载《光明日报》2015年6月8日。

[3] 王逸吟：“法官员额制的广东试点”，载《光明日报》2015年6月8日。

补充，为解决审判辅助队伍身份复杂、素质不一、待遇不稳的问题，广东省深入调研剖析、反复协调推动，制定了《广东省劳动合同制司法辅助人员管理暂行规定》。对合同制辅助人员的经费保障、职责、权利义务、招聘培训、等级晋升和薪酬待遇、考核、责任追究等进行了规定。广东法院已完成法官助理及司法行政人员岗位调整。目前，广东的试点法院已初步建立了法官、审判辅助人员、司法行政人员等各类人员独立的发展通道。2014 年深圳盐田人民法院启动了聘用人员分类管理改革，对聘用制法官助理实行五级分级管理，同时明确各等级法官助理工资待遇、晋升条件和年限。

其二，完善法官职业保障制度。根据广东省司法改革方案，非因法定事由、非经法定程序，不得解除或变相解除法官、检察官职务。而符合法官、检察官职业特点的工资福利制度也在探索建立中，广东试点将建立以法官、检察官等级定待遇的制度，明确各职务等级所对应的薪级。建立各地区法官、检察官职业津贴计发比例与办案数量、质量挂钩的绩效考核机制。根据经济发展、财政收入、物价增长等因素，建立津、补贴正常增长机制。根据法官、检察官职业特点，广东还将建立健全延迟退休制度，适当延长一线法官、检察官的退休年龄。

其三，逐步加大从基层遴选法官、检察官的力度。广东省司法改革方案规定，担任初任法官、检察官的，原则上要有全日制院校法律专业本科以上学历，并且必须达到一定的任职年龄和具备相应的法律职业经历。而上级法院法官、检察院检察官原则上从下级法院、检察院择优遴选，逐步加大从基层法院、检察院遴选法官、检察官的力度；畅通从符合任职条件的律师、法学研究人员和其他法律工作者中选任法官、检察官的渠道。

其四，对法院、检察院工作人员实行省级统一管理，具体包括市级、县级法院院长、检察院检察长由省级党委（党委组织部）管理。法官检察官由省统一组织遴选并按法定程序任免，全省法院检察院系统机构编制统一由省机构编制部门归口管理等改革内容。法院、检察院财物实行省级统一管理，市、县法院、检察院作为省级政府财政部门一级预算单位，向省级财政部门直接编报预算，预算资金通过国库集中支付系统直接拨付。[1]

〔1〕 邓新建："广东公布司法体制改革试点方案"，载《法制日报》2014 年 11 月 28 日。

### （六）湖北：员额制改革进展迅速

湖北省司法人员管理体制改革与其他试点省份相比，虽无特别的制度创新，但是其员额制改革进展却领先于其他各省，首批入额的法官数量已经达到了4996名法官。本科以上学历的增长9.32%，具备3年以上办案经验的占96.2%，初步建立起以法官为主、法官助理、书记员为辅的审判团队。改革之后，湖北法官人数占中央政法专项编制人数比例从64.49%下降到34.73%。

在员额遴选过程中，湖北省员额制改革方案要求所有现有法官、检察官，包括各级领导班子成员必须参加统一的考试考核，择优进入员额。为了避免出现“能办案的人不了员额，进员额的办不了案”的问题，在考试考核中，侧重考察理论素养和实际办案能力、经验以及办案实绩。具体来说，湖北省法官入额还要求入额法官必须有中央政法专项编制，同时必须已获得审判资格且至少担任过2年助理审判员。在严格进行员额遴选之外，湖北省还设置了5年过渡期的竞争机制，在5年的过渡期内不合格的法官将会被淘汰，将一直努力、后来居上的审判骨干和其他新鲜血液纳入其中，动态调整员额法官数量，为将来优秀人才入员额预留空间。

### （七）海南：员额向基层倾斜

海南省以考试加考核、全员参加、全程公开的形式，三级法院联动同步推开，完成了拟入额法官选任，经省法官、检察官遴选委员会审核投票通过，三级人大常委会任命了入额法官1116人，实现了法院工作人员的分类管理。

根据中央批复的《海南省司法体制改革试点方案》，全省检察机关的检察官、检察辅助人员、司法行政人员分别占政法编制的39%、46%、15%。根据这一比例要求，本着将办案资源向基层、办案一线倾斜的原则，省检察院核定省院、分市院、基层院三级检察院三类人员比例分别为：38%、42%、20%，38%、47%、15%和40%、50%、10%。截至目前，全省检察机关从原有检察员、助理检察员中一次性选任产生了796名进入员额检察官。分三批选任了696名检察官助理，对182名书记员、35名检察技术人员和140名司法警察进行了确认，初步建立起符合司法规律和职业特点的检察人员分类管理模式。

检察机关员额制按照“择优选任、逐步增补、避免一步到位”的要求，采取“考试+考核”的办法，增加透明度，体现公开、公平、公正；精心组织实施，统一组织考试，统一考核标准，全省同步推进。突出业务能力和工作实绩，提高检察官专业化职业化水平。严把进入员额检察官的选任条件，在坚持政治标准、廉洁要求的基础上，突出对司法能力、办案业绩、职业操守的考核，不简单地按级别、票数、考分入员额。实行检察员和助理检察员分别分配名额、分别选任，对助理检察员选任检察官增加面试环节，保证了进入员额检察官的素质和能力。凡没有办案实践的检察人员都不能进入员额。全省三级检察院有11.4%的班子成员、31%的部门负责人、33%的检察员没有进入检察官员额。进入员额的检察官中，45岁以下的占62.9%。

值得注意的是，根据海南省司法改革方案的要求，全省的法官都应参加考试，但是根据其公布的数据，参加考试的只有1170人，除了30人弃考以外，还有193人未参加考试，全部都是海南各级法院的院长和副院长。[1]在事后海南方面公布的入额法官名单中，他们都直接进入了员额。在海南省入额遴选工作中，考试成绩只占最终遴选分数的40%，其余60%主要看法官的资历、院党组打分、法官的职务，以及发表文章等指标。其中院党组打分和职务无疑为领导干部进入员额内提供了很多便利，这样的情况需要引起我们的注意。

## 四、总　结

司法人员管理体制改革是本轮司法改革的重点和难点所在，其以员额制改革为核心，还内在包括了司法辅助人员管理体制改革、司法人员职业保障制度改革等。从目前中央的改革纲要和地方的改革实践来看，司法人员管理体制改革的重点工作和环节主要包括了司法人员员额比例的确定、法官/检察官入额考试与考核、未入额法官/检察官的分流工作、司法辅助人员管理体制改革、法官/检察官工资待遇、级别晋升、职业保障等制度改革。可以说，司法人员管理体制改革中的任何一项子改革都是涉及全国一线法官/检察官切身利益的重大改革，本次司法改革的最大难点就在于如何顺利地突破阻力，平稳地对现有利益格局进行重新分配。司法人员体制改革是司法体制改革的基

〔1〕 叶竹盛："法官员额制：寻找可复制的经验"，载《南风窗》2015年第14期。

础性工作，其改革成败将会对司法权运行机制改革、司法责任制改革产生重要影响。

（一）员额比例的确定

司法人员体制改革之关键在于法官/检察官员额制改革，而员额制改革之关键又在于法官/检察官、司法辅助人员和司法行政人员之员额比例的确定。法院需要多少法官进行审判工作，并不是一个价值判断的问题，而应为一个事实判断的问题，需要综合考虑法院辖区社会发展程度、地理面积、人口数量、案件数量等要素，并结合不同层级法院的职能的差异，科学地分配法官工作量、设置审判辅助人员数量。关于法官员额不能超过中央政法编40%的精神，实际上是遵从了当前约2/3的法官不审理或不直接审理案件的现状。〔1〕从各地的改革实践来看，基本都比照39%的红线设置法官员额比例，这样的目标选择也是各地面临员额制改革压力的无奈之举。以广东省为例，广东省司法改革方案设计的法官员额比例就是39%，广东省法院系统现有中央政法专项编制共为20 501名，改革后全省法官员额将降为7995名，其中还将预留10.42%作为动态管理，实际分配到广东省高级人民法院、21个市人民法院和各类专门法院的法官员额为7162名。这就意味着全省将有3000多名法官面临转岗。单是广州市中级人民法院，转岗人员就占原有法官数量的近1/3。〔2〕但是也有不少地方，如上海和贵州在员额比例确定时充分运用“大数据”的分析方式，计算办案工作总量和人均办案量，考虑不同级别和各地实际需要，科学制订法官/检察官员额比例。

（二）入额考试与考核

员额制比例确定之后，现任法官都需要通过统一的入额考试和考核才能进入法官员额之中，故而入额考试的方式和标准也成为一线法官/检察官关注的重点。综合第一批司法改革试点省份的经验来看，七省份的入额考试有以下特点：（1）参与入额考试与考核的对象既包括了现任法官，又包括了承担司法辅助任务的法官助理和书记员；（2）入额考试与考核基本分为报名、资格审查、入额考试、业绩考核、审委会面试、遴选委员会票决、党组审议和

〔1〕参见孙英：“法官员额制改革的当务之急与长远之计”，载《山东审判》2015年第2期。

〔2〕贺林平、郝迎灿、杨晓梅：“人少案不少，怎么破”，载《人民日报》2016年3月21日。

公示几个步骤；（3）遴选委员会在一般按照一定的差额比例进行票决，比如上海市规定法官遴选委员会应按照 1.2∶1 的差额择优选取入额法官，吉林省也设置了差额比例，为1.1∶1。（4）法官/检察官的办案能力和办案质量也是入额工作中的考察重点，如上海市司法改革方案严格办案业绩考核和办案数量考核，采用案件权重系数进行办案工作量折算，未达到部门法官人均结案数的一定比例的，不予入额；案件质量考核，经抽查发现案件质量差错并经审委会确认的也不予入额。

当然各地的改革方案也遭致了一些批评的声音，主要集中于两个方面：一是入额考试与考核的公正性不够，不少地方遴选委员会进行票决的时候采用的是等额选举，无法起到应有的监督与遴选作用；二是入额考试与考核的公平性不够，大多地方在考核过程中都将法官/检察官的办案数量或者任职年限纳入考察范围之内，这就导致了本应公平的统一考试与考核事实上并非完全公平。将法官的资历纳入考核范围虽然可以保证入额法官具有较高的办案能力和素质，但从另一角度来看，这也必然导致了入额考试考核对青年法官和法官助理的不公，影响年轻人进入法官/检察官员额。

### （三）未入额法官、检察官的分流工作

在员额制改革的推行过程中，各地都面临着大量法官、检察官不能入额需要分流的工作压力。面对这样的压力，各地采取了不同的方法予以应对，主要有内部分流和外部分流两种方式，内部分流就是未入额的法官和检察官分流到其他岗位，担任司法辅助人员或司法行政人员。外部分流就是将未入额的法官和检察官分流到其他国家机关，如地方党委、政府、事业单位等。除此以外，各地还通过领导干部主动放弃员额，快退休的老法官主动放弃员额等方式进行员额的节余和分流。

### （四）司法辅助人员的管理

司法辅助人员的管理在员额制改革之后就显得极为重要，司法辅助人员将会承担繁重的程序性和辅助性事务，司法辅助队伍的稳定直接关乎审判工作的开展质量。目前司法辅助人员来源复杂，种类多样，人员流动性很大，管理难度也很大，为此各地在司法改革方案中纷纷对司法辅助人员的管理进行了专门的规定。以广东省为例，其通过制定《广东省劳动合同制司法辅助人员管理暂行规定》，对合同制辅助人员的经费保障、职责、权利义务、招聘

培训、等级晋升和薪酬待遇、考核、责任追究等进行了规定，并为司法辅助人员建立了单独的职业发展与晋升通道。

（五）法官、检察官的职业保障

司法人员管理体制改革与司法责任制密切相关，配合员额制改革，各试点省市也对法官、检察官和司法辅助人员的工作职责进行了合理划分，确保法官依法履职行为不受追究，非因法定事由，未经法定程序，不得将法官调离、辞退或者作出免职、降级等处分。通过设立由法官代表和专家学者、律师代表等参与的法官惩戒委员会，制订公开公正的法官惩戒程序，既确保法官的违纪违法行为及时得到应有的惩戒，又保障其辩解、举证、申请复议和申诉的权利。同时，各地还普遍建立法官、检察官单独的薪酬体系和法官等级晋升的保障机制，构建差异化、动态化，符合司法规律的内部激励机制，建立完善法官、检察官和司法辅助人员与绩效挂钩的职业津贴制度。

总体来说，在2015年度内，各地司法人员管理体制改革在探索中取得了不少宝贵经验，对于提高司法队伍的专业化、职业化程度起到了里程碑式的作用。但我们也应当看到目前改革中还有一些不符合改革要求的工作办法，如在入额过程中对青年法官利益照顾不够，未实现入额考试起点和标准的统一等问题，这都需要在今后予以改进。总之，司法人员管理体制改革作为司法改革的最大难点，在各地的努力之下，顺利完成了员额制改革等重点改革的开局，万事开头难，我们相信在本年度的改革经验基础上，各地将在司法人员管理体制改革中取得更好的成绩。

（何盼盼）

专题二

# 司法权力运行机制改革

党的十八届四中全会通过的《中共中央关于全面推进依法治国若干重大问题的决定》从全面推进依法治国的战略高度，提出“完善司法管理体制和司法权力运行机制”的改革要求。这是党中央在全面深化改革的新形势下，对深化司法体制改革提出的新的重大任务。司法权运行机制改革，作为司法文明建设的重要方面之一，是坚持和完善中国特色社会主义司法制度的必然要求，是推进国家治理体系和治理能力现代化的客观要求，也是维护社会公平正义的迫切需要。

## 一、理论热点

规范有序的司法权力运行机制，是司法机关依法独立公正行使职权的重要保障。关于此方面，《中共中央关于全面推进依法治国若干重大问题的决定》提出了多项重大举措，如完善刑事诉讼中认罪认罚从宽制度、完善审级制度、推进以审判为中心的诉讼制度改革，探索建立检察机关提起公益诉讼制度等。其中，学界关于“推进以审判为中心的诉讼制度改革、审委会制度改革”等方面的讨论一直处于较为热烈的状态中。

### （一）以审判为中心的诉讼制度构建

在我国的刑事司法实践中，以侦查为中心的诉讼制度弊端已日渐凸显，庭审功能的虚置也成为常态，其具体表征有三：一是举证的虚化，二是质证的虚化，三是认证的虚化。毫无疑问，在侦查中心主义的诉讼构造之下，诸如非法证据排除规制、直接言词原则等皆难以践行，由此导致冤假错案和司法不公记录的出现。由此，从“侦查中心主义”到“审判中心主义”成为我国司法权运行机制优化的重要方面。

“审判中心主义”作为学理上的概念，是指整个诉讼制度的构建和诉讼活动的展开围绕审判进行。在“审判中心主义”的视角下，侦查是为审判进行准备的活动，起诉是开启审判程序的活动。侦查、起诉和执行皆服务于审判，审判构成整个诉讼流程的重心和中心，审判中控诉、辩护、审判三方结构成为诉讼的中心结构。[1]继十八届四中全会决定提出“推进以审判为中心的诉讼制度改革”以来，“审判中心主义”成为学界讨论的一大热点。“审判中心主义”涉及公、检、法在刑事诉讼中的职权分工、相互制约，以及侦查、审查起诉和审判之间的关系。而目前的司法状况还是“侦查中心主义”大行其道，刑事诉讼所遵从的是“诉讼阶段论”的观点，刑事诉讼呈现出一种“流水线”的工作形态：侦查、起诉和审判分别由公安机关、检察院、法院进行操作，最后“生产”出一份裁判文书，环节与环节之间只有配合、却缺乏监督。[2]此种现象，违背了我国《刑事诉讼法》中“人民法院、人民检察院和公安机关进行刑事诉讼，应当分工负责，互相配合，互相制约”的规定，也成为妨碍司法公正的一个重要原因。

对于“审判中心主义”，即以审判为中心的诉讼制度的实现路径，学界大致提出以下几种观点：

1. “审判中心主义”的实质是指以庭审为中心，使庭审从虚化走向实质化。从“侦查中心主义”回归“审判中心主义”，首先应当重新审视“诉讼阶段论”。从“诉讼阶段论”视角来看，诉讼活动是一个向前运动、逐步发展的过程，该过程循序进行、相互连接而又相对独立的各个部分，被称为“刑事诉讼阶段”。我国是少数以诉讼阶段论布设刑事诉讼格局的国家，诉讼重心前置于侦查阶段，侦查代替审判成了对案件全面、实质调查的重要阶段。因此，要改变此种诉讼格局，必须重新审视和检讨“诉讼阶段论 ”，调整诉讼权利主体之间的关系、地位，甚至调整刑事诉讼法的法典结构等。[3]与之类似，也有观点认为，构筑以审判为中心的诉讼制度的前提应当是确立共同

---

〔1〕 张建伟：“审判中心主义的实质内涵与实现途径”，载《中外法学》2015 年第 4 期。

〔2〕 参见魏晓娜：“以审判为中心的刑事诉讼制度改革”，载《法学研究》2015 年第 4 期。

〔3〕 张建伟：“审判中心主义的实质内涵与实现途径”，载《中外法学》2015 年第 4 期。

诉讼理念。制度改革应当理念先行。首先，作为刑事诉讼主体和改革的主体，公、检、法、司工作人员和律师工作者都必须转变观念，真正树立“审判中心”之诉讼理念，坚持全部刑事诉讼活动围绕审判而展开，案件事实须经庭审查清，案件证据须经庭审举证、质证、认证，被告人刑事责任须经法院审判程序确定。其次，厘清“以审判为中心”与公、检、法三机关“分工负责、互相配合、互相制约”之间的关系。审判中心是基于公、检、法三机关在立法上的职能定位和司法运行上的工作关系而提出的，是对三机关关系的完善与发展。〔1〕

2. 以审判为中心意味着只有经过审判才能最终确定被告人有罪，还意味刑事诉讼各阶段的活动，特别是限制自由和收集证据的活动，应符合审判的要求。审判为中心要求发挥庭审在调查核实证据和认定案件事实中的决定作用。因此，质证制度的完善成为推进以审判为中心的诉讼制度改革中的重要举措。质证制度的完善需要制定质证规则，并且完善其他配套的刑事司法制度：其一，在制定质证规则方面，至少应当制定包括以下方面的规则：质证事项，法官、检察官、被告人及其辩护律师在质证中的权利和义务，证人的权利和义务，质证程序和质证效力等。其二，完善证人出庭制度。证人出庭率低是我国刑事诉讼中长期存在的一大问题。虽然现行的《刑事诉讼法》对证人出庭制度方面有了很大进步，但仍需进一步的制度细化和强化执行。其三，利用庭前会议制度。在庭前会议中，应当做到两点：首先应当确定哪些案件需要进行庭审质证程序，其次应当确定哪些证据需要质证。〔2〕其四，完善控辩平等对抗机制。理顺追诉职能与追求公正之间的关系，厘清公诉职能和监督职能的界限，进一步完善辩护制度。〔3〕

3. 使庭审活动去空洞化，走向实质性审判，对于裁判者而言，需要做到：一是切断审判与侦查的链接，实行起诉状一本主义。审判流于形式的一大原因，是裁判者有卷宗可恃，即使庭审时不进行细致调查，仍然可以通过私下

---

〔1〕石莹莹：“构筑‘以审判为中心’诉讼制度诸要件的思考”，载《政法论坛》2016 年第 1 期。

〔2〕杨宇冠、刘曹桢：“以审判为中心的诉讼制度改革与质证制度之完善”，载《法律适用》2016 年第 1 期。

〔3〕石莹莹：“构筑‘以审判为中心’诉讼制度诸要件的思考”，载《政法论坛》2016 年第 1 期。

阅卷了解案件情况并以之为裁判基础，既然如此，庭审就必然变得可以替代甚至于可有可无了。因此，实行起诉状一本主义（即卷证不并送主义），切断侦查与审判的连接，检察机关在向法院起诉时只移送一份起诉书——既不得移送证据材料，也不允许在起诉书中描述这些证据情况，那种庭审空洞化的状态就有望得到改善。二是摒弃卷宗依赖主义，贯彻直接、言词原则。直接原则包含形式的直接性和实质的直接性两个含义，前者要求："法院（指为审判的全体法官）必须获得对于本案待证事实的'直接印象'，为了达此目的，法院必须亲自知觉，察言（颜）观色（听其言、观其行），即亲自践行审理程序，尤其是其中的证据调查程序，不能委由其他人来践行，纵使是委由受命法官或委托法官讯问证人或鉴定人，除法律特别允许之情形外，原则上也在禁止之列。"后者要求认知法院"自己跑完全程"，也可以说是禁止接力赛。言词原则要求："审判程序之进行，无论是起诉要旨之陈述、证据之调查、被告之讯问、辩论与结辩，最后陈述及判决之宣示等，皆应以言词为表达方式；反之，未以言词形式表达者，原则上视同并未发生或并不存在，法院自不得据以为裁判之基础。"〔1〕

4. 调整第二审和死刑复核程序的功能，确保第一审程序在事实认定的问题上居于整个程序体系的重心地位。刑事诉讼中的一审"失重"现象始终存在，其原因在于：二审程序和死刑复核程序均实行全面审查原则，即二审法院或死刑复核法院可以在事实认定、法律适用或刑罚量定中的任何一个方面否定前一审级的判决。由此所引发的问题是：审级越大、权威越大；整个程序体系的重心经由二审程序、死刑复核程序而逐级上行，一审程序因此失去重心地位；第二审和死刑复核审查的不开庭审理又加剧了对重心上移的合理性质疑：二审法院及死刑复核法院是否有能力纠正一审判决的事实错误？因此，确立第一审程序的重心地位、使之成为刑事司法系统分散而坚实的支撑便显得尤为重要。与之相对应，合理界定和调整刑事案件第二审和死刑复核程序的功能亦必不可少：首先，应当强化刑事案件第二审的救济功能。突出第二审程序的救济功能，允许当事人或者检察院仅就第一审判决的一部分内容提起上诉或者抗诉，第二审受其约束，原则上其审理范围仅限于对原审判决提出上诉或者抗诉的部分。其次，发挥死刑复核程序统一死刑适用的功能。

〔1〕 张建伟："审判中心主义的实质内涵与实现途径"，载《中外法学》2015年第4期。

由最高人民法院统一核准死刑，这在中国单一制的政治体制下是必要的，因为死刑的适用在同一司法体系内应保持标准的统一性。这也决定了死刑复核程序与死刑案件第一审、第二审程序的着眼点应有所不同。死刑案件第一审重在死刑适用在个案中的妥当性，包括事实认定、法律适用、诉讼程序是否合乎法律规定，适用死刑是否合法、妥当；第二审的重点则应当是在个案中对第一审判决出现的错误提供具体的救济。而统领全局的最高人民法院应当侧重于把握案与案之间在适用死刑时是否标准统一，是否合法、公平且合乎比例。〔1〕

（二）审判权运行机制优化需要解决的问题

学界针对审判权运行机制优化问题，提出了以下观点：

1. 法院管理中涉及三类内部权力：行政权、审判权和监督权。监督权运行的管理往往被忽略。审判权与行政权合一、行政权与监督权合一的现行管理结构是导致法院内部监督体制失灵的重要原因，这也是法官违法行为持续多年未被发现和发现者皆来自外部监督体制的根本原因。有关司法权配置和运行的改革就要从消除法院管理中背离公共管理理论和违反审判规律的现象开始，按照“三权三性”确立方案：行政权具有服务性，为审判工作提供服务；审判权具有独立性，审理者裁判，裁判者负责；监督权具有主动性在符合一定条件时必须启动纪检监察程序。检察机关对于存在内部审批的案件一律提起抗诉，对于审批案件者依据刑法追究渎职责任，通过多方合力推动新一轮司法改革取得实效。〔2〕

2. 司法权力规范运行的关键是正当价值体系的构建。我国司法权力运行不规范、冤假错案多发的主要原因是司法权力运行中行政化思维根深蒂固，学者们有针对性地提出许多去除行政化、提高法官独立程度的改进建议，但司法权力的实际运行状况依旧堪忧。理论建议难以被实践采纳的根源在于我国司法权力运行过程中的价值缺失，不仅法官普遍地缺乏法律至上、依法独立行使审判权之价值观念的支撑，而且现行司法制度也缺乏对这一价值观念的贯彻与保障。唯有进一步完善司法价值体系，才能有效改变目前司法权力

〔1〕 参见魏晓娜：“以审判为中心的刑事诉讼制度改革”，载《法学研究》2015 年第 4 期。

〔2〕 李秀霞：“三权分离：完善司法权运行机制的途径”，载《法学》2014 年第 4 期。

运行不规范的局面。欲去除我国司法权力运行中的行政化思维，构建正当的司法价值体系，必须在加强法官法治意识和审判独立意识的同时将依法独立行使审判权观念真正贯彻到司法制度的改革进程中去，这样才能有效保障司法权力的规范运行。〔1〕

3. 围绕着审判权内部运行机制改革的问题实际上非常庞杂，因为有关审判权内部运行机制的改革并非是一项孤立的改革。与此同时，审判权内部运行机制作用的良好发挥实际上也紧密依赖于外在性制度环境的建构以及制度资源的有效供给。除此之外，尽管在审判权内部运行机制改革过程中，制度建构或者规则设立的重要性的确不能忽视，但制度的有效实施无疑还需有良好的人力资源和充分的财力资本作为保障。因此，在强化审判权内部运行机制改革的同时，还要不断深入推进与此配套的法官管理制度改革、法官养成机制改革、法院工作人员的分类管理、职业保障制度改革等；唯有此，才能确保审判权运行机制改革的顺利进行。〔2〕

4. 审委会制度的改革路径：审委会制度的改革事关审判权运行机制的调整与完善，是推进主审法官责任制、增强合议庭独立裁判职能的重要保障措施。审委会制度调整涉及因素较多，其中审委会与合议庭的关系、审委会的职能定位、审理模式等是审委会制度改革完善的核心与关键。虽然各级人民法院一直在尝试采取各种改革措施，回应社会的批评和建议。但是，这种改革并没有真正触及审委会对重大疑难复杂案件的定案机制。即审委会作为人民法院的内部最高审判组织，从根本上违反了二审终审制的司法审级制度。

考虑到国内目前司法运行环境和改革的基础条件等因素，审判委员会不宜被废除，但应创新制度安排的理念，对其改革进行顶层设计，确定改革的边界。同时，为了理顺审判委员会与合议庭之间的关系，遵循司法审判权运行规律，可以修改国内相关法律，突破现有的二元制审判体制为“二元半体制”——“一审 + 二审/审判委员会”。在审委会内部设立大审判庭，对于重大、疑难和复杂案件进行独立审判，并按照案件性质对审委会委员进行专业分工，明确规定其就重大、疑难和复杂个案进行审判的权能及问责机制。同时，积极发挥审判委员会的监督、咨询职能，这也是完善主审法官、合议庭

---

〔1〕 侯学勇：“司法权力规范运行的关键是正当价值体系的构建”，载《法学》2014 年第 4 期。

〔2〕 方乐：“审判权内部运行机制改革的制度资源与模式选择”，载《法学》2015 年第 3 期。

办案责任制，落实“谁办案谁负责”，以及实行办案质量终身负责制和错案责任倒查问责制的应然要求。[1]

## 二、经验总结

关于司法权运行机制改革，各地纷纷出台了一系列创新措施，以推动司法改革的顺利开展，其中重要举措大致包括以下方面：其一，审判团队建设；其二，审委会制度改革；其三，去“行政化”改革；其四，改革内设机构；其五，建立法官会议制度；其六，探索建立检察机关提起公益诉讼制度。以下将对上述内容展开说明。

### （一）审判团队建设

#### 1. 独任制审判团队与合议制审判团队相区分模式

（1）独任制审判团队。以深圳福田法院为代表，采取“1＋N”模式，即1名审判长，1名～2名见习法官或1名～2名法官助理及书记员等，组建9个独任制审判团队；所有案件均由审判长主审，见习法官作为审判长高级助手，不独立承办案件；案件复杂、确需转为普通程序审理的，由审判长与人民陪审员或分管院领导一起组成合议庭审理。

（2）合议制审判团队。同样以深圳福田法院为例，采取“1＋2＋3＋4”模式，即1名审判长，2名普通法官，3名法官助理，4名辅助人员，组建31个合议制审判团队。每个审判团队不只专注于一类案件，而是以某类案件为主，兼顾办理其他类型案件。审判长负责分配案件、安排工作、行使必要的监督权；普通法官能够胜任的简单案件，可独立完成；需要转为普通程序审理，由审判长主持合议庭审理。重大复杂疑难案件一般由审判长或合议庭审理；特别重大疑难案件由审判长提交审判委员会讨论。

#### 2. 专业化审理、类型化案件相区分模式

该模式通过将案件类型化处理，将之分配给不同的审判团队进行审理。实现案件审理的专业化、高效化。以四川省彭州市人民法院为例，该院编排

---

〔1〕张卫彬：“审判委员会改革的模式设计、基本路径及对策”，载《现代法学》2015年第5期。

重组合议庭、独任庭，以“专业化审判”为改革主线设置8个专业合议庭，3个由副院长担任审判长的合议庭，1个由审判委员会委员组成的合议庭，20个独任庭，成立审判组织成员选任小组，从全院48名报名人员中层层筛选出审判组织成员43名，编入专业合议庭和独任庭，将优势资源充实到审判一线，并按照固定比例配备审判辅助人员，充分发挥该类人员的审判辅助作用；专业化划分案件类型，确定专业合议庭的受案范围，将民事审判划分为婚姻家庭继承纠纷、买卖合同纠纷、借款合同等16个案件类型分别纳入3个专业合议庭，将其他审判划分为非诉审查、案外人异议、执行异议等9个案件类型分别纳入5个专业合议庭；同时完善案件繁简分流机制，拉开审理层级，实现独任庭就地、就近把简案办快，专业合议庭集中精力把难案办精。

3. 多种量化因素与保障审判质量等因素综合确定模式

该模式是指，法院综合法官审判质量、专业能力等因素，确定审判团队的组成结构。以湖北省武汉市中级人民法院为例，武汉中级人民法院先确定47名“种子选手”，注重任用优秀的年轻骨干，然后让他们自由组合。双向选择充分尊重个人意愿，不强行派人，以利于具体负责人管理团队。如此决策的结果是，各个审判团队负责人出于对团队综合实力的考虑，更加看重选用对象的能力和态度。在司法体制改革后，武汉中级人民法院共组建52个审判团队，包括47个合议庭，2个立案庭各2个审判团队，执行庭1个审判团队。全院重新组建的47个合议庭，以庭长、副庭长为核心，采取“4审2助2书”或“3审3辅”模式，即1个审判团队由4名法官、2名法官助理及2名书记员组成，或3名审判人员加3名司法辅助人员组成，基本实现湖北高级人民法院规定的2∶1∶1团队配比要求。2015年9月1日新审判团队运行后至同年12月，武汉中级人民法院共审结案件9172件，结案率由前8个月的65.81%升至82.71%，法官人年均结案106件，较司改前提升41%。

（二）审委会制度改革

审判委员会是人民法院内部对审判工作实行集体领导的组织形式。各级人民法院设立审判委员会，实行民主集中制。主要任务是总结审判经验，讨论重大的或者疑难的案件和其他有关审判工作的问题。近年来，许多地方法院积极探索审委会制度改革，在案件过滤机制、审委会案件讨论范围等方面进行了有益尝试：

1. 案件过滤机制

各试点法院普遍采取设立提请审委会案件审查小组等形式，对拟提交审判委员会讨论决定的案件，由院长指定2名~3名审判委员会委员或者其他资深法官先行审查是否属于审判委员会讨论决定案件的范围，并提出意见，报请院长决定。

以宁夏吴忠中级人民法院为例，该院建立了审委会讨论案件过滤机制，成立了刑事、民事、行政、立案执行四个专业法官会议，对拟提请审委会讨论的案件进行先期讨论研究，提供的咨询意见供合议庭参考，不采纳专业法官会议意见的可以作出径行判决或提请审委会讨论。通过审委会制度的改革，大大缩减了审委会讨论案件的数量，将案件的裁判权交给了审理者，同时缩短了案件的审理周期，提高了案件的审判效率，审委会的工作重心也逐步由个案研究转移到宏观业务指导、总结审判经验方面，大大促进了审委会工作质效和作用发挥。

2. 审判委员会案件讨论范围

最高人民法院出台的《关于审判权运行机制改革方案》将审委会讨论案件范围界定为："重大、疑难、复杂案件"中的"法律适用问题"。而各地试点法院也都在审判委员会改革的配套文件中强调性规定：审判委员会对重大、疑难、复杂案件的讨论范围，以法律适用问题为限。以四川省彭州市人民法院为例，自改革以来，审委会讨论案件47件，仅占审结案件0.53%，其中在2015年，审委会讨论的15件案件均为法律规定的刑事案件，在案件量大幅增长情况下比例同比下降，确保绝大多数案件由合议庭、独任庭法官裁判。审委会讨论案件时，讨论范围限于法律适用问题，且会议召开规则得到健全完善，运行机制更加规范顺畅，有效保障了当事人的权益。

3. 审判委员会委员的组成与产生

各地试点法院均吸纳通过竞争性遴选与全体法官推选相结合的方式提名审判委员会委员人选。并对被提名的人选做了强制性规定，即应当包括若干名不担任领导职务。政治素质好、审判经验丰富、法学理论水平较高、具有法律专业高等学历的资深法官。四川省彭州市人民法院出台的《彭州市人民法院审判委员会规程改革草案》和《彭州法院审委会委员选任办法（试行）改革草案》中规定，实行部分委员选任制，坚持德才兼备和公平公开、能力素质和委员职位要求相适应的原则进行选任审委会委员。

4. 审判委员会委员专业合议庭

部分试点法院设立审委会委员合议庭，即由院长指定3至7名审委会委员组成委员合议庭，办理院长交办的重大、疑难、复杂或新类型案件。

（三）去“行政化”改革

司法行政化问题主要表现为：判审分离，审者不判、判者不审；审判工作内部层层审批，权责不明，错案责任追究难以落实；上下级法院之间的行政化报批，影响审级独立。因此，“去行政化”也成为审判权运行机制改革中必不可少的一环，措施主要集中在：取消院、庭长的案件审批权，出台院、庭长司法权力清单，确立独任审判员、合议庭直接定案机制等方面。根据改革措施力度，大致分为以下两种模式：

1. 改革模式

广东珠海的横琴新区法院全面取消审判庭建制，不设立上下对接的管理部门；完全取消庭长、副庭长设置；全面取消案件审批制，不再存在院长、副院长、庭长、副庭长对案件的审批权；独任审判的案件，裁判文书由独任法官直接签发；合议庭审判的案件，由合议庭成员共同审核，由审判长签发。

2. 改良模式

不同于改革模式，在改良模式下，各试点法院在保留审判庭建制的同时，取消院、庭长的签批权，使审判合一，让审理者裁判，让裁判者负责。具体举措如下：

广东佛山市中级人民法院通过取消院、庭长的案件审批权，“还权”于合议庭，各成员平等参与办案，同票同权，裁判文书共同签署后直接对外发布。广东东莞市中级人民法院则规定，对规定范围内案件的监督，庭长只有向合议庭提出复议一次的建议权和提交法官会议讨论的提请权，而且必须全程书面留痕。武汉市中级人民法院出台院、庭长司法权力清单暂行规定，分别明确院长、副院长、庭长、副庭长各自的“正面清单”和“负面清单”，逐条规定哪些行为可为，哪些行为不可为；大冶市人民法院列出独任法官权力清单、合议庭司法权力清单与法官助理司法权力清单。

（四）改革内设机构

内设机构的改革目标，在于更好地落实司法责任制，消除制约司法权力规范高效运行的体制机制壁垒，打破机构内部藩篱，优化司法职权配置。其改革模式大致呈现为以下四种样态：

1. 重庆市法院模式

重庆其所辖的渝北区、渝中区、武隆县三个基层人民检察院被列为改革试点院，这三个试点院均把内设机构整合为6至8个部门。但在部门设置上各有特色：渝北区人民检察院设置职务犯罪侦查局、刑事检察局、诉讼监督局、政治部、检察长办公室、检察事务部、未成年人刑事检察局、监察室“四局两部两室”。按规定在职侦局、刑检局、诉监局、未检局设立了检察官办案组织；渝中区人民检察院设置公诉科、侦查监督科、职务犯罪侦查局、案件管理科、法律政策研究室、政治处、监察室、办公室8个部门，民行、控申、监所、未检、预防成立相应主任检察官办公室，不占内设机构编制；武隆县人民检察院设置院务部、政治部、检务部、刑事检察局、职务犯罪侦查局、诉讼监督局、司法警察大队、派出检察室“三部三局一队一室”。机构的整合，确立了检察官的办案主体地位，凸显了检察机关的司法属性。

2. 山西省大同县检察院“1+4+N”办案组织模式

2012年4月，山西省大同县人民检察院该院根据工作需要，立足实际，启动了内设机构整合。2013年7月，该院被山西省人民检察院确定为机构改革试点单位后，对1年来机构改革运行情况进行了认真分析、研究和总结，最终形成了“1名检察长+4名局长+若干名主办检察官组成的办案小组”的办案组织，即“1+4+N”办案组织责任制。该院原有内设机构16个，机构整合后，将16个内设机构整合为以下4个局：（1）综合保障局：由原法警队、办公室、政工部门组成；（2）职务犯罪侦查与预防局：由原反贪污贿赂局、渎职侵权检察科、控告申诉检察和职务犯罪预防部门合并组成；（3）诉讼监督局：由原侦查监督科、公诉科、民事行政检察科、监所部门、未检部门合并组成；（4）执法监督局：由原案件管理中心、人民监督员办公室和检察委员会办公室组成。同时成立书记员科，列入案件管理中心集中管理，统一调配。该院原有内设机构除2个副科建制单位外，其余6个均为股级建制，8个没有建制。而同级公安机关25个内设机构中5个正科建制、20个副科建制单位，作为法律监督机关的检察院与同级公安机关相比，两者地位极不对等。改革后，4个局局长为正科级，副局长为副科级，办案组长为副科级。

3. 山西省山阴县人民检察院“六部制”模式

2012年6月，山西省山阴县人民检察院贯彻落实最高人民检察院文件精神，结合实际，以主办（主诉）检察官制度改革为切入点，积极探索检察院内设机构制度改革工作。以主办（主诉）检察官为核心，构建分类管理各司其职的管理模式。将原有13个内设机构优化整合为“一部、两中心、三局”共6个部门（“一部”是政治部，“三局”是职务犯罪侦查局、公诉局、诉讼监督局，“两中心”是后勤服务中心、案件管理中心），构建了以检察业务人员为中心、检察辅助人员为基础、司法行政人员为保障的分类管理模式。在3个业务局分别设置主办（主诉）检察官3至5名，通过考核选任和竞岗选任两种方式遴选13名主办（主诉）检察官，并按照主办（主诉）检察官人数的2至2.5倍的比例配备辅助办案人员。通过改革，将中层干部从行政事务中解脱出来，变“指挥员”为“战斗员”，有效充实了办案力量，一线检力增加了60%，初步形成了以主办（主诉）检察官为核心、分类管理各司其职的检察干部人事管理模式。

4. 广东省深圳市福田区人民检察院“343”模式

福田区检察院按照“大部制”模式和“决策—执行—监督”的权力配置模型，形成“343”格局。即党组会、检察委员会、检察长办公会3个决策机构；职务犯罪侦查局、刑事犯罪检控局、诉讼监督局、犯罪预防和社会建设促进局4个业务职能局；设立纪检监察、政令督查、案件管理3个涵盖党务、政务、业务的内部监督体系。原有15个内设机构精简为8个，精减幅度达46.7%。以团队模式对基本办案组织进行重新设计，将原有12个检察业务科室整合重组为36个主任检察官办案组。每个办案组原则上配备主任检察官1名、检察辅助人员若干名。主任检察官分别带领专业团队承担一线办案任务。改革后，配备在检察业务一线的人员从改革前的109人增加到121人，有限的办案力量得以高度集中。

（五）法官会议制度

1. 参考型法官会议模式

以江苏江阴人民法院为代表，它在刑事、民商事、人民法庭、立案行政四个业务条线，分别成立由分管院长、庭长、副庭长和资深法官组成的专业法官会议，专门研讨各条线审理的重大、疑难、复杂案件或在法律适用上存在重大争议的案件。专业法官会议由分管院长负责召集。审判组合的独任法官或者合议庭审判长可以直接提请分管院长召集专业法官会议讨论，讨论过程和结论均须记录在卷，供独任法官或合议庭参考。

2. 自治型法官会议模式

以广东珠海横琴新区人民法院的法官会议为例，它是由全体法官组成的法官自我管理、民主决策的组织，负责研究确定法官工作量的分配、各法官承办案件的类型、各专业合议庭的设置等重大审判事务。对重大、疑难、复杂案件，独任法官或审判长可提请院长召集专业法官会议决定。

2015 年 8 月 18 日，广东珠海横琴新区人民法院正式实施《法官分案操作规程（试行）》（下称《规程》），《规程》规定了法官年度办案任务由全体法官会议研究确定，并明确院长、副院长的办案数量。《规程》对传统法院的案件分配机制进行了改革，规定法官年度办案任务由全体法官会议研究确定，并确立了随机分案原则，不允许“人找案，案找人”，有利于保证案件审理的公正性。按照传统的法院制度，法官办案任务、类型等审判事务的分配权力均在院、庭领导手里，而横琴人民法院规定法官会议承担起这一职责，体现了法院管理民主决策、法官自我管理的理念，有利于调动法官的工作积极性，实现法官工作负担的均衡。

（六）探索建立检察机关提起公益诉讼制度

2015 年是公益诉讼的突破之年，2015 年 7 月，全国人大常委会作出《关于授权最高人民检察院在部分地区开展公益诉讼试点工作的决定》，授权最高人民检察院在生态环境和资源保护、国有资产保护、国有土地使用权出让、食品药品安全等领域，在北京、内蒙古等 13 个省（区、市）开展为期 2 年的提起公益诉讼试点。2015 年 8 月正式启动试点工作。试点工作开启以后，山东、贵州、福建、江苏四省检察机关的试点检察院向人民法院提起 5 起环境保护公益诉讼案件，其中行政公益诉讼案件 3 件，民事公益诉讼案件 2 件，人民法院均已依法立案受理。

1. 山东：全国首例行政公益诉讼案件

2015 年 12 月 16 日，山东省庆云县人民检察院因县环保部门不依法履行职责，依法向庆云县法院提起行政公益诉讼。这是全国人大常委会授权检察机关提起公益诉讼试点工作后，全国首例行政公益诉讼案件。

庆云县人民检察院在审查某公司污水处理厂厂长涉嫌污染环境罪案件时，发现该公司在未通过环保设施竣工验收的情况下长期违法生产，排放大量污水造成环境污染。检察机关调查发现，县环保部门虽对该公司多次作出行政处罚，但在监管过程中存在违法行为，遂根据有关规定，向环保部门发出检察建议。但环保部门仍未依法正确履行监管职责。对此，庆云县人民检察院作为山东省确定的公益诉讼试点地区之一，根据《全国人民代表大会常务委员会关于授权最高人民检察院在部分地区开展公益诉讼试点工作的决定》及《检察机关提起公益诉讼试点方案》的有关规定，在严格落实诉前程序后，依法对县环保部门不依法履行职责，向庆云县人民法院提起行政公益诉讼。

2. 贵州：全国首例审结的行政公益诉讼案件

贵州省锦屏县检察院在开展督促起诉专项工作中，发现该县7家石材公司在未依法建设环保设施的情况下长期违法生产，并将未经沉淀处理的生产废水直排清水江。该县环保局虽责令相关石材企业限期改正，但部分企业收到《限期改正通知书》后，仍继续生产和违法排污，锦屏县环保局未对整改情况进行有效监督和管理，怠于履行职责。锦屏县检察院遂先后两次向县环保局发出检察建议，但该局既不回复，也未履行监管职责，相关企业仍然存在违法生产、排污行为。

经最高人民检察院于2015年12月17日批复后，锦屏县人民检察院于2015年12月18日向福泉市人民法院起诉，该院层报至贵州省高级人民法院，贵州省高级人民法院通过开启审批“绿色通道”，对该案的受理及时批复，实现了案件当日起诉并当日受理。贵州省福泉市人民法院依法作出一审判决，判决确认被告锦屏县环保局2014年8月5日至2015年12月31日期间对鸿发、雄军等企业的违法生产行为怠于履行监管职责的行为违法。

## 三、总　结

随着司法权运行机制改革从地方试点发展到在全国的“遍地开花”，各地司法机关进行了方方面面的探索，一方面，这为司法改革积累了许多有益的实践经验，贯彻执行了司法改革相关文件的精神，甚至为司法权运行机制改革的进一步发展提供了新的思路；另一方面，各地所采用的不同的改革模式，有的相对激进，有的则相对保守，其所揭示的不同的改革理念解读，也引发了一些问题和思考。

### （一）司法“行政化”与司法“规范化”之辨

司法与行政具有不同的价值观，前者指向公平正义，而后者则是追求效率的功利主义价值观。而从实践经验来看，司法的“行政化”问题，扭曲了司法权本该具有的公平正义的理念追求，成为我国现行司法体制的一大顽疾。司法“行政化”的主要特征为：办案活动存在大量的审批环节；过多、过滥向上级请求报告，使二审终审在很多时候成为虚设；审判委员会可以完全不顾前期已经形成的实体认定与程序适用，形成判者不审的审判职、责分离现象，动摇了审判组织的主体地位。〔1〕而司法“规范化”作为与司法“行政化”相对的概念，是指以规范的严格实施为导向的司法。它包括从整体权力架构上、司法主体上保障法官有能力排除一切干扰，严格依法办事，在程序主行为上严格规制法官依法办事，在目标上要求司法必须“唯法是从”。〔2〕《关于全面深化改革若干重大问题的决定》《中共中央关于全面推进依法治国若干重大问题的决定》便是沿着司法“规范化”道路，勾画了一个较为完整的“规范化司法”蓝图。从各地改革做法看来，司法“规范化”道路也得到了较为完整的施行。例如，多处地区的法院纷纷改革了案件审批制度，重新限定了审委会职权，将裁判权还归于审理法官，建立新型审判团队等。可以说，司法权运行的整体性改革，尊重了司法权运作的客观规律，规避了碎片化改革的若干弊端，对于有效解决司法权运行的行政化问题，不失为一剂良药。

### （二）审委会的地位和作用的重新界定

在司法权运行机制改革工作中，审委会制度改革无疑是其中的重要一环，而学界也一直对于审委会秉持着批评大于赞成的态度。毋庸置疑的是，审委会讨论决定案件的做法，应当对造成“审而不判、判而不审”的问题负有相

〔1〕 王祺国：“关于司法体制改革若干问题的思考”，载《法治研究》2014年第2期。

〔2〕 参见周永坤：“司法的地方化、行政化、规范化——论司法改革的整体规范化理路”，载《苏州大学学报（哲学社会科学版）》2014年第6期。

当分量的责任。故而，学界对于审委会的去留大致有三种主张：一是主张取缔审委会或者剥除审委会讨论案件的职能；二是主张缩减审委会讨论案件的范围，并且规定审委会只能讨论法律适用问题；三是主张保留审委会的职能，同时对其进行专业化的改革和完善。从实践角度来看，法院改革采取了第二种主张，将审委会讨论案件的范围限定为“重大、疑难、复杂”案件，并且仅限于法律适用的问题。〔1〕

改革关于审委会地位和作用的重新界定，实际上也进一步解决了审理法官的束缚，能够较好地实现“让审理者裁判，让裁判者负责”的改革目标。与此同时，优化审委会委员组成结构，建立案件过滤机制，建立审委会委员组成的合议庭进行审案，作为审委会改革中的重要配套措施，也应当得到重视。例如，四川省彭州市人民法院实行部分委员选任制，坚持德才兼备和公平公开、能力素质和委员职位要求相适应的原则进行选任审委会委员，使审委会委员结构不断趋于合理；部分试点法院设立审委会委员合议庭，即由院长指定3~7名审委会委员组成委员合议庭，办理院长交办的重大、疑难、复杂或新类型案件。以上做法，在实现了案件的繁简难易的合理分流的同时，也进一步完善和发挥了审委会职能。

### （三）法官会议制度的未来走向

法官会议制度是人民法院全面深化改革的一项重要内容，在保障审判组织依法独立行使审判权以及规范院、庭长审判监督权方面具有承上启下的关键性作用。〔2〕关于法官会议的定位，根据实践中的做法，大致分为两种模式，即参考型法官会议模式和自治型法官会议模式。笔者以为，不妨视后者所谓“自治型”为前者“参考型”的进一步发展。在自治型的法官会议模式中，法官会议负责研究确定法官工作量的分配、各法官承办案件的类型、各专业合议庭的设置等重大审判事务；对重大疑难复杂疑难案件，独任法官或审判长可提请院长召集专业法官会议决定。而参考型法官会议模式则是类似于审委会的讨论平台，主要解决重大案件纠纷。在作用范围方面，自治型的法官会议显然广于参考型的法官会议，不仅包括讨论重大、疑难、案件，也

〔1〕 参见顾培东：“再论人民法院审判权运行机制的构建”，载《中国法学》2014年第5期。

〔2〕 曹炜、熊静：“司法改革语境下的法官会议探析”，载《法律适用》2015年第9期。

将案件管理、分配等审判事务囊括其中。一方面，从去司法“行政化”角度考量，自治型的法官会议无疑是一个创新兼大胆的尝试；另一方面，从实现司法权运行机制改革的总体目标来看，自治型法官会议无疑是相对彻底的一项举措，其在法官独立审判、案件公正处理、法官行政负担减轻等方面所能发挥的有益作用，都值得期待。

（陈珊珊）

专题三

# 司法责任追究制度改革

根据《中共中央关于全面深化改革若干重大问题的决定》(以下简称《决定》),《中共中央关于全面推进依法治国若干重大问题的决定》以及《人民法院第四个五年改革纲要》的精神，司法责任制成为此次司法改革的核心所在。司法责任制中的重中之重是错案责任倒查问责制和办案质量终身负责制，这将有力地减少法官违法犯罪、枉法裁判的现象，维护司法公正和司法权威。

## 一、理论热点

司法责任制改革在学界研究主要集中在以下三个制度：一是错案责任倒查问责制；二是办案质量终生责任制；三是领导干部过问案件留痕制度。

### (一) 错案责任倒查问责制

早在 1998 年，最高人民法院就出台了《人民法院审判人员违法审判责任追究办法（试行)》和《人民法院审判纪律处分办法（试行)》(已失效)，将错案追究作为一项正式制度确立下来，并在全国各级人民法院全面推行。2007 年 9 月，最高人民检察院公布了《检察人员执法过错责任追究条例》；2013 年 11 月，中央政法委颁布了更为具体的《关于切实防止冤假错案的规定》。以上经验性规定为建立完善的错案责任倒查问责制奠定了坚实的制度基础。尽管如此，相较于法律实务界的乐观态度，学界对其施行效果显得审慎得多，理由主要有以下四点：

其一，目前的错案追究制度令出多门，如何认定错案、谁来认定错案缺乏权威法律规定。在西方法律体系中，基于司法独立的原则，“错案”概念基本上不存在。虽然我国各级法院、检察院均将“事实认定错误”“法律适用错误”“审判程序错误”等作为错案的典型特征，但有的是以裁判结果为导向的，有的则是以损害后果为导向的，很不一致，造成“同案”不“同判”。在“两高”未对“错案”概念统一界定的情况下强推责任倒查问责制，必将导致地方司法机关在错案认定、责任追究范围上的不统一。〔1〕

其二，相关的制度规定较为模糊，致使责任除却事由存在很大的主观模糊性。一方面，错案追究制是根据法官所作判决的正确与否来判定的，而事实上引起法官责任的违法行为往往具有隐蔽性，如受贿、故意规避法律、法定幅度内的有意轻判等。另一方面，法官大多倾向于以调解代替判决，而避免因错误判决被追究责任；或者假借主观性的“认识偏差”为其免责理由，而无需任何客观的证据支持。其在客观上促进了法官采取各种方式来规避这种制度性缺陷，使得错案追究终身制在司法实践中产生一种逆向刺激结果。〔2〕

其三，在错案责任倒查问责制下，法官出于自我保护的本能，往往会采取责任转嫁的方式来规避风险。即法官通过“请示”的方式将案件判决结果交由审判委员会或上级法院裁定，以形成法不责众局面的一种责任分担与转移方式。根据《河南省高级人民法院错案责任终身追究办法（试行）》的规定，在合议庭将案件提请审判委员会决定的情况下，审判委员会改变合议庭意见的，合议庭成员中持正确意见的不承担责任。由此可以推定，当审判委员会同意合议庭意见时，审判委员会与合议庭应当就该案件的判决结果共同承担责任。无论出现何种情况，法官对判决结果的责任承担风险都将分担或转移至审判委员会。责任转嫁还将导致两审终审制的制度性危机。在两审终审制下，案件当事人对一审判决不服的，可以在法定期限内向初审法院的上一级法院上诉，上级法院就法律适用及审判程序问题进行审查，并根据审查结果分别作出改判、维持原判以及发回重审的决定。但是，一审法官通过请示，使得一审判决与上级法院之间产生了直接的利害关系。上级法院对一审判决的否定意味着自身需要承担“错案”责任！因此，上级法院为了规避责

---

〔1〕 冯玉军：“建立错案责任倒查问责制”，载《学习时报》2014 年 12 月 22 日。

〔2〕 张玉洁：“错案追究终身制的发展难题”，载《北方法学》2014 年第 47 期。

任，只能作出维持原判的决定，案件当事人在二审阶段就很难获得公正的判决，两审终审制由此遭遇制度性危机。

其四，从错案追究终身制的历史发展来看，其防治司法不公的作用也较为有限。例如，我国目前已有的错案责任倒查问责制，主要定位为司法机关内部的一种责任追究机制，体现出浓厚的行政化色彩和明显的制度缺陷，它导致法院内部纠错动力不足，严重者还会造成监督机制的失效。

### （二）办案质量终身负责制

办案质量终身负责制最早可追溯至1993年在全国范围开始推广的“错案追究制"，当时创设制度的目的是为了规范法官行为，减少冤假错案的产生，同时敦促法官们能够主动提高法律素养和审判业务能力，实现法官队伍素质的整体提升和司法廉洁的目标。然而20年过去了，错案追究制并没有起到预期的作用，冤假错案仍存在。因此，脱胎于错案追究制的办案质量终身负责制要想不辱使命，就必须重视错案追究制实施过程中的问题。学界对待这一制度也是持谨慎态度，而且实务界发出的声音与上述刑事司法规范性文件表达的立场基本一致。

检察系统的论者在阐述检察官办案责任终身制时提出了应当在“严而不厉”的观念指导下建立健全检察官办案责任终身制的观点，并从排除角度提出了适用于检察官办案责任终身制的“四无”条件，即无个体意志无终身责任、无重大过失无终身责任、无不法行为无终身责任、无控告申诉无终身责任。〔1〕最高人民法院审判委员会专职委员胡云腾在阐述错案防范与司法问责时提出了“要正确把握司法错案问责追责的尺度”的观点。在他看来，这些可能涉及的问题主要包括以下六 个方面：终身追责问责的价值取向、终身追责的法律性、终身追责与其他渎职责任不终身追究的统一性，以及终身追究刑事责任与终身追究纪律责任的协调性、终身追究的现实可行性、终身追究的有效性。〔2〕

学界对“办案质量终身责任制”中的“终身”的解读存在不同的看法，有观点认为：“办案质量终身负责制，是指法官、检察官、警察各自对办理的

〔1〕 王勋爵、徐练华：“检察官办案责任终身制的证成”，载《人民检察》2014年第8期。

〔2〕 胡云腾：“错案防范与司法问责刍议”，载《人民司法》2014年第13期。

案件承担法定责任，这种责任从办案之日起一直延续终身。”在上述表述中，“终身”的起点时间被界定为“办案之日”。但是，“终身”是由于追究责任才产生的，如果办理的案件没有构成错案，则不存在责任产生问题。因此，“终身”具有时间上的一维性，应当从办案人员办理案件构成错案的时候开始到办理错案的司法人员生命结束的时候终止。同时，这里的“终身”还不受办理错案的司法人员的工作岗位、工作职务和工作单位的变动，以及辞职、退休等的影响。

但对于“办案质量终身责任制”中的“终身”，是否受追诉或者诉讼时效的限制，不同学者有不同看法。王勋爵教授、徐练华教授认为，在办案责任终身制的适用范围上应当体现恰当的谦抑性，遵循从严设定的原则，对于造成严重后果、造成严重影响或者存在严重情节的，虽然该行为可能超过追诉期限，但检察官办案责任终身制不因期限而受影响。[1]但宗会霞教授提出了不同观点，认为：“根据刑法的规定，犯罪的追诉需在追诉时效内进行，由此，超过追诉时效的错案刑事责任便不能再追究；根据民法的规定，民事权利的司法主张也需在诉讼时效内提出，否则原告将丧失胜诉权。由此，超过诉讼时效的错案民事责任的承担，以当事人的自愿为原则，权利人丧失了司法裁判的胜诉权。”[2]

### （三）领导干部过问案件留痕制度

2011年2月，最高人民法院发布的《关于在审判工作中防止法院内部人员干扰办案的若干规定》（以下简称《若干规定》）（已失效），建立起法院内部人员非因履行职责，不得过问正在办理的案件，如因履行职责过问案件时须以书面形式提出或由案件承办人记录在案，相关资料订入副卷备查等过问案件制约机制。但是这一制度在各地运行中还是在一定程度上受到了冷遇。开封市中级人民法院课题组对领导干部过问案件留痕制度的运行情况经调研发现，该制度没有得到普遍、足够的重视，不仅理论界对该制度表现得极大冷漠，实务界对该制度的关注度也不够。课题组对开封市两级法院240名法官进行问卷调查，法官们对该制度的态度表现是：“冷淡”，只有25%的人表

[1] 王勋爵、徐练华：“检察官办案责任终身制的证成”，载《人民检察》2014年第8期。

[2] 宗会霞：“办案质量终身负责制的价值证成与规范运行”，载《政治与法律》2015年第3期。

示很了解，22%的人表示知道但不关注，48%的法官表示根本不知道该制度。学界对此问题的研究除了质疑其实践效果之外，还对如何完善领导干部过问案件留痕制度，提出了相应的对策和建议：

其一，处理好法院与外部过问主体的关系。现有的法律文件如果要对外部过问主体进行规范，那么就需要处理好诸如新闻媒体自由、党政机关的职权范围、人大监督、政协民主监督和检察机关的诉讼监督与法院独立审判的关系。因此，在以后的改革中，要进一步完善指定管辖、提级管辖和集中管辖制度，使依法独立审判可能受到非法干扰的案件能够由其他法院或上级法院审理，以达到间接规制外部过问主体、降低法官职业风险的双重效果。

其二，处理好审判权与审判管理权的关系。要明确行使审判管理权的范围、方式。正如最高人民法院［2013］9号文规定，完善合议庭的议事方式及合议庭成员的职权与责任，发挥合议庭整体职能。而院长、庭长的审判管理职责，应集中在对相关程序事项的审核批准、对综合性审判工作的宏观指导、对审判质效进行全面监督管理以及排除不良因素对审判活动的干扰等方面。建立院长、庭长行使审判管理权全程留痕的制度，防止审判管理权的滥用。

其三，处理好法官职业保障与责任承担的关系。首先，明确责任主体。对于遭受过违法过问的案件，应当健全问责机制，如果案件因受到违法过问出现差错，责任就由过问主体承担，反之就由法官承担。只有消除法官的后顾之忧，才能调动法官启动登记备案程序的积极性。其次，完善登记的方式。第一，采取层级化备案登记方式。法官在办案中面临同级领导或地方其他部门领导的过问情况，《涉廉事项报告单》可实施同级备案与向上级备案相结合的方式进行备案登记。第二，采取多元化登记方式。法院信访、纪检监察等部门在接到群众来信来访反映、举报后，将说情过问情况予以核实，主动进行备案登记，多元登记，立体防控。第三，扩大登记载体范围。现有的登记方式仅限于书面材料，课题组认为应完善登记形式，允许法官对领导以打电话、面谈形式过问案件的言行进行录音，并将行为的发生时间、地点以书面的形式整理出来，存入案件副卷档案，完全贯彻领导干部过问案件留痕制度。

## 二、经验总结

### （一）领导干部过问案件留痕制度

为贯彻最高人民法院发布的《关于在审判工作中防止法院内部人员干扰办案的若干规定》（以下简称《若干规定》）（已失效），四川法院系统建立起"领导干部过问案件留痕制度"，着力解决影响和制约司法公正的突出问题，确保依法独立公正行使审判权。具体制度要求体现在四川省各级人民法院的诉讼活动中，即非因履行职责的机关、组织、人员向承办案件的法官、合议庭递交涉案材料、过问案件，均需登记。各级法院的院长、副院长、审判委员会委员、庭长、副庭长和法院工作人员，以及党政机关领导干部均不例外。四川省高级人民法院对审判执行工作中的流程、细节、漏洞开展了廉政风险排查，并有针对性地出台了18项制度规范司法行为，包括严禁法官私自接触、会见涉案人员，完善对诉讼费、执行案款的管理监督等。同时对司法腐败持续保持"零容忍"态度，2014年共查处违纪违法干警61人，同比增加69%，其中被追究刑事责任的有7人。

作为司法改革试点的海南法院同样也建立起了领导干部过问案件记录制度，并对违反相关规定的人员进行通报和责任追究，这也就意味着领导干部在干预过问案件时将"全程留痕"。海南省为贯彻这一制度制定了《海南法院落实〈领导干部干预司法活动、插手具体案件处理的记录、通报和责任追究规定〉的实施细则》和《海南法院贯彻落实〈司法机关内部人员过问案件的记录和责任追究规定〉的实施细则》。这两项实施细则规定得十分详细，具体来说《领导干部干预司法活动、插手具体案件处理的记录、通报和责任追究规定的实施细则》共分5章18条，主要规定了记录对象、记录要求、记录流程、例外情形、报送程序、特别报告事项，以及对法院相关工作人员的责任追究、保障机制。明确了记录的对象是外部人员过问信息，而非局限于领导干部干预司法活动、插手具体案件处理的信息。在审判、执行等环节为案件当事人请托说情的；要求人民法院工作人员私下会见、联系案件当事人或者其辩护人、诉讼代理人、近亲属以及其他与案件有利害关系的人的等15项行为将列为领导干部干预司法活动特别报告事项。

《海南法院贯彻落实〈司法机关内部人员过问案件的记录和责任追究规定〉的实施细则》分为4章共23条，以总则形式明确规定全省各法院工作人员非因履行法定职责或者非经法定程序或相关工作程序，不得向办案单位和办案人员过问正在办理的案件，不得向办案单位和办案人员批转、转递涉案材料。因履行法定职责需要过问案件或者批转、转递涉案材料的，应当依照法定程序或相关工作程序进行，并且由被过问的法院办案人员记录填报，做到全程留痕，一次一记录，永久保存。内容主要包括对全省各法院工作人员为案件当事人及其关系人过问案件的情形作出了禁止性规定；针对全省各法院过问案件的具体情形，对如何处理提出了具体的行为指引，对司法机关工作人员因履行职责过问案件情况必须全程留痕作出了明确规定等六方面内容。

（二）错案责任倒查问责制

1. 完善错案责任追责的制度规范

安徽省高级人民法院出台《安徽省高级人民法院错案责任追究暂行办法》，旨在建立办案质量终身负责和错案责任倒查问责制度，提高审判质量，促进司法廉洁，维护司法公信。该办法规定对私自办理案件或制造虚假案件的，故意不予收集依法应当由人民法院收集的证据，导致裁判结果错误的，私自制作诉讼、执行文书的，或者制作诉讼文书时违背合议庭评议结果、审判委员会决定，或者因重大过失导致裁判文书主文错误，造成严重后果的等九种情形应当追究错案责任。除此之外该办法在错案确认程序的规定中，明确了法官的说明权、申辩权，既体现对错案责任的严格追究，又体现对法官合法权益和依法办案积极性的保护。最后该办法还对法官已调离法院或辞职、退休，但应当依据本办法追责的情形作了规定，以体现法官对所办案件终身负责的原则。

重庆市高级人民法院出台《关于扎实推进司法为民严格公正司法的意见》（以下简称《意见》）。该意见规定，将规范法官、法官助理、书记员的工作职责、流程和标准，探索建立法官办案质量终身负责制和错案责任倒查问责制。

广西壮族自治区检察院制定出台《广西检察机关职务犯罪侦查部门检察人员违规办案责任追究办法》，对职务犯罪侦查部门检察人员违规办案进行责任追究作出相关规定。

2. 成立法官、检察官惩戒委员会

追究司法责任制，还将由法官检察官惩戒委员会专司其职、专门把关，法官惩戒委员会在我国是新生事物。这次司法改革中，最高人民法院召开新闻发布会指出在《最高人民法院关于全面深化人民法院改革的意见》即修订后的《人民法院第四个五年改革纲要（2014～2018）》中规定在国家和省一级分别设立由法官代表和社会有关人员参与的法官惩戒委员会，制定公开、公正的法官惩戒程序，既确保法官的违纪违法行为及时得到应有的惩戒，又保障其辩解、举证、申请复议和申诉的权利 。惩戒委员会的使命，就是在法官、检察官的职业保障和责任追究间探索出一条道路。在改革前，除刑事责任的追究外，法官的惩戒由所在法院内部实施，与以服从上级领导为原则的行政官员的责任追究机制无异。而法官、检察官惩戒委员会则独立于法院，与法官及所在法院没有利害关系。重视遴选惩戒主持人的中立、权威、多元、专业、透明性，目的是为了提升法官、检察官的公信力，推动全社会对司法的尊重和信任。法官、检察官惩戒委员会负责全面考察法官、检察官各方面的表现和业绩，从专业角度对他们提出建议。

（1）法官、检察官惩戒委员会的组成。上海市惩戒委员会包括7位专门委员和8位专家委员。专门委员由市政法委、市委组织部、市纪委、市人民代表大会、市公务员局、市高级人民法院、市检察院等单位的分管领导担任。专家委员共8名，从全市各方面487名资深的法律、法学专家、律师代表中推选产生。惩戒委员会附设专家库，由资深的法学专家、律师代表等组成，共20人左右。

吉林省的成立法官、检察官惩戒委员会组成人员共有13人，分别由来自吉林省人民代表大会、纪委、政法委、检察院、法院及法学会、律师协会、知名高校的官员、法官、检察官、律师和著名法学学者等资深业内人士担任。惩戒委员会设主任委员1人，副主任委员2人，专门委员4人，专家委员6人。主任委员实行任期制，每届任期3年，最多连任2届。专家委员每届任期3年，届满至少改聘1/2，连任最多不超过2届。专家委员每届任期3年，届满至少改聘1/2，连任最多不超过2届。

海南省法官、检察官惩戒委员会在海口成立，由9位常任委员和24位非常任委员组成。海南省法官、检察官惩戒委员会召开第一次会议，会议审议通过了《海南省法官、检察官惩戒委员会章程》，推选产生了海南省法官、检察官惩戒委员会主任、副主任人选。

（2）法官、检察官惩戒委员会的职能。法官、检察官惩戒委员会负责对法官、检察官涉嫌违反职业道德或职业纪律行为进行审议，并根据审议结果，提出惩戒或保护建议的专门机构，是司法体制改革的重要制度设计。其工作宗旨是充分体现公正性和专业性，推动法官、检察官依法公正行使职权，依法保障法官、检察官受到公平对待，维护公平正义。对法官、检察官徇私枉法、滥用职权、玩忽职守，以及办理关系案、人情案、金钱案的，要坚持零容忍的态度不变、严厉惩处的尺度不松，发现一起，查处一起。通过加强法官、检察官惩戒工作，进一步落实“让审理者裁判、由裁判者负责”的司法责任制，不断提高全省法官、检察官的执法办案水平，让人民群众在每一个司法案件中都感受到公平正义。

3. 建立办案责任考评工作机制

通过强化权力行使的内部监督制约和办案质量的全过程管控，上海市检察院真正做到了有权就有责、用权受监督、失职要追究、违法必追究。除了常规的案件管理和考核之外，上海检察机关还建立了具有特定情形案件的重点评查制度和特定案件交付个案评鉴制度，对自侦案件不起诉或撤案、捕后不诉、提起公诉后撤回起诉、提请抗诉后上级院不支抗等情形以及疑难、复杂和有重大社会影响的重点案件等，将实施重点监控和质量评查，明确责任，确保办案质量。

郴州市为进一步整合办案资源、提高办案能力，该区纪委出台了《关于加强案件查办工作的意见》，建立了查办案件责任机制、案件线索集中管理机制、查办案件绩效考评机制、基层纪委区域协作办案机制、查办案件经费保障机制、案件剖析机制和办案安全责任机制“七大机制”。

广东各级检察机关将建立检察官执法档案，全面记录和掌握检察官办案数量、办案质量效率以及办案中是否有违纪违法等情形。健全检察官办案责任考评机制，并将考评和评查结果作为等级晋升、奖惩等重要依据。实行“谁办案、谁负责”，严格执行《最高人民检察院检察人员执法过错责任追究条例》，检察官对其所办案件质量终身负责。

## 三、总　结

司法责任制是本轮司法改革的领头羊和牛鼻子，它牵动了我国司法权力运作的根本转型，汇集了司法改革的多种元素，反映了中国司法的特色和规律，承载了中国司法改革成功的希望。司法责任制牵动了我国司法权力行使的转型，由法院集体依法独立行使审判权转向审判组织依法独立行使审判权；司法责任制牵动了司法责任承担的转型，由集体负责、无人负责到个人负责、有人负责；司法责任制契合了司法的基本规律，落实了司法审判的直接性和亲历性；司法责任制体现了法官员额制改革、法官职业化改革、审判权运行机制改革等改革举措的价值，赋予这些改革以实际意义。[1] 司法责任制并不是单纯地对于法官进行司法追责，司法责任制是一个多元化的内容体系，涉及审判权力运行、司法职业保障、审判管理监督等多方面内容，要全面、体系、整体化地认识与理解司法责任制的内容，不能将司法责任制简单等同于司法责任追究，得出司法责任制会损害法官审判独立性的错误结论。

司法责任制以加强法官审判独立性为前提。“权责明晰、权责统一”是司法责任制坚持的原则，也是落实司法责任制的重要前提。以往存在的案件层层审批、层层请示的做法，不符合裁判亲历性和审判独立性原则，权责不明、责任难定的问题比较突出。在案件审批制度下，裁判出现错误仅追究承办法官的责任，也有失公允。为解决这一问题，要加强法官的审判独立性。这次司法责任制改革实行主审法官、合议庭办案责任制，使主审法官、合议庭真正成为审判权主体。内容包括在基层、中级人民法院成立由法官与法官助理、书记员组成的审判团队，改裁判文书“审签制”为“签署制”，将审判委员会讨论案件的范围限定于涉及国家外交、安全和社会稳定的重大复杂案件等。并明确了独任法官、合议庭成员、法官助理、书记员、院庭长各自应当履行的职责，从而确立了各类审判人员的“责任清单”，可以使各类审判人员各司其职，使他们在法定职责和权限范围内切实对办案质量负起责任。[2]

---

〔1〕 胡云腾：“简论司法责任制”，载《法制日报》2015 年 10 月 28 日。

〔2〕 王迎龙：“司法责任制是依法独立行使审判权之保障”，载《人民法院报》2015 年 11 月 3 日。

司法责任制以提高法官职业待遇为保障。“严格的司法责任如果没有相对优厚的职业待遇和外部环境作保障，再好的制度也难以落地生根。”建立良好的法官履职生态，保障法官正常履行审判职权。在案件审理的各个阶段，除非有证据证明法官存在贪污受贿、徇私舞弊、枉法裁判等严重违法审判行为外，不得暂停或者中止法官依法履职的行为。对遭受不实举报、错误追责的法官进行补偿救济，包括澄清事实、消除影响、赔礼道歉、恢复职务和名誉、给予经济补偿等措施。依法保护法官及其近亲属的人身和财产安全，依法及时惩治在法庭内外恐吓、威胁、侮辱、跟踪、骚扰、伤害法官及其近亲属的违法犯罪行为。提高法官薪酬待遇。

司法责任制明确划定司法责任制的追究范围与免责情形。我们应当遵循“法无明文规定不处罚”的原则，严格划定责任层级，对哪些行为应当负责、哪些行为不应当负责进行二元划分，为司法责任划定“底线”。完善司法责任制，既要建立健全司法问责机制，严格依法追究法官违法审判的责任，又要切实保护法官依法行权、公正办案，绝不能把司法责任制变成一把高悬在法官头顶的“达摩克利斯之剑”。

在法治环境没有形成，人情社会氛围浓厚，地方保护主义难以禁止，围猎审判权力的做法层出不穷，审判权运行机制尚未建立，法官队伍参差不齐的情况下，实施司法责任制必将面临严峻的挑战和考验，可能还要经历痛苦的过程。〔1〕

审判委员会功能的调整就是此次司法责任制改革的难点之一。不论审判委员会曾经发挥过怎样的积极作用，但由于审判委员会讨论案件并决定裁判，使审理与裁判分离，并导致裁判责任的分散，因而影响了“让审理者裁判、由裁判者负责”的实现。所以，该项制度长期以来频频受到质疑。这次司法责任制改革对审判委员会功能的调整，主要体现在两个方面：一是缩小其讨论决定的案件的范围及内容，即“审判委员会只讨论涉及国家外交、安全和社会稳定的重大复杂案件，以及重大、疑难、复杂案件的法律适用问题。”二是转移其工作的重心，即“强化审判委员会总结审判经验、讨论决定审判工作重大事项的宏观指导职能”。但是这项改革在实践中将会遇到在两个方面的难题：一方面，缩小审判委员会讨论决定的案件的范围及内容，在实践中是

〔1〕 胡云腾：“简论司法责任制”，载《法制日报》2015年10月28日。

否会打折扣，这很可能是个问题。虽然“涉及国家外交、安全和社会稳定的重大复杂案件”数量很少，但“重大、疑难、复杂案件”却“常有”。从以往的情况来看，普通案件被作为“重大、疑难、复杂案件”，并不鲜见。问题还在于，审判委员会对“重大、疑难、复杂案件”只是讨论有关法律适用的问题，但由于事实和证据问题往往与法律适用问题交织，许多情况下难以界分。因此，只要愿意，审判委员会讨论“重大、疑难、复杂案件的法律适用问题”时，就很容易演化成与以往没有根本改变的情况，即讨论并不仅限于法律适用问题。〔1〕果若如此，这项改革的效果必将受到制约。另一方面，审判委员会讨论决定案件，是否应当以参与法庭审理为前提，这是个费解的问题。如果审判委员会成员未参与法庭审理，那么其讨论决定案件的裁判，就仍然是“审者不判、判者不审”，所谓“让审理者裁判、由裁判者负责”就难以实现。而其如果参与法庭审理，那么是否作为合议庭成员参与，就是个问题。显然，法院的审判委员会成员众多，即使想作为合议庭成员参与法庭审理，也难以实现。如果不作为合议庭成员参与法庭审理，审判委员会讨论决定案件的裁判，就不可能是完整意义上的“让审理者裁判、由裁判者负责”。因此对审判委员会的改革还要持续下去。

错案责任倒查问责制也是此次司法责任制改革的最大难点。首先，错案责任倒查问责制在我国还是有一定存在的必要性的。主要表现在：其一，错案频频发生严重减损了司法权威，使人民对法律的公正性产生质疑，不利于全社会树立“法律至上”的理念。这几年媒体频繁报道的“赵作海案”“聂树斌案”等冤假错案，再次对我国司法体制中的错案责任倒查问责制度提出了完善要求。而现如今“关系案”“人情案”“金钱案”真实存在，贪污腐化现象在司法系统也是时有发生，实行错案责任倒查问责制度，有利于加强司法系统内部监督，制止司法腐败。其二，我国社会主义法制体系初步建立，基层人民法院很多法官的法学教育不够完善，甚至处于一种法盲的水平，他们办案缺乏责任心。而问责这一制度的确立有利于增强法官的责任意识，促使法官提高办案水平，防止司法不公，提高司法效率，保障公民在个案裁判中获得公平。司法工作人员主观上存在犯错的故意或重大过失，缺乏责任心是造成司法冤案的主要原因，建立错案责任问责制有助于鞭策执法人员树立

〔1〕 王敏远：“破解司法责任制落实中的难点”，载《人民法院报》2015 年 9 月 26 日。

公正执法，认真钻研业务的意识，不断提高自身素质，能够有效防止和纠正以权谋私、徇私枉法等不正当现象。[1]

但是我们既要看到这一制度的优点，也要正视它的缺点。错案责任问责制不但影响法官的独立审判，而且不利于保护当事人的合法利益，最终损害法律的公平。实践中往往以案件依审判监督程序被改判作为错案认定的标准，这使得作出判决的办案人员为了降低案件被改判的风险，降低错案发生率，刻意和上级法院办案的人员加强“交流”，导致了上下级法院之间的监督约束作用减弱甚至丧失，使我国审判监督机制形同虚设。[2]

司法公正的实现主要决定因素在于法官，所以对错案责任倒查问责制的改革应当以法官为中心，将现行的错案责任倒查问责制纳入法官司法责任制度中。要明确法官司法责任主、客观两方面的构成要件，并保障法官非因法定事由、非经法定程序，不得被处罚的权利。即使经过了法定的程序确认法官确实存在违法行为，对法官的追责也要按照法律明确的规定，不能恣意妄为地对法官免职、降职、辞退或处分。同时也要保障法官依法享有职务行为豁免权，不因其无过失或是轻微过失导致的“错案”而被错误地追究责任。采用法官司法责任制取代错案责任倒查问责制应当是一个科学可行的办法。

（赵明明）

〔1〕 陈林：“浅谈对错案责任追究制度的思考”，载《法制与经济》（下月刊）2015 年 Z1 期。

〔2〕 陆强：“错案追究制述论”，载《法制与社会》2015 年第 2 期。

## 专题四

# 跨区域的司法组织建设

党的十八届三中全会通过的《中共中央关于全面深化改革干重大问题的决定》（以下简称《决定》）提出“探索建立与行政区划适当分离的司法管辖制度”，标志着我国司法领域改革又向前迈出了重要一步。推进与行政区划适当分离的司法管辖制度，构建普通案件在行政区划内法院审理，特殊案件在跨行政区划法院审理的诉讼格局，有利于排除对审判工作的干扰，保证人民法院依法独立公正地行使审判权。

## 一、理论热点

我国现行的司法管辖区与行政区划高度重合，司法管辖区的划分严重依附于行政区划分，有行政区则必有司法机关，行政区划的范围原则上决定司法机关地域管辖的范围，行政区变更也决定了司法管辖区的变更。对于司法机关来说，与行政区划高度重合的地域管辖设置在一定程度上为地方党政机关干涉司法职权的行使提供了制度土壤，加深了司法权对地方党政权力的依附，从而导致司法地方化现象愈加严重。法官、检察官人事任免的高度地方化在一定程度上可能影响司法机关依法独立行使职权，削弱了国家司法的统一性。司法统一被奉为法治国家所遵循的基本司法准则。同样的中华人民共和国公民身份，要求在法治上的同等对待，这既是宪法、法律规定的根本原则，亦是我国政治文明水准的重要表征。无论跨行政区划法院，还是最高人民法院巡回法庭，都是排除地方权力对司法过程干扰的尝试。

学术界关于跨行政区域的司法组织建设的理论研究颇多，既有对于跨行政区域的司法组织的批评，也不乏一些可行的建议，更有一些具体的方案。下面从我国现行司法机关设置及其弊端、司法权与跨行政区域的司法组织、跨行政区域的司法管辖制度的合法性和可行性几个方面来介绍学界的主要观点。

（一）司法区划与行政区划适当分离

司法区域划分起源于英国，按司法区域设置司法机关无论是在英美法系国家，还是在大陆法系国家均已成为一种通例。各国司法管辖制度的建立，其初衷都是以维护司法独立，最大限度地减少地方行政对司法的干预和影响为目的。司法辖区与行政区划的分离在域外已成通例。英国法院的设置主要是依据办案的需要，而不是以行政区域为基础。美国早期设置的三个巡回法院，突破司法审判中州的边界，很好地解决了州与州之间严重的地方保护主义，以此来保证联邦法律的贯彻和司法公正的实现。法国法院的设置主要是根据历史传统和社会发展不断进行调整的，法院设置与行政区域也无直接关系。德国各级法院的设置与行政区划不相同，其设置以案件数量和方便居民诉讼为原则，它们也都有各自的专属管辖范围，并且所有这些法院的设置都是按照联邦法律设立的。

无论是英国法院和法国法院与行政区划相脱离的体制设置，还是美国法院与德国法院的“双轨制”运行模式，其对司法地方化问题的有效解决都有可以借鉴的经验。在进行跨行政区划司法机关设置改革时，一定要贯彻司法区划与行政区划适当分离的原则，减少地方保护主义对司法审判的影响。同时，要对司法人员的选任制度进行改革，使人事任免的地方化问题得以缓解。

有学者主张，可以借鉴美国跨州设置联邦上诉法院的经验，在我国组建跨行政区划、有单独司法辖区的最高人民法院司法区分院。

还有学者主张，可以把我国先分为东北分区、华北分区、西北分区、华东分区、中南分区、西南分区和华南分区等七大司法区域，并各设一个巡回法院；然后再把各省（自治区、直辖市）不按行政区划分为若干个司法区域。〔1〕例如，河南省可分为豫东、豫西、豫南、豫北四大司法区域，并各设一个上诉法院；最后在每个县（自治县、区）各设一个初审法院。同时，为了摆脱

〔1〕关毅：“法院设置与结构改革研究”，载《法律适用》2003年第8期。

行政区划对司法区划的影响和重塑各级法院之间的独立性与平等性，各级法院的名称也不要以行政区名命名。

还有学者主张建立“四实三虚”司法区体系。[1]“四实”是指在全国划分四个独立的司法区层级，即中央司法区、高级司法区、上诉司法区、初级司法区——其中高级司法区、上诉司法区、初级司法区与行政区“错位设置”，即地域上分别大于省、地级市、县，级别上分别高于省、地级市、县。“三虚”是指划分三个非独立的司法区，即对高级司法区、上诉司法区、初级司法区进行细分，实现多地点开庭，方便公民诉讼。

### （二）跨行政区域的司法管辖制度建设之基本原则

司法辖区与行政区划的对应关系，导致了不同地区因经济社会发展程度的不同，案件负担不均衡。我国案件负担较重的法院多集中在东部发达地区，或者大、中城市地区的法院。因为各地经济增长速度不一，案件的数量分布就像经济发展一样，也是不均衡的。随着社会转型发展带来的社会矛盾增多，近年来“案多人少”的矛盾日益突出。一些法院出现“诉讼爆炸”，法官工作压力巨大；另外一些法院则出现无案可办的情形，造成了司法资源的极大浪费。故打破司法辖区与行政区划的对应关系，根据不同地区的司法需求重构司法辖区，加快建设跨行政区划的司法机关就成为当务之急。

综合学者的观点，一般认为跨行政区划的司法机关的设置应遵循以下四个原则：(1) 与行政区域适度分离原则；(2) 案件负担相对平衡原则；(3) 方便诉讼原则；(4) 于法有据原则。司法区设置要符合客观实际，综合考虑相关的因素。影响司法区设置的因素，归纳起来有以下几种：(1) 地域面积，人口数量、分布；(2) 经济发展程度；(3) 交通和通信状况；(4) 法院级别、管辖事项性质；(5) 风土人情、语言文字、历史传统的影响。

在对司法区进行重新划分时，就应把案件数量的多少作为设置司法区的一个重要考量因素。案件负担相对平衡原则就是要求在重新划分司法区时，充分考虑现行各法院的案件数量。新设置的司法区之间案件数量要相对平衡，在地方经济上要注意贫富搭配，在人口数量上要注意多寡均衡。在具体操作技术上，司法区内城市化程度较高时，在管辖面积上就应适当缩小；管辖范

---

〔1〕 赵兴洪、邹兵：“关于中国司法区划分改革的思考”，载《云南社会科学》2013 年第 2 期。

围主要是农村地区时，司法区面积可适当扩大。

方便诉讼无疑是司法管辖区域划分的首要考量因素，在对司法区域的重新划分后，发现其跨行政区域时也要考虑到地理位置和交通因素，缩短群众获取司法救济的距离，降低时间和金钱成本。方便诉讼原则简单地说就是要减轻公民的诉讼成本，提高诉讼效率，合理规划和使用司法资源，做到便民利民。成本主要包括时间成本和经济成本，而这又与司法区面积的大小相关。司法区面积过大，就会扩大公民诉讼地域的半径，造成时间上的浪费和增加经济上的负担。

跨行政区划的司法机关设置是一次司法资源的重新配置，打破原有的以行政区划为单位的司法人、财、物的配置，使司法资源配置趋于合理化，缓解人、财、物由地方控制的局面。均衡分配案件数量，减轻司法工作人员的办案负担，提高诉讼效率，这些都是实实在在的能够为司法工作人员所感受到的司法体制改革的福利。

跨行政区域的司法管辖制度必须于法有据，这个是我国目前大力倡导依法治国背景下的一个原则，重大改革必须于法有据，至少与现有法律规定不相违背。但是，也应该意识到，既然是改革，就是要有所突破，而突破现有体制，往往会与现有法律规定不一。这个时候就需要法律规范根据客观实际的变化做出相应调整。

### （三）跨行政区域的司法管辖制度建设之可行性

有的学者认为，从技术上说，跨行政区划设置法院是不可行的，因为这将会导致现有法院设施出现闲置的问题。这是跨行政区划设置法院不可否认的一个技术性的问题。“两区”（司法区与行政区）分离抑会浪费司法资源。目前，我国 32 个高级人民法院，409 个中级人民法院，3117 个基层人民法院，共计法官 19 万余人的经费开支均由国家财政支撑。若设新机构则需征地、建房、购进设备、增加人员，这势必挤占有限的司法资源。重置司法管辖区意味着对我国 3500 多个法院辖区的重新合并与分离，这不仅耗资巨大，而且完全颠覆了现有的制度框架，也使法院设置复杂化，不便于公民接近司法。〔1〕

〔1〕王姣：“建立与行政区划适当分离的司法管辖制度”，载《楚天法治》2015 年第 8 期。

有学者曾指出，“重新划定司法区域是必要的”〔1〕。还有学者认为，最彻底的和最妥当的去除司法地方化的方案，就是要通过设置不同于行政区划的司法区划，让法院与行政区划完全脱钩，并重新构造单一的或复合的司法体系。另有学者认为，在社会主义法律体系已经基本形成的背景下，中人民级法院和基层人民法院完全可以在管辖地域范围上，打破与地方行政区划的对应关系，并设立相应的独立司法管辖区。〔2〕

已有的司法机关不能闲置，而且也最好不要做太大幅度变动。这就需要改革做好顶层设计，逐步推展开来，制定长远的司法区域划分调整方案。理性的改革措施应该是在保持行政区域相对稳定的基础上，对司法区域进行相应地调整。总体上来说，就是要坚持整体性与地域性的统一，适度分离。在短期内，仍应保留省级司法区域，在省级司法区域内重新划分现有司法区，主要是对现有中级人民法院、基层人民法院的权力地域进行调整，扩大中级人民法院、基层人民法院原有管辖范围。

考虑到《决定》只是提出要探索建立一种能使司法区划与行政区划实现适当分离而非彻底分离的司法管辖制度，这就要求我们采取的司法区划调整措施应当要有适度性，而不是对现有的司法区划进行彻底性的调整或变更。就当前我国大陆地区的实际情况而言，完全增设或减少某一司法层级，都将会耗费或浪费大量的财力。此外，考虑到保持司法区划之相对稳定性的需要，不可能对现行司法区划进行全方位或大幅度的调整，只能主张不完全按照行政区划来重新划分司法区域，即跨行政区划设置法院。这样的设置，从可行性上来说，比较容易施行，也比较容易被接受。

### （四）跨行政区域的司法管辖制度与人大监督制度的冲突

不少学者提出跨行政区划设置法院，将会与目前我国地方法院向同级人民代表大会负责并受其常委会监督的制度相冲突。《五四宪法》即确认了人民代表大会制度作为我国根本政治制度的宪政体制，其具体体现为：中华人民共和国一切权力属于人民，但人民行使权力的机关是全国人民代表大会和地方各级人民代表大会，即主要以代议民主而不是人民直接民主的形式体现人

〔1〕 王利明：《司法改革研究》，法律出版社2001年版，第172页

〔2〕 蒋惠岭：“法律体系形成后的司法改革”，载《人民法院报》2011年9月16日。

民当家作主。全国人民代表大会和地方各级人民代表大会的组织运行原则是民主集中制，该原则表现在人民代表大会与法院、检察院的关系方面为法院、检察院由同级人民代表大会产生并向同级人民代表大会负责。上述体制在我国已先后运行几十年，并为全国人民和各级国家机关所熟悉。理论上也把人民代表大会产生并监督一府两院作为人民代表大会制度的核心意涵。已有一系列成文法律法规和不成文惯例支撑此种体制运转。当实施司法统管制度后，本级人民代表大会与本级法院检察院之间是否还有监督负责关系？还是本级人民代表大会与省级人民代表大会共同监督负责？法院、检察院是否还需要向同级人民代表大会报告工作？人民代表大会对法院、检察院的工作如不满意，能否启用《各级人民代表大会常务委员会监督法》所规定的一切监督手段，还是只能限制使用甚至禁止使用某些监督手段，比如罢免、弹劾等？地方人民代表大会失去对检、法两家的实质监督权后，是否会导致权威进一步式微？针对上述问题，如果没有慎重考量、系统设计，仅仅是率尔操觚，则可能造成国家机关运行脱节、前后失序的危险。[1]

有学者对此有独到的观点，认为这种紧张关系其实并不存在。从《宪法》条文自身来看，县级以上各级地方人民代表大会常委会有权监督本级人民法院的工作，只是指：各县级人民代表大会有权且只能监督本行政区域基层人民法院的工作，各地级人民代表大会有权且只能监督本行政区域中级人民法院的工作，各省级人民代表大会有权且只能监督本行政区域高级人民法院的工作。然而对于县级以上某个行政区划单位而言，其行政区域内只是有可能、而不是必然会存在与该行政区划层级相对应的法院，如果存在该种法院的话，那么其数量也是两个或两个以上。各级地方人民代表大会（不包括县级，因为基层行政区划层级的人民代表大会产生基层以上法院不符合常理）可以产生多个司法区划层级的法院，甚至就某个司法区划层级而言，也可以产生多个法院，而这也就反证了地方法院不一定非得由所谓的本级人民代表大会产生。[2]

结合以上学者的争论，不难看出跨行政区划的司法组织设置与现行人民

---

〔1〕 秦前红：“司法去地方化的难点”，载《检察风云》2013 年第 24 期。

〔2〕 吴志刚：“我国司法区划调整问题研究——以跨行政区划设置法院为视角的分析”，载《北方法学》2014 年第 3 期。

代表大会制度存在一定的紧张关系，但是这种紧张关系并不是完全不可化解的。我国的人民代表大会制度是人民当家作主的根本制度，具有很大的灵活性和适应性，在人民代表大会制度下不能完全否认其它的制度创新。司法改革只要能够体现人民当家作主的地位，巩固人民当家作主的权利，使司法独立、审判公正得以实现，其与人民代表大会制度的紧张关系也是能够化解的。

## 二、经验总结

根据中央深化改革领导小组第七次会议审议通过的《设立跨行政区划人民法院、人民检察院试点方案》，人民法院积极推进司法管辖制度的改革，落实了以下改革措施：

### （一）设立了最高人民法院第一巡回庭和第二巡回庭

2015 年 1 月最高人民法院第一巡回法庭在广东省深圳市挂牌成立，集中受理广东、广西、海南三省区内应当由最高人民法院审理的一审、二审、申请再审的民商事案件、行政诉讼案件，刑事申诉案件，以及涉港澳台民商事案件和司法协助案件等。此外就地解决三省区的来信来访案件。最高人民法院第二巡回法庭在辽宁省沈阳市挂牌成立，巡回区包括辽宁、吉林、黑龙江三省。《决定》关于最高法院设立巡回法庭这一重大举措的完整表述是："最高人民法院设立巡回法庭，审理跨行政区域的重大行政和民商事案件。" 由此表明《决定》提出最高法院设立的巡回法庭是有特定受案范围和具体目的的。特定受案范围就是"跨行政区域的重大行政案件和民商事案件"，具体目的则是为了防止、克服这类案件如果由"跨行政区域"中的某一地方法院审判可能发生的地方保护主义，造成司法不公、损害司法公信力的结果。

巡回法庭的性质是最高人民法院的派出机构。最高人民法院巡回法庭的设置与英美巡回法院模式不同，其采用的是大陆法系国家的法院分院模式，旨在缓解最高人民法院案件审理压力，方便诉讼当事人，化解司法地方化的难题。但巡回庭的设置是否能达到预设目的还有待观察。[1]

---

〔1〕 有学者认为，最高人民法院巡回法庭只是最高人民法院在深圳或者沈阳等地方的延伸，办公机构设在地方，与地方机关打交道自然会有一个地方化的过程，反而有可能加剧司法地方化。

### （二）依托铁路司法机关设立跨行政区划的司法机关的尝试

设立跨行政区划的法院、检察院要充分、合理利用好现有铁路的司法资源，减少改革成本。目前，有关方面已明确依托铁路司法机关设立跨行政区划的法院、检察院。一是铁路法、检系统按铁路布局设置，具有天然跨行政区划的属性，是唯一覆盖全国范围的司法机关；二是铁路法、检组织机构配套健全、体系完整，有17个中级人民法院和对应的检察分院、59个基层发院，且都处在交通中心城市，只要合理改造、调配就可以运作；三是由于铁路转制和经济发展，铁路司法系统管辖的传统案件大幅下滑，将其改造为跨行政区划的法院、检察院，可以有效利用其司法资源，实现资源合理配置。操作上，可将现有17个铁路司法机关缩减到8至10个片区。但目前有的省院从本位角度出发，还在积极争取设立新的铁路法院、检察院。特别是近期最高人民法院、最高人民检察院批准个别省院设立铁路中级人民法院和检察分院后，形势变得更为复杂。从顺应改革方向，减少改革成本出发，应在新的改革方案出台前，保持现有的铁路司法机构和队伍稳定，维持现有的业务管理模式不变，不再随意增加或撤改现有组织机构，待新一轮改革进行时统一调整。

### （三）跨行政区划集中管辖涉外民商事案件、行政案件、环境资源案件改革

从我国国内的实践来看，跨行政区划司法机关设置的改革具有良好的实践基础，不仅军事、海事、铁路运输和林业等专门司法机关司法管辖范围与行政区划呈现一定的错置性，而且少数地方司法机关也是与行政区划单位相脱离的。

2014年12月28日，上海市第三中级人民法院依托上海铁路运输中级人民法院设立；同时组建上海知识产权法院，与上海市第三中级人民法院合署办公，“三块牌子，统一管理”。同一天，上海市人民检察院铁路运输分院加挂上海市第三分院的牌子。2014年12月30日，北京市第四中级人民法院和北京市人民检察院第四分院，分别依托北京铁路运输中级人民法院和北京市人民检察院铁路运输分院设立。以上海市第三中级人民法院为例，其依法管辖以市级人民政府为被告的一审行政案件，以市级行政机关为上诉人、被上诉人的二审行政案件（不包括知识产权行政案件）；上海市人民检察院第三分院提起公诉的案件以及由上级法院指定管辖的其他案件和原由铁路中院受理

的刑事、民事案件。

一年来，上海市第三中级人民法院共受理各类案件1370件，审执结1163件；审限内结案率为94.48%，二审瑕疵改判发回率、裁定再审率和生效案件改判发回数均为零。其中，行政案件审判工作引人关注。2014年，上海全市范围内以上海市政府为一审被告的案件仅13件；而到了2015年，就增长到了242件。

2015年12月25日，铁路法院集中管辖广州市行政案件改革试点正式启航。从2016年1月1日起，公众告广东省、广州市及市辖区三级政府机关的案件，全部由广州铁路运输中级法院和广州铁路运输第一法院集中管辖。广州铁路运输两级法院从广州中级人民法院和基层法院择优选调20名法官，又从原有法官中选拔14人，充实行政审判一线。铁路法院院长、庭长的审判指导、管理和监督活动除了必须依法有据以外，还应当在工作平台上公开进行，防止审判管理权与审判权相混淆，院长、庭长、审判长行使审判管理权均不得干预个案实体裁判。从成立之日到2016年2月25日，该法院立案1554件，其中一审案件822件，二审案215件，非诉案件517件，广州铁路运输第一法院一审案件首月立案超去年七成。

目前作为跨区法院改革试点的上海市第三中级人民法院、北京市第四中级人民法院，并非严格意义上的跨行政区划法院，更像专门事项法院。其功能、职责定位等同于中级人民法院和地市级人民检察院。跨行政区划法院主要审理跨行政区划案件、重大的行政案件和环境资源保护等易受地方因素影响的案件、跨行政区划人民检察院提起公诉的案件和原铁路运输法院受理的刑事、民事案件；铁路运输检察院的职权范围也做出相应调整。除了对应监督铁路运输法院审判活动外，将铁路运输和航空运输刑事案件和重大职务犯罪案件等纳入管辖范围。对于其他经设立的类似跨地市级行政区划的司法机关应当进一步总结经验，适时扩大设置范围。

同时，总结海南、青海等地的经验，在（地）市范围内，根据案件、人口、经济状况等因素，适当撤销若干县市区的法院、检察院，合并设立一个基层法院和检察院，实行跨行政区划的司法管辖，也是目前试点的一个方向。

### （四）设立了专门法院

《中共中央关于全面深化改革若干重大问题的决定》中提出：“加强知识

产权运用和保护，健全技术创新激励机制，探索建立知识产权法院。”2014年8月31日，十二届全国人大常委会第十次会议表决通过了《全国人大常委会关于在北京、上海、广州设立知识产权法院的决定》。

在北京、上海和广州设立知识产权法院，是我国加强知识产权运用和保护，健全技术创新激励机制，支撑科技创新及其升级转型的重大举措，彰显了我国加强知识产权保护、尊重知识产权权益的对外形象与国际影响。

有学者提出，针对专业案件集中化、专门化审理的方向，完善海事法院设置，扩大知识产权法院设置，总结行政诉讼案件管辖审理经验探索设立行政法院，适应社会发展需要和诉讼特别程序要求探索设立少年法院，随着形势发展还可以探索设立金融法院、环境法院、家事法院等专门法院。同时，应建立相应的检察机关开展法律监督。

## 三、总 结

建立与行政区划适当分离的司法管辖制度不仅必要，而且可行。在推进改革措施落实的过程中，既要从实际出发，不人为拔高，又要与时俱进，不照抄照搬，进一步强化顶层设计，细化具体路径，实化操作措施。建立起与行政区划适当分离的司法管辖制度，确保审判机关、检察机关依法独立公正行使审判权、检察权。跨行政区划设置法院这种典型的司法区划调整方式是较为务实的一种司法改革途径，我们不应错过当前的绝佳时机——国家正在积极推动的“省直管县（市）”之行政区划体制改革。当然，至于更为具体的司法区划调整方案，则需要认真的研究和论证。

（张权）

专题五

# 立案登记制的改革

立案登记制，是指当事人向法院提起诉讼，提交了符合要求的起诉状，法院无需进行审查，应当登记立案，不得拒收当事人的起诉状。与之相对的为立案审查制，所谓立案审查制，是指法院在受理案件的过程中，对当事人的起诉是否符合条件进行审查，而后决定是否受理。社会纠纷通过立案制度进入诉讼程序，变为司法案件，而立案登记制度是现代司法文明最直接的体现，其从根本上保障《宪法》赋予公民的基本权利——诉权。我国司法机关在改革中积极推动立案制度的变革，变“立案审查制”为“立案登记制”，对依法应当受理的案件，做到有案必立、有诉必理，这可以解决立案难的问题，在最大程度上保障公民的宪法性权利。

## 一、数据盘点

全国法院于2015年5月1日全面实行立案登记制，给司法机关带来的最直接的影响是案件数量的增加。2015年最高人民法院受理案件15 985件，比2014年上升42.6%；地方各级人民法院受理案件1951.1万件，同比上升24.7%。我们统计了2003年~2015年全国法院收案情况与2014年、2015年全国各级人民法院收案数量，对两个年度内的立案数量进行对比，制成以下两图：[1]

〔1〕 数据来源：各省高级人民法院2016年工作报告。

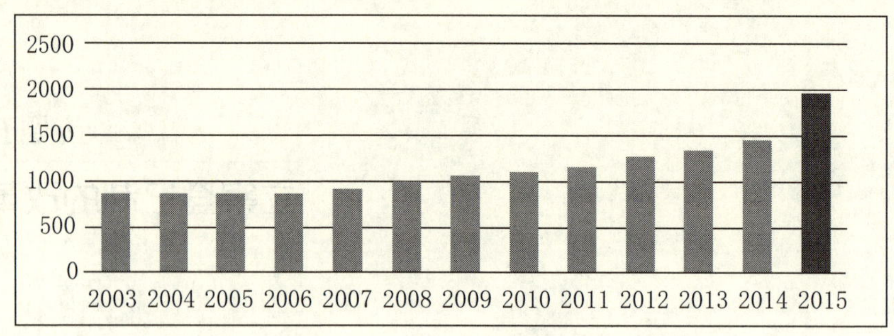


**图 5－1　2003－2015 年收案情况趋势图（万件）**

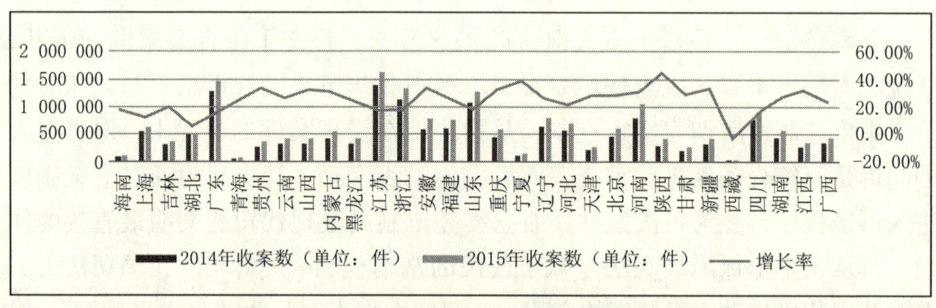


**图 5－2　2015 年全国各法院立案增长率比较**

根据我们对收案情况的统计，可以发现 2015 年全国法院收案数量突破前期稳步趋势，迅猛增长，增长率达 24.7%。这从根本上来说是受了全国全面实施立案登记制的影响——减少立案审查，降低了立案门槛，更多的诉求得以进入诉讼程序。从各省的情况来看，广东、江苏、浙江等省份基数大，增长数量也较多，中西部地区各省法院收案增长率较东部各省偏高，数量增长较快，但收案总数偏低，特别是西藏、青海、宁夏、海南等省份收案总数远低于其他省区。特别值得一提的还有西藏自治区，西藏 2015 年收案数量较 2014 年呈下降趋势，呈负增长。总而言之，全国立案数量整体呈较快增长趋势，但也有部分地区增速较缓。

## 二、理论热点

在我国曾实行多年的立案审查制因效果不佳而饱受诟病，关于法院对诉讼究竟是通过实质审查的方式还是形式审查的方式来决定是否受理案件的问题也引起了学术界和实务界的广泛讨论，设立立案登记制的呼声高涨，我国终于在2015年5月针对民事诉讼、行政诉讼和刑事自诉案件全面实行立案登记制。面临立案难、诉求无门的状况，人们对立案审查制的批判已有多年。而对于是否建立立案登记制、建立何种立案登记制等关于立案登记制的研究，则是在近两年出现的热潮。同时，十八届四中全会对依法治国的相关决定出台，新修改的《民事诉讼法》司法解释、《行政诉讼法》颁布。由最高人民法院印发的于2015年5月1日生效的《关于人民法院推行立案登记制改革的意见》标志着立案登记制的全面实行。学者们关于立案登记制的研究也有了更进一步的广度和深度。

### （一）立案登记制的理论依据

谈及立案登记制的合法、合理性和存在价值，我们可以联系国情，先从立案审查制的现实情况和立案审查制向立案登记制转变的原因来展开探讨，通过审查制与登记制的对比来分析立案登记制。立案审查可以算作我国曾在诉讼制度上的一项“特色”，这种立案庭在受理前对当事人主体资格、法律关系和证据等进行实质审查，甚至先将材料送至审判庭审查再由立案庭告知当事人是否予以立案的做法，引发了法院与民众、法院本身结构的矛盾，产生诉权保护的危机。

当然，立案审查制会被“利用”，绝不是这个制度本身达到了一种无可救药的地步，而是深受当前司法状况的影响；实践证明审查制并不是最佳模式。从诉权、程序正义的理论角度而言，这样一项原本用于严谨把控法院案件的制度，在实践中却被法院给“利用”了，甚至上升到对诉权的侵犯的层面。相比之下，立案登记制降低了起诉门槛，能方便当事人起诉，有效的司法途径还可以分流信访、上访的案件，缓解其他单位的压力，因此更具有优越性。

周永坤教授曾在《诉权法理研究论纲》一文中强调诉权的重要性，他将“诉权”定义为“请求法律救济的权利，是一项启动与延续诉讼的权利”。诉权作为法治社会的基本建制、宪法权利和基础性人权，“唯有诉权能将公民维护法治的努力与法官的行为相连接；唯有诉权的行使，法官推进法治的行为才得以启动并取得正当性。”〔1〕该文中提到的现象就是诉权在规范性层面和

〔1〕 周永坤：“诉权法理研究论纲”，载《中国法学》2004年第5期。

执行层面被侵犯，虽然文中使用的是20世纪的案例，但当今社会亦有发生。例如，法院为了应对上级检查、欲获得可观的年终结案率或者是不想处理棘手案件，因各地对于立案审查的标准和程度不统一，法院内部以会议文件、口头传达等方式对立案受理的条件进行了非公开性的规定，而通过提高门槛的形式将不利于法院工作的案件拒之门外。另外，对诉权的侵犯也可以体现在程序上，许尚豪、瞿叶娟在阐述审查的重要性时对立案审查制的程序缺乏当事人的参与进行了批判，提出“立案审查制中，整个立案审查均处于立案之前，属于典型的案外程序，缺乏公开性、规范性及当事人的参与性。一方面，‘程序利益属于补救原实体利益的利益’，程序利益是实体利益补救性延伸的产物，立案审查涉及当事人的实体利益，当事人却不能参与立案审查程序，这与程序保障的理念相悖。另一方面，案外的立案审查使审查程序处于是否为诉讼程序的逻辑难题之中，严重影响了程序的发展与完善”。[1]

### （二）立案登记制的构建

正如多数学者所说，仅对案件进行单纯的形式审查过犹不及，并不利于诉讼，案件如泄洪般的涌入法院，解决了立案难的问题，却会引发审理难的问题。傅郁林教授也表明：“程序改革的成功依赖于司法制度的综合改革和配套制度之间、程序制度的各个部分之间的相互协调，而且现行程序制度中的缺陷或漏洞越多，通过改革在程序的具体环节上各个突破的成功率就越低。”[2]因此，发挥立案登记制的价值既需要在宏观上有健全的司法体制、高度的司法权威和落在实处的法院独立性，又需要构建一系列具体规定充实立案登记制，使之更为饱满。

许尚豪、欧元捷在《立案登记制的本质及其建构》一文中提出：“司法只有审理具有可诉性的社会纠纷才能充分发挥纠纷解决的功能，才可能实现预期的法律效果和社会效果。如果将不具有可诉性的社会纠纷强行纳入司法程序，不仅不能解决纠纷，还会损害司法权威，浪费司法资源。”所以，立案登记不等于不审查，而是将审查标准明确化、规范化，其审查可分为案前形式审查和案后实质审查。实施细则和具体建构要包括以下四方面：一是重构起

---

〔1〕许尚豪、瞿叶娟：“立案登记制的本质及其建构”，载《理论探索》2015年第2期。

〔2〕傅郁林：“转型中的中国民事诉讼制度”，载《清华法治论衡》2005年第2期。

诉状，区分必要记载内容和任意记载内容，并且规范起诉状的格式和内容，规范口头起诉；二是保障当事人参与案后审查程序，在案后审查阶段建立立案听证制度；三是建立案前审查阶段的拦截和过滤机制，为明显不符合条件的案件设置出口；四是建立和完善立案监督机制。[1]许尚豪在《“立案登记制”后如何审查立案》一文中认为，可以借鉴上海自贸区的负面清单管理模式，实行“非禁止即登记”的模式合理划定法院的受案范围；还可以规定在登记前交纳诉讼费用。“交费之前，法院对诉状进行预登记。如果当事人按期交纳费用，预登记自动转化为立案登记；如当事人未在法律规定的期间内交纳费用，则取消预登记，驳回诉状。”[2]孙永亮在2011年的论文《我国民事诉讼立案审查制度的重构》中对立案审查进行重构设想时提出的将立案庭改为登记案件性质的机构的观点也很有价值，由书记员或者法官助理负责立案受理事宜，把法官转至审判庭审理案件，这样可以充分利用人力资源，缓解案源增加而法官人员不足的压力。[3]还有观点认为，不仅要完善立案登记制本身的制度，还要为案件激增带来的附加矛盾找到合理的解决方式，选择衔接非诉讼解决方式与诉讼解决方式的有效途径，不能因为立案变得方便而否定了司法是解决纠纷的最终手段。[4]

### （三）关于立案登记制的争议问题

在肯定立案登记制在解决“立案难”问题上取得的成绩的同时，也有学者指出该制度在现实操作中或将给法院带来一些问题。学者们的担忧主要体现在他们认为实行立案登记制的作用有限，而且会带来滥诉、恶意诉讼、增大法院压力等诸多问题。确实从统计的数据可以看出，与2014年相比，2015年各省法院的收案率增长了20%～40%，这使得法院工作的负荷增大，法院如何应对这样的局面有待进一步解决。但同时，也有学者指出类似的担心是完全没有根据的，毕竟后审查不是不审查，为了保护当事人的诉权，还是应该先只做形式审查。

---

〔1〕许尚豪、欧元捷：“立案登记制的本质及其建构”，载《理论探索》2015年第2期。

〔2〕许尚豪：“‘立案登记制’后如何审查立案”，载《人民法院报》2014年12月24日。

〔3〕孙永亮：“我国民事诉讼立案审查制度的重构”，载《西安建筑科技大学学报（社会科学版）》2011年第2期。

〔4〕郭颂彬：“立案登记制之浅析”，载《法制与社会》2016年第1期。

宋旺兴法官在2008年的论文《论民事诉讼立案审查制度》中，首先对民事诉讼的立案审查制度进行了综合概述，然后介绍了英、美、法、日、俄几个国家以及大陆法系与英美法系对于立案的规定和特征，在描述了我国法院立案审查的内容后，既承认立案审查制的缺陷，又主张其存在的必要性，表示不能简单移植立案登记制，选择温和改良的立案审查制更为适宜。〔1〕胡斌认为，立案登记制这种先立案后审查的模式会导致法院有限的司法资源与诉讼案件激增之间的矛盾，恶意诉讼、虚假诉讼会干扰法院的工作。尤其是在行政诉讼中，看似在初次选择纠纷争议解决方式时分流了信访案件，但因为大量案件先进入诉讼程序后，再因为不符合受案条件被裁定驳回或者不予受理，这可能会引起当事人对诉讼立案的不满，转而又会选择其他途径来表达这种不满，便增加了涉诉信访、上诉、申诉和申请再审的案件数量，由一个行为牵扯出多个诉讼和信访。〔2〕

黄先雄、黄婷则另辟蹊径，在《行政诉讼立案登记制的立法缺陷及应对》一文中将新行政诉讼法的立案登记制定义为“准立案登记制”，称因为避免不了对“利害关系”的实质审查，我们所定义的立案登记制并不是与域外性质相同的、真正意义上的“诉状登记制”，但新增的法院必须出具接收材料的书面凭证以及处分责任人员的规定有很大的现实意义。就行政诉讼法而言，该制度的缺陷主要在于：第一，对起诉条件的审查性质与程度定位不明，容易导致恢复深度审查；第二，没有排除对监督实施效果和上级法院的监督力度的担忧；第三，缺乏对案件进入审理阶段后先进行实质审查的规定。〔3〕另外，关于这项制度又是否会因为其“门槛低”而给民众造成“司法不再神圣”的误解的争议，就需要当事人作为与该项制度互动的另一方时，应当更为理性地看待问题、选择处理方式。正如潘剑锋教授所言：“实行立案登记制主要目标之一就是切实保障当事人依法、便利地行使诉权，提升国家司法保障和诉讼救济的实效性，但这并非鼓励社会公众在面临纠纷时一概盲目地诉诸司法，更不意味着诉讼是化解所有社会纠纷的最优路径。因此，在强化诉权保障力度的同时，还应当培育公民的理性诉讼观，使其能够依据纠纷的实

〔1〕 宋旺兴：“论民事诉讼立案审查制度”，载《西南政法大学学报》2008年第2期。

〔2〕 胡斌：“立案登记制改革：创新与踟蹰”，载《决策》2015年第7期。

〔3〕 黄先雄、黄婷：“行政诉讼立案登记制的立法缺陷及应对”，载《行政法学研究》2015年第6期。

际情况和自身的个性需求，选择最为适宜的解纷途径。”[1]

制度的生命在于实施，制度本身并没有好坏之分，其优劣取决于其实施环境，对制度不断质疑才能使其发挥更好的效用。推行立案登记制是一项系统工程，影响深刻而广泛。对此，我们要坚定不移，坚决贯彻党的十八届四中全会决议，大力推动立案登记制改革，保障当事人诉权。同时，要高度重视，积极推进，坚持从中国实际出发，探索一套符合司法规律、符合改革精神的具有中国特色的立案登记制度。

## 三、经验总结

立案是司法程序的源端，司法作为社会公正的最后一道防线应当是畅通无阻的。当今社会发展变化迅速，社会关系日益复杂，新型的权利义务关系不断产生，法院应当明确纠纷的可诉性范围，只要纠纷具有可诉性，当事人就可以诉诸法院，请求法院予以公正审判。立案登记制度也是司法文明的重要体现。我国立案登记制度的建设在诉权保障、程序规范、配套完善等方面都有着显著成绩。

### （一）诉权保障全面化

2015 年 4 月 1 日，中央全面深化改革领导小组审议通过了《关于人民法院推行立案登记制改革的意见》，要求各级法院对属于人民法院依法应该受理的案件，敞开大门，实行“有案必立、有诉必理”，任何单位和个人不得以任何借口阻挠法院受理案件。如涉及物业纠纷，信用卡纠纷，村民自治组织成员权益纠纷，拆迁纠纷，信息公开纠纷等的案件，在实行立案登记制之前，主要是通过引导起诉人通过和解或者其他途径解决纠纷，多数未进入审判程序，现在，人民法院一律予以登记立案。

各地法院通过文件、会议等形式对工作人员进行业务培训，让工作人员能快速转变思维，掌握最新的立案流程，做好诉讼指引。严格落实“先登记、后处理”“一次性”告知原则，让当事人明明白白、轻轻松松地完成登记立案程序。无论当事人选择以电话、口头、网络还是邮寄方式表达立案要求，也

[1] 潘剑锋：“立案登记制与理性诉讼观的培育”，载《人民法院报》2015 年 4 月 23 日。

无论当事人的胜诉率有多大，只要当事人按程序主张诉求并递送材料，法院都予以立案登记。同时，在接受立案材料时，应将缺少的材料一次性告知当事人，避免当事人因为对所需材料不了解而来回奔波。

山西省长治市城区人民法院作为代表在最高人民法院组织的新闻发布会上介绍了立案工作开展的情况，该院通过一系列的便民措施让百姓体验到“无障碍、受尊重”的立案过程。在环境上，立案大厅的等候区设置了座椅、饮水机等人性化硬件设施，打造舒适的等候环境。在工作上，强调对窗口的规范管理，提高立案效率，非特殊的民商事和执行案件在受案后当即立案，当天之内录入电脑系统、移送到业务庭。湖北省武汉市江汉区人民法院将立案信访大厅改为诉讼服务中心，采用“立案登记+”的模式，以立案登记为中心，与其他工作机制相衔接，可以以十余人的团队应对九十余个项目，还健全了《事务办理流程规范》，全面提高工作效率。成都市中级人民法院、江苏省常州市天宁区人民法院等法院在采访中表示，改革之后，一个案子的立案时间平均在15分钟，大大缩短了时间。

（二）立案工作规范化

为规范登记立案程序，切实保护当事人诉权，提高立案工作效率，上海市第一中级人民法院在2015年3月率先制定出台了全国首个民商事案件立案登记制度细则——《上海市第一中级人民法院民商事案件立案登记制实施规则（试行）》，要求不得拒绝接受起诉状，“除可直接受理的案件外，均应接收材料并编立‘收’字号”。最高人民法院公布了《关于人民法院登记立案若干问题的规定》，该规定于2015年5月1日起施行，指导各地的立案登记制改革工作，对接受诉状、当场立案、告知补正、诉讼费收取等提出了明确要求。陕西省高级人民法院制定了《陕西省高级人民法院关于登记立案的实施细则（试行）》。重庆市第五中级人民法院由“立案人员—审判长—分管庭领导”三级审批的三级审查制调整为由立案人员当场立案的当场立案制等。

同时，各地法院在立案前期推动多元化解决矛盾纠纷，积极推进繁简分流工作，具体问题具体分析，引导人民群众选择最适宜解决纠纷的渠道。根据最高人民法院在2015年底新闻发布会的通报，最高人民法院通过依法科学适用简易程序、小额诉讼程序、速裁程序，实行多数案件简办快办、少数案件精办细办，提高审判效率、缓解办案压力，并借助社会各方力量，共同化解纠纷，力争将更多的简单民商事案件化解在诉前。

邯郸市中级人民法院将繁简分流工作纳入基层法院分流工作的考核范围，在诉前调解中，邯郸中级人民法院出台了《关于加强调解、构建多元化纠纷解决机制的实施意见》。根据主城区、工矿区和农业区不同的经济、社会、人口情况形成了三种形式的诉前调解和分流模式。对于进入诉讼程序的案件，小额诉讼采取简易或速裁程序及时审理，对重大复杂案件则组织精干力量细研慎判，提高审判质量。

贵州省黔南布依族苗族自治州中级人民法院作为西部民族地区法院，为应对案多人少的局面，创设涉诉立案调委会，通过发挥与司法局共同成立的涉诉人民调解委员会的作用，强化诉调对接力度，并建设特色巡回法庭和“司法确认110”，做好“无诉讼乡镇”的构建，尽量在基层化解矛盾，在诉讼外消除纠纷，以减轻业务庭压力。

广州市天河区人民法院健全了繁简分流工作机制，依托调解中心建立繁简分流独立工作平台，按“1+4”的比例配备速裁审判团队，建立司法附设调解团队，集案件诉前分流、庭前分流、速裁分流三大功能为一体，实现了难案精办、简案快办，以适应审判精细化的趋势。

除此之外，最高人民法院要求各地继续做好司法公开工作，加强立案监督。通过借助社会各界的全面监督，倒逼法官提升责任意识和裁判质量、统一裁判尺度、严格裁判标准，推动提升审判质效。加强立案监督，强化责任追究制度，坚决杜绝年底前关门不收案、强迫撤诉、虚假报结等现象发生。为防止出现“有案不立”“有诉不理”的现象，最高人民法院在起草《关于人民法院推行立案登记制改革的意见》和《关于人民法院登记立案若干问题的规定》时，注重在制度建设上加强立案监督，强化责任追究。具体而言，主要包括了三方面的监督：一是加强法院内部的监督，如果发现有案不立、拖延立案、人为控制立案、“年底不立案”、干扰依法立案等违法行为，对有关责任人员和主管领导，依法依纪严肃追究责任；造成严重后果或者恶劣社会影响，构成犯罪的，依法追究刑事责任。二是依靠人大、政协、检察机关的监督，人民法院对各级人民代表大会及其常务委员会督查法院登记立案工作反馈的问题和意见，要及时提出整改和落实措施。三是自觉接受社会监督，通过全面推行立案公开，规范立案行为，阳光立案，接受社会监督。为抓好这一制度的贯彻落实，除按照常规渠道受理不予立案的投诉外，还要确定专人关注网络舆情，发现一起就要求高级法院核实一起，并在规定时间上报处理结果。[1]

（三）诉讼服务同步化

各地法院以立案登记制改革为契机，加强诉讼服务中心的建设，开通电子法院，推行网上立案举措。以吉林省的电子法院为例，吉林电子法院打造了一个24小时无休的“网上法院”，当事人和律师在任何有互联网的地方登录电子法院，足不出户就可以在网上立案交费、提交证据、发表意见、查阅卷宗，实现了“让信息多跑路、让百姓少跑腿”。[2]截至2015年10月28日，吉林省29.8%的民事案件立案都是通过网上立案完成的。周强在全国法院诉讼服务中心建设推进会上提出，统一诉讼服务平台建设标准和工作流程，拓展诉讼服务大厅、网站及12368热线功能，为群众提供各类诉讼服务。山西打造“一站式”诉讼服务，通过一站式服务节省当事人的等候时间。设置政务管理、司法公开、诉讼服务三大自助式电子查询平台，为群众提供更便利、更快捷、更自主的服务方式。河北省法院大力推进诉讼服务中心建设，通过诉讼服务大厅、网上诉讼服务和12368热线三大平台，为当事人提供多渠道、综合性“一站式”诉讼服务，简化立案程序，大力推行预约立案、网上立案和人民法庭直接立案，坚决纠正年底不予立案的问题，保障和方便当事人行使诉权。福建在全省范围推行“跨域”立案服务，方便当事人对省内异地法院管辖的案件就近选择中级、基层人民法院或人民法庭进行起诉。

## 四、总　结

立案作为司法诉讼环节启动的关键点，也是将纠纷纳入司法解决途径进行救济的重要步骤。变以往的立案审查制为立案登记制，是对我国现行诉讼制度的一项重大突破，对于规范司法权力的行使、防止公权力的过度膨胀、拓宽公民的司法救济渠道、加强公民司法救济最后保障的力度具有十分重要

〔1〕“最高法院新闻发言人发布全国法院实施立案登记制改革以来有关情况”，载 http://www.court.gov.cn/zixun-xiangqing-16015.html，访问日期：2016年4月9日。

〔2〕“2016年吉林省高级人民法院工作报告”，载 http://jlfy.chinacourt.org/article/detail/2015/02/id/1556408.shtml，访问日期：2016年4月9日。

的意义，体现了我党运用法治思维和法治方式解决新时期社会矛盾纠纷的坚强决心，无疑将成为中国法治建设历史上的一个重要里程碑。

自我国2015年5月1日全面实行立案登记制以来，人民法院对依法应当受理的案件做到有案必立、有诉必理，使我国长期以来存在的立案难的司法问题得到了一定程度的改善。基于以上由立案登记制所带来的司法改革之新气象，我们应当对此充满信心。但同时我们也应看到，推行立案登记制改革后，由于相关的配套制度仍然需要改进和完善，人民法院在工作中必然会面临一些新的情况和问题，其他诉讼参与者在适用立案登记制度的时候也会暴露出一些不足。所以，对于立案登记制改革所带来的成果和亟待进一步完善的问题，我们必须有清醒的认识。

### （一）立案登记制改革的积极作用

#### 1. 有效保障公民的诉权，减少涉诉信访

实行立案登记制改革以来，民事、行政和自诉的刑事案件的受案数量出现了如前文所分析的显著增长，使从前立案无门、久拖不决的案件重新回归到司法诉讼的轨道，对于破解立案难问题可谓是起到了立竿见影的效果。据统计，全国法院及时处理群众诉求，当场平均登记立案率达到了90%，其中上海最为突出，达到了97%〔1〕。立案是诉讼的前提条件，诉权是当事人请求法院行使审判权，以保护其合法权益的权利，是当事人进行诉讼的基本权利，而立案则具有确认诉权，保障诉权行使的功能，〔2〕公民通过行使诉权，获得公平救济的最低门槛。在立案登记制度下，只要公民的起诉符合法律规定的起诉条件，法院就不能拒绝受理，权利受到侵害的公民自然就不会因为救济权利无门而开辟新的、时常带有攻击性和抵触性的其他纠纷解决途径，群体性事件和涉诉信访率也会有所下降。这无疑有利于避免社会矛盾的积压，能够迅速化解社会矛盾。

#### 2. 有利于规范法院工作，指导当事人的行为

《关于人民法院推行立案登记制改革的意见》出台后，各级法院根据最高人民法院的部署，开展了形式多样的法制宣传活动，使立案登记制度得到了

---

〔1〕 胡斌："立案登记制改革：创新与踟蹰"，载《决策》2015年第7期。

〔2〕 李德恩："民事立案制度之重构——以保障当事人程序主体地位为视角"，载《上海政法学院学报》2012年第6期。

贯彻落实，立案登记制的认同度和社会关注度得到提高，各级法院也切实制定了具体可操作的措施，确保依法立案。[1]其中的有关规定，也有助于解决实践中的争议，并化解法院运用新机制时的困惑，采用积极规定和消极规定相结合的方式，以期提高立案效率，让立案做到始终有法可依。这些详细的规定，有助于让公民理性行使手中的诉权，规范滥诉行为，让法院在处理纠纷时必须严格依照法律的规定，对于应当立案的案件和不应当立案的情况分别对待处理，提高司法公信力，保障司法公平。[2]

3. 顺应时代司法规律，体现法院的法治担当

人民法院以空前的力度践行承诺，旨在解决立案难的问题，是对当前改革大局，群众利益和司法转型的法治担当，彰显出人民法院在法治前行中言而有信，行而有果，慎终如始。在推进依法治国的大背景下，立案登记制度改革呼之欲出，而人民法院通过落实立案环节，疏导社会纠纷，高效化解社会矛盾，促进社会和谐稳定，才能全面契合依法治国的理念，把法治思维和方式融入改革发展的大局，依法治国才会有长足的前进动力。同时，立案登记制及时全面地突出当事人的主体地位，直面人民群众的诉求，解决群众的难题，体现了对群众利益的法治担当。同时，改革顺应了时代司法规律，有利于促进深层次的司法公开，顺应权责一致的司法规律，明晰责任承担和强化责任追究，也进一步加速了法院工作模式的转型，主要体现在倒逼法院进行审判方式的革新，敦促其健全对滥诉行为的制裁措施。最后，也发挥了多元化纠纷解决机制的效用，使多种纠纷解决机制相互协调衔接，实现多管齐下的纠纷治理模式。[3]

### （二）立案登记制改革存在的问题

1. 案件数量急剧增长与法院司法资源紧缺的矛盾

诚然，立案登记制解决了立案难之问题，但是，就前文数据来看，法院所受理的案件数量出现暴增，这些陡然增加的案件需要更多的人手和司法资

---

〔1〕 杨翔、谷国文、江华："落实立案登记制，保障当事人诉权"，载《人民法院报》2015年7月2日。

〔2〕 潘剑锋："立案登记制与理性诉讼观的培育"，载《人民法院报》2015年4月23日。

〔3〕 许尚豪、欧元捷："立案登记制体现了人民法院的法治担当"，载《人民法院报》2015年4月22日。

源参与其中。但实际上我国的大部分法院尤其是基层法院，人员配置数量不够，相关配套条件也难以跟上，立案庭的工作量较以往实行立案审查制更大了。这样的情况使得立案后大部分案件还是会因为各种原因来不及处理被积压下来，并不能迅速切实有效地化解纠纷，看似有利于提高司法效率，实则使司法的效率和质量都大打折扣。

2. 易出现滥用诉权的现象

由于立案登记制只要当事人向法院提起了诉讼，并且提交了符合要求的起诉状，法院无需进行审查，应当立案登记，不得拒收诉状。因此，当立案缺少了以前的实质审查过程，仅仅依靠形式合法的判断，使得立案变得更加容易。由于社会纠纷的类型鱼龙混杂，所以在众多起诉案件中，不能够绝对排除有进行虚假诉讼，恶意诉讼，无理缠讼等滥用诉权的案件。例如，上海某基层法院就曾经接到过这样一个令人哭笑不得的起诉，起诉人称赵薇在电视里瞪他，请求法院判决赵薇赔偿自己精神损失费，类似这些案件往往符合了立案的形式要求，但却会极大地消耗司法资源，扰乱正常的司法秩序，降低司法公信力。

3. 缺乏细则规范新问题，配套机制落后

没有实施细则的规范，导致实践中当事人对于立案登记制度理解上的偏差，往往认为只要是把材料送交法院，法院就必须立案登记，不能进行任何审查。此外，缺乏统一的立案登记标准，没有规范的诉状撰写格式，不利于法官确定案由，也不利于法官对具体案件的办理。在配套衔接机制上，以湖南省法院行政庭为例〔1〕，存在着立案庭与审判庭衔接机制运行不畅通的问题，主要体现在“行政庭审查，立案庭办手续”的模式，即当事人在立案窗口提交材料后，由审判庭法官进行立案审查，决定是否立案，这种模式是不符合立审分离原则的，造成立案与审理职责错位。此外在立案手续办理的程序上，办理主体和时间步骤上都有不同的做法，缺乏统一的程序细则来规制，时常导致程序和职责的混乱。另外因为在立案过程中立案庭对于应当向当事人释明的问题没有及时到位地给予说明，也给案件的后续工作带来了一定影响。对于立案登记制，目前只有《关于人民法院推行立案登记制改革的意见》

〔1〕 杨翔、谷国文、江华：“落实立案登记制，保障当事人诉权”，载《人民法院报》2015年7月2日。

可以适用，但对于不断产生的新情况其规定无法完全涵盖，缺少具体的规范和指导。

### （三）完善立案登记制改革的建议

#### 1. 加大司法资源的投入，完善案件分流机制

基于实行立案登记制度改革后各地法院案件数量快速的增长，应适当增加在司法资源方面的投入，包括人力和物力，硬件和软件，配合法院的员额制改革，吸引更多高素质的专门人才进入法院立案与审判工作岗位，在经费和物资上给予有力保障，明确人员职责，进行有效分工，调动一切积极因素，提高工作效率。同时，应该加强对法官的培训，提高法官的业务能力和综合水平，以适应新形势下立案登记制改革的要求。此外，通过建立多元化的纠纷解决机制，使不同的案件能高效地获得圆满解决，缓解法院的立案压力，充分调动其他社会资源解决矛盾纠纷，如使用ADR非诉纠纷解决机制，建立完善的审前筛查和听证制度，使每个纠纷都能尽快得到解决，从而优化司法资源的配置。

#### 2. 健全监督机制和惩罚机制，规范诉权行使

任何权利的运行都必须受到必要的监督与约束，对于立案登记制的监督体现于两方面：一是对于法院司法工作人员的监督，在其行为侵犯当事人的诉权，在立案工作中出现不合法的行为时应当给予相对方的当事人有效的请求救济的途径，如申诉和行政复议等，并建立健全对司法工作人员违法的责任追究机制，规范其行使职权的行为。二是对于当事人一方滥用诉权的规制，对于虚假诉讼，恶意诉讼，无理缠讼等行为，一经查实，应当让当事人承担相应的不利后果，受到应有的惩罚，以示明法院对此的否定态度。例如，建立惩罚性的赔偿制度，当滥用诉权的情况出现时予以适用，同时还可以对扰乱司法秩序情节严重的行为给予罚款、拘留等制裁。通过这种双向的规制，可以有效地防止滥用诉权，节省司法资源。

#### 3. 制定出台相关实施细则，建立相应配套程序和措施

立案制度的有效运行有赖于完整明确的程序规定和配套机制的优化，基于立案登记制改革实施中所产生的新的问题，我国现行规范立案的文件少之又少，有必要制定一个具有微观指导性的立案登记制度实施细则来规范司法实践中尚未统一的一些程序步骤，统一立案登记标准，统一明确主体职责，

统一诉状格式，统一法官自由裁量和适用法律文件处理具体案件的边界范围，做到有法可依和规范化。关注对于法律条文理解上的分歧，及时用规范性法律文件予以明确，使得参与的双方主体在适用立案登记制的时候不会无所适从。对于最终实现诉权所必须的配套措施，如与其他纠纷解决机制的衔接，法院各个部门之间的协调，如何向当事人释明，以及如何救济诉权，如何惩罚违法等方面也应形成相互配合协调的统一体系，作出具体明确之规定，共同作用于立案登记制度的完善。

（邓书琴、周勇、彭珮、徐文康）

专题六

# 执行难问题的破解

各级人民法院在党的坚强领导、人民代表大会的有力监督和社会各界的大力支持下，深入学习贯彻党的十八大和十八届三中、四中、五中全会精神，紧紧围绕“让人民群众在每一个司法案件中感受到公平正义”的目标，坚持司法为民、公正司法，忠实履行宪法和法律赋予的执行职责。全力推进执行工作信息化，大力加强执行工作规范化，着力强化执行队伍职业化，积极稳妥推动实行审判权和执行权相分离的体制改革试点，努力破解执行难问题。2015 年全年，全国法院执行、结案数量持续上升，增幅明显，执行工作取得新进展、新突破，积极努力化解社会矛盾、推动经济发展。

## 一、数据盘点

据 2016 年 3 月 18 日最高人民法院发布的有关资料统计，2015 年全年全国各级人民法院新收各类执行案件 4 159 949 件，上升 32. 55%；执结 3 815 560 件，上升 31. 26%；申请执行标的金额 1. 7 万亿元，上升 81. 94%〔1〕。2015 年执行工作的良好收效为实现发生法律效力的司法裁判、保护当事人合法权益、促进经济发展、维护法治权威发挥了应有作用。

〔1〕 参见最高人民法院：《2015 年全国法院审判执行情况》。

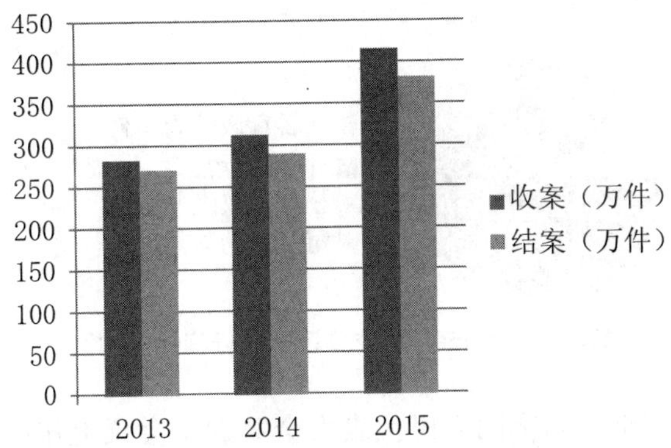


**图6－1　全国法院2013年～2015年收案与结案数**

其中新收民商事执行案件3 496 716件，占84.06%；刑事执行案件151 884件，占3.65%；行政诉讼执行案件10 745件，占0.26%；非诉行政行为执行案件172 880件，占4.16%；仲裁执行案件205 287件，占4.93%；公证债权文书执行案件46 516件，占1.12%。

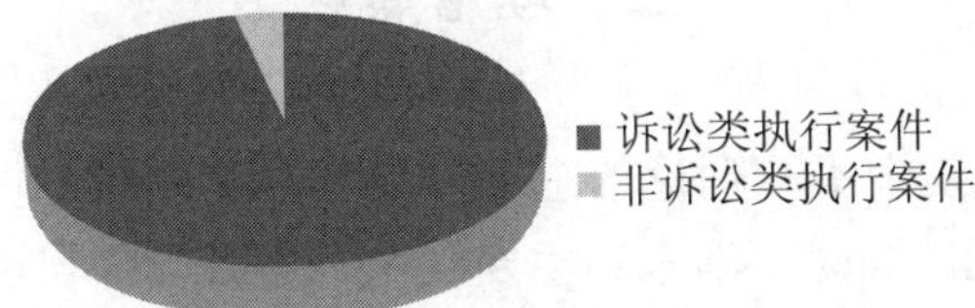


**图6－2　2015年执结案件比例图**

**图6－3　2015年执结诉讼类案件比例图**

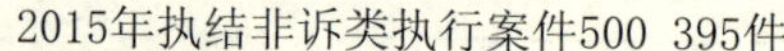


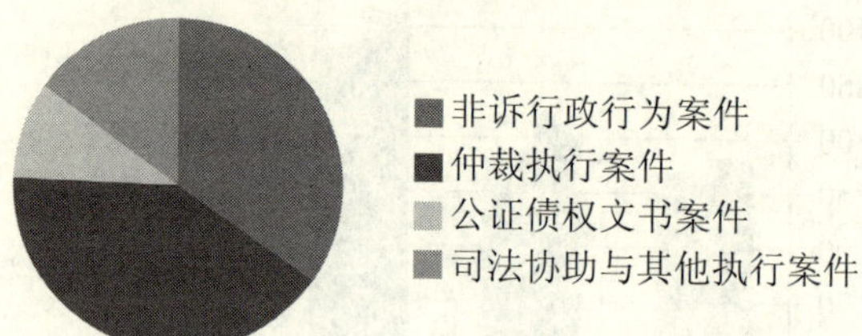


**图6－4　2015年执结非诉类执行案件比例图**

此外，依据第十二届全国人民代表大会第四次会议上作出的《2016年最高人民法院工作报告》，截至2016年2月，各级人民法院采取信用惩戒措施467万人次，将338.5万名被执行人纳入失信名单公开曝光，35.9万人慑于信用惩戒主动履行义务。各级人民法院受理执行案件467.3万件，执结381.6万件，分别上升37%和31.3%。坚决维护司法权威，对拒不执行判决、裁定的1.4万人决定司法拘留，对1145人给予刑事处罚。

## 二、理论热点

实践的深入总是离不开理论的重大发展，在过去的一年里，在进一步破解“执行难”问题的同时，学术界主要就执行公开、审判执行分离、执行职权配置以及司法拍卖等方面进行了深入的研究，并且有了重大的突破。

### （一）执行公开问题研究

“司法公开意味着国家负有责任和公民享有权利。司法公开是国家的责任，它不依赖于任何利益方的请求。”[1]司法公开是现代法治社会普遍遵循的一项重要司法原则，是司法正义实现状况的重要评判标准。[2]中国法院通过构建开放、动态、透明、便民的阳光司法机制，全面公开司法信息，增进了公众对司法的了解、信赖和监督。司法公开的核心含义是“审判公开”。在中国全面深化司法公开的改革背景下，司法公开的内涵明显扩展，远远超出

〔1〕　高一飞：“国际准则视野下的司法公开”，载《河南财经政法大学学报》2014年第2期。
〔2〕　田禾主编：《司法透明国际比较》，社会科学文献出版社2013年版，第3页。

了庭审公开与判决公开的固有含义。

目前，中国法院科技化法庭建设迅速推进，全数做到同步录音录像的法院不断增加，同时各级法院门户网站、“三大平台”（审判流程信息、裁判文书、执行信息公开平台）和官方微信、微博等新媒体也陆续投入使用。〔1〕在中国，司法公开是一项诉讼原则。《宪法》第125条规定：“人民法院审理案件，除法律规定的特别情况外，一律公开进行。”三大诉讼法对审判公开作了相似规定。当前，中国司法公开实践已经远远超出了现行法的规定。近年来，最高人民法院为在案件审判之外扩大司法公开空间，先后制定了多项规范性文件，其中最高人民法院于2014年发布的《关于人民法院执行流程公开的若干意见》将司法公开由裁判文书公开、审判流程公开拓展到执行信息公开，也为各级人民法院2015年有关执行公开的工作奠定了基础。2015年2月26日，最高人民法院通报了《最高人民法院关于全面深化人民法院改革的意见——人民法院第四个五年改革纲要（2014~2018）》，将“构建开放、动态、透明、便民的阳光司法机制”作为七项重点改革任务之一。

在当前司法政策背景下，司法执行公开研究发生了如下转变：第一，司法观念的转变。执行公开不是法院想为即为的权力，而是司法公开这项原则下的重要内容，也是法院的法定义务与职责，各级法院执行机构与工作人员必须确立正确的执行公开观念。第二，公开内容的转变。执行公开的内容从涉执诉讼的审判公开拓展到立案、庭审、执行、听证、文书、审务等各个方面，从面向当事人公开拓展到面向全社会公开，从结果的公开拓展到依据、程序、流程、结果的全面公开。第三，信息交流模式的转变。执行公开不再囿于法院的部门意识和法官的个人意识，而是由此前的单向公开转为双向互动式公开（法院与当事人、媒体、公众的交流互动）。第四，公开手段、途径的转变。公开途径从传统的以书面（纸质文档）公开为主，转变为依托多种信息技术（热线、门户网站、短信、微博、微信等）公开执行信息。构建一个公开透明、易于操作的执行公开机制，是削减执行工作的神秘性，保障当事人对司法的知情权、参与权与监督权的重要路径〔2〕。学界对于执行公开

〔1〕 肖建飞、钱弘道：“司法透明指数评估指标探讨”，载《浙江大学学报（人文社会科学版）》2015年第4期。

〔2〕 周佑勇：“执行公开的力量与机制探索”，载《人民法院报》2012年8月2日。

方面的理论研究对执行工作的深入进行有很好的理论指导作用。

（二）审判执行分离体制研究

传统执行体制下执行权的运行模式存在重大缺陷，导致近年来法院执行系统的违法违纪现象层出不穷。[1]原因之一，在于传统执行体制下执行权力过于集中，其配置和运行不科学，诉讼包含判决程序和执行程序两种类型的司法程序，审判与执行在诉讼中的地位历来被视为车之两轮、鸟之双翼，须臾不可分离。[2]。深入贯彻落实党的十八届四中全会作出的“推动实行审判权和执行权相分离的体制改革试点”工作部署。最高人民法院 2015 年 2 月颁布的《关于全面深化人民法院改革的意见——人民法院第四个五年改革纲要》中明确提出要深化执行体制改革，“推动实行审判权和执行权相分离的体制改革试点”，这就是近十多年来人们普遍关注的“审执分离”问题。审执分离是一项完善我国司法管理体制和司法权力运行机制的重要举措，也是“一项涉及司法职权配置的重大改革措施”，“要积极探索审判权和执行权相分离的模式，取得实践经验，认真研究论证后再逐步推开”。[3]

司法审判的任务在于确认发生争议的法律权利义务关系，执行的使命则是运用国家的司法强制力保障生效法律文书中所确认的内容的最终实现。在探讨审判权与执行权分离问题时，人们往往无法绕开一个重要的理论背景，就是执行权的性质。执行权的本质属性，是决定该项权力运行模式和执行机关（机构）设置的关键因素。在理论界，人们对执行权性质的判断一直存有争议。概括来讲，学者的观点大致有三种，分别是司法权说、行政权说和折中说。[4]

2015 年，最高人民法院批复了广东、浙江、广西、江苏、上海高级人民法院和河北省唐山市中级人民法院试点方案。各地试点方案虽各有侧重，但均着力于使审判权与执行权在法院内部深化分离，使二者运行协调有序、制约有力。

---

〔1〕 田禾主编：《广东经验：法治促进改革开放》，社会科学文献出版社 2012 年版，第 97 页。

〔2〕 徐振华、俞荣根：“论法院执行权力的分解”，载《法学杂志》2012 年第 1 期。

〔3〕 孟建柱：“完善司法管理体制和司法权力运行机制”，载《〈中共中央关于全面推进依法治国若干重大问题的决定〉辅导读本》，人民出版社 2014 年版，第 64 页。

〔4〕 樊崇义主编：《诉讼法学研究》（第 6 卷），中国检察出版社 2003 年版，第 152 页。

### （三）执行职权配置问题研究

在过去的一年里，学术界和司法系统就执行职权的设置问题进行了深入的理论研究。法院的执行问题可谓是困扰司法工作的重大难题，某种程度上已成为法治建设的瓶颈，可以说是木桶上最短的一块木板。〔1〕由此，学术界十分重视审视法院执行权在实践中的运行状况。事实上，各级人民法院也采取各种措施逐步规范和优化执行职权配置，实现执行权的科学运行。司法的主要职能在于国家通过行使司法权进行裁判或监督，依法解决争端。〔2〕执行机关在执行活动中运用执行权实现权利人的私权，最终也是为了解决争端。只有明确执行权的配置问题，才能更好地服务于执行解决争端的目的。

第一，明确执行权包括执行实施权和执行审查权，相应地，各地人民法院普遍在执行局内部分别设立执行实施机构和执行审查机构。执行实施部门负责财产调查、控制、处分、交付和分配以及罚款、拘留措施等事项，由执行员或者法官行使。需要指明的是，评估、拍卖和变卖的进行应当剥离于执行机构之外，即交付司法技术管理部门进行。执行审查部门负责审查和处理执行异议、复议、申诉以及决定执行管辖权的移转等事项，由法官组成合议庭行使。

第二，执行权为执行机构所专有，执行事务的办理相应的也由执行机构归口管理。各级人民法院将财产刑、非刑罚制裁措施的执行、行政非诉案件的执行、保全的执行、先予执行、强制清算的实施、国内仲裁不予执行抗辩的审查等事项，统一归口，由执行机构办理。

第三，对涉执诉讼案件为法定诉讼案件，依照诉讼程序进行处理。各级人民法院明确案外人执行异议之诉、申请执行人执行异议之诉、执行分配方案异议之诉、代位析产之诉等由执行实施以外的机构按照民事诉讼程序审理。

第四，明确中级以上人民法院对辖区法院的执行工作实行统一管理，在组织集中执行、专项执行或者其他重大执行行动中，可以统一指挥和调度下级法院的执行人员、司法警察和执行装备。“执行难”问题不但使法院陷入尴尬的窘境，而且严重削弱了法院的司法权威和公信力。〔3〕然而，法院毕竟是法律公正的承担者，是民众最后的救济途径，承载着终极的社会正义。执行

---

〔1〕 徐振华、余荣根：“论法院执行权力的分解”，载《法学杂志》2012 年第 1 期。

〔2〕 王利明：《司法改革研究》，法律出版社 2000 年版，第 4 页。

〔3〕 徐显明主编：《法治与社会公平》，山东人民出版社 2007 年版，第 360 页。

作为法院民事诉讼的最后一个环节，不容许腐败的出现，正如英国哲学家培根所言，其他人的腐败好比污染了水流，而法官的腐败则好比污染了水源。正是在这个意义上，法院执行权力的分解更具有深层次的内涵。

### （四）司法拍卖理论研究

2015 年，全国司法网拍单笔成交金额最高纪录屡被江苏刷新，最高一笔达4.25 亿元。据统计，2015 年，江苏全省共进行司法网拍44 282 次，成交金额达187.30 亿元，为当事人节约佣金约9.40 亿元。司法网拍再次引起人们的广泛关注。近年来，全国法院司法拍卖的发展历程，经历了从无到有的初始阶段，从无序到有序的探索阶段，从执拍结合到执拍分离的规范发展阶段，现已步入利用互联网开展司法拍卖的新阶段。

在我国司法改革的整体框架中，以委托拍卖为制度载体的司法拍卖市场化改革被实践证明成效显著。[1]司法拍卖体制和机制的改革与完善问题虽然并不显眼，但却对整个司法改革颇具启发意义，因而应当得到应有的关注。司法拍卖率先提出司法行政权和司法权的分离与制衡的关系命题，同时在更为具体的意义上蕴含了我国强制执行体制改革和发展的走势与方向。[2]司法拍卖制度在中国历经了从法院自行拍卖到法院委托拍卖、从拍卖权力的集中行使到拍卖权力的分离与制衡、从拍卖场所的分散化到拍卖场所的统一化、从现场拍卖到网络拍卖等一系列的发展和演变。经过《民事诉讼法》的修改与完善、最高人民法院多个司法解释的规范和调整以及司法实践的积极探索，司法委托拍卖制度日趋成熟。但司法拍卖制度仍需通过立法加以完善，并应致力于消除司法拍卖多种模式并存的非统一性格局，由此提升司法拍卖的公平性、效率性以及公众对该项制度的信赖。同时，目前司法网络拍卖刚刚起步，拍品价额较小，操作者的自律性较强，问题出现得不多，但“一旦网络化全面铺开，商业逐利本性催生的各种软件、黑客技术将势必对网络拍卖的客观性和公正性发起挑战”[3]。

---

〔1〕 汤维建：“论司法拍卖市场化改革及其完善”，载《中国法学》2015 年第 2 期。

〔2〕 孟建柱：“完善司法管理体制和司法权力运行机制”，载《〈中共中央关于全面推进依法治国若干重大问题的决定〉辅导读本》，人民出版社 2014 年版，第 239 页。

〔3〕 百晓锋：“新民诉法第 247 条与面临‘十字路口’的司法拍卖改革”，载《华东政法大学学报》2013 年第 2 期。

## 三、经验总结

### （一）深入推进执行工作信息化建设

2015 年，全国各级人民法院牢牢把握司法为民、公正司法的工作主线，按照“依法突出执行工作强制性，全力推进执行工作信息化，大力加强执行工作规范化”的基本思路，坚持不懈地推进执行信息化建设。全国各级人民法院为扭转被执行人难找、执行财产难寻、协助执行人难求的局面，继续借助制度优势和科技优势，进一步健全上下一体、内外联动、规范高效、反应快捷的执行指挥系统，形成覆盖全国的网络执行查控体系，不断提升执行工作数字化、智能化、透明化水平。

2014 年 10 月 24 日，最高人民法院和中国银行业监督管理委员会联合下发了《关于人民法院与银行业金融机构开展网络执行查控和联合信用惩戒工作的意见》。2014 年 12 月 24 日，最高人民法院开通网络执行查控系统，与 21 家全国性的银行业金融机构建立了“总对总”的网络查控机制。随后，全国 30 多个省份的 3083 家法院陆续正式开通了该系统，取得了良好的执行效果，有效缓解了执行难问题。全国 3298 家法院已使用全国法院网络执行查控系统，占全国法院总数的 90% 以上。

为了更进一步发挥“总对总”网络查控机制，2015 年 11 月 18 日，最高人民法院、中国银行业监督管理委员会联合下发关于《人民法院、银行业金融机构网络执行查控工作规范》的通知，要求各银行业金融机构总行应当在 2015 年 12 月底前，通过最高人民法院与中国银行业监督管理委员会之间的专线完成本单位与最高人民法院的网络对接工作；2016 年 2 月底前网络查控功能上线。截止到 2016 年 3 月 15 日，该最高人民法院网络执行查控系统陆续与 200 多家银行业金融机构，中国人民银行、腾讯财付通、支付宝、京东金融等网络银行，公安部、交通部、农业部、工商总局、银监会、证监会、中国银联等多个部门建立了网络执行查控系统，实现对被执行人的银行存款、车辆、船舶、证券，以及身份证、出入境证照、组织机构代码/统一社会信用代码、工商登记、人民币结算账户和银行卡消费等 11 类 17 项信息的查询。人民法院和金融机构将通过网络方式发送电子法律文书，接收金融机构查询、冻结、扣划、处置等结果数据和电子回执。[1]执行法官足不出户，鼠标一点就能对被执行人在全国多家银行业金融机构的金融财产“查得到、冻得住、扣得了”。此举从根本上减轻了一线执行人员和银行员工的工作量和工作压力，大大提高执行工作效率，降低执行成本，也让被执行人的金融资产无处遁形。截止到2015年12月31日，全国法院共利用网络执行查控系统对113.46万件执行案件进行财产查询，涉及130.7万名被执行人，累计查询到银行存款19 132.62亿元；查询到存款后采取网上冻结的案件6.37万件，涉及6.61万名被执行人，冻结金额363.17亿元；冻结后实施网上扣划的案件3893件，涉及3965名被执行人，扣划金额3.09亿元。[2]

作为“总对总”网络执行查控体系的补充，绝大多数高级人民法院都建设了辖区三级联网的“点对点”网络查控系统，不少地方甚至实现了与公安、住房建设、民政、边防等部门的网络查控对接，有的法院还将查询范围从传统银行拓展至网络银行。依靠不断健全的“总对总”和“点对点”网络执行查控体系，各地法院的执行工作效果在2015年有了质的提升。据统计，江苏各级人民法院仅2015年就累计查询2827.61万次，累计查询到被执行人存款5831.8亿元，实现了执行工作效果质的提升。

### （二）加强信用惩戒建设

长期以来，部分被执行人诚信意识淡薄、法治意识缺乏、用尽各种方法规避执行实现，这在一定程度上更加剧了执行难的现状。[3]针对这一情况，全国各级人民法院全面贯彻落实党中央关于加强社会诚信建设、完善守法诚信褒奖和违法失信行为惩戒机制的战略部署，抓住国家社会信用体系建设全力推进的机会，采取全方位、多层次的措施惩治规避执行行为，继续推动建立失信被执行人信用监督、威慑和惩戒法律制度，大力弘扬社会主义核心价值观。

---

〔1〕 罗书甄：“人民法院执行查控专线将与全国所有银行实现对接”，载《人民法院报》2015年12月22日。

〔2〕 参见最高人民法院：《人民法院执行工作报告（白皮书）》。

〔3〕 谭秋桂：《民事执行权配置、制约与监督的法律制度研究》，中国人民公安大学出版社2012年版，第40页。

1. 继续推进失信被执行人名单库建设

继最高人民法院出台《关于公布失信被执行人名单信息的若干规定》，最高人民法院官网开通“全国法院失信被执行人名单信息公布与查询”平台后，2015 年，全国各级人民法院继续深入推进失信被执行人名单库建设，适时汇集各级法院报送的失信被执行人信息，向社会公开。截止到 2016 年 2 月 29 日，最高人民法院官网已向社会公众发布失信被执行人信息 338.48 万例，其中，法人和其他组织 49.23 万个，自然人 289.25 万名。

各地法院在建设失信被执行人员名单库的同时不断创新技术手段，除通过电视、报纸、微信、微博等媒体外，还在市民广场、车站码头、金融机构网点等公共场所电子显示屏播放信息，有的还通过张贴布告、发放传单、制作动漫等方式对失信被执行人进行曝光。北京市各级人民法院对失信被执行人实行分类、分级管理，针对金钱给付案件与行为执行的不同类型案件，分别设置不同的失信惩戒情形，确定被执行人失信等级并予以公布。据统计，2015 年江苏省各级人民法院在全国法院失信被执行人名单中曝光“老赖”36.46 万人——同比增长 1147.80%；将失信被执行人名单同步推送人民银行南京分行、省住建厅、省工商局征信系统。〔1〕湖北省各级人民法院在过去的一年里发布失信被执行人名单 92 370 人次，在融资信贷、招标投标、出境出行、高消费等方面对他们予以限制。有 8150 名被列入名单的被执行人到法院履行债务 6.3 亿元。

2. 推动联合信用惩戒

2014 年 4 月，最高人民法院联合中国铁路总公司、中国民航信息网络股份有限公司等 8 家单位实施联合信用惩戒，限制失信被执行人购买列车软卧车票和飞机票，开启对失信被执行人联合信用惩戒的序幕。为继续顺应“互联网 +”的发展趋势，各级人民法院不断拓展对失信被执行人联合信用惩戒的范围和深度，积极推动多部门、多行业、多领域、多手段联合信用惩戒工作新常态的深入进行，最大限度挤压失信被执行人生存和活动空间。2015 年 7 月，最高人民法院适时修改完善限制被执行人高消费规定，对失信被执行人全面限制其非生活或经营必需的消费，增加对失信被执行人乘坐 G 字头动车

〔1〕 参见 http://www.jsfy.gov.cn/xwzx2014/fyxw/2016/01/14105402345.html，访问日期：2016 年 3 月 22 日。

全部座位、其他动车一等以上座位的限制，并将单位被执行人的被限制主体扩宽到其法定代表人、主要负责人、影响债务履行的直接责任人员、实际控制人。继最高人民法院与阿里巴巴旗下的支付宝、腾讯公司以及京东旗下的京东商城和京东金融将失信被执行人名单信息作为重要评价指标纳入各自的信用评价体系后，2015 年 7 月 24 日，最高人民法院又与阿里巴巴旗下的芝麻信用签署对失信被执行人信用惩戒合作备忘录。同月，双方通过专线方式实现数据对接，共享失信被执行人信息。开创了第三方商业征信机构首次通过最高人民法院官方授权，通过互联网联合信用惩戒的先河。芝麻信用会同淘宝、天猫、神州租车、趣分期、去啊旅游、我爱我家相寓等各应用平台在消费金融、蚂蚁小贷、信用卡、P2P、酒店、租房、租车等场景全面限制失信被执行人，压缩失信被执行人的生存空间。主要措施有：第一，限制失信被执行人申请贷款、融资等金融行为。[1]第二，限制失信被执行人通过淘宝或天猫平台购买机票、列车软卧、保险理财产品及非经营必需车辆、旅游、度假产品等行为；限制失信被执行人预定三星级以上宾馆、酒店。第三，限制失信被执行人在互联网的奢侈品交易等高消费行为。

第三方商业征信机构的联合惩戒，使失信被执行人形成了直接的感知和强大的震慑，对于督促其履行还款等法律义务起到了十分重要的作用。同时也便于第三方征信机构能够及时掌握最新的失信被执行人数据，第一时间对其进行联合惩戒，真正做到让失信被执行人无处可藏。此外，信息互通共享还可以帮助淘宝商家过滤违约风险高的客户，保护淘宝商家的合法利益。

截至 2015 年 12 月 17 日，芝麻信用通过其信用平台，共限制失信被执行人购买机票、租车、贷款等超过 13 万人次，5300 多名失信被执行人因此还清债务。其中 1500 多名失信被执行人属于长达三四年一直逃避执行的“老赖”。据芝麻信用数据统计，失信被执行人的芝麻信用开通率比其他人群高出 12 倍，表明失信被执行人对芝麻信用联动惩戒的高度关注。芝麻信用和最高人民法院合作后，对失信被执行人做了降分处理，并在各应用平台披露，不少失信被执行人很快（有的甚至在几天内）就履行了义务。[2]

---

〔1〕 徐隽：“最高法首次联手芝麻信用共享被执行人信息”，载《人民日报》2016 年 1 月 4 日。

〔2〕 参见 http://www.jsfy.gov.cn/xwzx2014/fyxw/2016/01/14105402345.html，访问日期：2016 年 3 月 22 日。

## （三）强化执行规范管理

在过去的一年里，针对执行工作中亟待规范的程序和环节，各级人民法院不断完善相关制度体系建设，加强监督制约，确保执行在阳光下有序运行，实现执行权科学有效运行，推动执行工作规范化建设迈上新台阶。

### 1. 完善司法解释体系

最高人民法院统筹规划，及时出台系列司法解释和规范性文件，为进一步规范执行行为、解决执行难提供充分有力的规范依据。2015 年 1 月 30 日，最高人民法院出台《关于适用〈中华人民共和国民事诉讼法〉的解释》，进一步规范执行程序的各个方面、各个环节，特别是明确了执行程序转破产程序的衔接机制、延长最长查封期限和续封期限等规定，降低了执行成本，提高了执行效率。2015 年 7 月 20 日，最高人民法院颁布《关于审理拒不执行判决、裁定刑事案件适用法律若干问题的解释》，细化拒不执行判决、裁定罪的具体构罪情形、明确酌定处罚的适用条件，增加可自诉的追诉方式并确立一般管辖原则，进一步规范和强化了对抗拒执行犯罪的打击力度。此外，最高人民法院还出台《关于修改〈最高人民法院关于限制被执行人高消费的若干规定〉的决定》，扩展惩戒范围，加大惩戒力度，提升制度效用。

### 2. 强化异地执行协作

各地法院积极探索，大胆尝试，推动建立跨省级行政区划统一执行联动工作机制，形成了区域协作执行新模式，为解决异地执行难问题提供了新思路。2015 年 3 月，北京、天津、河北三省市高级人民法院签署《京津冀法院执行联动协作协议》，建立区域执行联动机制，实现三地执行指挥中心和财产网络查控系统的有效对接，仅 2015 年河北法院就办理京津法院专项委托案件 283 件，执行标的达 2. 86 亿元。三地法院目前已相互委托查询案件 700 余件。北京、天津、河北三地高级人民法院率先协商出台执行联动协议，对于京津冀协同发展战略的实施具有重要意义，有利于排除地方保护主义和部门保护主义，依法平等保护区域内市场经济主体的合法权益，严厉打击“老赖”，构建诚实守信的经济社会环境，为京津冀协同发展提供优质可靠的司法服务和保障。“区域性执行协作反映了当前执行工作的新特点和新要求，是坚持问题导向、着力维护人民群众合法权益的重要举措。在最高人民法院的统一指导下，将更好地实现全国四级法院执行系统的纵向贯通，以及与全国范围内的执行联动单位的横向联网，构建统一指挥、统一管理、统一协调的全国一体化执行指挥体系。”[1] 2015 年 4 月，湖南、内蒙古、辽宁、江西等 16 省区市高级人民法院代表在长沙签署《关于建立异地执行相互协作协助工作机制备忘录》，此举旨在加强委托执行、协调执行、协助执行等方面配合，有效遏制跨区域转移财产、规避执行行为，最大限度实现司法资源共享、信息互联互通。

3. 继续规范申诉信访处置

2014 年，最高人民法院开通网上信访平台，开辟符合执行案件特点的专门模块，并开通执行案件视频接访系统，实现了申诉人在千里之外与最高人民法院的网络直达、视频直通。2015 年各级法院进一步规范申诉信访的处置程序，加大工作力度，促进了执行信访纠纷的有效化解。仅 2015 年最高人民法院就办理网上申诉 1300 件。此外，最高人民法院明确执行申诉案件的立案标准，对符合立案标准的来信来访一律予以立案办理。对通过法院内部挂网督办方式的信访，要求各地法院逐案报告办理结果，并严格按照审查甄别标准进行处理，杜绝将执行异议案件作为信访事项内部处理，倒逼有关争议进入法定救济程序审查。广东、海南和山东等地法院分别出台关于执行信访分类分流管理的规定，对“无理访”的认定、将执行信访转化为执行监督案件办理等问题予以规范。广东省高级人民法院制定《关于规范在办理执行申诉信访案件中无理执行信访认定程序的暂行规定》，明确“无理访”的认定程序和标准，并对重点信访案件实行局长接访、“带案下访”制度。湖北省高级人民法院对执行信访案件按照“坚持专人专办、坚持制度为先、坚持规范管理、坚持综合施策”的“四个坚持”工作原则，2015 年连续四个季度信访化解率达到 100%。

（四）开展专项行动，维护群众利益

人民法院坚持标本兼治的原则，通过适时开展专项行动和推动其常态化发展，集中解决执行实践中存在的突出问题。

1. 重视民生执行活动

为进一步深入开展党的群众路线教育实践活动，最高人民法院在全国法

---

[1] 郭晶霞、赵岩：“京津冀法院签署执行联动协作协议”，载《人民法院报》2016 年 3 月 12 日。

院组织开展为期半年的对追索劳动报酬、赡养费、扶养费、抚养费、抚恤金、医疗损害赔偿、交通事故人身损害赔偿、工伤赔偿等涉民生类案件专项集中执行行动。各地法院狠抓落实，通过借力于网络执行查控系统，开辟从优先立案到优先执行的绿色通道和用足罚款、拘留、限制出境、限制高消费、纳入失信被执行人名单和追究刑责等强制手段，加强财产调查，提高执行效率，执结了大量涉民生案件，取得了良好效果。

2015 年 1 月 5 日，最高人民法院下发《关于春节前后加大对追索拖欠农民工工资案件执行力度的通知》，全国法院在一个月内执结拖欠农民工工资案件 1.23 万件。[1]其中，执行到位金额 3.64 亿元，发还农民工 1.95 万人。2015 年 11 月 30 日，最高人民法院再次下发《关于在 2016 年元旦春节期间开展涉民生案件集中执行行动的通知》，并强调建立涉民生案件执行的常态化、随时性、优先性工作机制，把功夫用在平时，逐步改变每逢年节要靠组织开展集中清理活动突击解决问题的状况。本次集中执行行动自 2015 年 12 月 1 日开始，到 2016 年 2 月 15 日结束，着重执行涉及人民群众生存生活的追索劳动报酬、农民工工资、赡养费、扶养费等九类案件。活动开展以来，各地法院牢固树立群众观念，采取有效措施，提高执行效率，取得初步成效。截至 2016 年 1 月 15 日，全国共执结案件约 6 万件，执行到位金额约 20 亿元，救助 1 万余人，救助金额约 1.7 亿元。[2]

各省人民法院也扎实开展涉及民生的执行工作，并收获良好成效。据统计，广东省 2015 年累计清理执行信访案件和一年以上未结案件等积案 15.74 万件，其中执行拖欠农民工工资等涉民生案件有 9624 件。海南省昌江县“何诒良等 46 位农民工与金万杰劳动合同纠纷拒执一案”，被中央电视台“焦点访谈”栏目作为全国典型案例专题报道。

2. 开展打击拒执罪联合专项行动

为有效遏制部分被执行人或相关人员抗拒执行、阻碍执行甚至暴力抗法等不良现象，切实保障人民群众合法权益，维护法律尊严，2014 年 11 月，最高人民法院联合最高人民检察院、公安部开展集中打击拒不执行判决、裁定

〔1〕 参见最高人民法院：《人民法院执行工作报告（白皮书）》。

〔2〕 刘婧：“最高法院通报元旦春节期间涉民生案件集中执行情况”，载《人民法院报》2016 年 1 月 25 日。

等犯罪行为专项行动，对人民法院执行过程中发生的违法犯罪行为进行集中打击。各地法院在公安、检察机关的协作配合下，精心部署，狠抓落实，取得显著成效。截止到2015年6月专项行动结束时，各地法院向公安机关移送涉嫌构成拒不执行判决、裁定等犯罪行为线索后，经公安机关侦查、检察机关起诉，人民法院实际判处此类犯罪共计807案、864人。同时，各地法院对拒不执行判决、裁定的被执行人或相关人员决定司法拘留共计5.58万案、5.85万人次，其中，自行采取司法拘留措施4.35万案、4.6万人次，通过公安机关协助司法拘留1.23万案、1.25万人次。2015年7月下旬，最高人民法院启动打击拒执罪专项行动新闻宣传周，央视《新闻联播》《焦点访谈》《新闻30分》《今日说法》《热线12》等具有广泛影响力的品牌栏目对专项行动连续报道，数十家新闻媒体予以转载、全面跟进。各地法院根据方案开展同步宣传，累计发布典型案例1000余件，营造出惩治抗拒执行违法犯罪行为的强大舆论氛围，社会反响强烈。江苏、浙江、甘肃、黑龙江等省高级人民法院与当地公安、检察机关联合出台关于办理拒不执行判决、裁定刑事案件若干问题的规定或会议纪要，进一步加强相互间的配合协调，依法打击拒不执行判决、裁定的犯罪行为。北京、上海市高级人民法院均与当地公安机关会签了关于建立司法拘留工作协作机制的意见，在督促被拘留的被执行人主动履行义务方面取得突出成效。〔1〕

（五）完善各项执行体制机制

为解决执行难问题，人民法院不断创新执行手段和方法，完善执行体制机制，促进执行工作规范化水平和实际执行效果的提升。

1. 稳妥推进执行分权改革试点

为深入贯彻落实党的十八届四中全会作出的“推动实行审判权和执行权相分离的体制改革试点”工作部署，最高人民法院在《关于全面深化人民法院改革的意见——人民法院第四个五年改革纲要》中明确提出要深化执行体制改革，推动实行审判权和执行权相分离的体制改革试点。2015年，最高人民法院批复广东、浙江、广西、江苏、上海高级人民法院和河北省唐山市中级人民法院试点方案。各地试点方案虽各有侧重，但均着力于使审判权与执

〔1〕 参见最高人民法院：《人民法院执行工作报告（白皮书）》。

行权在法院内部深化分离，使二者运行协调有序、制约有力。广东法院着力调整执行机构设置，探索由中级人民法院对辖区执行案件集中管辖，根据各基层人民法院执行力量配备统一分配案件，缓解案多人少矛盾；并根据案件情况在部分基层法院设立跨行政区划的执行分局，实现执行机构与诉讼法院适度分离。浙江各级人民法院积极探索执行警务化改革，在分离设立执行裁决庭行使执行审查权的基础上，现有执行人员纳入司法警察序列，新进执行局人员按招录司法警察的规定录用。广西各级人民法院成立独立的执行裁判庭，实现执行裁判权和执行实施权分离；执行局实施部门保留部分法官，负责处理执行协调、请示、发布执行命令、决定执行进程等事项，执行实施队伍实现警务化，编入司法警察序列。上海各级人民法院将执行权细分为125项，其中执行实施权61项，执行审查权和涉执行诉讼审判权64项，分别由执行实施和执行裁决部门行使。唐山市中级人民法院撤销了所有基层法院执行机构，由中级人民法院执行局下设5个分局，管辖17个区县的执行实施案件。广西各级人民法院自改革试点工作开展以来，共受理执行案件8.74万件，同比上升44.1%；执结6.73万件，同比上升32.73%；标的到位金额达225亿元，同比增长136.84%；申诉信访案件总量同比下降25%，全区法院执行工作实现执行质效、司法公信与权威新的提升。

2. 积极推行网络司法拍卖

近年来，全国各级人民法院司法拍卖的发展历程，经历了从无到有的初始阶段，从无序到有序的探索阶段，从执拍结合到执拍分离的规范发展阶段，现已步入利用互联网开展司法拍卖的新阶段。现阶段各地法院主要采取委托拍卖机构在网络平台上拍卖，或者自主在网络平台上拍卖两种方式。采取委托拍卖方式的法院将司法拍卖具体事务委托给随机产生的拍卖机构操作，由拍卖机构与网络平台提供方协作完成网拍，佣金由双方按一定比率分享，法院负责监管，不承担费用。采取自主拍卖方式的法院，则通常选择阿里巴巴淘宝网司法拍卖专场作为网络平台，由法院自行在网上拍卖需要变现的涉诉资产，拍卖机构不参与拍卖，淘宝平台免费提供服务，拍卖费用由法院承担。据统计，2015年，福建省高级人民法院针对网络司法拍卖总体成交率不高的现状，协调该省银行、住建等部门，探索将按揭贷款引入网络司法拍卖，与省建设银行、建设银行厦门分行合作起草了《关于司法拍卖房产按揭贷款工作合作备忘录》。江苏省高级人民法院在推行网络司法拍卖过程中积极寻求金融支持，推动商业银行为竞买人提供贷款服务，2015年仅中国银行江苏分行就受理贷款申请524笔，共计4.5亿元。该院还专门出台规定，完善了拍卖保留价的确定方式，调整了评估费用的收取方法。广东省重点引入“互联网+”理念，全省75个法院开设了司法拍卖网店，不断提高被执行资产偿债率。2015年广东省法院先后下发了《关于推进网络司法拍卖的通知》、制定了《广东法院网络司法拍卖工作规程（试行）》，要求全省法院自2015年7月1日起，坚持网拍优先原则开展网络司法拍卖。此后，各法院积极创新，佛山市顺德区人民法院突破原有模式，在房地产司法网拍中引入贷款机制，中山市第一人民法院利用微信公众号开展网拍工作，提供“一站式”办理交割服务，惠州市惠来县人民法院在网拍平台上试水房产拆分拍卖，均取得了良好效果，最大限度地保障当事人的利益。

## 四、总　结

在过去的一年里，全国各级人民法院在解决“执行难”问题的工作中取得了巨大成绩。但是我们也必须清醒地认识到这些成绩离人民群众的要求和期待还有差距，执行工作仍面临一些突出困难和不足，主要体现在：一是较大比例的被执行人无财产可供执行。据统计，被执行人根本没有履行能力的案件约占执行案件总数的40%，人民法院穷尽手段亦无法执行到位[1]。这类案件本质上属于当事人面临的商业风险、交易风险或法律风险，对这部分案件的“执行难”需要理性科学分析，需要当事人和全社会给予充分理解。二是相当一部分有履行能力的被执行人逃避、规避甚至抗拒执行，这些抗拒执行的行为不但消耗了有限的司法资源，造成了案件执行难问题，而且严重破坏了社会诚信体系建设。三是部分执行案件财产处置变现难度加大。在国内经济增速放缓、经济下行压力加大的形势下，执行处置难度增加，债权人权益难以及时、充分兑现。四是现阶段人民法院执行手段仍不够完善。虽然我国已经初步完成了网络执行查控体系的基本建设，但是目前的查控体系尚未覆盖全国及所有基本财产形式，有些财产领域尚未形成完善的登记制度，

〔1〕 参见最高人民法院：《人民法院执行工作报告（白皮书）》。

单纯依靠查控体系不能充分有效控制被执行人财产。五是存在案多人少的困境和部分执行人员消极执行、拖延执行和选择执行现象。近年来，全国各级人民法院新收执行案件数量呈逐年大幅递增之势，而在同时段内执行力量几无增加，不断增长的办案任务与有限的司法资源之间的矛盾日益突出。在案多人少的情况下，会出现部分执行工作效率低下的问题，执行工作的质量无法得到保障，部分执行人员可能消极执行、拖延执行和选择执行。六是少数人员或部门干预执行的现象仍有发生。受地方或部门保护主义影响，以及个人利益驱使，少数人员或部门干预执行的情况仍不同程度存在。

执行难问题的产生，是社会各种因素相互交织、各种矛盾相互作用的结果。[1]破解执行难是一项系统工程，需整合人民法院内外各种力量和社会资源，多措并举，循序渐进。[2]今后一段时期内，人民法院必须争取全社会的理解、支持和配合，采取更加切实有效的措施，确保各类执行案件最大限度得到依法及时执行，进一步提升司法公信力。一是全力推进执行信息化建设。人民法院在接下来的几年里应当着力推进执行信息化建设转型升级和整体布局，建成覆盖全国所有基本财产形式的网络执行查控体系，进一步提升人民法院反制规避执行的能力。此外，还要全面完善和运行全新的全国法院执行案件流程信息管理系统，强化执行管控，及时生成、公开相关执行信息，形成上级法院、当事人及社会各界对执行案件多位一体的监督功能，彻底解决消极执行、拖延执行、选择执行等执行失范问题。深化失信被执行人联合信用惩戒工作机制建设，进一步推动跨部门、跨行业信用信息共享，全面落实与各家单位达成的联合惩戒合作协议。二是完善相关司法解释规范体系。人民法院应当继续完善执行司法解释体系，努力构建覆盖执行工作全部流程、所有环节的行为规范体系，大力提升执行规范化水平。并根据立法规划与司法改革进程，配合立法机关深入开展强制执行工作相关法律调研起草工作，推动立法进程。三是继续积极稳妥开展执行体制改革。各级人民法院必须捉住我国司法改革的历史机遇，继续深入优化执行职权配置，进一步理清审判权和执行权的关系，进一步优化执行权的科学配置，这样既有利于监督制约、

---

〔1〕 参见最高人民法院：《人民法院执行工作报告（白皮书）》。

〔2〕 江必新：《辩证司法观及其应用》，中国法制出版社 2014 年版，第 137 页。

防止权力滥用，“以铁的手腕坚决清除执行队伍中的害群之马”[1]，又有利于协调协作、提高执行效率，更好实现人民群众的利益。四是不断完善执行工作机制。加大审判和执行二者的协调力度，逐步构建立案、审判阶段强化执行风险告知和保全申请提示机制，从源头上减少进入执行程序的案件数量。五是着力解决执行中的地方、部门干预问题。从长远角度看，要彻底解决“执行难”问题，必须在改革体制上下功夫，解决司法权地方化和“地缘”“人缘”关系问题，切断法院、执行人员与当地政府、周围环境之间非必要的联系，在它们之间建立一定的“屏障”，形成必要的距离。[2]

(左迪昂)

---

〔1〕 参见 http://www.court.gov.cn/zixun-xiangqing-16436.html，访问日期：2016 年 3 月 22 日。

〔2〕 景汉朝、卢子娟：“‘执行难’及其对策”，载《法学研究》2000 年第 5 期。

# 专题七

# 律师执业权利的保障

律师是指具有专业知识的、为社会提供法律服务的、依法取得执业证书的法律工作者。具体而言，律师经过委托或者指定，为当事人提供专业的法律服务，协助当事人并为当事人争取合法权益。[1]新中国成立后，新型的律师制度得以建立并逐步完善，从清末外籍律师进入中国到中国本土律师群体形成，从可随意废除律师制度的年代到有《律师法》规范的今天，人们对律师职业的认可度逐步提高，“找律师”成了人们遇到复杂纠纷时的靠谱选择。一名优秀的律师不仅可以使当事人满意，更重要的是能维护法律的正确实施，推动法治社会的建设。[2]因此，一方面，律师需要加强自身修养，另一方面，社会也要努力营造一个能充分发挥律师作用的大环境，给予律师执业权利保障，提高律师地位。

## 一、理论热点

律师制度是我国司法制度的重要内容，是法治文明的重要体现。对律师执业权利的尊重和有效保障是保障人权和实现司法公正的有效保证。近几年，《律师法》《刑事诉讼法》《民事诉讼法》《行政诉讼法》相继修改，其中都对律师执业权利保障予以增强。党的十八届四中全会在《中共中央关于全面推进依法治国若干重大问题的决定》中指出，律师是“法治工作队伍”的重要组成部分，并强调要强化其知情权、陈述权、辩护辩论权、申请权、申诉权

---

〔1〕［英］布赖恩·辛普森：《法学的邀请》，范双飞译，北京大学出版社2014年版，第177页。

〔2〕陈卫东主编：《中国律师学》，中国人民大学出版社2014年版，第98页。

的制度保障。2015年9月16日，“两院三部”[1]联合出台了《关于依法保障律师执业权利的规定》，促进律师事业发展，进而推进全面有效的司法改革。改革实践往往会推动理论研究的发展，我们在知网数据库中进行“律师执业权利保障”全文检索，发现自2010至2015年形成了对该方面研究的一个高峰。而此种高潮的主要推动因素就是——完善律师执业权利保障作为新一轮司法改革的重要内容，由中央、最高人民法院、最高人民检察院等大力推进。

### （一）律师职业的定位及作用

1980年《律师暂行条例》（已失效）规定律师是国家法律工作者，相应地，律师在法律顾问处工作，要对国家负责，并不是完全对委托人负责，还必须“以事实为依据，以法律为准绳”。1996年《律师法》规定，律师是社会法律工作者，具有社会责任，经营法律服务获得盈利，工作的地点变为律师事务所，由律师协会对其进行管理。2007年修订的《律师法》规定，律师是为当事人提供法律服务的执业人员，其核心业务是在现行法律法规框架内维护委托人利益。这也正如孟建柱书记在全国律师工作会议上强调的，律师执业权利是当事人权利的延伸。此时，律师的职业定位确定并发生了重大变化，主要有以下两点：第一，律师的第一职业伦理是为客户利益的最大化而服务。只要接受了委托人的委托就要忠诚于客户的利益，即“忠诚义务”。因此，在“律师是为正义、为真理而辩，还是为客户的利益而辩”的问题上，要清楚定位，律师是为客户利益的最大化而展开诉讼活动。第二，尽管律师是为委托人、被代理人的利益服务，但是律师并不是他们完全的代言人，也就是说，律师有最低限度的独立性，要遵守法律、遵守职业伦理规范。比如不能毁灭、伪造证据，不能唆使证人作伪证，不能帮助委托人做像串供、毁灭伪造证据等一系列违法的事情，这些是律师行为的“高压线”。[2]此外，学理上对律师的类型有所扩充，以律师的服务对象为划分依据，在原来的职业律师（律师队伍中占最大比例）和公司律师的基础上，增加政府律师，即党政机关和人民团体所设立的公职律师。

我国现阶段律师的作用主要可以归结为三点：一是维护其客户的合法权

---

〔1〕 两院三部是指最高人民法院、最高人民检察院、司法部、公安部、国家安全部。

〔2〕 高子程、卢建平、陈瑞华：“以审判为中心的诉讼制度改革：律师的职业定位”，载《中国法律评论》2016年第1期。

益；二是保障国家法律统一和正确地实施；三是维护社会公平正义。[1]近年来，广大律师积极从事刑事辩护、诉讼代理、法律援助和非诉讼法律服务工作，开拓法律服务领域，创新法律服务方式，在保障公民和法人的合法权益、维护社会公平正义、化解矛盾纠纷、促进社会和谐稳定等方面发挥着重要作用。律师队伍在法治实践中不断发展壮大，已经成为我们国家法治建设的重要推动者、实践者。[2]

### （二）律师执业保障发展的现实背景及理念

第一，对律师职业属性的认识不断深化，要求切实保障律师依法执业权利。律师是法治工作队伍、法律职业共同体的重要一员，尊重和保障律师执业是法治队伍建设的必然要求，进而促进社会的法治发展和保障人民的利益。[3]第二，法治观念进一步深入人心。当前，人们越来越信仰法律，通过委托律师维护自身的合法权益，但是实践中律师执业权利不能很好地实现就是对人民通过司法维权效果的一种削减，因而必须落实律师的有效执业权利，进而彰显司法的权威和为民。第三，以移动互联网技术为代表的新技术日渐成熟，为进一步保障律师依法执业奠定了现实、可行的技术基础。大数据时代的到来大大降低律师行使有关执业权利的难度，录音录像拍照技术、微信微博等使得相关的案件办理程序更加便捷，获取案件的进展信息更多、途径也更广，进而为有效实现律师执业权利、监督办案机关依法履职提供便利手段。第四，我国律师队伍迅速发展，需要着力处理好量与质、发展与规范之间的关系。[4]近几年来，律师数量迅速增加，目前已将近30万人，而与此相对应的规范力量、管理力量和监督力量却显落后。为了切实提高律师队伍的法律服务水平，需要更明确和细致的规范予以引导、保障和规制。第五，政策推动因素。自十八大提出全面推进依法治国以来，党中央高度重视法治中国的建设，推行一系列重大的司法改革举措，而保障律师执业权利的有效行使是大力落实司法改革的必然要求，为此中央高度重视、深入调研并陆续出台一系列规范性文件，来改善律师的职业环境。

---

〔1〕 陈卫东主编：《中国律师学》，中国人民大学出版社2014年版，第25～26页。

〔2〕 吴孟栓："关于《依法保障律师执业权利》解读"，载《人民检察》2015年第3期。

〔3〕 葛洪义主编：《法理学》，中国政法大学出版社2012年版，第236～237页。

〔4〕 卞建林："依法保障律师执业权利专家笔谈"，载《中国司法》2015年第10期。

结合我国的律师行业现状和法治进程，在律师执业保障上要秉承三点理念[1]：第一，突出律师执业保障主题，围绕此主题设计相关的措施制度，综合施策。第二，突出问题导向。深入调研把握现实中律师执业的阻碍因素，针对问题各个击破，争取执业权利保障落到实处。第三，坚持于法有据。以现行的《律师法》《刑事诉讼法》《民事诉讼法》《行政诉讼法》《关于依法保障律师执业权利的规定》等法律法规为依据，体会立法的精神，在上位法的框架内细化落实律师执业权利的保障。

### （三）司法程序过程中审辩冲突的检视

审辩冲突是职业共同体中诸多冲突之一，也是影响司法进步的重要因子。这种冲突存在的主要原因是社会科技和观念的发展使得律师的维权意识逐渐增强，而审判仍处于保守本位阶段。在此问题上，真正要想从根本上化解还是应该综合推进司法改革举措。在国家“十三五”整体推进法治的过程中，律师应该成为先锋队，从其职业定位、专业技能、职业素养的各方面予以明晰完善。在专业技能和职业素养的提升上，首先，制度层面要提高律师行业的准入门槛，比如发挥司法考试的统一行业门槛作用。就法律服务行业的基本属性要求而言，无论是法律积淀还是觉悟、修养、业务水准都应该高于普通民众。其次，对于已进入律师行业的人员而言，要充分发挥律师协会的监督规范作用，可以考虑设立法官评价律师的制度、律师协会的惩戒制度和律法检联动机制[2]，来解决律师业务水平参差不齐的问题。最后，要大力加强律师的职业伦理，尽职诚信是律师的基本内在要求，在一定程度上来说内在恪守这个要求是从本源出发，其效果会优于各种外在机制的推动。

目前，学界对律师执业权利保障抱有很大的信心与期待，提出以下几方面完善意见：其一是优化环境，包括律师执业法治环境、良好的社会环境和司法环境。[3]在现有法律法规的基础上细化关于执业权保护的相关条文，使其更加具有可操作性；运用多元的宣传方法，加强人们对律师作用的了解和

---

〔1〕 邹伟、陈菲：“保障律师执业权利 有效发挥律师作用——两院三部负责人解读《关于依法保障律师执业权利的规定》”，载《中国律师》2015 年第 10 期。

〔2〕 高子程、卢建平、陈瑞华：“以审判为中心的诉讼制度改革：律师的职业定位”，载《中国法律评论》2016 年第 1 期。

〔3〕 顾永忠等：《刑事辩护：国际标准与中国实践》，北京大学出版社 2012 年版，第 329 ~ 330 页。

信任，提升律师的社会职业形象；进一步梳导公检法机关与律师的关系，推进法律职业共同体建设，提升律师在司法中的表达权[1]。其二是健全律师维权机制，包括律师执业权利救济机制、律师职业快速处理和联动机制与司法机关的沟通协调机制。[2]这是保障律师执业权利的客观要求，也是落实《关于依法保障律师执业权利的规定》精神必须做出的积极努力。其三是重点须展开的实践工作：一要用理论引导工作，切实转变观念，突出对律师作为法律职业共同体成员的基本认识。二要落实法律规范相应的赋权规定和程序建构，正如孟建柱书记指出的，保障律师执业权利，重要的是把法律已规定的律师在辩护、代理中所享有的知情权、申请权、会见通信权、阅卷权、收集证据权和庭审中质证权、辩论辩护权等执业权利落实到位。三要不断推进司法文明建设，例如司法公开与裁判文书说理、以审判为中心的诉讼制度落实等，律师执业权利保障的保障要置于国家司法改革顶层设计的大背景之下，与相关的措施配套实施才能有效开展，才符合司法运行规律，才能凸显其重大现实战略意义。

## 二、成果总结

律师执业权利保障是2015年全面深化司法行政改革的亮点之一，保障律师权利、提高法律服务质量是依法治国的重要举措。随着十八届三中、四中、五中全会对律师制度改革的逐步推进，律师行业迎来了新的机遇，保障了律师的权利即是保障了维护当事人合法权益的群体的权利，间接保障了当事人的合法权益。尊重律师行业、强调保障律师权利能提升律师执业者的信心，带动工作积极性，从而充分发挥律师作用，让人民能从全方位、多角度看到依法治国的决心和效果。[3]

### （一）以出台规范性文件解决执业难题

2015年司法行政改革中关于律师的“一会一文”是我国律师事业发展史

---

〔1〕 邵玉婷：“法治社会视野下律师执业权利保障若干问题探析”，载《中国司法》2014年第9期。

〔2〕 王俊峰：“建立健全依法保障律师执业权利机制”，载《中国司法》2015年第11期。

〔3〕 陈光中、李春霖主编：《公证与律师制度》，北京大学出版社2006年版，第236~237页。

上的两个第一次。“一会”是指2015年8月在北京召开了有史以来规格最高的全国律师工作会议，强调了深化律师改革，提高律师职业道德和专业水平，保障律师执业权利，规范律师执业行为，建设法律共同体。“一文”是指2015年9月16日由最高人民法院、最高人民检察院、公安部、国家安全部、司法部联合发布的《关于依法保障律师执业权利的规定》。2015年9月15日，中央全面深化改革领导小组第十六次会议审议通过《关于深化律师制度改革的意见》，次日两院三部发布《关于依法保障律师执业权利的规定》，自发布之日起生效。虽然中央政法各部门和部分地方政法部门也曾出台过关于保障律师执业权利、改善律师职业环境的规范性文件，但国家还是首次发布如此有“分量”的规范性文件，对于律师尤其是刑事辩护律师开展工作具有重大意义。该规定共有49条，主要包括以下内容：一是针对律师面临的不良司法状况，要求人民法院、人民检察院、公安机关、国家安全机关、司法行政机关在各自职责范围内依法保障律师知情权、申请权、申诉权，以及会见、阅卷、收集证据和发问、质证、辩论等方面的执业权利，并就具体权利提出了保障措施。二是从方便律师工作的角度，要求建立和完善诉讼服务中心、立案或受案场所、律师会见室、阅卷室，规范工作流程，探索建立网络信息系统和律师服务平台，看守所设立会见预约平台等等。三是对于律师权利受到侵犯后的救济机制和责任追究，设立了投诉机制，申诉控告机制，司法行政机关、律师协会维护律师执业权利快速处置机制和联动机制，律师协会与各部门实行联席会议制度，通过这四项措施对律师执业权利进行救济，并追究责任人相应的责任。四是规范法律服务市场的秩序，保护律师行业的纯洁性。除此之外，司法部还会同有关部门正在研究制定《关于律师刑事辩护的规定》，推动建立律师与司法人员相互尊重、相互制约、良性互动的关系。

### （二）以律师服务平台增强互动

多地检察机关曾在2013年建立律师预约平台以全面保障律师诉讼权利和当事人人权，实现案件规范化管理。随着“互联网+”时代的到来，在2015年，多地法院也积极开辟新模式、新形态，采取信息化手段提高对律师的诉讼服务水平，实现律师与法官的双赢。这类服务平台增加了办理手续的网上途径，大大节约时间，拉近律师与法院、法官的沟通距离。向律师公开案件的进度，让律师及时安排繁多的工作、为当事人提供适时的法律服务。有强大的互联网信息数据便于推动司法公开，加强司法监督，避免法院内部踢皮球式推卸责任。平台的其他技术手段也为律师工作提供方便，肯定律师地位，体现司法为民。

上海法院在2015年1月开通了全国第一家网上律师服务平台，山东省法院作为除上海法院外全国第一家省级法院在2015年3月开通了律师服务平台，该平台由全省三级法院统一面向律师群体，具有网上提交、网上申请、网上送达、网上直播、网上辅助、网上查询、网上留言等7大类25项功能，律师可以通过服务平台完成申请立案、保全、延期开庭等业务，提交代理词等材料，也可以在线接收法律文书，查阅有关法律文件和裁判文书，观看庭审直播。〔1〕还有浙江法院律师服务平台、重庆法院律师诉讼服务平台，南京市中级人民法院开发的南京两级法院律师在线服务平台等接踵而至。最高人民法院在2015年年底发布了《关于建立律师信息库的公告》，决定建立律师服务平台，开发全国律师信息库系统，它与司法部建立的律师服务平台不同之处在于，最高院的平台侧重于为律师提供诉讼服务而非对律师进行行政管理。〔2〕

其中，我们以上海市高级人民法院在全市三级法院开通的全国首家律师服务平台为例，通过这家平台运行一年以来的体验和数据反馈来展示各地陆续建立的律师服务平台对于保障律师执业权利的作用。上海律师服务平台设有网上立案、网上办理、网上沟通、网上辅助、网上评价5大类服务，共计24项功能，不仅对上海律师开放，还可以通过律师一卡通认证平台的认证面向全国律师开放。该平台运行一年来，效果良好。第一，在立案环节，网上平台全年实现立案1.3万件，每次立案从网上登录、到资料传输、提交立案约需花1小时即可。律师使用“一条龙”程序在网上进行材料提交、缴纳诉讼费、获取案号等，真正做到了足不出户就能完成立案。第二，在阅卷环节，网上阅卷也为律师提供了极大的方便，避免了路程耗费时间是进法院办事时间数倍的尴尬，可以让律师有效利用时间，创造更多的价值。经过对上海高院在全市范围内调取的有律师参与的20万件案件的数据核算，可以发现每个

---

〔1〕 闫继勇、郭德民：“山东法院律师服务平台开通运行”，载《人民法院报》2015年3月10日。

〔2〕 单玉晓：“最高法院建律师服务平台”，载 http://china.caixin.com/2015-11-25/100878375.html，访问日期：2016年4月20日。

案件中律师若能减少一次来往法院阅卷的奔波，就能节省60多万个小时工作时间、10万次左右车辆往返。第三，在司法监督环节，平台一年共收到500余条建议。律师可登录平台跟踪案件审理，便捷感受司法信息公开，并可以针对法官的作风纪律、裁判公正和技术功能等方面向平台提出建议。第四，在其他技术上，该平台还创新启动了“庭审排期自动避让功能”“关联案件自动推送功能”。律师将代理手续上传至平台后，平台通过自动识别每名律师在上海法院代理的所有案件，对可能出现同一律师同一开庭日期的冲突自动避让，一年来平台共实现1235次自动避让。同时，平台自动将当事人在上海法院涉及的关联案件推送一张清单给律师，有助于律师识别个别恶意诉讼的情况。〔1〕

### （三）以规范服务加强权利保障

律师虽然不是国家工作人员，但与法官、检察官一并构成法律共同体中的重要组成部分。〔2〕法官、检察官、律师作为法治建设的专业队伍和实务操作者，必须维系好相互之间的关系，消除职业对立，增强诉讼互信，不是律师求法官、检察官办事，而是地位平等、携手依法建设法治社会。法院、检察院为律师设立的硬件设施、沟通机制体现了对律师职业和律师意见的尊重，通过规范的服务，提高法律工作效率，促进有效沟通。

各检察院在接待律师、服务律师方面都出台了一系列的新规定、新措施，进一步加强律师权利保障工作：

其一，规范接待模式，加强监督。各地检察机关将原来的自侦部门、侦查监督部门和公诉部门等多部门均有接待职责改为统一到案件管理部门接待，采用“行使权利找案管”的一站式服务模式为律师提供方便。同时，各地检察机关也加强了对其他执法司法机关妨碍律师依法执业的法律监督。据统计，2013年至2015年6月，检察机关共受理律师控告办案机关阻碍行使诉讼权利案件4109件，通知有关办案机关纠正3372件，2015年上半年对于辩护人、诉讼代理人提出的阻碍其行使诉讼权利情形向有关部门提出纠正465件。〔3〕

---

〔1〕 余东明、卫建萍：“全程网上立案律师不再来回跑”，载《法制日报》2016年2月25日。

〔2〕 吴卫军：《司法改革原理研究》，中国人民公安大学出版社2003年版，第257~258页。

〔3〕 “最高检：纠正办案机关阻碍律师行使诉讼权利3372件”，载《检察日报》2015年8月19日。

其二，改善接待条件，配置先进设备。北京市平谷区人民检察院设置了专门的律师接待室，配备高拍仪、扫描仪、复印机等相关设备，还安装了高清监控，不但方便律师阅卷，而且也保证了办案安全。[1]《上海法治发展报告（2015）》以专题篇的形式重点介绍了嘉定区检察院以科技规范服务保障律师依法执业的经验，该院使用的“嘉检之星——律师接待服务系统”通过高速翻拍仪处理案卷信息，为律师提供快速阅卷、即看即拍、自动水印和刻录光盘等完善的功能，并能保证案卷材料的安全性和可靠性。在接待服务系统的支持下，律师阅卷仅需20分钟左右。[2]此外，最高人民检察院研发了电子卷宗系统，将诉讼案卷材料扫描归档，统一管理，方便律师查阅和复制，在2016年投入使用。[3]

其三，在申诉、信访领域充分发挥律师的作用。在该领域，山东省高级人民法院于2015年6月在全国率先推出律师代理申诉工作试点，并采取了多项措施：第一，省高院和各级人民法院建立了律师代理申诉值班制度和专门的律师值班室，方便开展律师执业和代理申诉工作。第二，与省司法厅、省律协联合举办培训班，对律师代理申诉等业务进行培训和研究。第三，设立律师代理申诉专项经费，用于发放值班律师的工作生活补贴、化解重大疑难案件的奖励等。[4]西安市检察院针对信访问题，建立了律师参与涉检信访工作站，并在工作站中实行检察官和律师共同接待当事人的工作机制。[5]四川省都江堰市检察院则与该市司法局共同商订了律师参与控告申诉疑难案件办理的实施办法，并在该市检察院检务服务大厅挂牌成立了法律服务工作室，从软、硬件两方面着手，引导信访人依法合理表达诉求，提高办理涉法、涉诉、信访、疑难案件的透明度和公信力。[6]

---

〔1〕“平谷检察院四项措施保障律师执业权利”，载 http://www.bjjc.gov.cn/bjoweb/jcdt/83401.jhtml，访问日期：2016年4月20日。

〔2〕林中明、邓翡斐：“上海嘉定：为律师量身打造‘阅卷神器’”，载《检察日报》2015年8月8日。

〔3〕王逸吟、梁捷：“最高检研发电子卷宗系统方便律师阅卷”，载《光明日报》2015年8月21日。

〔4〕闫继勇　段格林：“山东法院多措并举保障律师执业权利”，载《人民法院报》2015年8月20日。

〔5〕岳红革：“西安：请律师做规范司法监督员”，载《检察日报》2015年4月9日。

〔6〕傅鉴、王奕：“四川都江堰：律师参与办理涉法涉诉信访”，载《检察日报》2015年8月15日。

其四建立健全沟通机制，与律协召开联席会议。西安检察院建立了律师意见听取、审评、答复制度，特别是针对律师无罪辩护意见和重要定性分歧意见，充分保障了律师的参与权、知情权，同时规范了司法行为。[1]除了湖南省早在2013年在全国范围内首创了律师工作联席会议制度，2015年《关于依法保障律师执业权利的规定》发布后，各地陆续也启动了联席会议听取律师意见。例如，天津市高级人民法院、市司法局、市律师协会共同启动三方联席会议工作机制；[2]广州市检察机关已建成听取律师意见室26间。[3]

## 四、总　结

### （一）保障律师权利具有必要性和紧迫性

保障律师执业权利的必要性可以简要的分为两类，第一类是于执业者从事的行业本身而言的意义，第二类是于法治国家、法治社会和当事人而言的意义。

就律师这个行业而言，人们对律师的看法从最初的“帮坏人说话”“昧着良心赚钱”到如今的“有事找律师谈”“高薪职业”，可以看出人们对律师这一项外来职业的认可度逐步升高。这离不开律师职业的正当性，也需要社会大环境来造就。在这样一个稳定有序的时代，倘若民众信任国家，国家重视律师，那么官方的认可和保护可以使律师更容易获得社会的尊重，否则，人们又怎么会相信一名尚且不能享有完整执业权利的律师能够化身正义使者呢？职业的正当性是一种理论上的概念，它需要被赋予具体的执业权利才能转化为行为正当和结果正当，对于律师来说，职业能让人们接纳、认可，也是获得职业满足和实现职业价值的一种形式。

就国家、社会和当事人而言，缺少执业权利的律师只不过是一个具有法学专业知识的普通人，而律师与一般专业人的差别在于律师不仅仅能提出法律建议，还能发挥出律师的特有作用。从小处来说，律师执业权利主要是用

[1] 岳红革：“西安：请律师做规范司法监督员”，载《检察日报》2015年4月9日。

[2] “高憬宏：建立联席会议制度 保障律师依法履职”，载《天津日报》2015年11月9日。

[3] “穗市区两级检察院 均设立律师接待室”，载 http://gz. southcn. com/content/2015 －07/17/content_ 128601163. htm，访问日期：2016年4月20日。

于服务当事人的合法权益，律师能否顺利行使执业权利直接关系到能否实现当事人的委托目的，尤其是在目前我国的公民的法律素养还不高的情况下，律师在保护公民权的方面起到了很大作用。从大处来说，拥有良好法治秩序的国家和社会正是由一个个公民和一件件事件组成，虽然社会中始终存在着大大小小诸多矛盾，但这些矛盾可以运用合法手段予以解决，我们从中能够听到不同的维权发声。律师能够通过代理、辩护的形式、利用特殊的执业权利来维护法律的正确实施，弘扬社会的公平正义，既实现了个人价值又实现了社会价值。因此，赋予并且落实律师的执业权利是司法也是法治的进步。

（二）需加快建设法律职业共同体

虽然相较几十年前，律师的地位已有所提高，但与同属于法律专业人士的法官、检察官相比，律师仍然处于弱势地位。[1]法官、检察官、律师三者应是有着共同的终极诉讼目的，即维护法律的正确实施、维护社会的公平正义，只是因为职业不同而在不同的角色中发挥各自作用。可在司法实践中，律师因为逐渐市场化而被“踢”出了共同体，法官、检察官才是都在体制内、有着共同话语的一家人，律师与法官、检察官的矛盾也越来越多。尤其是在刑事辩护领域，律师极易与法官、检察官发生冲突。律师与检察官在控辩交锋时处于对立面还是正常现象，而律师与法官这两个职业群体的对立则是一种非正常现象了。他们对法律问题存在争议无可厚非，但如果不是基于职业判断和专业争论，而是对对方的人身产生了排斥，这就是一个非常危险的状况。这种掐架的结果无论是哪一方获胜哪一方失败，真正伤害的都是当事人的利益和司法公正。化解他们的矛盾可以从以下几个方面展开：

首先，要打破法官、检察官与律师之间的思想对立。在面对“死磕派”律师时，因为法官、检察官可以利用公权力对律师作出制裁，所以出现了一些轻易对律师追究刑事责任的做法，这引起了广大律师的不满，比如“李庄案”。[2]要想构建法律共同体，法官和律师要换位思考，理性对待，律师不要随便煽动舆论激怒法官，而是应当用说话的艺术和辩护技巧说服法官。法官也不要随便动用《刑法》将律师入罪，要尊重《刑法》的谦抑性和行为与

---

〔1〕 卓泽渊、冯永华主编：《新时期社会主义法治建设的理论与实践》，中国法制出版社2013年版，第343页。

〔2〕 赵秉志等：《刑事大案要案中的法理智慧》，中国法制出版社2011年版，第338～339页。

处罚的相当性，采用警告、拘传、司法拘留等措施来处罚那些尚没达到犯罪危害程度的扰乱法庭、侮辱诽谤威胁司法人员的律师。[1]

其次，要坚持以审判为中心。法官、检察官、律师因为某个案件而有交集，直接目的是解决案件、保护法益、惩罚犯罪，三方本是各司其职，却造成了对立、死磕的尴尬局面。其中的一个原因就是法官、检察官是体制内的工作人员，受到行政体制的约束，在进行判断时可能需要考虑多重因素。如果法院在外界干预的情况下难以独立行使审判权，那么即使律师有强烈的意愿想融入职业共同体，也会因为体制现状无法真正实现其所想。所以，必须坚持以审判为中心，同时，要明确法官和律师的职责。律师提供自己的专业分析供法官参考，此时的律师充当着法官助手和朋友的角色，能帮助减轻法官审理案件时的工作量，从而形成律师需要法官、法官离不开律师的紧密关系。

最后，要落实法官和律师之间的职业流动机制。除了进行统一培训、多开研讨会加强沟通之外，职业流动将会是一个效果显著的办法，律师相比法官、检察官而言，与民众接触的更多，是公权和私权联系的纽带，这种流动可以把律师的思维带入法院，也可以让律师理解法官的思维。十八届四中全会已经提出要“建立从符合条件的律师、法学专家中招录法官、检察官制度”，对于“符合条件”的具体评价标准，有学者提出，从律师中选拔优秀人才纳入法官体系，这样更容易使法官和律师之间互相赢得尊重，可以借鉴普通法系国家的做法，将当法官作为律师职业生涯的最高荣誉。[2]

### （三）律师协会和律师要自律

律师协会是律师行业自律组织，在保障律师职业权利的方面，主要承担维护律师权利和管理律师执业行为的职责。但现实中，律师协会在保护和管理律师方面的力度还比较弱。律师协会在帮助律师维权的问题上多半是事后的、被动的，律师协会可以尝试与公检法在法律框架下共同制定一些关于回避、管辖、非法证据排除、律师会见权、约见权、调查权的实施细则，以这

---

〔1〕 田文昌、蒋惠岭、陈瑞华：“本是同源生　相济匡公正　化解法官与律师冲突　共筑法律职业共同体”，载《中国法律评论》2015年第3期。

〔2〕 张国香：“法律职业共同体建设暨司法文化专题讲坛述要”，载《人民法院报》2015年2月13日。

种方式主动地、积极地为律师发声。另外，律师协会在惩戒问题上对于律师的管理的效果不明显，“警告”“谴责”的方式显得有些不痛不痒，应当严格规范律师执业行为，赏罚分明，做好行业自律。[1]

如今不受财政供养的律师更偏向受到市场经济的供养，人们也多半是通过律师所承办的案件大小和赚取的律师费来评价律师的好坏。我们暂且不讨论这种认定标准是否科学，但律师的较高的能力水平、规范的执业行为和良好的职业道德始终是律师能赢得市场的关键，也是塑造自身形象、维护律师群体形象的关键。如果律师以跨越法律底线为代价谋取不正当利益或者利用法律漏洞煽动社会矛盾、借机炒作知名度，则是有悖于保障律师执业权利的初衷的。

总体而言，2015 年对于律师执业权利保障的发展是具有阶段性意义的，然而也有律师对究竟能否真正解决司法实践的顽疾持怀疑态度，毕竟落到实处才是根本。回顾 2015 年加强律师职业道德、保障律师执业权利的工作，2016 年的司法行政改革将继续深化律师改革，修改《律师法》，建立有关律师执业制度、律师专业水平评价体系和评定机制的试点方案，修改基层法律服务所管理办法和基层法律服务工作者管理办法，这一切都备受律师界瞩目。我们坚决肯定律师是依法治国的重要力量，是法律职业共同体的重要成员，保障律师执业权利刻不容缓，律师也将在法治进程继续发挥作用，推动司法文明建设。

（何盼盼、邓书琴）

---

〔1〕 田文昌、蒋惠岭、陈瑞华：“本是同源生　相济匡公正　化解法官与律师冲突　共筑法律职业共同体”，载《中国法律评论》2015 年第 3 期。

专题八

# 司法信息化建设的推进

在互联网飞速发展的浪潮里，我国司法机关与时俱进，积极融入时代发展潮流之中，在中央的支持和倡导之下，各地通过“互联网+”思维的应用，利用大数据的手段，为人民群众提供了更方便快捷的司法服务，使司法运作效率大幅提高。尤其是最高人民法院大力推进法院信息化3.0版建设，依托大数据技术，完善信息基础设施，推动实现各类信息全面覆盖和移动互联，为其他司法机关作出了良好示范。信息化建设是我国司法机关面向未来，顺应时代发展潮流的重大改革举措，信息化建设不仅有利于司法效率的提高〔1〕、司法公正的实现，还为社会了解司法、尊重司法、信赖司法打下了坚实的物质基础。

## 一、数据盘点

司法信息化建设重要内容就是司法公开工作，我们选取了司法公开三大内容之一的裁判文书上网作为比对的数据，从2015年全国各省份高级人民法院工作报告中获得一手的裁判文书上网数量的数据，再根据其同年结案数量计算出裁判文书上网的比例，制成了下图：〔2〕

〔1〕 刘品新：《经由法律的正义》，清华大学出版社2014年版，第183~184页。

〔2〕 由于山东、河南、甘肃、湖南四省本年的裁判文书上网数量暂缺，故未纳入统计和比对之中。

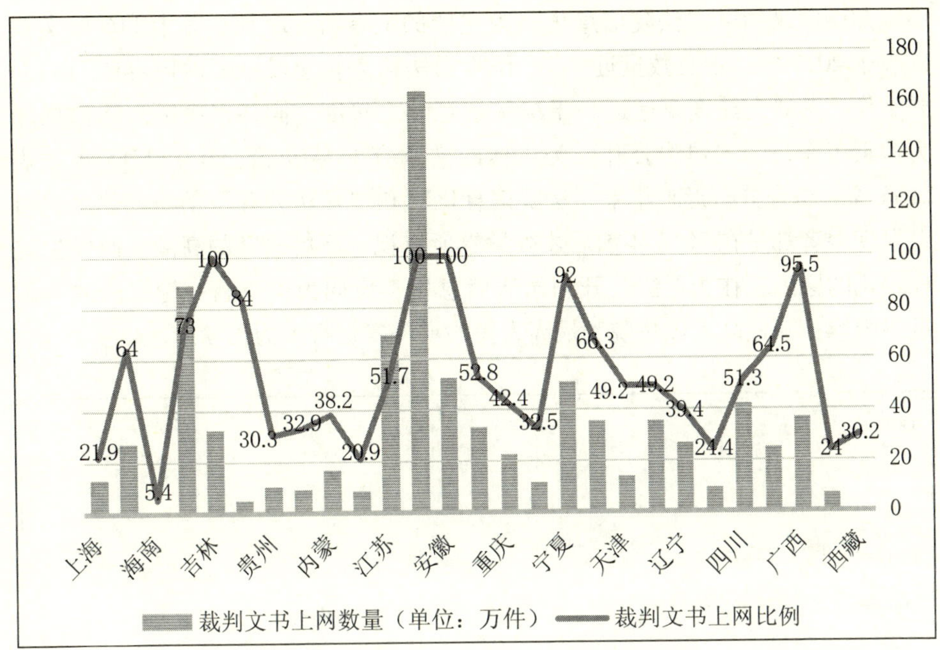


**图 8-1　2015 年各省裁判文书上网率比较**

根据我们对各省的统计，可以发现全国各省的裁判文书上网工作地区差异还很明显，除了少数几个省份，如广东、吉林、青海、江苏、安徽、宁夏和广西之外，其余省份裁判文书上网数量与同年审结案件数量悬差过多，裁判文书上网比例还处于中低水平。当然裁判文书上网有很多限制性条件，如很多涉及个人隐私和商业机密的文书当事人可能选择不公开，但是这样的数据比对还是反映出了本年度各地裁判文书上网的基本情况。大多数省份裁判文书上网数量与审结数量比率集中在 20% ~60%，这样的情况与部分省份所宣传的裁判文书 100% 上网大相径庭，值得我们注意。

## 二、理论热点

司法机关的信息化建设起步于 21 世纪初，但一直到近年来，随着互联网的发展与普及，司法信息化建设才被相关部门作为工作重点进行大力推广。

从研究热度来看，学者对于法院信息化等话题的关注只是近两年的事情，中国知网收录的以“法院信息化”为主题的文章有369篇，其中116篇文章发表于2015年，占总数量近1/3。作为司法信息化建设重要的内容的司法公开工作，其研究热度要远远高于法院信息化之热度，同样以中国知网数据库为检索工作，以“司法公开”为主体的文章有14 479篇，其中2015年发表2166篇。综合分析近十年来“法院信息化”和“司法公开”的研究热度，可以发现两者都是在2013年前后才被学界所重视，开启研究的高潮。而发生这种变化的原因就在于司法公开和司法信息化建设同为中央新一轮司法改革的重要内容，被最高人民法院和最高人民检察院等进行大力推动。

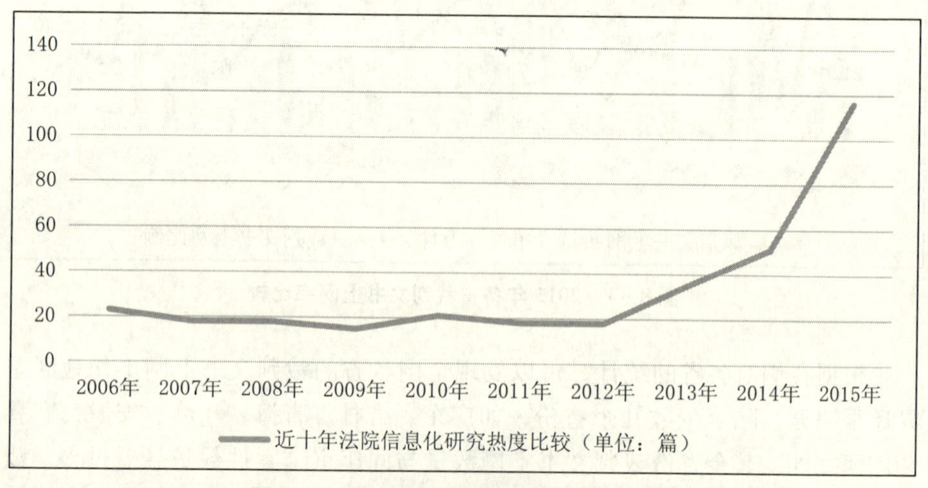


**图8－2　近十年法院信息化研究热度比较**

从学科分类来看，关注司法信息化建设最多的是“诉讼法与司法制度”学科，该学科内的相关文章数量达到了4854篇，占据了所有研究成果数量的76.6%，其研究成果影响力也最大，有48篇文章被转引了10次以上，被转引过1次以上的文章也达到了538篇；“中国政治与国际政治”“行政法及地方法制”“法理法史”“新闻与传媒”等学科为此方面研究成果最多的五个学科。

司法信息化作为社会信息化的必然产物，已然进入新的领域。这是传统与现代审判模式的吸收、容纳、整合的过程，一条机遇与挑战并存的道路。信息技术在对内提高司法质效、对外践行司法为民方面发挥着巨大作用，但从目前实践来看，还存在诸多问题，学者对此的研究主要集中在以下几方面。

## （一）司法价值的平衡问题

### 1. 司法公正与司法效率

提高司法人员办案能力，减轻当事人诉累是司法信息化最突出的技术关怀，然过多侧重效率，往往会引发公正问题。直接言词原则是国际社会普遍公认的司法基本原则，法官通过与当事人、证人和其他诉讼参与人直接接触，从其面部表情、语速语调、姿势、眼神接触等身体语言中辨别当事人陈述的真实性或可信度，进而形成“心证”。作为审判剧场化的核心要义，直接言词原则离开法庭这种物理场景将难以适用。远程审判、科技法庭作为司法信息化的亮点创新，将诉讼两造及居中裁判者置于非物理直接接触的多维空间内，又深受技术水平、视频转切操作熟练程度的制约，势必淡化直接言词原则的效果，极易诱发对司法公正性的质疑。此外，智能辅助系统使得法官不用携带厚厚的卷宗和证据材料，通过上网查询便可在庭审上一目了然，但机器并不能完全取代人工，倘若科技设备出现故障或者电力供应不足，无法保证审判不中断原则。如此，效率反而有降低的可能，公平也难以实现。

### 2. 司法监督与司法独立

以审判机关来讲，在信息化不断升级的今天，法院政务网站、信访通道、院长信箱、庭审直播等公众监督平台逐渐完善，强化了外部监督，保证民意自由表达。[1]领导决策支持系统和科技法庭技术日臻成熟，又使得法官承办的案件实时进度和审判信息为院庭长全方位掌握，这对推进严格司法和加强廉政建设有显著作用。但过分依赖于电子信息平台，并根据方便的信息平台过分监督，却也极易诱发民意绑架司法和司法行政化问题。表现有二：一是法官过多考虑裁判结果的社会效果，对民意是否合理缺乏考量，从而影响自由心证的形成。二是法院领导通过电子平台和监控设备对具体案件信息和法官开庭进行过分监督，可能使法官在法庭上只考虑院长和审委会成员怎样监督自己，而不能专心致志地办案或者不敢果断判决，长此以往，法官独立性难以保证。

## （二）经济制约问题

科学技术最大的特点是高投入才能换来高产出。司法信息化是一项长期

---

〔1〕 姚广宜主编：《中国媒体监督与司法公正关系问题研究》，中国政法大学出版社 2013 年版，第 181 ~ 182 页。

需要投入大量人力、物力、财力的建设工作，[1]而法院自身没有任何经济效益，人员编制和供养都取决于地方政府，经费一方面需要中央、最高人民法院和省级法院的政法补助，另一方面更为重要的是依靠地方财政拨给。十八届三中全会提出省以下地方法院、检察院人财物统一管理，这是司法去地方化的良方，也是保障司法经费的有益安排。但就目前情况而言，省级以下统管的改革试点工作还未完全推进，细节制度仍未健全，司法机关与地方权力机关、政府机关、司法行政部门等多重关系仍在梳理，因此法院的经济物质保障在短时间内依然受到地方财政的严重制约。地方领导很可能会流于形式主义，敷衍中央号召，认为信息化建设仅仅是一项指标，多配置几台计算机，多些显示屏，能够在“上头”检查时看得见即可。加之与地方其他政府部分存在“蛋糕分吃”的局面，造成司法机关在信息化建设过程中，普遍存在以下问题：法院技术科专业人员配置不到位，问题出现后无法及时维护、解决；审判流程系统等新型科技使得法官难以适应和接受，缺乏相应的人员培训便急速上岗，往往造成办案效率倒退。上述种种问题的出现虽然与领导机制、组织管理等因素息息相关，但根本原因还是经费得不到保障，受经济物质条件的严重制约。

（三）信息安全问题

信息安全问题实际上是对信息利用的限度该如何把握的问题。法治社会要求公民的知情权不受侵犯，这就决定了司法公开的必然性。然则，司法公开的力度越大，对于国家秘密、商业秘密、个人隐私等信息安全的保护尤为重要，一旦审判信息被攻击、窃取或篡改，将给当事人、给国家甚至司法权威带来无法估量的损失。目前，法院在涉密信息处理方面存在诸多问题。

首先，司法人员保密意识不强。内网系统密码设置简单或者直接登录、管理员权限模糊、允许多人或多设备登录、私人电子产品与公用设配混用、对法院无限网设置不严格等一系列带有严重安全隐患的做法普遍存在。

其次，网络技术不过关，易被黑客攻击。法院内网和涉密网大多仅仅安装了普通的杀毒软件、防火墙、物理隔绝技术等，其安全指数较低，极易被破解。且由于技术人员配置不到位，网络应急中心没有建立，审判数据等秘

[1] 龚佳禾等：《法律监督的基本原理》，湖南人民出版社 2012 年版，第 347 页。

密信息被攻击之后，没有及时的灾后处理，无法将损失控制在最小范围。

最后，法官在文书网上公开的过程中，没有掌握信息公开的“度”，加之审阅不够细致，导致裁判文书网上个人信息暴露严重。个人信息，主要是指自然人的姓名、性别、年龄、出生年月日、民族、家庭状况、婚姻情况、教育背景、工作履历、健康信息、财务状况等任何单独或与其他信息对比即可识别特点的个人的客观信息。[1]这在不同的判决语境下均有可能成为敏感信息，需要法律的特殊保护。

（四）信息孤岛问题

所谓信息孤岛，即是指各个信息系统之间相互封闭，不能进行信息共享以及由于信息缺乏无法提供有效服务的信息系统或者无法与服务对象进行高效交互的信息系统。[2]信息孤岛现象反映的是信息利用率问题。实践中主要表现为两点：第一，司法机关对审判管理数字的统计缺乏系统性，司法数据缺乏动态性、真实性和透明度。[3]所谓缺乏动态性，即各类审判信息的切分过于粗放，信息杂乱孤立，不能有效地生成收结案率、上诉率、发回重审率等审判动态和纵览。缺乏真实性表现在司法机关过于追求行政绩效最大化，对审判信息虚报、隐瞒、夸大，以追求裁判的社会效果和政治目的。缺乏透明度突出表现在信息面向社会不全面、不彻底，针对如此海量的司法信息，哪些必须公开、哪些有条件公开、哪一级法院具体负责，这些涉及信息安全问题的细节制度应加快健全，否则审判机关很难获得社会的理解，监督亦是空谈。第二，各个地区、各级法院、司法机关与相关部门之间未能打破地域和级别限制，对“互联网＋”概念认识不足，缺乏科学发展观念和有效的管理体系。“互联网＋”并不是各种行业“1＋1”的简单机械的加法运算，而是乘法融合。[4]这是网络环境下极具实践价值的战略行动计划，也是中国经济社会和信息化深度融合的必然趋势。司法信息化的宏观定位应是借助各种新型平台和先进技术，更加准确把握好传统与创新的关系，运用云计算、大

---

〔1〕 陶婷：“民事裁判文书上网公开的边界问题探究——基于司法知情权与个人隐私权的冲突与平衡的考量”，载《西南政法大学学报》2012年第6期。

〔2〕 商晓帆：“电子政务信息资源整合与信息孤岛”，载《现代情报》2008年第6期。

〔3〕 沈德咏、景汉朝：《司法公开实践探索》，中国法制出版社2012年版，第574页。

〔4〕 曹建明：“做好互联网时代的检察工作‘＋’法”，载《中国法律评论》2015年第3期。

数据等现代信息技术，推动法院与各行各业的深度融合，着力提升司法公信力，更好地践行司法为民。

## 三、经验总结

互联网技术自产生以来就迅速引起了产业以及社会生活的革命，随着我国互联网技术的推广、普及与发展，互联网在人民群众的生产生活中扮演着越来越重要的角色。社会生活的发展变化，促使作为社会润滑剂和调节器的司法机关也应当适应这一社会变化发展的形势，通过互联网技术和互联网思维模式的引入，促成司法运行的高效和便民。在最高人民法院的努力之下，以“天平工程”为引领，强调整体规划和顶层设计，推动各地法院信息化建设的有序进行，实现了人民法院数据集中管理平台的完善，实现了全国法院司法信息资源的统一管理和信息共享，与相关单位的信息共享和业务协同，初步构建起了全面覆盖、互联互通、资源共享的法院信息化工作网络。[1]

### （一）以信息化促司法公开

司法公开是司法的本质属性和核心要求，司法作为实现正义的方式，必须通过公开的、宣示的方式实现正义，秘密主义和暗箱操作只能阻碍司法正义的实现。作为现代法治国家的重要标志，司法公开是维护司法公正、遏制司法腐败和树立司法权威的可靠制度保障。[2]随着社会的不断发展，司法公开的方式在不同时期也有所不同。从最开始通过在司法机关门口和闹市区张贴布告，通过司法人员亲自上门传达信息，到后来通过电话、传真、报纸媒体等方式传递信息，司法公开的呈现手段在不断调整和更新。故而，在互联网技术全面影响了现代生活的时代里，司法机关进行公开的手段就不能再沿用以前的模式，而应该积极利用现有技术，大力革新。

司法公开的重点为三大公开平台的建设，一是审判流程信息公开，二是裁判文书公开，三是执行信息公开。其中审判流程信息公开是人民群众以及

〔1〕 全国人大常委会法制工作委员会审定：《法律工作手册：中华人民共和国最新法律法规规章及司法解释》，中国民主法制出版社 2014 年版，第 121 页。

〔2〕 王晨光：“借助司法公开深化司法改革”，载《法律适用》2014 年第 3 期。

当事人认识司法运作过程的重要手段。裁判文书公开是司法公开的核心环节，通过对裁判文书的公示和公开，才能充分实现司法经由审判进行社会治理的效果，确立司法权威与司法公信力。执行信息公开关乎司法裁判的实效，是影响当事人对司法机关看法的重要因素。在最高人民法院的积极准备之下，三大司法公开平台全部投入使用且效果良好。以最受关注的裁判文书公开平台为例，自2014年开始，各级人民法院的生效裁判文书就陆续在该平台上公布，截至2016年3月1日，中国裁判文书网已经公布裁判文书1577万多份，网站总访问量达到4.83亿人次，成为目前全球最大的裁判文书网〔1〕。各地各级法院也积极推动裁判文书上网，上海、海南等省市已经率先实现了符合公开要求的裁判文书100%上网的要求〔2〕。而通过中国执行信息公开网，当事人可以方便地查询被执行人的相关信息，这在便利了当事人的同时，也能对被执行人施压从而促进其自动履行义务。从更大范围来看，执行信息的公开也使司法机关的执行活动放在了阳光之下，有利于遏制执行领域的司法腐败和权钱交易，树立公正严明的司法机关形象。最后，执行信息的公开是社会征信体系建设的重要环节，通过对失信被执行人进行信用惩戒可以促进全社会信用的良好循环。

在三大司法公开平台之外，司法机关提供的微博、微信、客户端服务也成为司法公开的主要方式。截至2015年12月，国内在网活跃移动智能设备数量达到8.99亿〔3〕，我国移动互联网用户占网民总数的比例升至83%，手机作为第一大上网终端设备的趋势更加明确。在移动互联的时代里，各级司法机关主办的政务微博、微信以及客户端软件，为人民群众提供了方便快捷的获取司法信息的途径。随着互联网政务宣传工作的推进，各级司法机关已经将“两微一端”的运营纳入日常管理工作中，以丰富多样、亲民轻松的方式做好舆论宣传和新闻发布工作，切实起到主流新闻媒体的价值引领作用，促进法治精神与社会主义核心价值观的传播。在人民法院、人民检察院、公安机关、司法行政机关四类司法政务微博中，公安部门的运营水平和关注度普遍较高，在司法队伍中处于领先水平。@公安部打四黑除四害、@江宁公安

〔1〕 屠少萌：“信息化建设：法院‘智慧’群众实惠”，载《人民法院报》2016年3月6日。

〔2〕《2016年海南省高级人民法院工作报告》。

〔3〕“2015年中国移动互联网研究报告”，载 http://tech.sina.com.cn/2016-01-08/doc-ifx-nkkuy7746197.shtml，访问日期：2016年3月21日。

在线位居政务微博竞争力百强榜前3位，在前10名里公安微博占据了5个[1]，涌现了一批以@山东高法、@江宁公安等为代表的明星微博。

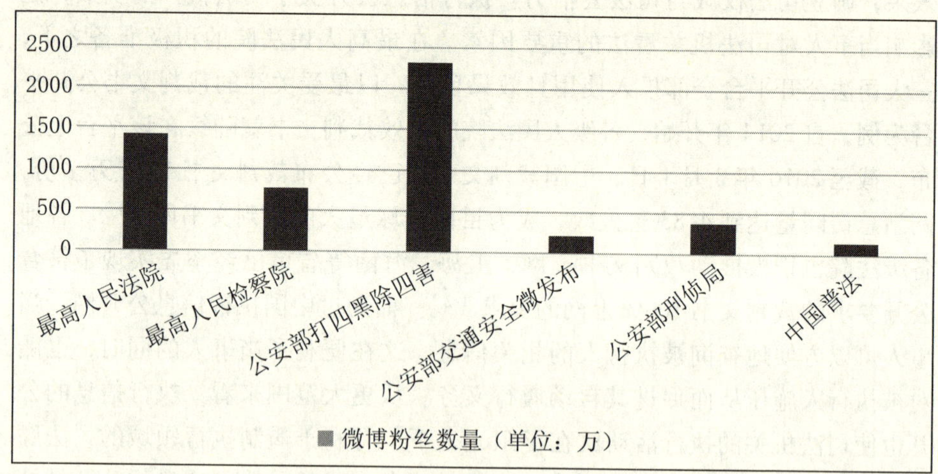


**图8-3　司法政务微博关注度统计**

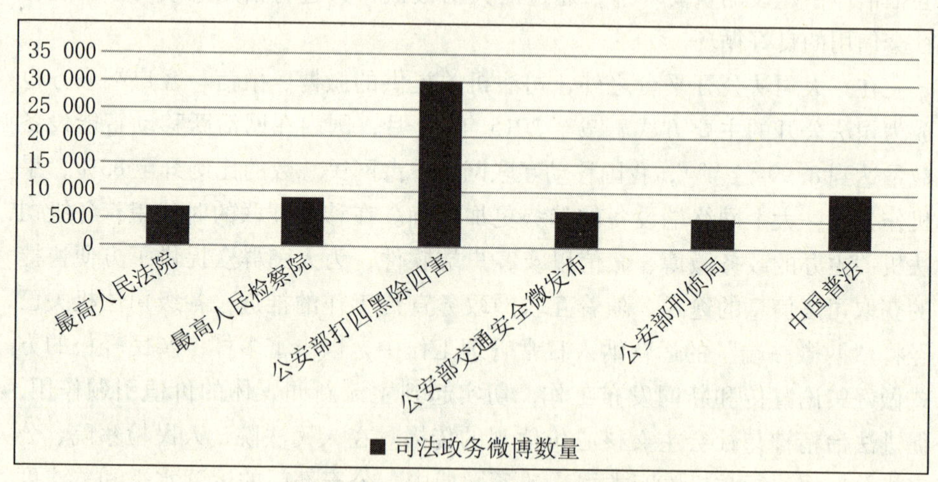


**图8-4　司法政务微博推送数量**

司法机关政务微博运行在遵循信息传播规律的情况下，取得了良好的社

〔1〕“2015年上半年人民日报·政务微博影响力报告”，载 http://politics. people. com. cn/n/2015/0828/c1001-27529843. html，访问日期：2016年3月21日。

会效果。[1]随着各地各级司法机关政务微博矩阵的建立，矩阵内和跨矩阵的联动协作也日趋频繁，成为政务微博运营的新常态。微博协作打破了政府机构的地域和部门界限，不但降低了协作成本，而且提高了工作效果。在2015年国际禁毒日期间，21省市的近百家法院联合发起涉毒案件庭审视频大联播，超过120万人次通过微博收看了案件的审判过程，取得良好普法效果。

广受关注的微博平台也为各地人民法院“庭审直播”的开展创造了条件，微博平台成为庭审直播体系的基石，“庭审直播”全方位、多角度、立体化地展现了各地司法机关维护社会公平、促进社会正义的努力。每一次庭审直播的进行、每一条政务微博的发送，都记载了司法机关点点滴滴的努力和成绩，是我国司法文明发展和法治国家建设的具象化体现。2015年，上海市对1074件案件的庭审进行了网络直播，网上浏览量总量达到了4175万人次[2]，创下了同类人民法院庭审公开的新纪录。江苏作为我国的诉讼大省，2015年全年进行庭审直播16 650场次。

庭审直播数量激增的同时，其影响力也在不断提高。在2016年年初“快播公司及主管人员传播淫秽物品牟利案”的审理过程中，北京市海淀区人民法院针对此案社会影响力和关注度较高的情况，在庭审期间运用庭审直播、图文直播等方式全方位地对本案审理过程进行了公开，产生了良好的社会反响。据统计，海淀法院先后发布了27条长微博对庭审全程进行播报，庭审直播时长达到20多个小时。直播期间累计有100余万人观看视频，最高时有4万人同时在线，而新浪微博中关于此案的话题讨论占据微博热点榜首数天，相关话题累计阅读次数达3600余万次。[3]“快播案”也成为继“薄熙来案”庭审公开之后，又一引起社会高度关注的司法案件，而北京海淀区法院因此庭审过程中的优秀表现也堪称今年各级法院庭审公开的代表和典型。

### （二）以信息化促司法为民

司法为民也是我国司法工作的重要价值取向，让人民群众离司法机关近

---

〔1〕林化宾主编：《社会管理法治化理论与实践》，上海社会科学院出版社2012年版，第415～416页。

〔2〕参考《2016年上海高级人民法院工作报告》。

〔3〕“快播案：法治和舆情当以正义为交点”，载《新京报》2016年1月11日。

一些，是保障人民诉权的重要方式。[1]各地围绕司法公开和司法为民的要求，利用信息化技术和互联网技术，与时俱进，多方面提升司法机关便民服务水平，扩大人民群众对司法工作的知情权、参与权、表达权和监督权，始终把解决好人民群众最关心、最直接、最现实的诉讼利益和权益保障问题，作为司法工作的宗旨和根本任务。各地司法机关在原有诉讼服务中心、立案大厅等窗口服务的基础上，积极推动专门诉讼服务网和手机客户端的建设，将立案、查询、送达等多种功能积聚起来，实现了司法服务的移动互联。通过司法信息化的建设，各级人民法院以多样的形式为当事人提供了方便快捷、人性化的线上、线下诉讼服务，满足人民群众多元司法需求。群众可以通过输入自己的身份证号码，或者扫描案件的“二维码”，就可以在司法机关提供的网站、微博、微信、客户端或者自主查询机上，查询到自己案件的案号、案由、合议庭成员、开庭日期、送达信息、执行信息等基本信息。在互联网技术的支持之下，通过对司法案件信息的集约处理与管理，让人民群众可以少跑腿，放宽心。

上海法院就以“上海法院 12368 诉讼服务平台”为核心，大力拓展平台服务功能，相继开发了微信公众号、手机 APP 等 10 余项功能，将全市法院原有的 70 多条热线全部并入 12368，实行一号对外、“一门式”服务。全年共提供人工服务 21.6 万件、自助服务 88.7 万次，同比上升 88% 和 208%。同时，平台服务质量不断提升，经对来电当场测评和随机回访，人民群众对诉讼服务满意率达 99.9%，对处理结果满意率达 95%。[2]除此之外，律师作为诉讼过程的主要参与群体之一，律师与司法机关的交往更为频繁，对于司法便民服务的需求也更为强烈。为此，上海、浙江、广东、山东等省市都纷纷开通了律师服务平台，为律师提供网上自助的司法服务。以上海为例，2015 年上海市高级人民法院在全市三级法院开通了全国首家律师服务平台，律师可利用平台进行网上立案、网上阅卷、案件查询、投诉建议等。平台运行一年来，立案 1.6 万件。上海 1413 家律师事务所中，已有 1301 家使用了该平台，占总数的 92%，9200 多名律师成为平台经常使用者。

---

〔1〕 屈新：《刑事诉讼中的权力制衡与权利保障》，中国人民公安大学出版社 2011 年版，第 3～4 页。

〔2〕 参见《2016 年上海高级人民法院工作报告》。

浙江省各级人民法院推广了网上案款缴退费系统，方便当事人通过网上银行、手机银行、支付宝等便捷的新渠道及时缴退诉讼费、兑付执行款。开发远程电子诉讼档案查阅系统，为当事人、律师提供异地就近自助查阅案卷服务 9700 人次，免除了他们的奔波劳顿。而面对电子商务迅猛发展带来的相关网购纠纷的增多，浙江省高级人民法院确定杭州市中级人民法院及其所辖杭州市西湖区人民法院、滨江区人民法院、余杭区人民法院作为电子商务网上法庭试点，分别审理互联网金融及网上支付纠纷、著作权侵权纠纷、网上交易纠纷及其上诉案件，打破空间局限，实现起诉、调解、立案（管辖异议）、举证、质证、开庭、判决等各诉讼环节的全程网络化。吉林省各级人民法院将法官工作平台接入互联网，在线支持网上立案、取证、审理、质证、执行和申诉，推进审判方式变革。

### （三）以信息化促司法质效

司法不仅应当是公平公正的，还应该是富有效率的，案件应当在法律规定的期限内得到及时处理，诉讼迟延不仅会使正义迟到，还会影响我国司法机关的形象。[1]在信息时代里，对信息的科学管理将会提高工作效率，最大限度地增进效益。长期以来，我国司法机关的内部管理还是沿用故有的工作模式，虽然近年来各地司法机关通过建立内部的工作系统实现了案件流传和处理的科学化，但是各地司法工作管理系统开发水平不一，这种在系统内办案的工作模式还存在很多问题。在最高人民法院信息化建设的推动之下，各地法院积极加强移动化办公、可视化管理、数据化分析等系统的开发、运用，着力构建符合信息时代特征的网络法院、阳光法院、智能法院，全力促进人民法院信息化转型升级。将信息化与审判管理高度融合起来，运用信息化实现对审判执行工作的科学化、精细化、规范化管理；把信息化与人事管理融合起来，实现每个法官的自我管理。

截至 2015 年末，全国 99% 的人民法院建成案件信息管理系统，实现审判活动主要流程节点信息的网上流转和卷宗的数字化管理，并为法官提供法规查询、案例指导、量刑参考、一键排版、智能纠错等审判支持智能服务，促

〔1〕 孙午生：《当代中国司法公开研究》，南开大学出版社 2013 年版，第 48 ~ 49 页。

进统一裁判标准。[1]不仅如此，还有法院在电脑办公系统之外，建立了掌上的工作系统，提高了法官的工作效率。上海市松江区人民法院推出了“松江法院”的移动办公 APP，其功能十分丰富，有可以智能提醒庭审排期、值班、会议安排的日历提醒功能，还有通讯录、各院动态、情况反映、法官培训云平台、裁判文书检索等内容。该软件中“我的案件”版块可以显示法官经手案件的基本信息，“我的工单”包括办理类如联系法官、材料递交等，查阅类如延期开庭、调查令、核实代理信息等，提醒类包括诉讼保全、网上阅卷、网上立案等。而群众通过 12368 诉讼服务平台反映的问题，也会推送到相应的承办法官的提醒之中。此外，该软件还具备了社交职能，具有“我关注的”和“关注我的”功能，添加同事为好友后，彼此可以看到对方发布的工作动态。湖北省启用了统一的司法数据中心，实现了互联互通、资源共享。以信息化助推审判质效，依托“大数据”平台，对立案、审判、执行、信访等环节进行全程动态管控。

在完善案件信息管理系统和法官工作平台之外，各级人民法院还通过信息基础设施建设促进了司法审判的高效和现代化。在最高人民法院的统一指导下，今年全国已经实现了3512 个人民法院的网络相连通、数据全覆盖[2]。截至 2015 年末，全国共建成 1.8 万个科技法庭[3]，初步具备了庭审录音录像和庭审直播的物质条件，在基础设施完善之后，今年内各级人民法院基本实现了重要案件的“每庭必录”。此外，全国各级法院还建成 2160 余套远程讯问系统[4]，实现上下级人民法院之间、人民法院和看守所之间的远程讯问。为了破除“执行难”的问题，在执行信息公开平台建设之外，最高人民法院还与财政部、公安部等 6 个单位建立点对点连接，与 20 多家金融机构和航空、铁路等部门建立总对总连接，23 个高级人民法院建立与相关部门的点对点或总对总连接，初步实现信息报送、信息共享、执行查控和信用惩戒等业务协同。作为各地信息化建设的代表，浙江法院 1783 个审判法庭已全部建成数字化法庭，在全省 90 个看守所建成 92 个远程视频提讯室，所有开庭案

---

〔1〕 屠少萌：“信息化建设：法院‘智慧’群众实惠”，载《人民法院报》2016 年 3 月 6 日。

〔2〕 屠少萌：“信息化建设：法院‘智慧’群众实惠”，载《人民法院报》2016 年 3 月 6 日。

〔3〕 屠少萌：“信息化建设：法院‘智慧’群众实惠”，载《人民法院报》2016 年 3 月 6 日。

〔4〕 屠少萌：“信息化建设：法院‘智慧’群众实惠”，载《人民法院报》2016 年 3 月 6 日。

件实现全程同步录音录像、同步记录、同步显示。[1]

浙江省还积极推动了“互联网+审判”改革，促进审判活动的信息化和现代化。浙江法院与阿里巴巴、腾讯达成科技合作协定，借助云计算、大数据和用户方面的资源优势，打造“智慧法院”，使审判运行方式既方便群众诉讼，又方便法官办案和审判管理。积极推进庭审记录改革，试行以录音录像代替书记员庭审笔录案件12.8万件，明显提升了庭审质量和效率。

司法信息化建设还促进了执行效率的提高。浙江法院在执行过程中坚持“公开网拍优先”，推广网拍房产按揭贷款，99.8%的涉讼资产通过淘宝网公开拍卖，全年成交1.6万件，总成交额355亿元，成交率达90.1%，平均溢价率39.2%，比传统委托拍卖方式分别提高了14%和17%，为当事人节省佣金7.7亿元，网拍改革成为全国法院的标杆。[2]

## 四、总　结

信息化建设，作为此番司法体制改革的重点工程，应因地制宜，科学推进，同时还应以建设服务型司法为导向。此外，在推进创新的同时，要坚守传统司法基本价值，公平正义是司法的最终目的和最高追求。具体来说，司法信息化建设应从以下方面进行优化。

### （一）破除经济制约

司法地方化带来的经济物质制约是影响法院智能化进程的根本性因素。智能法院的建设工作若想顺利展开，前提条件就是要改革现行司法运行机制，加快落实十八届三中全会的会议精神，推动省以下地方法院、检察院的人、财、物统一管理，在保证现有财政保障水平不降低的情况下，司法经费由现在同级行政部门财政拨款为主，改由中央和省级统一拨款。同时，应注意以下几点：一是要注重加大对偏远地区以及广大基层地区法院的专项资金投入。二是要加强款项落实监督工作，杜绝以次充好、贪污渎职等现象。三是定期检查和评估，确保设配引进和技术安装等项目享有基本资金，并根据评估，

〔1〕蒋皓：“浙江法院公开‘零时差’避免选择性”，载《法制日报》2014年11月29日。

〔2〕参见《浙江省高级人民法院工作报告》。

适时调整资金分配，加大投入力度。四是我国法院正处于信息化升级的关键时期，涉及信息化工作的事务、技术、知识成倍增长，法院现有技术部门根本吃不消。因此，要积极与科技厂家合作、洽谈，选择技术服务外包，引入市场竞争机制，借助社会力量来助推智能法院的建设。[1]

### （二）创新管理制度

一方面，要培养领导干部的先行意识，健全管理机制。包括四点建设目标：一要建成以院党组为核心，以审判管理办公室为主导，各审判管理主体积极参与、上下协调、运转灵活的组织体系。二要建成保障审判管理、目标考核、案件评查的职能体系。三要建立以监督为重点的制度体系。四要建立以审判管理信息系统为平台、满足网上办案、网上考核和审判管理智能化体系。鉴于信息化应用的重要性，各级领导必须先发挥示范作用，自上而下地强化各级法院的电子政务意识，培养现代化的管理理念和办案模式，真正将各类系统软件融入日常办公之中，体会科技带来的巨大便利，如此才能在法院内部逐步推进，营造良好的氛围。

另一方面，建立具体的配套制度，通过培训、考核、奖惩的手段增强司法人员的实际操作能力。首先，积极开展在线网络教育和系统应用讲解课程，扫除科技盲点，年轻法官应当积极帮助年长法官普及信息知识和操作技能，审判业务部门和主要职能部门应当有专人负责本业务系统信息化推广应用工作的组织和协调，及时解决法官在工作中遇到的技术性难题。其次，将信息化操作列入法官入职、选任、升迁的固定条件，定期考核，不达标者不得上岗。尤其在大力推进员额制管理的今天，更是推广现代化操作的宝贵契机。再次，应当确立信息化应用责任制和奖励制度，对违反相关规定造成重复建设、应用滞后、管理混乱等问题的，严格追究相关人员的责任。最后，开展在线系统应用和信息知识竞赛，向表现优秀的法官、书记员颁发奖励，并计入其绩效考评之中。

### （三）加强安全保障

随着信息技术不断地深入与推广，黑客、病毒和垃圾邮件作为信息网络

---

[1] “信息化 3.0 时代：联网管理、智能化、大数据应用”，载 http://www.c114.net/anfang/4301/a903595.html，访问日期：2016 年 3 月 21 日。

的“三大公害”，[1]时刻威胁着各政府机关的信息安全和保护。法院作为我国审判机关，审判信息包含大量国家秘密、商业机密和个人隐私，一旦被攻破，将会造成无法想象的损失。风险是绝对的，安全是相对的。信息安全面临的挑战主要来自两方面：

其一，技术上的风险，为此，应加强内外网物理隔离，建设专用网络，安装防火墙、杀毒软件、屏蔽可疑端口等防护措施，加强数据信息的及时备份，谨防不法分子通过恶意手段窃取审判信息、个人隐私、国家秘密、商业秘密。同时，严格涉密人员操作程序，提升登录密码安全等级，加强权限身份验证，控制法院无线网络的使用，禁止私人电子设备与公用设配混用。重视应急事故处理中心的建立，一旦出现泄密事件，能够及时控制，严防事态扩大升级，将损失降至最低。

其二，制度上的风险。法律是最终的解决方案，应尽快出台规范性文件，建立完善的网络信息安全法律规章，对于涉密网的建设、维护、责任承担、补救措施做出具体要求。此外，完善裁判文书上网制度，处理好大众知情权和当事人隐私权的平衡问题，保护公民的基本权利不受侵犯。

（贺宁、何盼盼）

〔1〕 齐爱民：《中国信息立法研究》，武汉大学出版社 2009 年版，第 263 页。

专题九

# 公安管理体制改革

我国《刑事诉讼法》第18条规定："刑事案件的侦查由公安机关进行，法律另有规定的除外。"所谓侦查是指刑事诉讼中的检察院、公安等机关为了查明犯罪事实、抓获犯罪嫌疑人，依法进行的专门调查工作和采用有关强制性措施的活动。[1]在我国的刑事侦查权体制中，形成了以公安机关为主体，国家安全机关、检察院等国家机关共同行使检察权的格局，其中公安机关是最主要的侦查机关，承担大部分刑事案件的侦查工作。从刑事诉讼的过程观之，刑事诉讼可分为侦查、起诉和审判三大程序阶段，从公安侦查开始到法院审判结束，完成一套完整的刑事诉讼流程。因此，公安机关不仅肩负着维护社会秩序、打击重大刑事犯罪的重任，还是刑事诉讼首先环节的把关者，而完善公安机关侦查权的运行和规制是现代司法文明的重要目标和标志。2015年2月，党中央、国务院办公厅印发的《关于全面深化公安改革若干重大问题的框架意见》及相关改革方案，标志着公安机关围绕推进以审判为中心的诉讼制度改革正式开始。改革主要围绕着：现代化刑事侦查改革、受立案登记制、司法救助、证人保护、律师权益保护、警务人员管理体制改革等几个方面，目标是促进建设和完善与现代司法文明相适应的公安刑事司法体制。

## 一、理论热点

学者对于公安机关权力运行机制的关注已不是近几年的事，从2000年

〔1〕徐云峰等：《网络犯罪心理》，武汉大学出版社2014年版，第261页。

起，几乎每年都保持着相当高的关注状态。中国知网收录以“公安工作”为主题的研究文章，近十年都保持着居高不下的水平，平均每年都在5000篇幅以上，从2006年~2011年一直保持着持平。虽从2012年有所回落，但是相对于基数而言，下降数量还是不太明显。

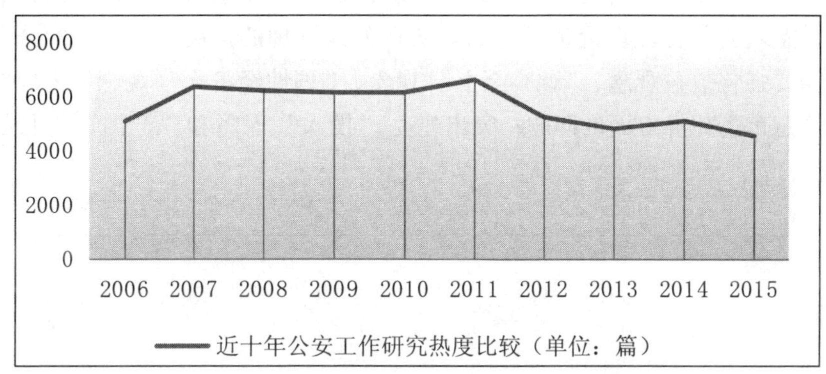


**图9-1　近十年公安工作研究热度比较**

出现这种现象的原因：一是，公安机关权力兼具行政和司法两种性质，[1]其权力运行不仅在行政中占据了重要的地位，还是刑事司法的重要研究对象。二是，公安机关行政管理范围十分的宽泛、其内部组织结构也十分庞大。三是，全国大量的省市都设立了专门的警官学院，公安工作形成了一套独立的公安学，公安学不仅包含了社会科学，还需要研究自然科学。这也可以从学科分类的角度发现，其中“公安”学科59 738篇，占据所有研究成果的74%，其他主要学科包括“中国政治与国际政治”“行政法及地方法制”“诉讼法与司法制度”“行政学及国家行政管理”。由此可见，对于公安机关权力改革研究最多的还是公安本学科的学者。其中，从改革和法学角度来看，主要热点研究的方向在于公安改革宏观理论、侦查实证研究、公安信息化、执法规范化理论几个方面。

### （一）公安改革宏观理论研究

在中国公安部改革办副主任赵炜的《公安改革的历史回顾与前景展望》

〔1〕 万毅、林喜芬：《刑事诉讼法》，清华大学出版社2010年版，第98页。

一文中，我们了解到自党的十一届三中全会以来的二十多年间，我国公安机关稳步推进公安改革，包括公安职能调整、机构改革、人事制度改革和工作机制改革，有效地提高了执法水平和战斗力。但这一时期的公安改革也存在科学理论指导不强、市场经济条件下转变公安职能的重要性和必要性认识不高、机构改革与人事制度改革联系不紧等不足。[1]王世卿副教授提出公安改革中借鉴新公共管理理论是可行的。从新公共管理的角度看，今后的公安改革中需要强化效益观念、“顾客至上”观念、“理性经济人”观念等方面的观念；注意市场化等方面的问题；突出建立“投入”保障和“产出”评价机制等重点。[2]

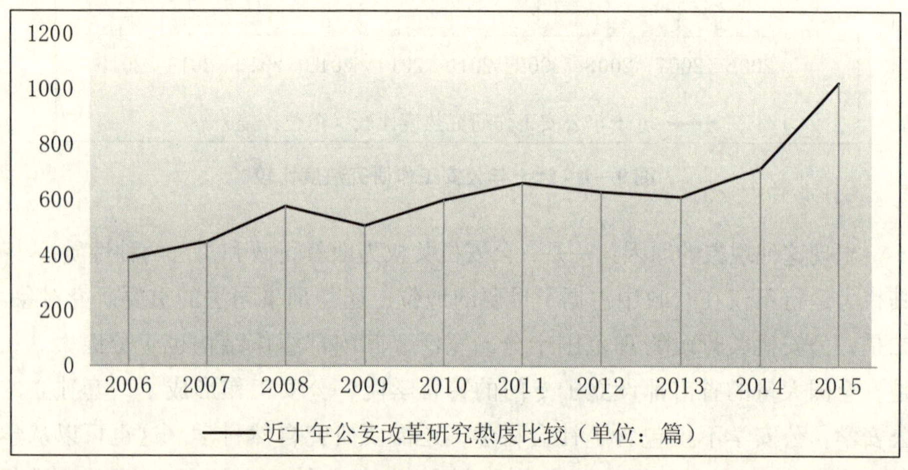


**图9-2　近十年公安改革研究热度比较**

程小白、章剑两位教授在《事权划分：公安改革的关键点》一文中指出，当前公安事权划分存在的主要问题是：公安领导权和事权过度集中于地方党委政府，易形成地方保护；“职责同构”导致公安机关职能重叠，事权与支出责任分离；没有形成直接的委托-代理关系，公安事权与问责相冲突。公安事权改革应使公安机关在维护国家安全和公共安全的工作中充分发挥中央和地方两个积极性。因此，从公安工作逻辑顺序分析，事权划分是全面深化公

[1] 赵炜：“公安改革的历史回顾与前景展望”，载《中国人民公安大学学报》2005年第6期。

[2] 王世卿：“新公共管理视野下的公安改革思考”，载《中国人民公安大学学报》2004年第6期。

安改革的关键点。[1]

而熊一新教授在《关于全面深化公安改革若干问题的思考》一文中全面地回应了中央、国办印发《关于全面深化公安改革若干重大问题的框架意见》。他认为，以往的公安改革是在现有体制框架内对公安工作机制、警务运行机制及具体工作制度的改革，基本上没有触及公安体制本身。这次公安改革最大的特点是从体制、机制、制度几个层面同时、同步进行全方位的改革。一方面，要在理顺领导管理体制、优化机构编制管理、健全警务保障体制、建立有别于其他公务员的人民警察分类管理制度、健全人民警察招录培养机制、完善人民警察职业保障制度、规范警务辅助人员管理等体制性、机制性、保障性问题上提出改革举措，力求在解决基层公安机关和广大民警长期以来关心关切的难点问题上取得突破；另一方面，要充分考虑公安改革的社会效果，在回应社会关切、解决广大人民群众反映的突出问题上求实效，在维护国家安全、创新社会治安治理、便民利民服务、公正规范执法等各项工作中有更大作为，通过全面深化公安工作机制、制度改革，切实提高人民群众的安全感和满意度，不断提升公安机关的执法公信力。上述两个方面，体制改革是根本，工作机制、制度改革是保证。并且熊教授指出此次全面深化公安改革可能会遇到以下几个方面的阻力：一是认识不一致增加了改革的复杂性、艰巨性与长期性；二是利益的调整、重组将遭到一些部门、人员的质疑；三是改革缺乏法律依据，甚至改革目标与现行法律法规相冲突，将是体制改革的最大障碍；四是惯性和惰性是普遍存在且长期影响改革进程的因素。[2]

### （二）监督机制与非法证据排除研究

刘计划副教授在《侦查监督制度的中国模式及其改革》一文中，结合侦查监督现状指出我国的侦查现状：检察机关对侦查实施一元化监督，构成侦查监督制度的中国模式。检察监督侦查模式具有重大缺陷：对自行侦查的监督陷入同体监督的困局，对公安侦查的监督则存在追诉主导的局限性。其实质是自我监督、控方内部监督，弊端在于规避、排斥异体监督，即来自控方

〔1〕 程小白、章剑："事权划分：公安改革的关键点"，载《中国人民公安大学学报》2015 年第 5 期。

〔2〕 熊一新："关于全面深化公安改革若干问题的思考"，载《中国人民公安大学学报》2015 年第 6 期。

之外的法院监督和律师监督。在该模式下，侦查讯问监督机制缺失致刑讯发生，逮捕因审查程序中法官缺位和律师参与不足而沦为追诉的附庸，搜查、扣押、监听等强制处分亦未能建立起外部审查监督机制。以上种种，导致自由、财产、隐私诸权处于侦查机关的完全控制之下。[1]

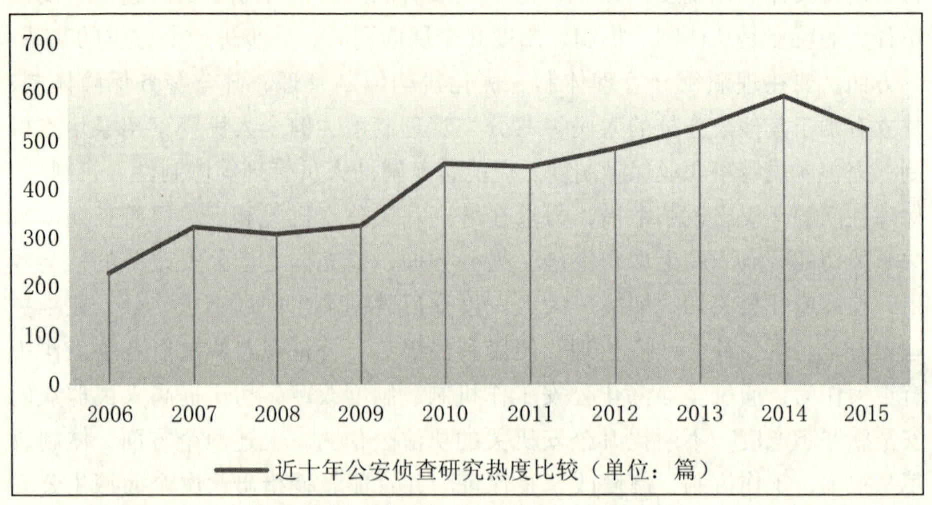


**图9-3 近十年公安侦查研究热度比较**

而对于公安机关非法证据排除的现状，中国人民公安大学马明亮副教授在《公安机关适用非法证据排除规则的困境与出路》一文中认为：2012年刑事诉讼法确立的非法证据排除规则的初衷是对非法证据要“及时发现、及时排除”。但鉴于侦查理念与部门利益的考虑，以及实践中违法取证行为由显性违法不断转向“隐性违法”，辩护律师不能在侦查取证过程中享有在场权，再加上刑诉法对非法证据界定模糊，这共同使得公安机关适用非法证据排除规则陷入困境。[2]中国人民公安大学周欣教授通过实证调研发现以下三个现实问题：第一，侦查部门在刑事执法过程中对法律上的某些表述存在不同理解；第二，侦讯部门对使用频率最高的讯问手段如何区分合法与非法的界限深感困惑；第三，侦查机关自行审查排除“非法证据”，引发“证据漂白”现象

[1] 刘计划：“侦查监督制度的中国模式及其改革”，载《中国法学》2014年第1期。

[2] 马明亮：“公安机关适用非法证据排除规则的困境与出路”，载《中国人民公安大学学报》2014年第3期。

成为“非法证据”的“遮羞布”，其后果令人担忧。[1]

（三）公安人权保障研究

索站超在《公正与效率视野下的刑事侦查与人权保障》一文中提到：在刑事侦查实践中，侦查需要与人权保障之间容易形成冲突。其根源在于刑事侦查对公正和效率两种价值的不同选择，导致侦查需要的效率和人权保障需要的克制之间产生张力，也使得侦查人员面临“两难”选择。其实刑事侦查和人权保障在侦查阶段也并非绝对冲突，在公正与效率的视野下建立侦查伦理规范、加强对侦查权的司法制约有利于保护侦查相对人的人权。积极探索使用先进侦查技术，也能够从另一方面来提高效率，进而实现刑事侦查与人权保障二者的平衡。[2]

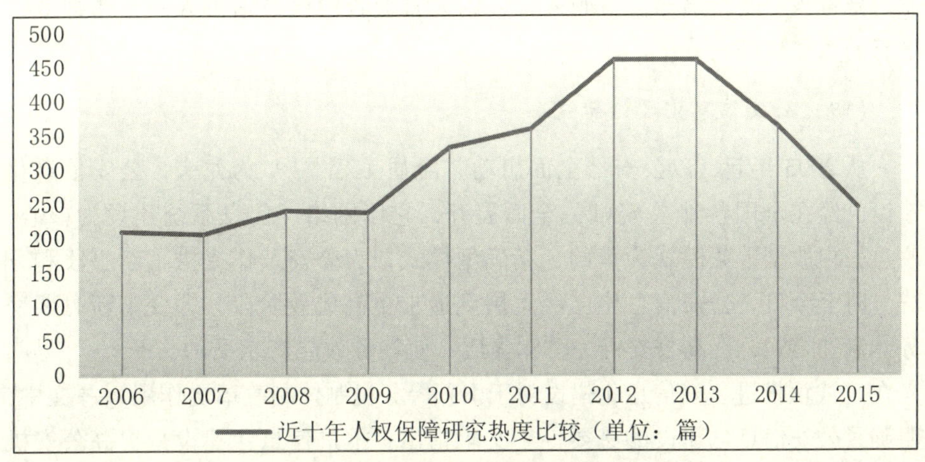


**图9-4 近十年人权保障研究热度比较**

为实现侦查与人权之间的平衡，董邦俊在《侦查权行使与人权保障之平衡——德国侦查权制约机制之借鉴》一文中通过借鉴德国侦查权的制约提出：德国通过侦查法官司法审查、检察官监督制约以及被指控者的抗辩与救助机

[1] 周欣：“公安机关非法证据排除规则实施及完善”，载《中国人民公安大学学报》2014年第3期。

[2] 索站超：“公正与效率视野下的刑事侦查与人权保障”，载《湖北社会科学》2012年第8期。

制等多个方面来实现对侦查权的制约，其中一些做法值得我们借鉴。我国可以考虑设置中立机构对侦查行为进行司法审查，限制侦查权的肆意发动；推动检查引导侦查机制，强化对侦查行为的监督；进一步加强侦讯法治建设，更好地遏制违法侦讯行为；完善辩护与抗告机制，形成法相制约合力。〔1〕邢克波、周伟在《律师在侦查阶段的维权作用——人权约法与我国法律的视角》一文中，建议我国应当参照《人权公约》和国际刑事司法准则，改革我国刑事诉讼侦查阶段的辩护制度，以有效维护和保障被追诉者的权利。具体如下：第一，确定律师在侦查阶段的辩护人地位，将律师对刑事诉讼的介入提前至侦查阶段；第二，确定被追诉人享有不被强迫自证其罪的特权或沉默权；第三，确定律师在场权；第四，实行对逮捕等羁押措施的司法审查制度；第五，废止刑法、刑诉法专门针对律师设立的惩戒条款；第六，完善律师培训和职业道德考核制度；第七，参照人权公约完善侦查阶段被追诉人及其律师应当享有的各种权利。〔2〕

### （四）公安信息化理论研究

从2003年起，以公安部全面启动“金盾工程”〔3〕为龙头，公安信息化建设已经在全国各地公安机关全面展开，它以网络、信息系统建设为核心，改过去粗放型警务模式为集约、精确型模式，为公安工作提供了新手段和方法。时至今日，公安信息化已经发展到追求更高成效阶段，即变革新时期警务体制和模式，提高公安机关整体素质，使警务效能产生质的飞跃。〔4〕早明光在《浅议推进公安信息化建设对于引领警务机制体制改革之作用》一文中，明确了公安信息化建设的必要性。文中指出：推进信息化建设是提高公安机关核心战斗力的有效途径，通过建立网上作战机制，对各类信息进行关联、比对，公安机关的攻坚克难能力和侦查破案水平大大提高，许多疑难案件得

---

〔1〕 董邦俊：“侦查权行使与人权保障之平衡——德国侦查权制约机制之借鉴”，载《法学》2012年第6期。

〔2〕 邢克波、周伟：“律师在侦查阶段的维权作用——人权约法与我国法律的视角”，载《政治与法律》2002年第4期。

〔3〕 “金盾工程”是公安工作信息化的简称，是国家的“十三金”工程之一，也是国家“电子政务”工程的重要组成部分。参见李健和主编：《公安工作改革开放30年》，群众出版社2008年版，第315页。

〔4〕 周西平：“我国公安信息化工作机制完善策略研究”，载《图书馆学研究》2010年第11期。

以成功侦破。推进信息化建设是加强公安基层基础工作的有效载体，在当前动态化、信息化的社会环境下，社会流动性大大增强，公安基层基础工作的内容、形式、方法、手段、机制等都发生了深刻变化，传统公安基层基础工作手段已越来越不适应社会治安形势的发展变化，越来越难以有效预防和控制违法犯罪；推进信息化建设是推动警务体制机制改革的强大动力，信息化带来的是警务思想的革命，在潜移默化中引领着警务机制变革，改变着民警的工作方式和思维习惯，从而在深层次上推动公安变革。并进一步指出，对于现今公安警务改革，信息化将促进社区和农村警务工作，有利于形成打防管控一体化的治安工作，还有利于行政便民，通过网上统一申请、统一处理，并起到严格规范警务工作的作用。〔1〕

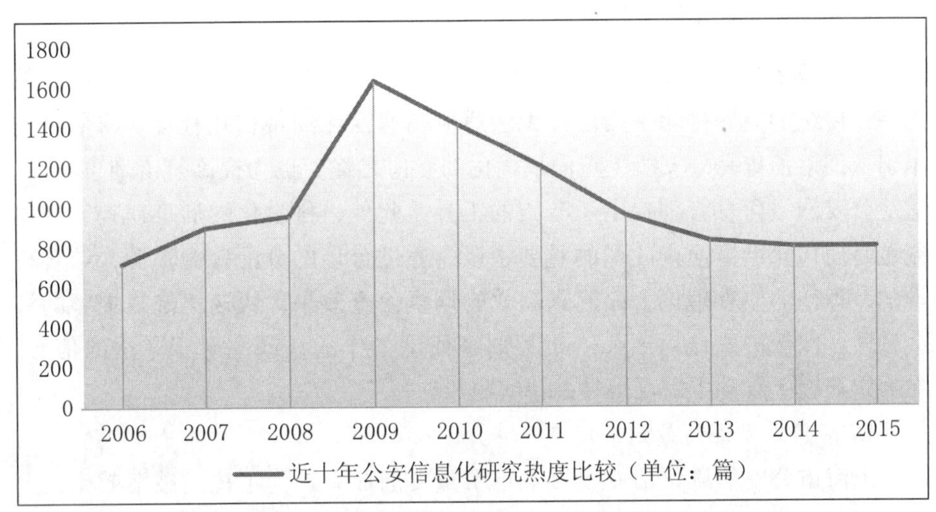


**图9－5　近十年公安信息化研究热度比较**

蒋平、陆娟在《公安信息化应用体系建设相关问题探讨》一文中指出：公安信息化建设具有战略性、长期性和整体性等特征。为了解决日益复杂的公安信息化基础设施及应用系统的建设，保障公安信息化能够稳步推进、有序发展，需要从技术、管理、应用及安全等多方面对公安信息化进行设计规

〔1〕 早明光：“浅议推进公安信息化建设对于引领警务机制体制改革之作用”，载《公安研究》2013年第1期。

划，从而形成完整的公安信息化体系。公安信息化应用体系就是对公安数据资源和公安业务流程的组织与规划，它是整个公安信息化体系的核心部分。[1]

## 三、经验总结

为有效推进各项改革任务，公安部对全面深化公安改革试点工作提出了总体安排，确定20项改革试点项目，确定吉林、上海、浙江、贵州4省市和苏州、珠海、包头、西安4市公安机关作为公安改革综合试点地区，给地方以大胆探索的自主权，通过试点的实践以获得行之有效的改革方式。

### （一）现代化刑事侦查改革

信息技术是科技发展的现代化成果，也是21世纪人类文明最重要的成就之一，传统的摸查排除手段已经无法适应高速变化的现代化社会。将信息技术引入刑事侦查是公安机关走向现代化的必由之途，也为提高打击刑事犯罪。适应公安网络信息管理提供了有力的工具。此外，科学化的刑事侦查管理体制也是现代化刑事侦查改革的重要手段，通过合理的分配警力资源，结合科学的、理性的侦查理论，以达到高效的刑事侦查效果，快速地修复损害的社会秩序，以促进民众对于公安机关刑事侦讯工作的认同和对于守法的信心，在一定程度上有利于震慑潜在的违法犯罪。

#### 1. 信息化促进高效刑事侦查[2]

上海市公安信息化治安发展取得了重要的成果。为了提高破案效率，上海公安创建了大数据实战应用平台，整合共享公安内外海量数据信息资源，研发应用超级搜索、超级地图等信息技术手段，积极推进平台大数据应用与应急指挥、侦查打击、治安管控的一体化运作，实现信息流与业务流的有机融合，提升了公安工作的整体水平。为进一步提升打击“精度”，上海公安还将各类公安资源依托信息技术实现跨部门整合运用，引导刑事案件侦查的科学指挥，加强刑事科学技术手段建设，实现刑事案件现场勘查全覆盖，实现

---

〔1〕 蒋平、陆娟：“公安信息化应用体系建设相关问题探讨”，载《公安研究》2013年第3期。
〔2〕 程宏斌、周志涛主编：《犯罪情报》，群众出版社2009年版，第8～9页。

对刑事犯罪活动的精确打击、深度打击。2015 年 1 至 8 月，全市破获刑事案件数同比上升 6.9%，入室盗窃案破案数同比上升 12.6%，“两抢”类案件破案率达 76.3%。[1]

吉林省辽源市公安局自主研发了智能警务平台，具备数据整合、智能检索、可视化展示、自动分析、动态管控等 10 项功能，人口管理、旅店登记、网吧实名登记、治安交通卡口等公安基础信息全部录入，民警录入警综平台的案件实时导入，并可实时请求公安部相关数据。建立信息化与指挥调度深度融合，采取“1+4”方式，即信息指挥+网安、刑警、交警、巡警 4 个警种驻室合成。战时合成作战时，采取“1+4+X”方式，即：在平时“1+4”模式的基础上，选择性增加治安等 14 个实战业务警种参与合成作战。这种模式达到了接警快、出警快、到达案发现场快的目的。[2]

2. 科学化管理促进高效刑事侦查

安徽省公安厅制定并出台了“3+N”领导责任机制，用制度要求领导靠前指挥，在重大刑事案件侦查中，公安机关“一把手”亲自上阵、直接指挥，更加有利于调集精干警力，统筹各种侦查资源，抓住命案“黄金侦破期”，快速侦破命案。根据“3+N”领导责任机制，由市级公安机关主要负责人对落实命案侦破“3+N”工作机制负总责。接报新发命案，市、县公安机关主要领导要第一时间赶到现场指挥侦破；3 日内未破的，再次主持研究会诊；10 日内未破的，及时组织攻坚；超过 30 日不能破获的，市级公安机关主要负责人应适时组织研究专案侦查工作，直至破案。

为捆绑破案责任，强化上下一致的命案侦破整体合力，“3+N”命案侦破工作机制还有一个子机制，即重大案事件应急响应机制。该机制规定，全省发生死亡两人以上或者手段残忍、受害人身份特殊、在全省有广泛社会影响的命案，省公安厅分管刑侦工作的副厅长必须率省厅专家组到场指挥案件侦办，以整合全省资源服务侦查破案工作。安徽省公安厅还出台了大要案件同步上案机制和省、市、县三级联动机制，遇有大案或可能会产生广泛影响的案件，省厅、市局的刑侦、物证等警种部门同步上案、合并作战。

---

〔1〕 参见“上海：全面深化公安改革 打造现代警务机制升级版”，载 http://www.police.zhoushan.gov.cn/show.aspx?id=52416，访问日期：2016 年 4 月 5 日。

〔2〕 参见“辽源：推进信息化与指挥调度深度融合”，载 http://gat.jl.gov.cn/jwzx/mtgz/201602/t20160201_2154285.html，访问日期：2016 年 4 月 5 日。

安徽省公安厅通过刑事指挥中心的建设，开展了以“情报主导警务、指挥扁平化”相互融合的新侦查模式，带动了全警转变侦查理念，实现利用资源“最大化”，打击犯罪“规模化”的效果。2015 年全省公安机关 110 重大紧急警情出警速度提升到 5 分钟以内，通过情报信息平台抓获各类违法犯罪嫌疑人 1.5 万余名，通过情报研判协助一线实战单位破获各类刑事案件 1800 余起，抓获潜逃 10 年以上故意杀人等严重暴力犯罪嫌疑人 26 名。〔1〕

（二）立案登记制

所谓立案登记制是指案件受理制度。根据《最高人民法院关于全面深化人民法院改革的意见》提出的要求，改革案件受理制度，变立案审查制为立案登记制，对人民法院依法应该受理的案件，做到有案必立、有诉必理，保障当事人诉权。因此，立案登记制首先是应用在法院系统中，主要为解决民事、行政案件有案不立或者以拖延方式敷衍的问题。为深化以审判为中心的司法改革，登记制被引进了公安机关刑事司法改革，并结合公安机关实际情况，形成了案件集中处理的“受案立案制”。公安改革总部署将受案立案制度改革作为全面深化公安改革、引领推动执法规范化建设的切入点和突破口。

河北省石家庄市公安局将加强案件入口监督管理与建立完善刑事案件“两统一”工作机制结合起来，统筹成立案件管理中心，实行对案件集中管理、全程管理。在机构设置上，在市、县两级公安机关设立案管中心，与法制部门一套人马、两块牌子，并明确了工作职责，为推进受案立案改革提供了机构保障。在人员配备上，市、县两级公安机关共遴选出 96 名办案经验丰富、法律业务精通的优秀民警，充实到案管中心。在职责分工上，强调全警协同推进，明确了法制部门牵头负责、相关警种协作配合的原则，凡是改革涉及的警种部门，都要同心协力服务改革大局，形成推进改革“一盘棋”的良好局面。案管中心按照省公安厅“受案登记制、立案限时制、受案立案全程监督制”的要求，依托勤务指挥平台、网上执法办案系统，科学运用事前审核、事中监督、事后纠错、案件考评等监督管理手段，对受案立案的全流程运转、全要素记载进行全过程监控，实行案件网上集中统一管理。形成了

〔1〕 参见“安徽公安快速侦破机制提升打击犯罪效能”，载 http://www.mps.gov.cn/n2253534/n4904351/c5264889/content.html，访问日期：2016 年 4 月 5 日。

“三环节”管理制度：第一，在案件“入口环节”，案管中心与指挥中心、办案部门分工负责、互相协作、互相制约，案管中心从警情入手，分别对受案环节、立案环节进行监督管理。在受案阶段，对疑似案情进行跟踪，制作跟踪台账，对证据材料进行审核监督，确保办案单位及时、如实受理案件。在立案阶段，掌握、监督各办案部门立案情况，对经侦案件和其他办案部门提请审核的疑难复杂案件进行立案审核。第二，在案件“中间环节”，进一步加大资金投入，升级执法办案场所视频系统，研发执法轨迹追踪系统，实现了对每一起案件视频“自动识别、自动刻录、自动截取、自动保存”的智能管理，并对接网上执法办案系统，最大限度地减轻民警负担、强化流程控制。在审核案件时同步审查执法视频，并对案卷材料和执法视频进行网上考评，对考评结果实行网上通报。第三，在案件“出口环节”，重点加强对行政处罚以及刑事案件提请批准逮捕、移送审查起诉等环节的审核把关。通过案管中心专业化、常态化的监督管理，从源头上保证执法全程规范化。

山西省孝义市公安局案件管理中心将受案与立案分离，从受案这一侦查破案的第一关入手，加强接报案和受案管控，严把案件入口关。孝义市公安局规定，通过各种渠道进入公安机关的案件，各办案警种、部门要全部及时受理，24 小时内将案件受理情况录入 110 接处警系统。其中，群众通过 110 报警服务台报案的，指挥中心及时指令办案单位接处警，并实时将情况录入接处警平台。群众到各办案单位报案的，办案单位即受即办，并出具接受案回执单。群众到局机关报案的，由案管中心负责接待，属于公安机关管辖的，当场登记并出具接受案回执单，及时下发受案分派单，指定相应的办案单位受理。办案单位受理案件后，经初查，认为符合立案条件的，出具《立案呈请报告》，通过警综平台报请案管中心审核，批注意见后再呈报局领导审批。对于不符合立案条件的，案管中心对不予立案的原因进行审核，发现问题及时督促整改。接到审查意见后，办案单位要出具法律文书告知相关当事人，使立案环节由原来的两级审查变为三级把关，有效加强了对立案活动的即时监督。2013 年至今，孝义市公安局共立案 5174 起，占有效警情的 21%。检察机关通知立案数逐年下降，2015 年以来无一起被通知立案。案管中心发现超时立案 158 起，纠正率 100%；未立案 155 起，纠正率达 69%。

广东佛山石湾派出所建立案件管理中心“全托管”模式以破解案件管理弊病。其案件管理中心人员由中心主任、驻所检察官、法制员组成，实行所长、主任、责任民警三级管理，成立案卷管理组、执法监督组、信访处理组、案件指派跟踪组，实现接处警及案件受理、分流、审核、会商、监督、管理、移送起诉等功能。所谓“全托管”模式是指：犯罪嫌疑人被采取强制措施或违法人员被行政处理后，经办民警24小时内必须将案卷送至案件管理中心集中管理。案件管理中心成立至今，其破案率环比、同比分别上升26%、20%，未发生一起执法涉诉及超期办结案件，也未发生案卷丢失及超期办案的现象。〔1〕

### （三）司法救助制度

司法救助难是长期困扰政法机关的一个突出问题，也是人民群众反映强烈的问题。近些年来，各地政法机关为解决这一问题，探索开展了刑事被害人救助〔2〕、涉法涉诉信访救助、执行救助等工作。制定国家司法救助制度意见，实现国家司法救助工作制度化、规范化，对受到侵害但无法获得有效赔偿的当事人，由国家给予适当经济资助，帮助他们摆脱生活困境，既彰显党和政府的民生关怀，又有利于实现社会公平正义，促进社会和谐稳定，维护司法权威和公信。

依据《关于建立完善国家司法救助制度的意见（试行）》（以下简称《意见》）之规定：“救助申请由当事人向办案机关提出”，而依法承担刑事侦查工作的公安机关，作为刑事诉讼的启动环节机关，在司法救助制度中将承担比其他政法机关更为重要的救助责任。《意见》指出，国家司法救助，应当遵循坚持辅助性救助。重点解决符合条件的特定案件当事人生活面临的急迫困难，对同一案件的同一当事人只进行一次性救助，对于能够通过诉讼获得赔偿、补偿的，一般应当通过诉讼渠道解决。坚持公正救助。严格把握救助标准和条件，兼顾当事人实际情况和同类案件救助数额，做到公平、公正、合理救助，防止因救助不公引发新的矛盾。坚持及时救助。对符合救助条件的当事人，办案机关应根据当事人申请或者依据职权及时提供救助，确保及早化解社会矛盾。坚持属地救助。对符合救助条件的当事人，不论其户籍在本

---

〔1〕 参见“各地改革完善受案立案制度推动执法规范化建设”，载 http://www.mps.gov.cn/n2253534/n4904351/c5122905/content.html，访问日期：2016年4月5日。

〔2〕 柳建华、李炳烁：《权利视野下的基层司法实践：刑事被害人救助制度研究》，江苏大学出版社2010年版，第102~104页。

地或外地，原则上都由案件管辖地负责救助。依据《意见》之规定，国家司法救助的对象主要是遭受犯罪侵害或民事侵权，无法通过诉讼获得有效赔偿，造成生活困难的当事人或近亲属。具体有四类人员：受到犯罪侵害导致死亡、重伤、严重残疾、急需医疗救治的刑事被害人，受到打击报复的举报人、证人、鉴定人，追索赡养费、扶养费、抚育费人员，道路交通事故受害人。在救助的程序上，一般要经过告知、申请、审批、发放四道程序。当事人也可以根据自身实际，直接提出申请。办案机关应当在10个工作日内作出是否给予救助和具体救助金额的审批意见，并在收到财政部门拨付款后的2个工作日内，通知申请人领取救助金。各地应根据当地经济社会发展水平制定具体救助标准，以案件管辖地上一年度职工月平均工资为基准，一般在36个月的工资总额之内。损失特别重大、生活特别困难，需适当突破救助限额的，应严格审核控制，救助金额不得超过人民法院依法应当判决的赔偿数额。[1]

（四）保障律师执业权利

为切实保障律师执业权利，充分发挥律师维护当事人合法权益，2015年9月2日，最高人民法院、最高人民检察院、公安部、国家安全部、司法部联合下发了《关于依法保障律师执业权利的规定》的通知。

该规定首次提出了律师人身安全保障规定，人民法院、人民检察院、公安机关、国家安全机关、司法行政机关和律师协会应当建立健全律师执业权利救济机制。当律师因依法执业受到侮辱、诽谤、威胁、报复、人身伤害的，有关机关应当及时制止并依法处理，必要时对律师采取保护措施。为方便诉讼，有关机关应当建立和完善诉讼服务中心、立案或受案场所、律师会见室、阅卷室，规范工作流程，方便律师办理立案、会见、阅卷、参与庭审、申请执行等事务。探索建立网络信息系统和律师服务平台，提高案件办理效率。具体化了律师应当知晓的情况，包括犯罪嫌疑人基本情况、被告人涉嫌或者被指控的罪名及当时已查明的该罪的主要事实，犯罪嫌疑人、被告人被采取、变更、解除强制措施的情况，侦查机关延长侦查羁押期限等情况，还有办案机关作出移送审查起诉、退回补充侦查、提起公诉、延期审理、二审不开庭

〔1〕参见“《关于建立完善国家司法救助制度的意见（试行）》解读”，载http://www.mps.gov.cn/n2254314/n2254409/n4904353/c5121271/content.html，访问日期：2016年4月5日。

审理、宣告判决等重大程序性决定的，以及人民检察院将直接受理立案侦查案件报请上一级人民检察院审查决定逮捕的都应当依法及时告知辩护律师。在辩护律师会见方面，规定了能当时安排的，应当当时安排。不能当时安排的，看守所应当向辩护律师说明情况，并保证辩护律师在48小时以内见到在押的犯罪嫌疑人、被告人。并且不得附加其他条件或者变相要求辩护律师提交法律规定以外的其他文件、材料，不得以未收到办案机关通知为由拒绝安排辩护律师会见，也不得监听，办案机关不得派员在场。对于三类限制性会见人员，规定：辩护律师在侦查期间要求会见危害国家安全犯罪、恐怖活动犯罪、特别重大贿赂犯罪案件的在押的犯罪嫌疑人的，应当向侦查机关提出申请，侦查机关不得随意解释和扩大前款所述三类案件的范围，限制律师会见。侦查机关应当依法及时审查辩护律师提出的会见申请，在3日以内将是否许可的决定书面答复辩护律师，并明确告知负责与辩护律师联系的部门及工作人员的联系方式。对许可会见的，应当向辩护律师出具许可决定文书；因有碍侦查或者可能泄露国家秘密而不许可会见的，应当向辩护律师说明理由。有碍侦查或者可能泄露国家秘密的情形消失后，应当许可会见，并及时通知看守所和辩护律师。对特别重大贿赂案件在侦查终结前，侦查机关应当许可辩护律师至少会见一次犯罪嫌疑人。[1]

### （五）执法责任制

为落实执法办案责任制，完善执法过错责任追究机制，公安部于2016年1月14日颁布《公安机关人民警察执法过错责任追究规定》。该规定明确了对于公安机关人民警察在执法办案中，故意或者过失造成的认定事实错误、适用法律错误、违反法定程序、作出违法处理决定等执法错误应当追究其过错责任。而对于在事实表述、法条引用、文书制作等方面存在执法瑕疵，不影响案件处理结果的正确性及效力的，不属于该规定所称的执法过错，不予追究执法过错责任，但应当纳入执法质量考评进行监督并予以纠正。对于过错的处罚，该规定第13条规定："追究行政纪律责任的，由人事部门或者纪检监察部门依照《行政机关公务员处分条例》和《公安机关人民警察纪律条令》等规定依法给予处分；构成犯罪的，依法移送有关司法机关处理。"并且

〔1〕 参见《关于依法保障律师执业权利的规定》。

第 14 条规定：作出其他处理的，由相关部门提出处理意见，经公安机关负责人批准，可以单独或者合并作出其他决定，第 14 条列举了其他九种处理决定。[1]

为了调动公安干警积极性，也为了配合惩戒制度，公安部于 2015 年 10 月 19 日修订并重新发布了《公安机关人民警察奖励条令》。

（六）警员分类管理制度

长期以来，广大人民警察处在维护稳定的第一线、服务群众的最前沿、反恐斗争的主战场，为维护国家安全和社会稳定作出了巨大贡献。同时，人民警察兼具刑事司法和行政执法双重职责，时刻承担着大量艰苦繁重的实战性任务，常年超负荷、强应急、高风险、高压力工作。然而，现有的人民警察管理制度和保障机制与人民警察承担的职责使命和作出的牺牲奉献不相适应，也与公安机关的性质任务和人民警察的职业特点不相符合，迫切需要进一步改革创新，破解难题，促进公安事业长远发展。[2]

上海公安在公安部的指导下，探索建立警官、警员、警务技术职务序列的分类管理体系。在上海市公务员局指导下，警员职务套改工作已经完成，逐步开始建立警官、警员、警务技术职务序列的分类管理体系，为深入开展分类管理，拓展民警职业发展空间打下了良好的基础。与之配套，上海公安探索制定社区民警职业发展规划，在干部提拔、表彰奖励、福利待遇、职级晋升等方面向社区民警倾斜。

## 四、总　结

刑事侦查与人权保障历来都是世界各国刑事诉讼所面临的一个重要问题，而我国正处于改革的转型时期，两者的冲突在我国将显得更为凸出。[3]关于我国公安机关的定性，一般将其认为是具有双重性质的国家机关，即具有行政性和司法性。当其维护社会基本秩序的时候，公安机关行使的是行政权；

〔1〕 参见《公安机关人民警察执法过错责任追究规定》。

〔2〕 参见“人民警察将实行分类管理”，载 http://news. xinhuanet. com/legal/2015 - 09/25/c_1116683690. htm，访问日期：2016 年 4 月 5 日。

〔3〕 左卫民、周长军：《刑事诉讼的理念》，北京大学出版社 2014 年版，第 42 页。

当其惩罚犯罪、打击严重破坏社会治安的犯罪分子时，公安机关行使的是司法权。然而，具体分析行政权和司法权之间的差异，我们就可以发现：行政权是主动的、是单向的；而司法权是谦抑的、是中立的。公安机关为打击行使的司法侦查权，从其行使方式上来看，它是主动介入犯罪；从其目的上来看，它是为了打击犯罪分子。因此，这种侦查权力不属于传统意义上的司法权。至少在我国的实际情况中，公安机关行使侦查权是具有强烈行政色彩的，即便侦查权被认为是属于司法权的一部分。于是乎为了尽快破案、恢复被破坏的社会秩序，效率往往是侦查人员首选的价值目标。高效率完成侦查任务是评价公安工作的一个重要标准；对破案效率的追求也是对社会负责任的做法。然而，任何事物都有两面性，对侦查效率的过度追求如果不被限制，则有可能会损害侦查程序的公正性，并且有违刑事诉讼打击犯罪、保护人权的根本目的；而对嫌疑人权利的过度强调也有可能使得案件侦查进展缓慢。我国新《刑事诉讼法》把“准确、及时查明犯罪”和“尊重和保护人权”都定为刑事诉讼法的任务，这是一个巨大的进步，同时如何保持二者的动态平衡成了刑事司法的重要课题。〔1〕

信息与科学应当促进及时查明犯罪。在某种意义上，现代化信息技术和科学理论就代表着高效率，与传统的侦查技术和手段相比，前者具有更大的信息库和优化处理方式。各省公安机关普遍采取了数据平台的方式建立公安信息库。例如上海公安创建了大数据实战应用平台、吉林省辽源市公安局自主研发了智能警务平台等，这些数据平台将作为基础载体，推动各项相关机制的运行。此外，现代化信息技术还将推动刑事案件从受立到侦讯整个过程的有力监督，例如：受案立案制度的发展也是基于信息库的发展。山东省青州市公安局的受立案监督管理系统设置了短信自动发送提醒功能，通过短信提示等方式对受立案情况进行有效监督。警情分流为案件后，7 日内未做出是否立案决定的，系统将自动向承办民警手机发送提示短信，提示民警及时处理。14 日内仍未做出是否立案决定的，系统自动发送短信至承办单位负责人手机，提醒督办。30 日内仍未做出是否立案决定的，系统将发送短信至分管局领导及法制、督察大队主要负责人手机，提醒权责单位进入督办追责机制。

〔1〕 索站超：“公正与效率视野下的刑事侦查与人权保障”，载《湖北社会科学》2012 年第 8 期。

权利保障应当有利于双方的人权。[1]从“人权”的概念进入我国《刑事诉讼法》开始，关于人权应当保护的对象始终存在争议。基于我国传统上对效率、真实的强调与偏爱和对人权保障的忽视，以及《刑事诉讼法》中两造力量的极度不平等，为了防止国家机关对于被告人合法利益的侵害，通说认为《刑事诉讼法》人权保障之对象应当是被告人。然而，只要将被害人至于国家公权力机关之下就可以保障其利益吗？当公诉机关将注意力仅仅放在案件的输赢上时，往往只看到了庞大的权力，而忽视了权力底下的被害人。因此，所谓的人权保障，应当也包含被害人的人权，而司法改革也不应当忽略这一点。当然，这不是说我们不应该关注被告人的人权保障，在我国刑事诉讼法的发展过程中，确实存在太多问题。例如：律师制度的缺陷、非法证据排除的不彻底、变相刑讯逼供等。此次，《关于建立完善国家司法救助制度的意见（试行）》与《关于依法保障律师执业权利的规定》的制定，标志着我国对于被告人、被害人与律师保护的完善，也标志着我国对于人权保障的关注和对人权的进一步理解。

责任与保障应当为改革保驾护航。权力与责任从来都是并行的，“公安”一词本就具有公共安定、公共安全的含义。公共安全管理的意义是十分重大的，不仅仅是因为公共安全本身代表着社会的秩序，更是因为公共安全管理的权力是十分巨大的，其不仅可以管理私人财产权，还可以直作用于对个人人身权益。公安机关享有社会治安管理的权力，其肩上也应当承担着与之相应的巨大责任。为落实执法办案责任制，完善执法过错责任追究机制，公安部于2016年1月14日颁布《公安机关人民警察执法过错责任追究规定》，这项规定明确了公安机关行使职权的相应责任，有利于公安机关规范执法。但是，这就将产生一个严重的问题：警察职业风险。高负荷和高危险是警察职业的特征，权力之重和责任之大给警察带来了巨大的压力。可想而知，基层警察人才流失也将会是未来面对的重大难题，上海市建立了在干部提拔、表彰奖励、福利待遇、职级晋升等方面向社区民警倾斜的体制，在一定程度上保障了警察职业，但是如何科学地、有计划地减少和降低警察职业风险将是值得深入研究的问题。

此次公安改革的方向是正确的，也取得了一定的成果。但是有些问题公

[1] 陈华丽：《刑事被害人权利保障研究》，知识产权出版社2012年版，第47~49页。

安机关还是应当在后续的改革中继续探索：第一，公安机关职能定位问题。公安机关的专政职能被强化，承担了大量的其他部门的行政管理工作；警察的服务职能被泛化，公安机关承担了大量的社会服务工作；公安机关的职能模糊，核心职能不清。我国公安机关职能范围的扩张，使得警务工作范围空前扩大。[1]公安机关实行的是上级公安机关与同级党委、政府的双重领导，在现今执法目的化的前提下，政府常常以“行政组合拳”的方式实施具体行政行为，公安机关往往也参与到其中的环节，加之随着“有困难找警察”的口号的不断深入民心，“非警务”工作占据了公安机关大部分的工作。这些工作本不是属于法定的公安机关职权范围，但却占用了大部分的警力。第二，非法证据排除。非法证据不是说一切非法证据都是不符合事实的，大多数情况下的非法证据还是符合相应的事实，但是之所以要排除它，是因为公权力的非法侵害将会产生更大的恶果。因此，非法证据排除规则是为了良性循环的侦查秩序，牺牲暴力这一恶行为得到的“可能真”的证据。加强公安机关内部的监督，通过严格把关自行排除非法证据是这一次公安改革的目标。自行监督的效果从来都是备受质疑的，其中最大的悖论在于大部分非法证据的产生本来就是由公安机关违反刑事侦查程序导致的，也即自己产生、自己排除，这是很难实现的。这并非公安机关自身能够解决的，刑事司法改革本应当是三机关同时的、宏观的改革，加强自身监督也是公安机关可以做得最好的结果。第三，职业风险保障和职业尊荣。维护社会治安、与破坏社会的犯罪分子作斗争是警察的职业，这种职业代表着正义，代表着社会的善。但在和平时期的警察队伍却是牺牲最高的队伍，长期的工作压力和责任制的确立，职业的保障也应当达到与之相应的水平，甚至应当有所倾斜，因为警察代表着社会的基本正义，是社会秩序的基线和人民群众安居乐业的基本保障。全社会应当尊重警察，尊重秩序，尊重自己的守护者。

（罗仙凤）

---

〔1〕 郑孟望、邱煜、覃泽敏：“论新时期我国公安机关的核心职能与附属职能”，载《广西警官高等专科学校学报》2010年第4期。

# 专题十
# 监狱管理体制改革

监狱是人类社会发展到一定历史阶段的产物，它是随着阶级的出现，国家的产生而产生。〔1〕广义的监狱指关押一切犯人的场所，包括监狱、看守所、拘留所等。狭义的监狱指依照刑法和刑事诉讼法的规定，被判处死刑缓期二年执行、无期徒刑、有期徒刑的罪犯，在监狱内执行刑罚。〔2〕本书研究的监狱制度改革指的是狭义上的监狱。监狱虽然是刑事惩罚的最后一环，但也是刑罚确切落实的机关，其发挥着惩戒、改造、预防等重要功能。监狱的存在说明了《刑法》并非儿戏，它代表着最严厉的惩罚、代表着个人自由的剥夺。对于预防犯罪分子的再犯和威慑一般潜在犯罪分子具有高效的作用。但是监狱并非仅仅代表着惩罚，改造也是监狱的一大任务，积极着手犯罪分子的改造和再入社会也是监狱设立的初衷之一。监狱本身代表着约束性和封闭性，但从司法部最新通过深化改革文件来看，近年来监狱制度应当朝着公开化和规范化改革。看似矛盾的背后，实际上是监狱朝着文明规范化发展的进步，监狱原有的封闭性使得监狱工作一直在“非阳光”的状态下运行，对于监狱的权力质疑声也是此起彼伏。此次司法部推行的监狱改革宗旨乃是公开应当公开的，规范应当规范的，巧妙地解决公开化与封闭化的矛盾。

---

〔1〕 邓立强主编:《监狱学概论》，中央广播电视大学出版社 2012 年版，第 13 页。

〔2〕 王建国编著:《司法制度原理》，郑州大学出版社 2014 年版，第 173 页。

# 一、理论热点

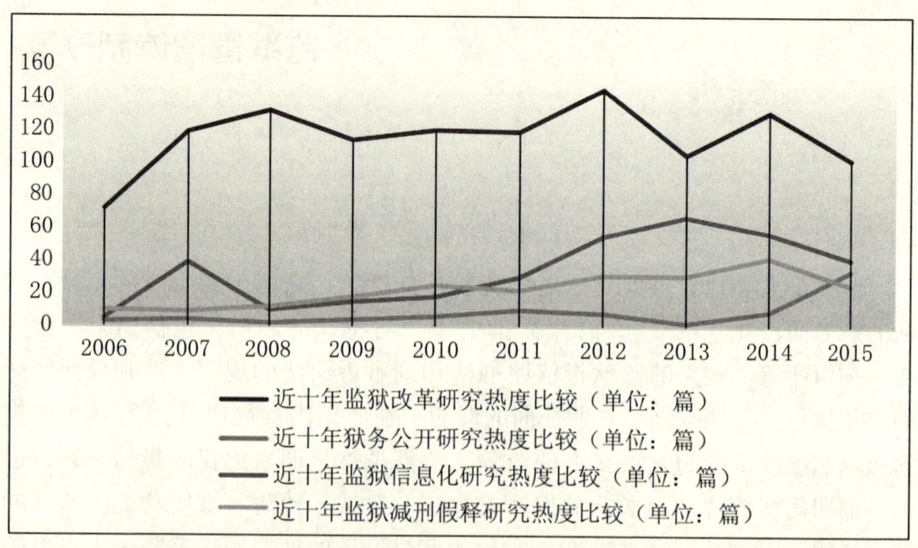


**图 10－1　近十年监狱改革研究比较**

通过中国知网收录的监狱改革类相关文章数量比较，分别以“监狱改革”“狱务公开”“监狱信息化”“监狱减刑假释”为主题进行搜索，可以看出近十年来监狱改革问题的研究相对不是很火热，平均每年维持在 100 篇，而涉及此次监狱改革的三类文章数量也是近 3 年来才有所增加。但是学术研究对于改革的反应度还是十分的灵敏，2015 年 4 月公布了《司法部关于进一步深化狱务公开的意见》，2015 年研究文章数量显著提升，比 2014 年增长了近 3 倍。从总体数据而言，监狱改革中关注度最多的是“信息化监狱改革”，而从学科角度分析，“诉讼法与司法制度”学科研究占主导地位，但是“计算机软件及计算机应用”学科对于监狱信息化作用的研究成果占据了近大半。

下面我们将从监狱改革宏观理论研究、狱务公开、监狱信息化、监狱减刑假释几个方面来介绍学界的主要观点和考查结果。

## （一）监狱改革宏观理论研究

最高人民检察院监所检察厅课题组在《监狱改革背景下中国监狱检察制

度的改革与完善》一文中指出，长期以来，我国监狱一直实行监狱、企业、社区三位一体和主要依靠监狱生产筹措监狱经费的管理模式，监狱职能呈现多元化特点。2003年监狱体制改革完成了“全额保障、监企分离、收支分开、规范运行”的目标，监狱体制改革的方向应当是促使刑罚执行活动的科学化和规范化。文中还提出监狱职能应当纯化，监狱不是企业与社会服务机构，监狱就是监禁改造罪犯的场所，这是监狱职能纯化的要求。因此监狱工作中心应当转移，监狱体制改革后，监狱工作以提高罪犯改造质量为中心，从单纯的保安全、稳定的低标准向以提高罪犯改造质量为中心的高标准转移，逐步树立以提高罪犯改造质量为中心的理念，把提高罪犯改造质量作为监狱工作的出发点和落脚点，始终围绕“改造人”的宗旨，一切从有利于最大限度地改造罪犯出发，大力加强对罪犯的教育改造工作。监狱经费得到全额保障并且监企分离后，监狱管理工作的外部环境得到大大改善，监狱民警能够将全部精力用在教育和改造罪犯上。监狱体制改革要求监狱认真研究监管改造规律，努力提高各项刑罚执行制度的科学性，加快建立科学的监狱分类、罪犯分类、分级处遇、罪犯改造质量评估体系、行政性奖惩办法等制度，有效提高教育改造罪犯的质量。同时，大力实施科技兴监战略，加快监狱管理信息化、网络化和自动化的建设步伐。这些措施有利于促进狱政管理工作的不断科学化、合理化。[1]

湖南工业大学陈雄副教授、杨炼博士在《监狱功能与基本权利保障——兼论中国监狱的改革》一文中指出：“时代发展到今天，与古代社会相比，监狱的功能和作用发生了很大的变化，监狱不仅仅是限制基本权利的地方，监狱也是对基本权利进行保护的地方，监狱的目的不仅仅是惩罚犯罪，更重要的是教育、感化、改造囚犯的场所……在近20年民主法制虽然得到很大的发展，但是由于时间太短，民法典至今还未制定出来，《宪法》也不稳定。基本权利观念和意识还有待加强，作为基本权利重要组成部分的囚犯人权保障的观念更是非常稀缺。因此，弘扬囚犯基本权利理念，彻底改变监狱最终目的是惩罚和报复囚犯这类观念，改变把肉体和痛苦看作是法律惩罚最终目的的

---

〔1〕参见最高人民检察院监所检察厅：“监狱改革背景下中国监狱检察制度的改革与完善”，载《中国刑事法杂志》2009年第8期。

观念，树立起监狱的目的是使囚犯改邪归正、劝恶从善、治病救人的理念。”〔1〕

（二）狱务公开研究

黎璐玮、王妤在《我国狱务公开方式创新研究》一文中指出：2013 年，司法部研究起草的《深化司法行政体制改革具体实施意见》明确提出要调整和改进狱务公开方式，使用更多现代化、信息化手段，要求从最初的张榜、上墙等简单方式、落后手段向现代化、信息化手段转变。狱务公开方式的创新有相当积极的作用，其一，有助于增强监狱刑罚执行过程的透明度，互联网的快捷性、平等性、互动性等优势，将监狱刑罚执行的“真实面貌”实时公之于众，便于社会大众监督，确保了监狱执法过程的“阳光、法治、开放”，增强了监狱主动公开、主动接受监督的意识，成为杜绝各种司法乱象，增强监狱执法透明度，遏制司法腐败的重要途径之一。其二，有助于增强对监狱执法活动的监督力度，有效地监督必须依靠社会公众对于狱务信息的获取，只有信息公开，公众才能对监狱各项执法活动关注、参与、监督，并提出意见和建议。其三，助于强化罪犯改造工作的人性化服务，公众关注与监狱执法和罪犯改造相关的各项举措，帮助罪犯顺利回归社会，这是狱务公开方式创新的直接动力，也是监狱走向法治、人道和文明的重要推动力。〔2〕

姚建龙、刘昊在《论狱务公开的深化与完善》一文指出，要从观念上改变对监狱改革的认识，包括以下几个要点：第一，狱务公开首先要克服监狱是保密机构的滞后观念。深化狱务公开改革，必须克服监狱是保密机构的传统滞后观念，充分认识到狱务公开与审判公开、检务公开、警务公开一样是建设阳光司法机制的不可或缺的重要组成部分。第二，狱务公开是程序参与原则的要求和体现，也是监狱司法属性的要求。在现代刑事司法制度中，程序参与原则被视为应当贯穿于刑事诉讼始终的基本原则，具有特殊重要的作用。第三，狱务公开有助于建立良好的信任关系，塑造监狱公信力。通过落实罪犯权利义务告知制度，使罪犯在入监时就清楚地知道其所享有的正当权利和应履行的义务，可以使罪犯较为顺利地适应监狱的环境，尊重监狱的管

〔1〕 陈雄、杨炼：“监狱功能与基本权利保障——兼论中国监狱的改革”，载《湖南工业大学学报》2008 年第 6 期。

〔2〕 黎璐玮、王妤：“我国狱务公开方式创新研究”，载《管理观察》2015 年第 35 期。

理制度，同时也为其自身权益的保障提供了依据。此外，隔绝性增加了监狱工作的外界猜测，监狱在平时的工作中就应当通过狱务公开，主动掀开自己神秘的面纱，增进与外界的沟通。[1]

### （三）监狱信息化研究

董兰、秦娇蔓在《试论监狱信息化建设的现状及保障》一文中论述到，目前，监狱信息化建设主要是围绕数字化开展三个层面的活动：一是信息数字化，即把各类监狱工作资源信息以电子数据的形式保存起来，以便随时查询。二是流程数字化，即把监狱已经规范化的工作流程以软件程序的方式固定下来，使流程所涉及的各项执法的工作更加高效、规范。三是管理数字化，即运用数学模型、信息治理模式和计算机仿真模型，对监狱的执法工作进行优化控制和科学分析，从而为全面提高监狱工作质量提供技术支持。监狱信息化还存在以下几点缺陷：全国发展水平不均衡、专业人员相对缺乏、信息化态度和理念存在差异、信息化软件安全性有待提高。[2]李圣官等在《监狱信息化的难点所在及其应对之策》一文中提到破解监狱信息化难点的应对之策：第一，明确科学规划、统一标准、安全防范建设、办公自动化、网上狱务公开、基于网络技术构建的监听监控、教育手段这几个方面是信息化建设的重点，集中有限资源，确保重点投入，满足监狱信息化建设对人、财、物的迫切需求。第二，加速信息化人才引进，加大监狱自身人才培养力度，推进人才共享。第三，各级领导监狱上下必须充分认识监狱信息化的重要意义，转变观念，为监狱信息化建设提供坚强的思想保证。第四，加强项目整合和系统代构架。[3]

### （四）监狱减刑假释

据新华社报道的《减刑假释“明码标价”的监狱腐败窝案》，2013 年安徽省检察机关依法查处了安徽省监狱管理局九成监狱管理分局职务犯罪系列

---

〔1〕 姚建龙、刘昊：“论狱务公开的深化与完善”，载《河南司法警官职业学院学报》2015 年第 4 期。

〔2〕 董兰、秦娇蔓：“试论监狱信息化建设的现状及保障”，载《东方企业文化·企业管理》2013 年第 13 期。

〔3〕 李圣官、刘宏涛、陈凯：“监狱信息化的难点所在及其应对之策”，载《中国集体经济·管理创新》2011 年第 22 期。

案，包括九成监狱管理分局两任主要领导在内的29名监狱干警被立案查处，涉案干警陆续被法院作出有罪判决。在被立案查处的29名监狱干警中，涉及在刑罚执行方面徇私的干警就有11人，他们为近百名服刑人员在调换工种、评劳动积极分子、申报减刑和假释等方面给予关照，谋取不法利益。在监狱申报减刑和假释，有一定的比例限制。而能否申报减刑或假释，由监狱刑罚执行部门确定。我国现行的减刑、假释条件是“积分制”，即根据服刑人员的劳动表现、思想教育表现等进行评分，此外还有表扬、记功、劳动改造积极分子等各种奖励，服刑人员的“个人积分”达到相应标准，即可申报减刑、假释。按照规定办理减刑、假释的流程相当严格——由管教干部申报，分监区、监区、监狱逐级审批，驻监检察官审查。但一些监狱管教干部利用评分的“灵活性”，以调换到“活轻、分高”的工种或帮助申报等方式实现权力寻租，而驻监检察官很难做到全程、全时监控。在已查处的监狱腐败窝案中，竟然出现了“卖票”“卖菜”现象。在决定是否给服刑人员减刑、假释时，监狱中层干部有投票权，竟有人明码标价将名额卖给犯人，此为“卖票”。一些服刑人员想改善伙食，其亲属将钱打入管教干部账户，管教干部从外面买一些熟食带进监狱，加价几倍卖给服刑人员“开小灶”，此为“卖菜”。[1]王梦君在《监狱视角下的减刑假释问题研究》一文中提出改善监狱减刑、假释工作的几点建议：第一，梳理、完善、细化减刑假释相关制度，以法律为依据建立罪犯减刑假释的科学的量化标准，进一步梳理监狱办理罪犯减刑、假释有关的法律法规，积极和法院检察院协商完善与相关法律法规配套的规章制度，落实国家有关的刑事政策和国际上的罪犯权利公约。第二，明确减刑假释的权责分配，引进社会力量建立联席审议制度。第三，严格按照法律规定和相关程序开展减刑假释工作，开展对监狱干警的广泛宣传教育，并对社会公众进行相关宣讲，提高社会公众对减刑假释工作的认可度，进一步完善减刑假释相关工作制度，明确罪犯减刑假释有关评估、考核、提出程序，确保司法公正，提高司法公信力。第四，监狱方面要积极搭建平台，积极与社会团体和机构取得联系，拓宽罪犯评估考核渠道，对罪犯进行减刑假释等相关政策和监狱教育矫正工作的宣讲，提高社会公众对监狱和罪犯减刑假释工作的认可度，消除公众的认识误区，建立减刑假释制度执行的良性循环。第五，

---

〔1〕 参见“减刑假释‘明码标价’的监狱腐败窝案”，载《新华每日电讯》2014年2月21日。

将监狱减刑假释工作和其他监狱管理工作置于阳光之下，提高监狱工作的公开水平，以公开倒逼监狱工作者提高罪犯管理和矫治的层次，给监狱开展罪犯减刑假释工作更多的合理性基础，提高公众对监狱工作的认知度，从根本上解决相关的问题。[1]

## 二、经验总结

为了深化改革，司法部先后下发了《关于进一步深化狱务公开的意见》《暂予监外执行规定》和修订《监狱提请减刑假释工作程序规定》。借全国进行司法改革的契机和司法部的大力推进改革，以江苏省和上海市监狱为代表的监狱管理改革走在了最前沿，也取得了相当丰厚的成果。

### （一）深化狱务公开

司法部于2015年4月7日下发了《关于进一步深化狱务公开的意见》（以下简称《意见》），《意见》全文共6个部分18条。为进一步完善狱务公开工作制度，《意见》提出了四点要求：一是落实罪犯权利义务告知制度，要求监狱在罪犯入监后，通过入监教育、发放罪犯服刑指导或罪犯权利义务告知书等方式，及时告知罪犯所享有的权利和应履行的义务，切实保障罪犯的合法权益。二是强化公示制度，要求监狱严格依法对罪犯计分考评、分级处遇、行政奖惩、立功、重大立功表现、提请减刑、假释和办理暂予监外执行等信息进行公示，并及时处理狱务公开对象对公示内容提出的异议。三是健全完善执法监督员聘任制度，邀请执法监督员列席在社会上有重大影响或社会关注度较高的减刑、假释、暂予监外执行案件评审会议或者参与旁听罪犯减刑、假释案件的开庭审理。四是建立完善门户网站和执法办案平台工作制度，要求各省级监狱管理机关设立门户网站，除公开监狱提请罪犯减刑、假释建议书和暂予监外执行决定书外，其他向社会公开的信息都应当在门户网站上公开发布，并逐步开发网上咨询和自助查询功能，将门户网站打造成深化狱务公开的重要载体。[2]

---

〔1〕王梦君：“监狱视角下的减刑假释问题研究”，载《法制博览》2016年第2期。

〔2〕参见《关于进一步深化狱务公开的意见》。

其中最值得关注的是，《意见》依据公开对象的不同需求将应当公开的分为三个类型：一类是面向社会的，二类是罪犯近亲属公开，三类是犯罪分子本人，明确了各类型公开的重点信息。即对社会公众，主要公开监狱执法、管理过程中的条件和程序，以及监狱罪犯减刑、假释、暂予监外执行结果等22项社会关注度较高的、监狱执法领域的重点、热点内容。对罪犯近亲属，除向社会公众公开的内容外，还应依法公开监狱对罪犯实行分级处遇、考评、奖惩等10项具体涉及罪犯权利义务的个人服刑信息。对罪犯，除向社会公众和罪犯近亲属公开的内容外，还应以监区或分监区为单位，向罪犯依法公开监狱执行刑罚和管理过程中的法律依据、程序、结果，以及对结果不服或者有异议的处理方式等执法、管理信息。其中，对于社会和罪犯公开的信息一律应当依法公开，对于罪犯近亲属的公开可以依申请，也可以主动通知。〔1〕

上海市监狱首先进行了严密的调研工作，在公开透明的信息化条件下，深入开展调查研究，把握罪犯、罪犯近亲属和社会公众对监狱信息对称的实际需求。通过罪犯座谈、罪犯近亲属个别访谈、法院、检察院恳谈、执法监督员意见征询，以及问卷调查等多种形式，厘清各自关注的、监狱执法领域的重点和热点问题。在《意见》基础上，细化了面向社会公众、罪犯近亲属、罪犯“23+10+16”的公开内容，实现高墙内外的信息对称。然后，确立了分层级的监狱信息公开制度，根据监狱管理局、监狱、监区三个不同层级定位，分类确定狱务公开的工作职责和方式方法，使罪犯及其近亲属和社会公众能够更加方便、快捷地获得公开信息。监狱管理局主要负责包括门户网站、狱务公开服务热线、执法办案平台、信息发布内容等在内的7项工作任务。各监狱主要负责包括狱内媒介信息公开、执法情况通报、开放日、狱务公开文明“窗口”等在内的7项工作任务。监区主要负责包括告知罪犯的基本权利和义务、设置公开专栏、罪犯信息卡狱务查询及会见日监区领导接待4项工作任务。

在监狱信息化建设方面，上海市监狱深入推进“六个一”项目建设，目前已全面完成，实现了传统手段和现代方式相统一。所谓“六个一”是指：“一个门户网站”——升级改版上海监狱门户网站，围绕网页功能开发、狱务

---

〔1〕 参见“司法部解读《关于进一步深化狱务公开的意见》”，载 http://www.moj.gov.cn/jyglj/content/2015-04/03/content_6085011.htm，访问日期：2016年4月5日。

信息发布和家属查询需求等内容，重点推进网上陈列馆、便民服务查询等功能建设。“一条公开热线”——依托市司法局“12348”热线，开通狱务公开热线电话，实行专人接听解答。“一个微信平台”——开通上海监狱微信平台公众号，自7月27日正式发布信息，目前关注人数达2千人，阅读量达17万次，分享转发1.6万次，主动回应社会关注。“一个会见室和监区公开窗口”——以监狱会见室为主要载体，打造面向罪犯近亲属的信息公开平台。配置触摸式智能查询机，家属可凭密码自助查询涉及罪犯计分考评、刑期变动、健康档案、服药情况、狱内消费、考试成绩等服刑信息。安装多功能显示屏，不间断播放监狱执法管理教育工作，宣传介绍狱务公开相关政策内容。制定发布全局统一的《狱务公开手册》等材料，并放置于会见室，供家属自行取阅，便于他们及时获取公开信息。“一项执法情况通报机制”——建立监狱工作情况通报机制，定期举办执法情况通报会，探索推行监狱、监区“开放日”活动，联合市委党校开展新闻发言人专项培训。从机关、事业单位、社会团体和企业中聘任执法监督员，主动接受对监狱执法情况的监督检查。“一张罪犯信息卡”——罪犯信息卡包括基本信息、医疗卫生、劳动改造等8大系统，涵盖计分考评、刑期变动、健康档案、狱内消费、劳动报酬等20多个功能模块。利用数据信息采集终端，及时准确更新罪犯数据，实现与所有罪犯手持卡片的数据对接。目前，全局各监狱监管区域内安装完成自助查询终端298台，向干警发放手持终端740部，制作并发放罪犯卡片近37 000张，便于罪犯自主查询，既确保了每名罪犯实时知晓个人所有服刑情况，又保证了监狱对罪犯服刑期间各项改造活动的数字化管理。[1]

江苏省监狱于2015年11月立即下发了《江苏省监狱狱务公开实施办法》（以下简称《江苏省办法》）《江苏监狱962326狱务公开服务热线运行管理办法（试行）》两套文件，落实狱务公开，明确狱务公开的多种载体。《江苏省办法》中规定了四种常用平台：第一，网络平台，包括江苏监狱网、罪犯教育网，刑罚执行信息平台、狱务公开信息查询系统，政务微博、微信等。第二，会见窗口，包括创建会见室文明执法窗口，落实监狱长、监区长接待日制度，发放狱务公开手册，提供罪犯改造情况通报单、提供实物展示和便民

---

〔1〕 参见“上海监狱扎实推进狱务公开工作常态化机制化”，载 http://www.shanghai.gov.cn/nw2/nw2314/nw2315/nw18454/u21aw1084741.html，访问日期：2016年4月5日。

服务等。第三，特邀活动，包括组织新闻发布会、执法通报会、“社会看监狱”活动、主题帮教日活动等。第四，常规载体，包括监区设置“三箱两屏一栏”：监狱长信箱、检察官信箱、检举投诉信箱，狱务公开触摸屏、LED显示屏，设置狱务公开专栏等。而江苏省狱务公开热线采取“一线通受理、一站式服务、一体化管理”的运作方式，实行24小时服务模式，明确了热线受理事项和非受理事项的范围，还确立了责任追究制度，热线工作人员、承办部门、单位工作人员在热线运行和流转件办理过程中，存在敷衍塞责、弄虚作假、渎职失职、失密泄密、徇私舞弊、滥用职权等行为，造成不良影响或引发严重后果的，按责任追究的有关规定处理。[1]

2015年7月1日，石家庄监狱为深化狱务公开和阳光执法开展了“监狱开放日”活动，来自社会各行业代表及服刑人员亲属代表等共60余人，亲身体验了监狱的执法、管理以及服刑人员的学习、生产、生活状况。活动中，大家参观了狱内数字法庭，服刑人员监舍、技能培训教学现场、劳动车间、配餐中心等场所；并观看了监狱狱务公开专题片、干警体能演练、服刑人员民俗表演等。通过“监狱开放日”活动，向社会公开监狱警察的执法工作环境，展示服刑人员改造成果，增进了社会各界对监狱的了解，得到了社会各界对监狱工作的支持和认可，为监狱树立公平正义的良好执法形象发挥了积极作用。[2]

### （二）监狱减刑假释、监外执行

2014年10月10日，司法部部务会议修订《监狱提请减刑假释工作程序规定》，提出减刑假释工作严格实行办案责任制。该规定中最引人关注的有以下几点：第一，明确了不同罪犯减刑假释程序和报请裁定的法院，被判处有期徒刑和被减刑为有期徒刑的罪犯的减刑、假释，由监狱提出建议，提请罪犯服刑地的中级人民法院裁定；被判处死刑缓期二年执行的罪犯的减刑，被判处无期徒刑的罪犯的减刑、假释，由监狱提出建议，经省、自治区、直辖市监狱管理局审核同意后，提请罪犯服刑地的高级人民法院裁定。第二，建

---

〔1〕 参见《江苏省监狱狱务公开实施办法》《江苏监狱962326狱务公开服务热线运行管理办法（试行）》。

〔2〕 参见“石家庄监狱深化狱务公开 打造阳光执法环境”，载 http://www.chinanews.com/sh/2015/07-01/7378299.shtml，访问日期：2016年4月5日。

立减刑假释评审委员会制度，省、自治区、直辖市监狱管理局和监狱分别成立减刑假释评审委员会，由分管领导及刑罚执行、狱政管理、教育改造、狱内侦查、生活卫生、劳动改造、政工、监察等有关部门负责人组成，分管领导任主任。监狱管理局、监狱减刑假释评审委员会成员不得少于9人，监狱可以邀请人民检察院派员列席减刑假释评审委员会会议。第三，明确了减刑假释工作的程序、所需提交的材料和对材料审核的标准以及材料补正事项。第四、明确了监狱的出庭义务，人民法院开庭审理减刑、假释案件的，监狱应当派员参加庭审，宣读提请减刑、假释建议书并说明理由，配合法庭核实相关情况。〔1〕

2014年10月24日，最高人民法院、最高人民检察院、公安部、司法部、国家卫生计生委联合下发的《暂予监外执行规定》规定了监狱的相关职责：对于在监狱服刑的罪犯，由监狱审查同意后提请省级以上监狱管理机关批准。同时规定了两类从严审批：第一类，对职务犯罪、破坏金融管理秩序和金融诈骗犯罪、组织（领导、参加、包庇、纵容）黑社会性质组织犯罪的罪犯适用保外就医应当从严审批，对患有高血压、糖尿病、心脏病等严重疾病，但经诊断短期内没有生命危险的，不得暂予监外执行。第二类，对在暂予监外执行期间因违法违规被收监执行或者因重新犯罪被判刑的罪犯，需要再次适用暂予监外执行的，应当从严审批。还规定了监狱的鉴别责任，对在监狱服刑的罪犯需要暂予监外执行的，监狱应当组织对罪犯进行病情诊断、妊娠检查或者生活不能自理的鉴别。罪犯本人或者其亲属、监护人也可以向监狱、看守所提出书面申请。监狱、应当向人民检察院通报有关情况，人民检察院可以派员监督有关诊断、检查和鉴别活动。〔2〕

为促进监狱减刑、假释规范化，2015年2月10日，南京监狱会同南京市中级人民法院、钟山地区检察院对2014年第4批次32名重要案犯提请减刑、假释案件进行了开庭审理，并首次邀请本次呈报假释的4名三类罪犯所在地司法局社区矫正机关派员参加庭审。开庭当日，南京市玄武区司法局、秦淮区司法局3名社区矫正工作人员准时来监参加庭审。经过执行机关宣读提请减刑建议、出示证据、检察机关进行询问等阶段，两家司法局分别对两名假

〔1〕参见《监狱提请减刑假释工作程序规定》。
〔2〕参见《暂予监外执行规定》。

释罪犯提出了假释罪犯矫正环境评估意见，并得到法院确认。未来，南京监狱还将进一步加强与地方司法行政机关、法院、检察院的沟通联系，深化互帮共建，严格规范执法。[1]

2015年7月28日，南京女子监狱使用科技法庭对2015年第二批次提请审核的17名服刑人员、需要开庭的2名服刑人员以及1名呈报假释的服刑人员进行了案件庭审、提讯工作。在科技法庭上，南京市中级人民法院的法官实时对服刑人员进行了开庭审理，通过视频交流、证据展示、案卷传输、电子签名等方式，较好地完成了庭审、提讯工作。整个庭审过程音视频传输清晰，各项工作流程运行顺畅，充分实现了预期目标。[2]

2015年5月，上海监狱系统已在全市各监狱推进“设置公开专栏，公开服刑人员减刑、假释、暂予监外执行信息”的工作，努力做到全流程及时公开、全程留痕，并且让罪犯能够表达自己的心声和诉求。2009年11月，董某从其他监狱调入宝山监狱八监区服刑，余刑至2015年11月。因为是累犯，并且背负聚众斗殴、敲诈勒索等多项罪名，董某当时被列为严管对象。2015年3月，监区根据董某的良好表现，经集体评议决定呈报减刑4个月。但监狱刑罚执行科审核材料时，考虑到该犯的罪行性质及呈报程序复杂、时间较长等因素，决定改为减刑1个月。监区公示后，董某觉得幅度改动太大，便找刑罚执行科申请约谈。再后来，监狱减刑假释评审委员会在讨论时，将其减刑幅度提升至2个月。

## 四、总　结

监狱制度的改革体现了传统监狱观念到现代法治文明观念的转变。[3]监狱作为刑事犯罪的主要执行地，为了维护监狱的管理和对外的震慑效果，应当是森严的，是秩序井然的。但是我们不禁要问：监狱的主要功能是什么？

---

〔1〕参见“南京女子监狱使用科技法庭办理减刑假释案件”，载 http://www.jsjy.gov.cn/，访问日期：2016年4月5日。

〔2〕参见“南京监狱邀请地方社区矫正机关来监参加减刑假释案件开庭审理”，载 http://www.jsjy.gov.cn/，访问日期：2016年4月5日。

〔3〕张晶：《深读矫正——现代监狱制度的理论逻辑》，江苏人民出版社2013年版，第148～149页。

监狱的主要功能有三种：惩戒、震慑和教育。[1]这三种功能是刑罚所具备的，监狱作为刑事犯罪自由刑的主要执行地，其理所应当地贯彻刑罚所具有的功能，也是刑事犯罪宣判后的延续。然而，进一步分析监狱的这三种功能，只要监狱存在，随着时间的推移自然能够达到以“限制自由”的方式惩戒罪犯的效果，即惩戒的效果是不需要其他外力参与的，只要监狱这一秩序不被打破，惩戒自然而然能达成效果。但教育却不同，教育需要外力的参与，需要监狱人员和犯罪分子的双向配合。改造犯罪分子一直是我国刑罚的主要目的，在惩戒的过程中使犯罪分子幡然悔悟，革除陋习，最后再一次步入社会。于是，监狱的职责之一便是教育犯罪分子，使其改邪归正。可以说，教育与惩戒在这一方面是不存在矛盾的。但是，考虑到震慑的功能，传统监狱观念认为监狱只有与外界隔绝，形成一个独立的空间，才能维护监狱森严、庄重的形象，以达到震慑社会潜在犯罪分子的作用。但这种隔绝与犯罪分子改造后再入社会是有所矛盾的，监狱与社会的脱节使得再好的教育也无法使重新改造的犯罪分子适当地融入社会。因此，现今监狱开始朝着阳光化监狱改革发展，让监狱不再是保守的、封闭的。可以说，这是现代人权发展的重要体现，也是监狱教育职能的突出。或许人们会有疑问：开放化的监狱是否会影响其震慑的功能？所以，监狱制度的改革应当在开放与封闭之间寻找一个平衡点，公开应当公开的，封闭应当封闭的，在这种平衡中使得监狱的再社会化教育更加成功，这也应当成为监狱改革所秉承的理念。

司法部下发的《关于进一步深化狱务公开的意见》的公开措施有以下目的：第一，为了加强犯罪分子家属的知情权、保障犯罪分子的合法权益。这是人权发展的必然趋势，公权力对于犯罪分子的博弈是从公安机关开始，到刑罚执行完毕结束。这一过程中，犯罪分子只应当对其破坏社会法益的行为付出代价，而不应当因为其是犯罪分子就可以任由公权力侵犯其人权，这是现代人权的基本要求。因此，在监狱执行环节中狱务公开显得十分的必要，该意见依据公开对象的不同将应当公开的信息进行分类，对罪犯近亲属，除向社会公众公开的内容外，还需要公开具体涉及罪犯权利义务的个人服刑信息；对罪犯，除向社会公众和罪犯近亲属公开的内容外，还应以监区或分监区为单位，向罪犯依法公开监狱执行刑罚和管理过程中的法律依据、程序、

---

〔1〕连春亮、李玉成、殷尧：《罪犯矫正形态论》，群众出版社2014年版，第11～12页。

结果，以及对结果不服或者有异议的处理方式等执法、管理信息。

第二，为了规范狱警执法。通过向不同的对象公开狱务信息，让社会大众监督监狱的执法行为，让犯罪分子家属监督监狱是否存在侵害犯罪分子合法权益的行为，让犯罪分子了解监狱的执行过程和法律依据，有理有据地使犯罪分子配合监狱的改造工作，犯罪分子在接受狱警执法的过程中也明白自己的权利、义务，有利于积极配合监狱改造工作和争取减刑假释，早日回归社会。

第三，为了方便监狱管理和罪犯改造。狱务公开引进了信息化技术，以上海市监狱为例，其“六个一”信息化项目建设，通过信息化管理和网上平台构建，不仅方便监狱自身的管理，还使犯罪分子家属便利地了解犯罪分子在监狱的改造情况，从而积极的配合监狱的狱务工作。这对于犯罪分子、犯罪分子家属和监狱三方都是有利的。

第四，为了规范减刑假释。在某种程度上来说，减刑假释是犯罪分子和犯罪分子家属积极配合监狱改造工作的重要动因之一。但反过来说，减刑假释工作也是最容易存在权力寻租的一块地，[1]越保守的监狱，减刑假释就越容易出现权力寻租的现象，阳光下是不易滋生腐败的。所以，减刑假释工作的阳光化是监狱改革的必然动向[2]。为此，司法部修订了《监狱提请减刑假释工作程序规定》以规范化减刑假释工作，通过狱务公开将减刑假释工作里于公众监督之下。最高人民法院、最高人民检察院、公安部、司法部、国家卫生计生委联合下发的《暂予监外执行规定》，将监外执行这另一容易滋生腐败的场所进行规范化，严格限制监外执行的过程和人员。

监狱的改革任重道远，对未来的改革我们需要思考一下几个问题：第一，陈雄副教授、杨炼博士在《监狱功能与基本权利保障——兼论中国监狱的改革》中提出的：“监狱的目的不仅仅是惩罚犯罪，更重要的是教育、感化、改造囚犯的场所”是值得深思的，监狱设立的目的是可以确定，但今后监狱发展的重点是应当是什么。正如上文所言，监狱存在只要随着时间的推移，自然能够达到惩戒的效果，那么作为刑法正当化的教育是否应当摆在更加突出的位置之上，作为监狱的主要职能。第二，阳光化的监狱固然增加了监狱的

---

〔1〕 周国强、鲁宽：《犯罪人处遇研究》，中国检察出版社2013年版，第249页。

〔2〕 徐静村主编：《减刑、假释制度改革研究》，中国检察出版社2011年版，第210页。

透明度和亲和性，但在这种环境下的监狱是否还能够达到其震慑效果，也就是说，是否只有森严的监狱才能代表“震慑”。过于优越的条件对于刑法的威慑效力是存在损害的，如何调节“公开”与“保守”之间的关系将成为监狱未来的着重探讨的课题。第三，“再社会化”问题。减刑假释本来的目的：一是为了提高改造的积极性，二是在服刑的最后阶段，通过这种方式使与社会脱轨太久的犯罪分子提前进入社会，给予犯罪分子服刑期满和“再社会化”之间一个过渡期。但是现今的“再社会化”情况是不理想的，如果“再社会化”环节出现了十分严重的矛盾，这将使得监狱的改造和刑法的目的付之东流，一个无法再融入社会的具有“前科”的人，最终还是会走上再犯罪的道路。那么是否应当关注犯罪分子“再社会化”，“再社会化”职能应当由谁行使，以何种方式促进犯罪分子“再社会化”等问题也急需得到司法改革的关注。

（罗仙凤）

# 数据报告

# 导 言

十八大以来，党中央从推进国家治理体系和治理能力现代化、建设中国特色社会主义法治体系的高度，对深化司法体制改革做出了系统化的顶层设计，把我国司法体制改革推进到一个新的历史阶段，各地各部门积极探索，推动改革深入开展，改革成效逐步显现。从2014年截至目前，中央全面深化改革领导小组审议通过了23个司法体制改革文件。司法体制改革正全面有序推进，在确保审判机关、检察机关依法独立公正行使审判权、检察权，规范司法行为，深化司法公开、推进司法民主，加强人权保障，完善司法管理制度等方面取得了明显成效。一批改革任务通过完善相关法律已经完成；一批有影响的改革举措全面推开，取得阶段性成果；一批重大改革试点正在有序推进；以司法责任制为核心的四项改革试点深入推进；一批重要改革项目正在研究论证。尽管司法体制改革已取得一定成效，但其中存在的争议和问题仍有待深入探讨。尽善尽美的顶层设计在实践中是怎样一番面貌？在将试点成果推广到全国各地各级法院、检察院予以施行后，是否实现了有如设计所期待的结果？

为了摸清改革推行状况和司法实践中的改革效果，深入贯彻落实司法体制改革，依托国家“2011计划”司法文明协同创新中心的支持，由武汉大学法学院江国华教授及有关人员组成调研组，分赴湖北、海南、吉林、广东、黑龙江、重庆、贵州、云南、浙江、安徽、甘肃、江苏、上海、新疆、江西15个省市，采取召开座谈会、听取汇报、随机抽查、查阅资料、个别访谈、问卷调查等方式，听取各级人民法院、人民检察院的工作介绍及意见建议，收集了2003份调查问卷，最终我们将此次调研的结果写成此调研报告。调研报告分为五部分，分别为“基本信息”“司法人员管理体制”“人财物统一管理”“司法责任制”“司法公开”，希望由此可以较为全面直观地展现我国现阶段司法体制改革的基本情况，总结各地各级法院、检察院在落实改革过程中遇到的障碍，阐明改革效果并分析其中存在的问题，以供决策部门和专家学者阅览参考，并为日后改革的进一步开展寻找方向。

# 第一章 基本信息

此次调研地点包括湖北、海南、吉林、广东、黑龙江、重庆、贵州、云南、浙江、安徽、甘肃、江沪、新疆、江西14个省市，调研对象集中在各省市的法院和检察院，实际样本总量为2003份。各省市样本分布如下：

**表1-1　各省市调研对象工作单位统计**

| 计数 | 工作单位 | | | 总计 |
|---|---|---|---|---|
| | 法院 | 检察院 | 未填写 | |
| 湖北省 | 122 | 98 | 0 | 220 |
| 海南省 | 41 | 3 | 0 | 44 |
| 吉林省 | 57 | 94 | 0 | 151 |
| 广东省 | 66 | 27 | 0 | 93 |
| 黑龙江省 | 0 | 42 | 0 | 42 |
| 重庆市 | 78 | 2 | 1 | 81 |
| 贵州省 | 30 | 0 | 15 | 45 |
| 云南省 | 60 | 0 | 0 | 60 |
| 浙江省 | 103 | 18 | 0 | 121 |
| 安徽省 | 196 | 12 | 2 | 210 |
| 甘肃省 | 101 | 95 | 38 | 234 |
| 江沪 | 0 | 0 | 289 | 289 |
| 新疆维吾尔自治区 | 164 | 113 | 10 | 287 |
| 江西省 | 90 | 33 | 3 | 126 |
| 总计 | 1108 | 537 | 358 | 2003 |

每位问卷填写者均需填写性别、年龄、学历等基本信息，以便于研究者进行相关数据的统计及比较分析。各基本信息数据统计如下：

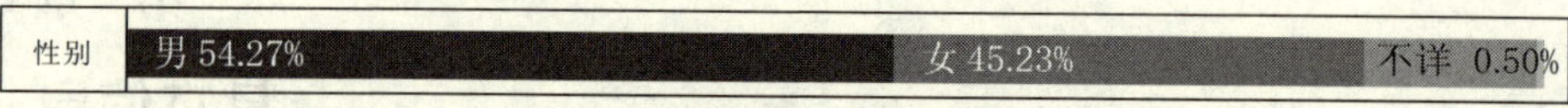


**图 1－1　调查样本性别分布**

由图 1－1 可知，参与本次问卷调查的人群以男性居多，占总样本的 54.27%；女性相对较少，占总样本的 45.23%。

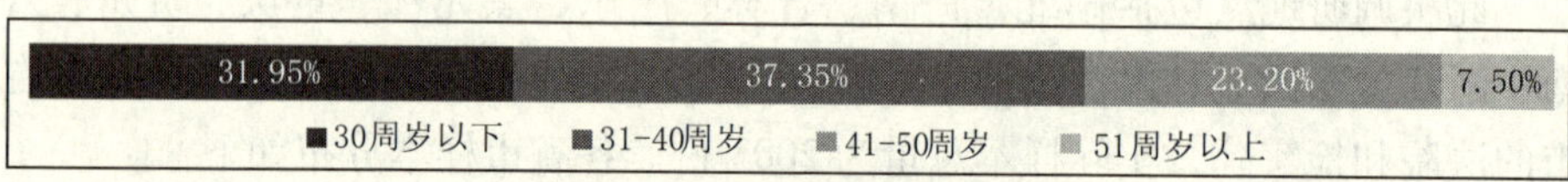


**图 1－2　调查样本年龄分布**

由图 1－2 可知，参与本次问卷调查的人群中，50 周岁以下的中青年法检工作人员占多数。其中，30 周岁以下的占 31.95%，31～40 周岁的占 37.35%，41～50 周岁的占 23.20%，而 51 周岁及以上的法检工作人员仅占样本总数的 7.50%。

**图 1－3　调查样本学历分布**

由图 1－3 可知，参与本次问卷调查的人群中，大学（含专科、本科）学历的占样本总数的 68.52%，研究生（含硕士、博士）学历的占 30.83%。

以上为参与本次问卷调查的人群的基本信息，这些信息将作为下文具体分析中的变量，与其他信息一道进行交叉与综合分析，以期对现阶段我国的司法改革现状有所反映。

# 第二章
# 司法人员管理体制

改革司法管理体制，确保审判机关、检察机关依法独立公正行使审判权、检察权，是深化司法体制改革的重大举措，是加快推进社会主义法治建设的迫切需要，是让人民群众在每一个司法案件中都感受到公平正义的必然要求。

第一，社会主义法治国家建设进程不断加快，要求进一步改革司法管理体制。近年来，中国司法改革积极稳妥有序推进，步入顶层设计、整体统筹的新阶段，取得显著进展。在肯定成绩的同时，也要清醒地看到，随着依法治国基本方略加快实施和社会主义民主法治建设不断推进，广大人民群众对依法维护自身合法权益，实现社会公平正义，提出了更高的期待和要求。中央明确要求进一步推进司法体制改革，对从制度上保证审判机关和检察机关依法独立公正地行使审判权和检察权提出了新的要求。党的十六大报告强调："改革司法机关的工作机制和人财物管理体制，逐步实现司法审判和检察同司法行政事务相分离。"党的十七大报告指出："深化司法体制改革，优化司法职权配置，规范司法行为，建设公正高效权威的社会主义司法制度，保证审判机关、检察机关依法独立公正地行使审判权、检察权。"党的十八大报告要求："进一步深化司法体制改革，坚持和完善中国特色社会主义司法制度，确保审判机关、检察机关依法独立公正行使审判权、检察权。"必须全面贯彻落实中央精神，立足我国基本国情和发展的阶段性特征，用中国的智慧和方法，借鉴其他国家司法制度的有益经验，进一步探索实践，深化司法管理体制改革，确保依法独立公正行使审判权、检察权。

第二，防止司法地方保护主义、推进司法公正，要求进一步改革司法管理体制。由于我国经济社会发展不平衡、司法人员的能力存在差异、地方保护主义观念尚未根除等原因，司法裁量权行使不透明、司法行为不规范等现象依然存在。地方各级司法机关在行使国家司法权力的过程中容易受到地方因素的不当影响和干预，难以独立公正地行使司法权力，一定程度上影响了司法公正和司法权威，人民群众对此反映强烈。既要确保各层级司法单位依法独立公正办案，切实保证司法权的行使不受地方行政机关、社会团体和个人干涉，又要确保党委政府加强对司法工作的监督，已成为深化司法体制改革的重要课题。这就要求我们以解决影响司法公正、制约司法能力的深层次问题为着力点，进一步总结改革经验，改革人民法院、人民检察院的管理体制，推动省以下地方法院、检察院人财物统一管理，探索建立与行政区划适当分离的司法管辖制度，保证国家法律统一正确实施。

第三，加强司法队伍建设、提升职业素养和专业水平，要求进一步改革司法管理体制。近年来，在司法改革中，围绕着专业化、职业化、正规化制度建设，围绕着容易滋生腐败的关键环节，积极完善职业准入制度，加强职业道德建设，改革经费保障体制，强化廉政风险防控，有效提高了司法能力和司法公信力。但是，按照公务员序列管理司法人员队伍导致行政职级主导的职业保障体系，与司法的职业要求和职业风险不相适应。必须进一步深化司法管理体制改革，建立符合职业特点的司法人员管理制度，健全法官、检察官、人民警察统一招录、有序交流、逐级遴选机制，完善司法人员分类管理制度，健全法官、检察官、人民警察职业保障制度，为建设公正高效权威的社会主义司法制度提供良好的组织基础。

## 一、法检人员管理现状

### （一）年均结案量较高

总体来看，在参与本次问卷调查的法官、检察官中，平均一年结案量在100件以下的人数占样本总数的30.45%，在100～200件的人数占样本总数的50.52%，在200件以上的人数占样本总数的18.02%。

所在单位平均一年结案数量

| 100件以下 | 100件~200件 | 200件以上 | 未填写 |
|---|---|---|---|
| 30.45% | 50.52% | 18.02% | 1.00% |

图2－1

从地域角度来看，除黑龙江省、甘肃省和江西省大部分年均结案量为100件以下，新疆维吾尔自治区大部分年均结案量在200件以上外，其他省份年均结案量大都在100～200件区间之内。

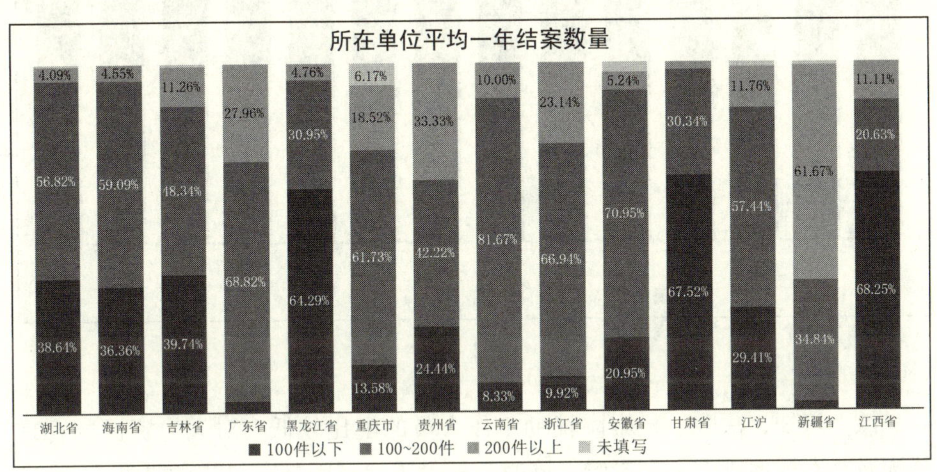


图2－2

综上可知，法院、检察院的年均结案量普遍较高，法检人员工作压力较大。减轻法检人员工作压力，提高结案效率是司法人员管理体制改革的重要目标之一，而该目标的实现仍任重而道远。

（二）辅助工作人员配比较低

总体来看，在参与本次问卷调查的人群中，平均每位法官、检察官配备的辅助工作人员不足1位的占样本总数的53.47%，辅助工作人员为1位的占样本总数的33.40%，辅助工作人员为2位及2位以上的占样本总数的8.94%。

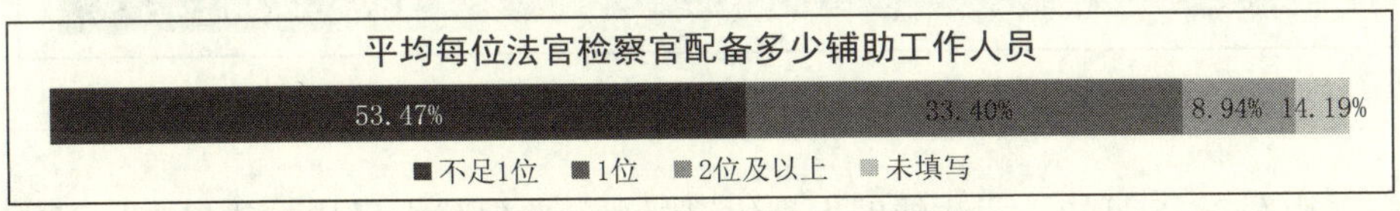


图2－3

从地域角度来看，除湖北、重庆、云南、江沪的法官、检察官辅助人员配比较高外，其他省份的平均配比大多不足1位。

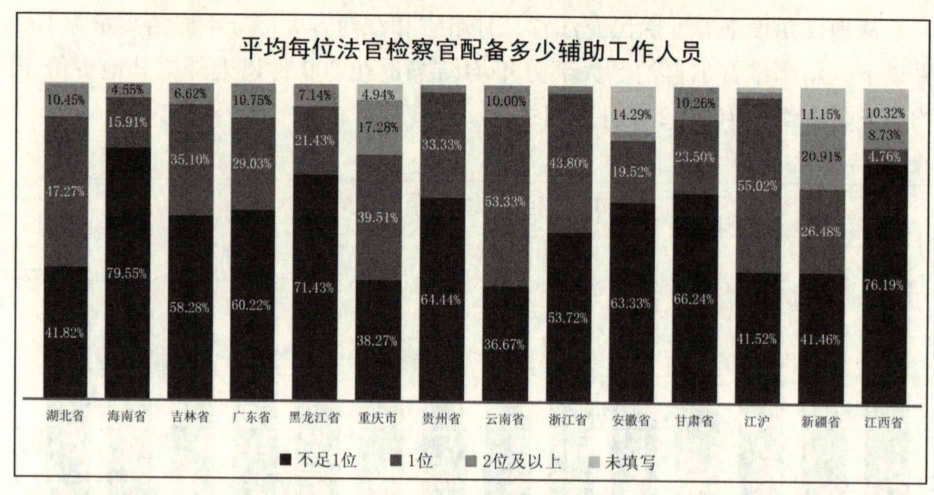


图2－4

综上可知，法院、检察院辅助工作人员的配比较低，对人力资源的合理分配及结案效率都有不利影响，同时也加大了“员额制”推进的难度。

（三）司法辅助人员编制和经费保障不充分

将评价设为1～5五个等级，程度1代表“绝对否”，程度2代表“否”，程度3代表“不明确”，程度4代表“是”，程度5代表“绝对是”。由此可知，在参与本次问卷调查的人群中，认为司法辅助人员编制和经费保障绝对不充分的占20.83%，认为不充分的占45.99%，不明确的占17.78%，认为充分的占12.45%，认为绝对充分的占2.95%。

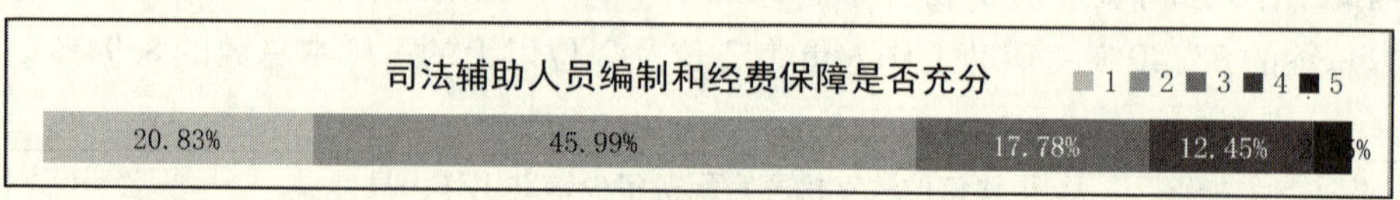


图2－5

由图2－5可知，司法辅助人员的编制和经费保障水平均有待提高。司法辅助人员的管理在员额制改革之后显得极为重要，司法辅助人员将会承担繁重的程序性和辅助性事务，司法辅助队伍的稳定直接关乎审判工作的开展质量。目前司法辅助人员来源复杂，种类多样，人员流动性很大，管理难度也很大，为此各地在司法改革方案中纷纷对司法辅助人员的管理进行了专门的规定。以广东省为例，其通过制定《广东省劳动合同制司法辅助人员管理暂行规定》，对合同制辅助人员的经费保障、职责、权利义务、招聘培训、等级晋升和薪酬待遇、考核、责任追究等进行了规定，并为司法辅助人员建立了单独的职业发展与晋升通道。本次调研也将司法辅助人员的职业保障问题纳入了调查范围。

（四）事务性工作繁重

总体来看，参与本次问卷调查的人群中，表示实务中法官、检察官除了进行庭审工作外不需要再承担事务性工作的人数占样本总数的26.38%，表示除进行庭审工作还需承担事务性工作的人数占样本总数的72.22%，明显高于表示不需要的比例。

图2-6

综上可知，法官、检察官在庭审工作之外的事务性工作较为繁重，事务性工作与庭审工作的交叉不利于法官的审判独立和检察官的检察独立，不利于法官检察官对自我身份和职业尊严的认同，也不利于自身专业能力的提高以及司法权威的形成。

（五）行政工作人员占比较高

总体来看，在参与本次问卷调查的人群中，所在单位行政工作人员占比百分之二十以下的占样本总数的28.73%，所在单位行政工作人员占比百分之二十到百分之四十的占样本总数的49.92%，所在单位行政人员占比百分之四十以上的占样本总数的21.24%。

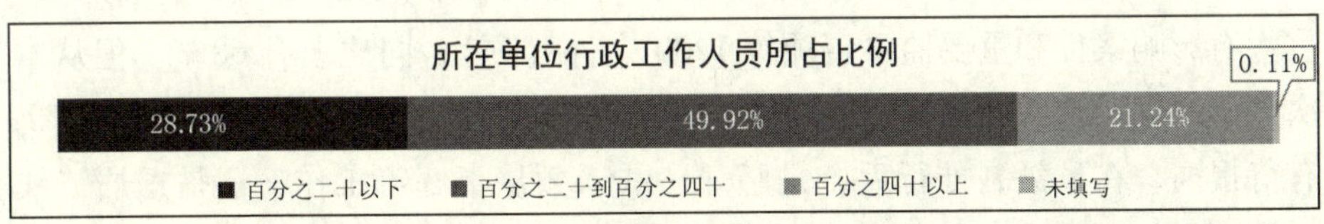


图2-7

法院、检察院中行政工作人员占比较高是我国司法实务界长期存在的问题，如何在本次司法改革进程中平稳解决该问题，既能使人力资源得到合理配置，又能使法院检察院更专注于司法事务，实现去行政化的目的，有待进一步的探讨。

（六）院领导、非一线法官检察官参与办案的频率较低

总体来看，在参与本次问卷调查的人群中，表示所在单位院领导、非一线法官检察官从不参与案件办理的占样本总数的27.17%，表示所在单位院领导、非一线法官检察官偶尔参与案件办理的占样本总数的58.26%，所在单位院领导、非一线法官检察官经常参与案件办理的占样本总数的14.11%。

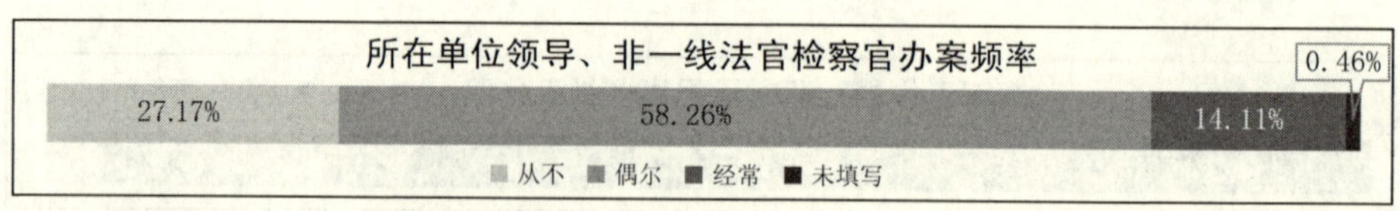


图2-8

综上可知，院领导、非一线法官检察官参与办案的频率较低。越往上行政事务越多、越往下办案任务越重是我国司法实务界现实存在的问题。在司法改革推行员额制之后，为平衡领导干部入额与员额制比例限额之间的矛盾，部分省市对领导干部入额的问题制定了相关办法。例如，为实现员额的充分使用，上海司法改革还对领导干部入额进行了特别要求，在综合部门工作包括担任领导职务的法官，若要通过遴选进入法官员额从事审判工作，就不能再担任综合部门的领导职务。如果要继续担任领导职务的话就不能进入法官员额之中。在检察院的员额制改革中，上海检察院也坚持入额检察官必须办案和向一线业务部门、向基层院倾斜的原则，一线办案力量由此得到加强和充实。在坚持检察长必须办案的原则之下，上海各级院正副检察长直接办理重大有影响案件和重要监督事项等1200余件（项），同比上升68%。但从本次调研数据反映的状况来看，院领导、非一线法官检察官参与办案的频率仍有待提高，在员额制推行后，是坚守一线入额从事庭审工作，还是退居二线纯粹从事行政工作，是领导干部需要选择的问题，也是员额制充分落实需要考虑的问题。

## (七) 案多人少极大地影响了法官检察官的办案效率和效果

总体来看，在参与本次问卷调查的人群中，认为影响法官、检察官办案效率和效果的最大因素是“案件数量多”的占样本总数的51.15%，认为影响法官、检察官办案效率和效果的最大因素是“实际参与办案的法官检察官人数少”的占样本总数的34.25%，认为影响法官、检察官办案效率和效果的最大因素是“司法辅助人员数量不够、能力不足”的占样本总数的10.83%，认为影响法官、检察官办案效率和效果的最大因素是“行政性事务的负面形象”的占样本总数的3.76%。

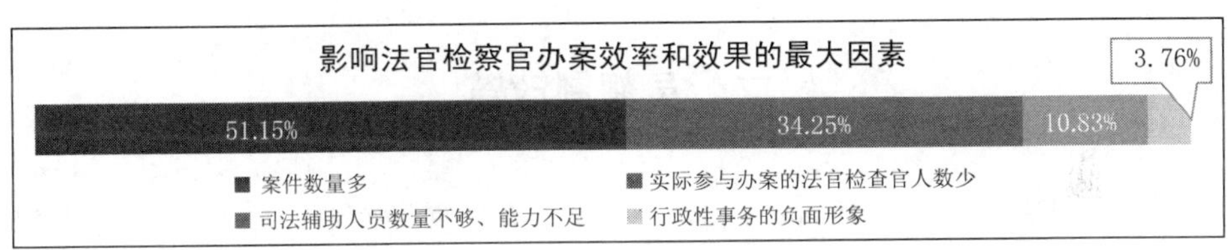


图2-9

综上可知，案多人少仍然是影响法官、检察官办案效率和效果的最大因素，这也是司法改革重点解决的问题之一。通过员额制改革，部分省市的确获得了明显改善。例如上海，其试点法院在案多人少的情况下，通过员额制改革，审判一线的人数实际增加了18.5%，从而促进了办案质量和效率的提升。2015年1~6月，全市法院共受理各类案件29.93万件，审结28.01万件，同比分别上升15.8%和11.3%。但我们还应看到大多数省市仍然在司法改革的浪潮中找不到方向，既摆脱不了长期以来案多人少的旧疾，又尚未找到适应新趋势的发展模式，各方衔接也不断出现新问题。因此，案多人少仍然是理论和实务界需要长期探索的问题，仅靠员额制远不能解决该顽疾。

## (八) 福利待遇管理至关重要

总体来看，在参与本次问卷调查的人群中，认为司法人员管理中最重要的是“人员录用管理”的占样本总数的30.93%，认为司法人员管理中最重要的是“福利待遇管理”的占样本总数的47.05%，认为司法人员管理中最重要的是“考核晋升管理”的占样本总数的16.62%，认为司法人员管理中最重要的是“日常工作管理”的占样本总数的5.21%。

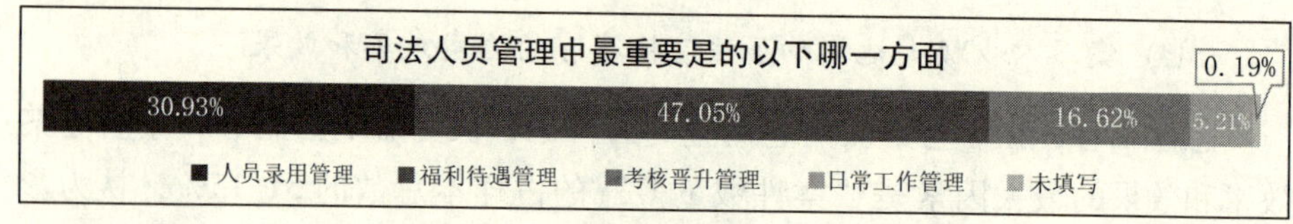


**图 2－10**

综上可知，在司法人员管理中，普遍意见表示福利待遇和人员录用这两项最为关键。这两点恰是司法改革中法检人员职业保障和逐级遴选制度所要解决的问题。由此可见，此次司法改革的出发点是与民意相符的，但其具体适用情况和实际效果仍有待检验。

## 二、员额制改革

作为司法改革的一项重要内容，法官、检察官员额制是指按司法规律配置司法人力资源，实现法官、检察官队伍正规化、专业化、职业化的重要制度。该项制度将法院人员分为法官、审判辅助人员和司法行政人员三类，将检察院人员分为检察官、检察辅助人员和司法行政人员三类，根据法院、检察院辖区经济社会发展状况、人口数、案件数等确定法官、检察官数量，对法官和检察官在编制限额内实行员额管理。全面实施员额制后，只有入额的法官和检察官才有权办案，事务性的工作则由法官助理和检察官助理去做，而暂时不能进入员额的法官和检察官进入司法辅助人员序列或行政人员序列。员额制从提出到施行一直备受争议，对此我们将从改革现状、改革内容和改革评价三方面简要分析本次调研收集到的数据，以期对员额制的讨论和发展有所启发。

### （一）改革现状

员额制改革是司法人员管理体制改革的重点，而合理有效的人员录用制度又是员额制改革的重中之重。在人员录用管理方面，设置专门化的遴选机构不但能对候选法官、检察官作出充分合理的评价，而且可以防止政府和法院、检察院在任用法官检察官上的独断化。本次调研针对专门化的遴选机构在现阶段司法改革推进过程中的落实状况进行了调查。

总体来看，在参与本次问卷调查的人群中，表示所在单位成立了专门化遴选机构的人数占样本总数的42.37%，表示所在单位没有成立专门化遴选机构的人数占样本总数的57.17%。

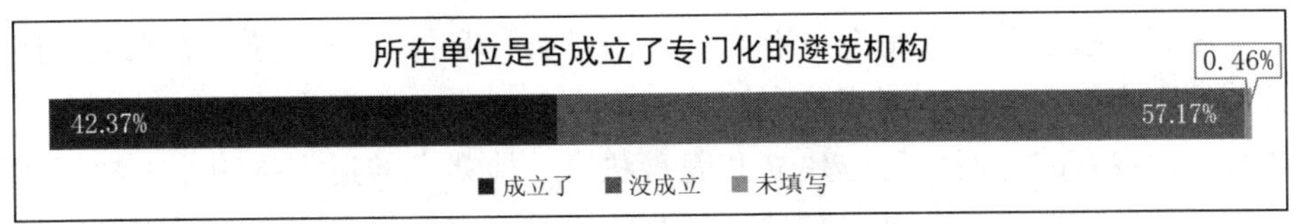


图2－11

从地域角度来看，除湖北、吉林、贵州、云南、新疆大部分样本表示所在单位成立了专门化的遴选机构外，其他省市的样本均显示出专门化遴选机构的缺失。

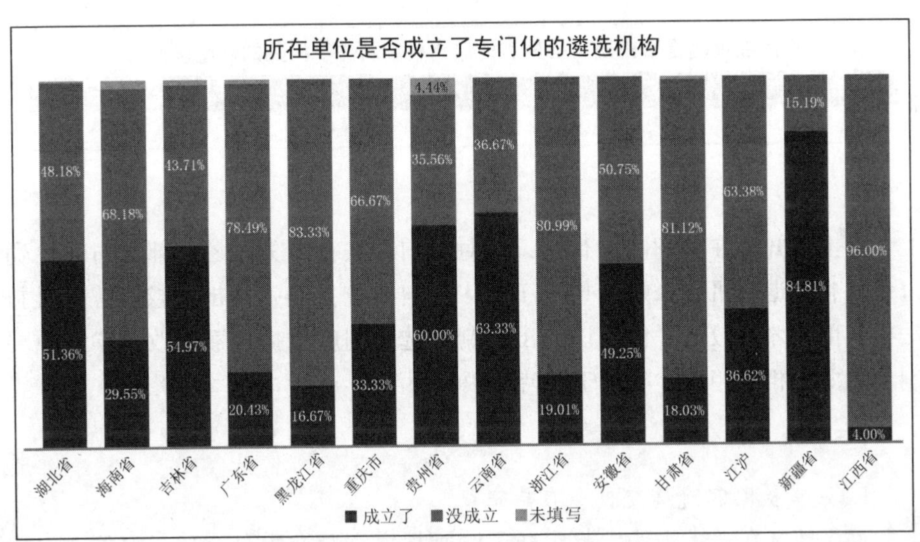


图2－12

综上可知，就员额制的第一步——专门化遴选机构的设置情况来看，员额制的推进和落实仍长路漫漫。是初始设置条件不成熟，还是设置过程中遇到障碍，抑或是设置后发挥不了应有的作用，这些原因都有待进一步探究。根据专门化遴选机构的设置情况，我们虽不能断言员额制改革的成败，但仍能从中窥探出些许发人深省的现实状况。客观直面这些问题，认真审视和思忖这些现象，并及时作出调整，以使改革能适应司法需要，亦能受得住实践与时间的考验。

（二）改革内容

法官、检察官员额是有进有出的，因年龄、身体状况、晋升等原因，法官、检察官都有可能离开岗位。因此，确定了法官、检察官的编制，提高了法官、检察官的待遇，还应建立和完善法官、检察官的退出机制。本次调研以问卷调查的形式，主要针对员额制改革中的法官、检察官退出机制进行了样本数据收集。

总体来看，在本次参与问卷调查的人群中，表示所在地区对法官、检察官的退出机制作了相关制度设计的人数占样本总数的61.59%，表示所在地区对法官、检察官的退出机制没有作相关制度设计的人数占样本总数的28.94%。

图2-13

由上可知，在员额制推行后，针对目前的法官流失现象，部分省市已通过设计相关退出机制来赋予司法工作人员自由选择是否退出的权利，并维持法检内部人才的数量平衡。该退出机制与选任制度均为员额制改革中的重要制度，两者相辅相成，有利于保持员额制的活力。

（三）改革评价

1. 法官检察官遴选委员会有待完善

许多地区在司法实践中都组建了法官检察官遴选委员会这一机构，但该机构能否公正评判法官、检察官的业务能力，仍有待考量。

总体来看，在参与本次问卷调查的人群中，认为法官检察官遴选委员会能够公正地评判其业务能力的人数占样本总数的37.53%，认为法官检察官遴选委员会不能公正地评判其业务能力的人数占样本总数的25.20%，不确定法官检察官遴选委员会是否能公正地评判其业务能力的人数占样本总数的37.27%。

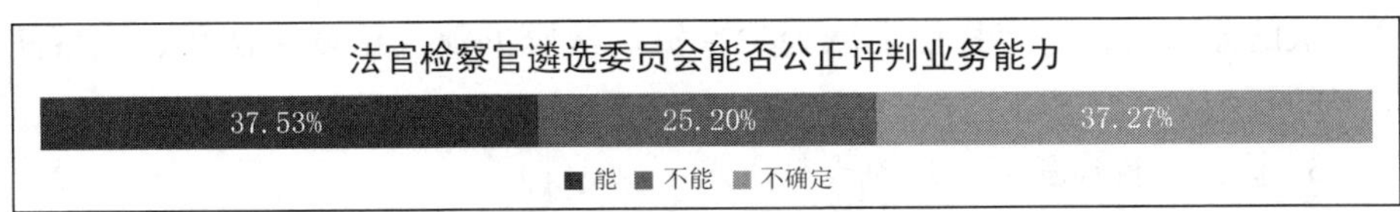


图 2-14

由上可知，遴选委员会仍需要不断完善。事实上，许多省市对于遴选委员会的设置仍抱着不置可否的态度，从上文中对专门化的遴选委员会设置情况的分析可见一二。对遴选委员会是否能公正评判法官检察官业务能力的疑惑，其实是对遴选委员会该如何设计评判流程和评判指标的考量。因此，下一步值得探讨和落实的问题应该是遴选委员会的制度设计以及与其他制度的衔接机制。

2. 逐级遴选制度基本获得认可

诸多地区都在建立逐级遴选制度，上级法院、检察院的法官、检察官原则上从下一级法院、检察院择优遴选。目前实务界对此态度不一。

总体来看，在参与本次问卷调查的人群中，对于逐级遴选制度表示“非常赞同，为基层法官检察官打开了上升通道”的人数占样本总数的40.29%，表示“基本同意”的人数占样本总数的36.74%，表示“不同意，会加剧基层法院检察院人才匮乏”的人数占样本总数的13.11%。

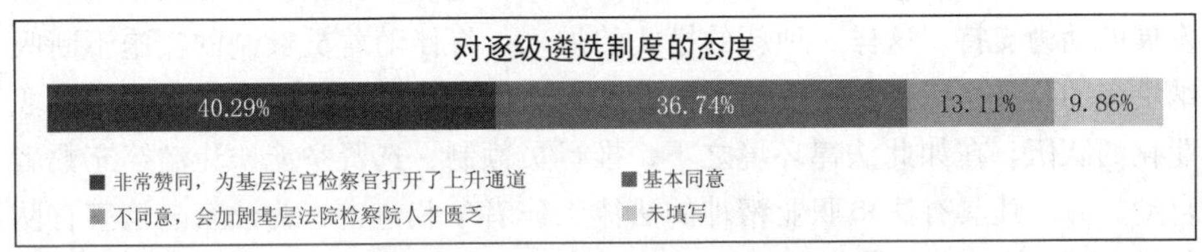


图 2-15

综上可知，对于逐级遴选制度，大部分声音是表示支持的，该制度基本获得认可。但仍有部分声音认为该制度会加剧基层法院检察院人才流失，该问题的确存在，从司法制度改革之初到现在，基层人才流失的问题一直存在。但该现象与逐级遴选制度之间并无直接因果关系，恰恰相反，逐级遴选制度使得更多有理想有抱负的青年法官检察官进入基层法院和检察院。基层法院、检察院既是青年法官检察官的成长训练营，又是其发挥所学所长的平台。新鲜血液的输入将在一定程度上减轻少数资深法官的流失给基层法院、检察院带来的打击。

3. 扩大法检选任之渠道为大势所趋

扩大法官、检察官的选任渠道，实行有别于普通公务员的招录办法，招录优秀律师和具有法律职业资格的法学学者等法律职业人才进入法官、检察官队伍也是当前法官、检察官编制建设的一个趋势。

总体来看，在参与本次问卷调查的人群中，对上述趋势表示“非常赞同，可以提升司法队伍的整体素质”的人数占样本总数的37.54%，表示“基本同意，有利于形成法律职业共同体”的人数占样本总数的42.09%，表示“不同意，律师和法学学者没有相关实务经验”的人数占样本总数的11.11%。

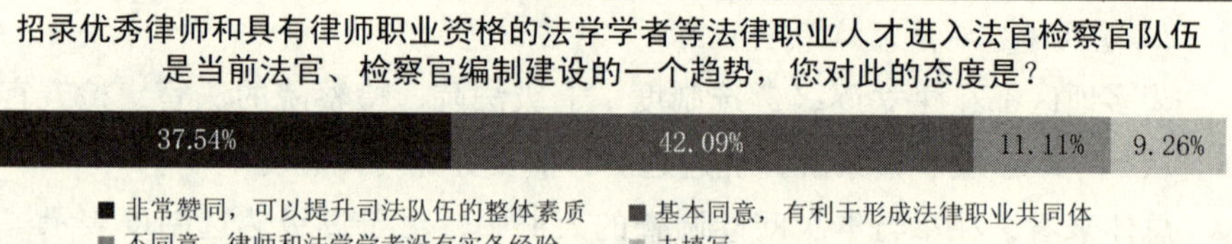


**图2－16**

由上可知，扩大法检选任之渠道为大势所趋。随着员额制的不断完善，建立新的选任模式吸收更多优秀的法律工作者进入法检队伍将是员额制不断发展的动力支持。这样一种新的模式的加入，将伴随着员额制的实施不断吸纳更多的具有法律素养的法律工作者进入法检行业，让法检得以成为一种职业化的队伍。在如此法律环境之下，推行员额制，选贤举能，让滥竽充数者自动放弃，让具有法检职业精神的法律工作者争相进入，为法官、检察官队伍的不断壮大提供前提条件。

4. 控制法检编制有利有弊

许多法院、检察院在保证审判质量和效率的前提下，都开始有计划、有步骤地缩减法官、检察官编制。此种控制法官、检察官编制的举措有利有弊，实务界对此也是褒贬不一。

总体来看，在参与本次问卷调查的人群中，赞同控制法官、检察官编制的人数占样本总数的58.37%，反对控制法官、检察官编制的人数占样本总数的32.11%。

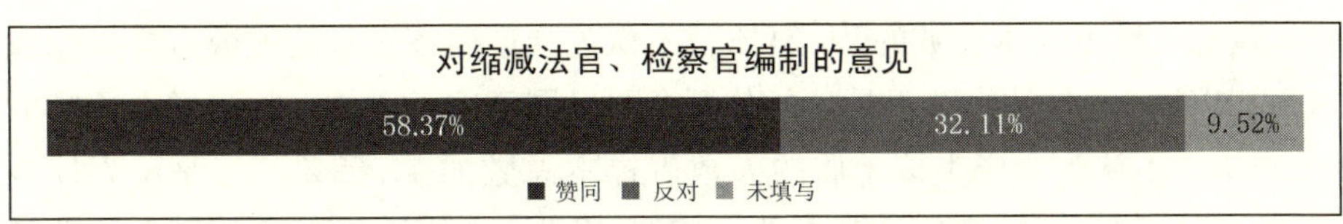


图 2－17

从有利的方面来看，主要观点包括六种，对其具体分析如下：一是认为控制法官、检察官编制有利于让法官、检察官摆脱繁重行政事务的人数占样本总数的55.66%，不认为有利于让法官、检察官摆脱繁重行政事务的人数占样本总数的40.70%。二是认为有利于法官、检察官专注于案件处理，提高办理质量的人数占样本总数的58.53%，不认为有利于法官、检察官专注于案件处理，提高办理质量的人数占样本总数的30.59%。三是认为有利于提升职业荣誉感的人数占样本总数的54.57%，不认为有利于提升职业荣誉感的人数占样本总数33.44%。四是认为有利于提升司法队伍整体素质的人数占样本总数的53.78%，不认为有利于提升司法队伍整体素质的人数占样本总数的36.50%。五是认为有利于建立更加合理的晋升制度的人数占样本总数的56.95%，不认为有利于建立更加合理的晋升制度的人数占样本总数的39.78%。六是认为有利于优化司法人员的管理模式的人数占样本总数的60.54%，不认为有利于优化司法人员的管理模式的人数占样本总数的34.92%。

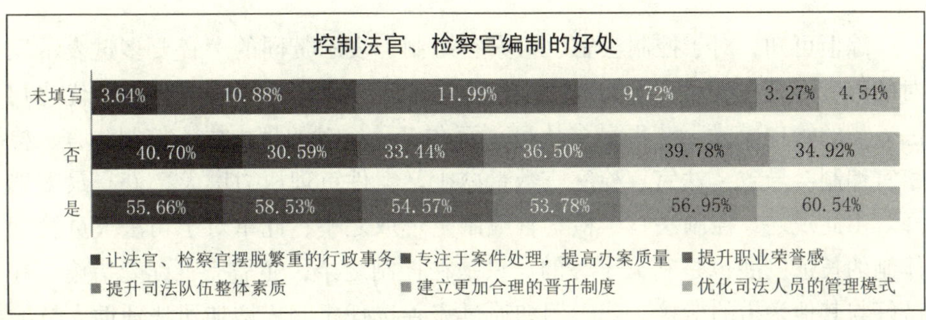


图 2－18

从弊端来看，主要观点也包括六种，对其具体分析如下：一是认为控制法官、检察官编制会产生中青年法官检察官面临着由法官退为司法辅助人员的风险的人数占样本总数的71.31%，不认为会产生该风险的人数占样本总数的22.19%。二是认为对于员额的分配会引发同事间矛盾的人数占样本总数的57.56%，不认为会产生该矛盾的人数占样本总数的41.68%。三是认为控制编制会导致法官、检察官数量减少，案件审理压力增大的人数占样本总数的73.10%，不认为会导致该问题的人数占样本总数的26.34%。四是认为会导致法官、检察官职业风险加大，与职业待遇不匹配的人数占样本总数的57.73%，不认为会导致该问题的人数占样本总数的42.01%。五是认为控制编制会加剧法官、检察官人才流失的人数占样本总数的67.06%，不认为会导致该问题的人数占样本总数的32.49%。六是认为控制法官、检察官编制会产生主辅办案模式考验法官和司法辅助人员之间配合默契程度之问题的人数占样本总数的45.48%，不认为会产生该问题的人数占样本总数的52.58%。

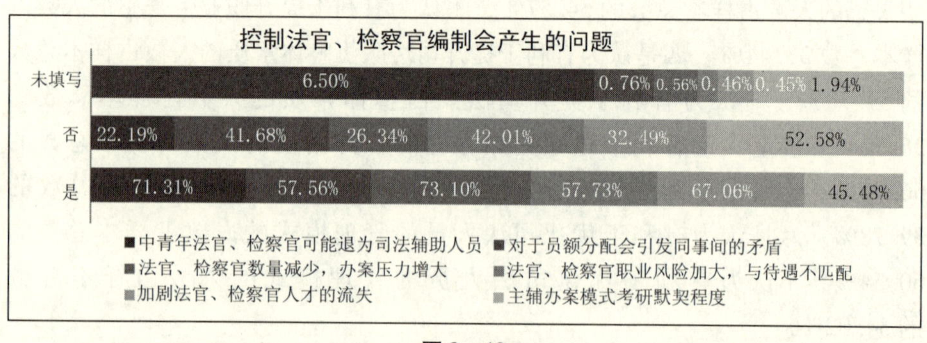


图2－19

综上可知，对于控制法官、检察官编制，表示赞同的声音要多过表示反对的声音。且在表示赞同的理由中，控制法官、检察官编制有利于“优化司法人员的管理模式”获得最多认可。而在表示反对的理由中，控制法官、检察官编制会导致“法官、检察官数量减少，案件审理压力增大”获得最多选择。由此观之，控制法官、检察官编制是可取之举，此举对于司法人员管理体制的长远发展也是利大于弊的。只是在控制之余，还需完善配套措施，并做好与其他举措的衔接工作，例如通过完善选任机制、增加司法辅助人员的配比等，来缓解案多人少的现状，方能使该项措施获得理想的效果。

## 三、司法人员职业保障

司法的独特属性，决定了掌握司法权的人应当是具有职业素养的精英，决定了司法人员经验的丰富性和司法队伍的稳定性对于司法公正的重要意义，而职业保障体系是保证法官、检察官队伍稳定性的重要支柱，健全的职业保障体系可以使法官、检察官无后顾之忧地履行职责，依法独立、公正、严格地执行法律。严格的选拔和遴选机制以及强有力的职业保障和职业尊荣感，是保障司法官坚守良知、善尽职责、维护公正的必要条件。

法官、检察官职业化建设是一项系统工程，需要统筹布局、整体规划。就试点阶段而言，办案责任制和职业保障作为法官、检察官职业化改革的两驾马车，不可偏废。当务之急除了建立主审法官办案责任制和主任检察官办案责任制，更需要建立健全法官、检察官遴选、选拔制度，推进分类管理；实行法官、检察官的法律职务与行政级别剥离，按法官、检察官等级进行管理，根据其业务水平、工作实绩、德才表现等在合理确定比例的基础上来考核评定法官、检察官等级；按照法官、检察官等级享受相应的政治待遇和经济待遇，以增强职业的吸引力，维护法官、检察官队伍的稳定性，促进职业化进程。下面我们将依据本次调研采集到的数据，从改革现状、改革内容和改革评价三个方面对司法人员职业保障制度加以浅析。

### （一）改革现状

#### 1. 任期保障制度须继续推行

实行法官、检察官及司法辅助人员的任期保障制度，可以使其无须担心因秉公办案得罪人而在职务上受到不利变动，尤其不必担心因为政府不满意他们的裁决而被处分，从而保持独立、公正的地位，并依法大胆地处理案件。但在司法实践中，有些地区存在着法官、检察官调动随意性大，任期没有保障的问题。

总体来看，在参与本次问卷调查的人群中，认为其所在地区存在法官、检察官调动随意性大，任期没有保障问题的人数占样本总数的40.89%，认为不存在该问题的人数占样本总数的58.76%。

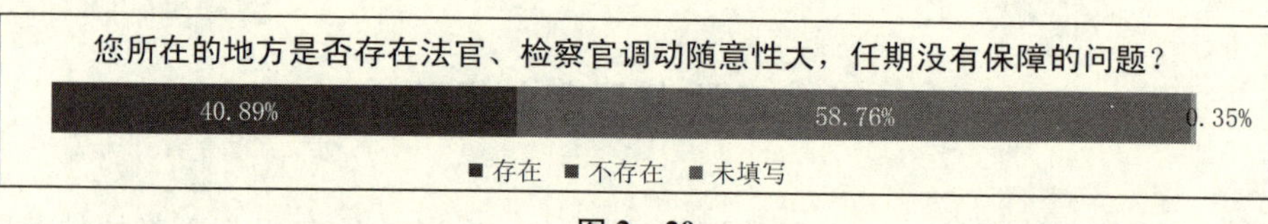


图 2－20

从地域角度来看，除海南、吉林、新疆认为存在的人数多于认为不存在的人数外，其他省市认为其所在地区不存在法官、检察官调动随意性大，任期没有保障问题的居多数。

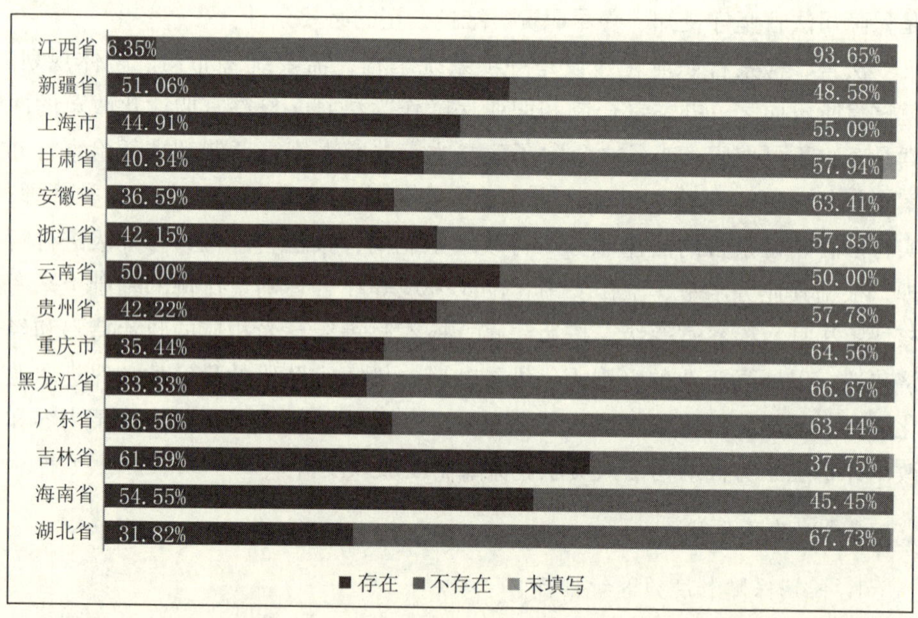


图 2－21

综上可知，目前法官、检察官任期保障稳定性仍有待加强。法官、检察官任期保障是职业保障最基础的一环，是法官、检察官其他权利得以实现的前提。

2. 高龄退休制度有待考量

实行法官、检察官的高龄退休制度是国外比较普遍的做法，法官、检察官的退休年龄较其他公职人员要大得多，这也是基于法检行业自身特殊性而产生的。

总体来看，在参与本次问卷调查的人群中，认为其所在单位存在法官、检察官及司法辅助人员退休年龄过早，造成人力资源浪费问题的人数占样本总数的31.53%，认为不存在该问题的人数占样本总数的57.22%。

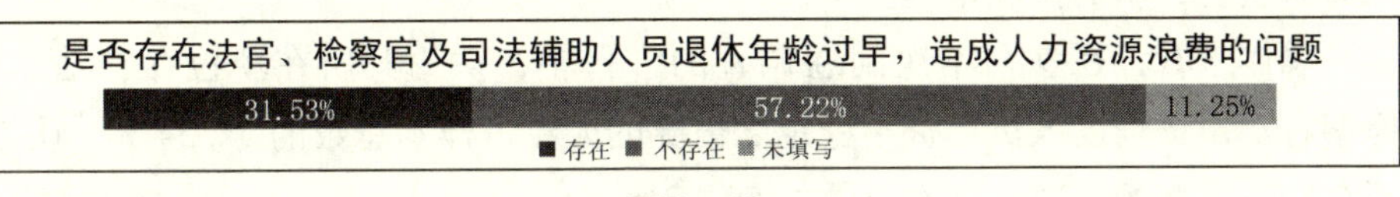


图2-22

由上可知，目前大多数法官、检察官均不认为存在退休年龄过早，造成人力资源浪费的问题，但事实上，相较于国外法官、检察官的退休年龄，我国的退休年龄的确有过早的嫌疑。但为何该项数据会反映这样一个结论，可能与我国司法人员工作压力、工作环境以及工作收入等有关。因此，在考虑延长法官、检察官退休年龄的问题时，先完善好福利待遇等配套措施是极为必要的，否则将是本末倒置，事倍功半。

3. 法官、检察官收入有待提高

法官、检察官职业特殊性决定了法官、检察官收入构成必须单一化，其职业的中立性要求法官、检察官不能从当事人那里获取非法报酬，也不允许法官、检察官参加任何营利性的业外活动。薪金是其唯一的收入来源，国家必须保证法官、检察官享受高薪，生活安定富裕。

总体来看，在参与本次问卷调查的人群中，认为其所在单位存在法官、检察官及司法辅助人员收入实际上低于党政机关公务员之问题的人数占样本总数的56.55%，认为其不存在该问题的人数占样本总数的39.68%。

图2-23

由上可知，司法人员收入实际上低于党政机关公务员为大多数法官、检察官所认同。事实上，排除地域发展程度不一等客观因素的影响，司法人员相较于部分党政机关公务员的工作量、工作难度和工作压力要大得多，但收入却并不与其付出成正比，这是需要考虑的问题。

4. 司法人员工资稳定性仍有待提高

除了收入高于一般党政机关公务员之外，法官、检察官的收入在任职期间不得削减也是世界各国通行的做法。主要是防止政府利用减少法官的收入来威胁法官，从而操纵审判。

总体来看，在参与本次问卷调查的人群中，认为其所在单位存在法官、检察官及司法辅助人员工资不稳定之情况的人数占样本总数的32.34%，认为不存在该情况的人数占样本总数的59.83%。

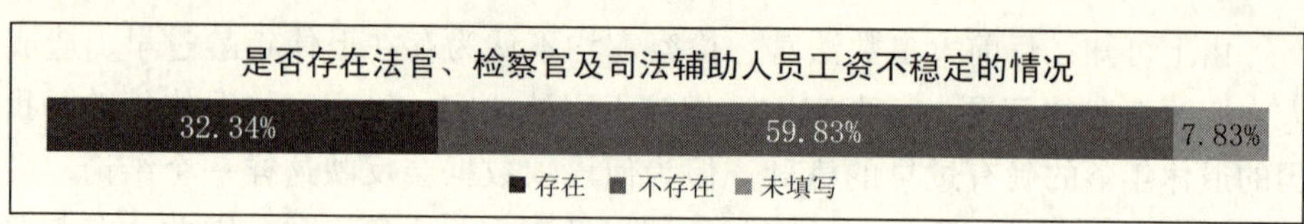


图2－24

由上可知，司法人员工资稳定性仍有待提高。保障法官、检察官及司法辅助人员的工资稳定是司法人员职业保障的关键，也是司法改革得以顺利进行的基础。

（二）改革内容

对于采取何种措施以更好地保护法官、检察官及司法辅助人员的权利，是理论和实务界长期讨论的问题。

总体看来，在参与本次问卷调查的人群中，认为应优先采取“改革现行司法体制”措施的人数占样本总数的32.62%，认为应优先采取“保障法官、检察官职业身份”措施的人数占样本总数的28.00%，认为应优先采取“改善法官、检察官职业收入”措施的人数占样本总数的25.88%，认为应优先采取“赋予法官、检察官职业特权”措施的人数占样本总数的8.17%，认为应优先采取“保障法官、检察官职业安全”措施的人数占样本总数的5.33%。

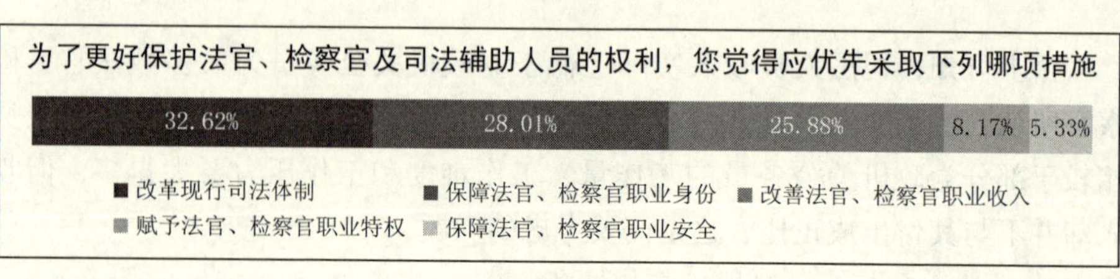


图2－25

由上可知，尽管将改革现行司法体制作为当务之急获得了最多认可，但事实上，为了保障法官、检察官及司法辅助人员的权利，改革现行司法体制，保障法官、检察官职业身份，改善法官、检察官职业收入，提升法官、检察官职业地位，保障法官、检察官职业安全都是极为重要的措施，五者相辅相成，缺一不可，均应予以重视，并作为改革的重要举措予以施行。

### （三）改革评价

#### 1. 法律规定亟待落实

为了更好地保护法官、检察官依法独立行使职权，法官、检察官的安全应当由法律予以充分的保证。比如《法官法》第 4 条规定：“法官依法履行职责，受法律保护。”第 8 条第 2 项规定：“法官依法审判案件不受行政机关、社会团体和个人的干涉。”第 8 条第 5 项规定：“法官的人身、财产和住所安全受法律保护。”《检察官法》中也有类似规定。这些规定在现行的司法实践中是否真正得以落实对司法人员职业保障能否得以实现意义重大。

将评价设为 1 ~5 五个等级，程度 1 代表“绝对否”，程度 2 代表“否”，程度 3 代表“不明确”，程度 4 代表“是”，程度 5 代表“绝对是”。由此可知，在参与本次问卷调查的人群中，认为上述规定在司法实践中完全没有得到落实的人数占样本总数的 26.65%，认为基本没有得到落实的占 43.61%，不确定是否得以落实的占 14.90%，认为基本得到落实的占 11.91%，认为完全得到落实的占 2.93%。

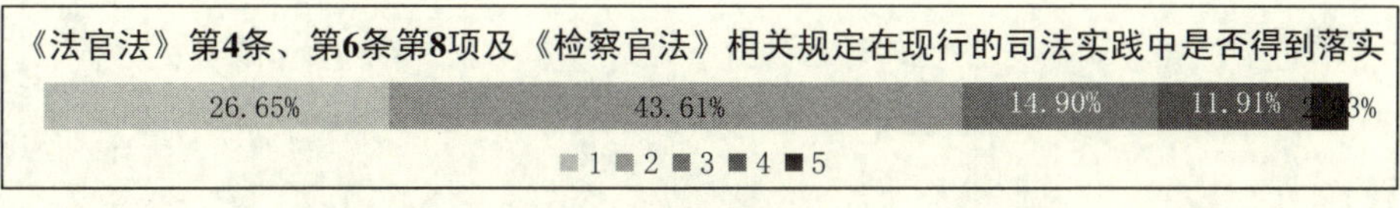


图 2-26

由上可知，保护法官、检察官职业安全的规定在现实司法实践中并未真正得到落实，该现象也是长期困扰我国司法实务界的问题。对此，我们应采取相应配套措施，使相关规定有用武之地，从而使法官、检察官的职业安全得以保障，使司法权威得以实现。

#### 2. 司法豁免规则有待落实

法官、检察官特权保障制度包括一系列规则，其中最重要的当属司法豁免规则。

将评价设为1～5五个等级，程度1代表“绝对否”，程度2代表“否”，程度3代表“不明确”，程度4代表“是”，程度5代表“绝对是”。由此可知，在参与本次问卷调查的人群中，认为这一规则在现实司法实践中完全没有落实的人数占样本总数的22.76%，认为基本没有得到落实的人数占样本总数的50.36%，不确定是否得以落实的人数占样本总数的13.52%，认为基本得到落实的人数占样本总数的10.40%，认为完全得到落实的人数占样本总数的2.96%。

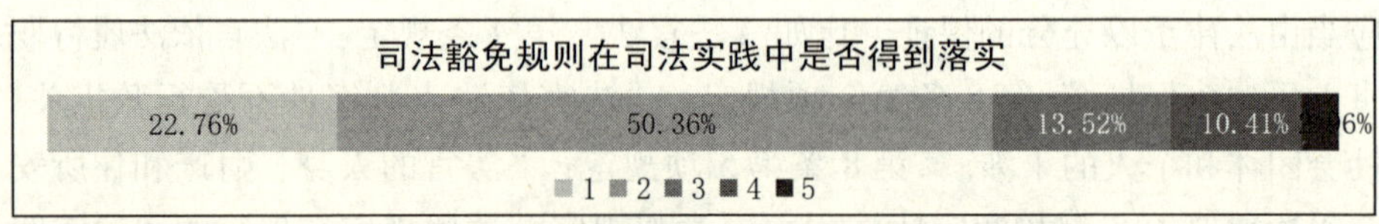


**图2－27**

由上可知，法检人员的司法豁免规则仍有待落实。司法豁免规则为实现法官独立和司法公正提供了有力的保障，尤其是在近年来多起法官正当履职反被追责的案件发生的背景下，落实司法责任豁免规则对于保障法官、检察官的职业安全有着重要的意义。

# 第三章

# 人财物统一管理

这些年来，民众对司法不公的意见比较集中。鉴于司法地方化之严重趋势，司法体制与工作体制之配合失调导致司法公信力不足之问题，中国共产党为“发展社会主义民主政治、加快建设社会主义法治国家”之要务，在十八大报告中作出重要战略部署，提出要“进一步深化司法体制改革，坚持和完善中国特色社会主义司法制度，确保审判机关、检察机关依法独立公正行使审判权、检察权”。

承接其精神，2013 年 11 月 12 日，党的十八届中央委员会第三次全体会议以“全面深化改革”为主题，通过了《中共中央关于全面深化改革若干重大问题的决定》，在其文本第 9 节“推进法治中国建设”第 32 项写入“改革司法管理体制，推动省以下地方法院、检察院人财物统一管理，探索建立与行政区划适当分离的司法管辖制度，国家法律统一正确实施”。对此，中共中央政法委员会书记孟建柱在《深化司法体制改革》一文中进行了进一步的解释。他认为，我国是单一制国家，司法职权是中央事权。考虑到我国将长期处于社会主义初级阶段的基本国情，将司法机关的人财物完全由中央统一管理，尚有一定困难。应该本着循序渐进的原则，逐步改革司法管理体制，先将省以下地方人民法院、人民检察院的人财物由省一级统一管理。地方各级人民法院、人民检察院和专门人民法院、人民检察院的经费由省级财政统筹，中央财政保障部分经费。

2014 年 2 月 28 日召开的中央全面深化改革领导小组第二次会议上，通过了《关于深化司法体制和社会体制改革的意见及贯彻实施分工方案》，明确了深化司法改革的目标、原则，制定了各项改革任务的路线图和时间表。在第三次会议上审议通过了《关于司法体制改革试点若干问题的框架意见》（以下简称《框架意见》）和《上海市司法改革试点工作方案》。《框架意见》选择在上海、广东、吉林、湖北、海南、青海先行试点，包括推动司法人员分类管理、省以下地方法院和检察院人财物统一管理、法官及检察官对所办案件终身负责，以及在省一级设立遴选委员会，扩大法官、检察官的选任渠道者几项改革。试点工作为期2年，结束后汇总相关经验，再由中央出台适用于全国的司法体制改革详细方案，出台时间预计在2017年左右。

为显示中央司法体制改革之决心，2014年10月20日召开的中国共产党第十八届中央委员会第四次全体会议以“依法治国”为主要议题，通过了《中共中央关于全面推进依法治国若干重大问题的决定》，并在文本的第4节“保证公正司法，提高司法公信力”第2项中加入“改革司法机关人财物管理体制”等话语。

“人财物统一管理”经由两个重大决定的提出而成为司法改革的热点议题之一，被视为“司法改革的四大任务之一，直接触及体制核心，是司法改革的‘硬骨头’”。《框架意见》指明的改革路径是：对人的统一管理，主要是建立法官、检察官统一由省提名、管理并按照法定程序任免的机制；对财物的统一管理，主要是建立省以下地方法院、检察院经费由省级政府财政部门统一管理机制。

对人（法官、检察官）的统一管理，六个试点地方均按照中央要求，实行法官、检察官统一由省遴选、管理并按法定程序任免的机制：在省一级设立法官、检察官遴选委员会，实行统一的遴选条件、标准和程序，从专业角度对法官、检察官人选进行把关；组织人事、纪检监察部门在政治素养、廉洁自律等方面把关，确保法官、检察官人选政治坚定、清正廉洁；依照相关程序，由院长、检察长提名任命；各级人大依照法律程序进行任免。

对财物的统一管理，原则上地方各级人民法院、人民检察院和专门人民法院、人民检察院的经费由省级财政统筹，中央财政保障部分经费。现有的司法经费管理是同级政府管理为主，上级司法机关之管理为补充的模式。地方政府通过预算、拨款审批等方式实现对司法经费的预决算、拨付使用之管理；上级司法机关仅对政法转移支付资金中的业务装备款项之使用进行管理。大致流程如下：法院、检察院在年初根据地方政府财政部门的要求上报预算，财政部门综合考虑所属各单位的预算情况，对法院、检察院上报的预算进行删减，而后，将预算提交人大审议通过。六个试点省市在“财物的统一管理”方面，以原有模式为基础，因地制宜。

率先启动司法改革试点的上海市，在财物管理方面，将区县司法机关作为市级预算单位，纳入市财政统一管理，清查统计各类资产，也由市里统一管理。湖北省的做法是，将全省全部法院、检察院系统的财物由省级统一管理。吉林省检察院在试点实施方案中提出，按照全省检察机关上年度上缴非税收入总额的20%建立备用金，由省财政厅和省检察院共同管理，主要用于大要案办理、突发事件处置和检察人员伤残抚恤等特殊情况的经费之保障。

为了反映"人财物统一由省级管理"这一司法改革举措的发展进程，我们向全国的13个省市（湖北省、海南省、吉林省、广东省、黑龙江省、重庆市、贵州省、云南省、浙江省、安徽省、甘肃省、新疆维吾尔自治区、江西省）的法院和检察院投递了调查问卷，其中设置了七个问题：

1. 您所在的单位司法经费是否能够满足司法工作顺利开展需求？

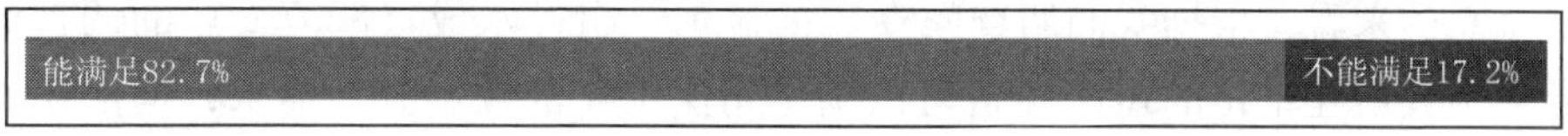

能满足82.7% 不能满足17.2%

2. 您所在的单位是否存在以办案收入弥补经费的情况？

存在71.2% 不存在28.8%

3. 您所在的单位的地方预算编制权是单列给司法机关，还是依附于其他政府预算？

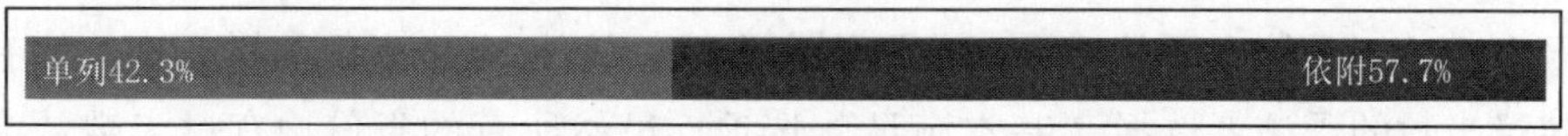

单列42.3% 依附57.7%

4. 您所在的地方是否存在行政机关削减司法预算的情况？

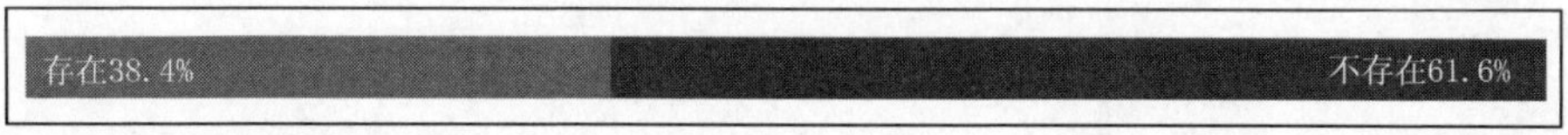

存在38.4% 不存在61.6%

5. 您所在的单位是否采取了财政直接下拨经费的方式？

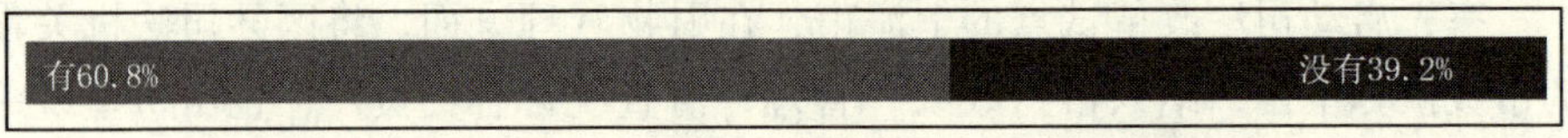

有60.8% 没有39.2%

6. 您所在的地方是否设立了司法经费管理机构来确定统一支付标准?

有[值] 没有[值]

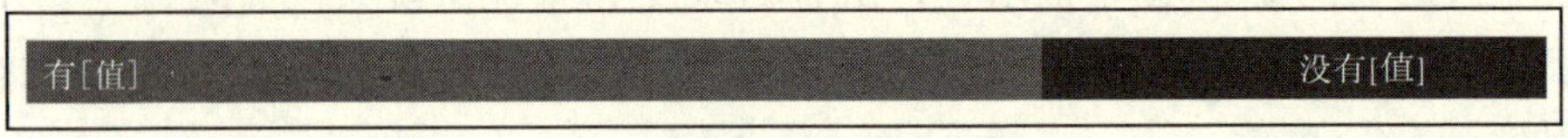

7. 您所在的单位是否有专门的管理部门来承担司法经费的使用和监督职能?

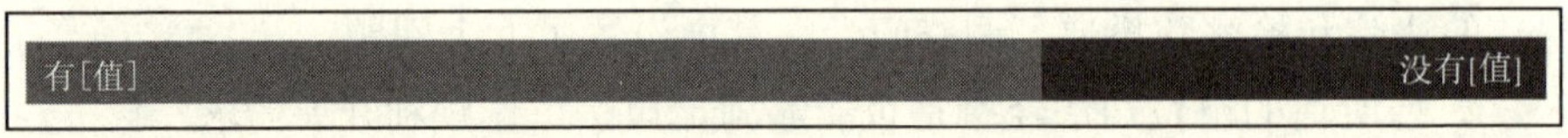

有[值] 没有[值]

总的来看，根据我们调查问卷数据显示，超过八成（82.7%）的调查对象认为其所在单位的司法经费可以满足司法工作的顺利开展需求，但上述的调查经费中，有超过七成（71.2%）存在用办案收入弥补之情况。另外地方预算的编制权绝大多数是依附于其他政府预算，仅四成（42.3%）是单列给司法机关，而且，从我们调查的情况来看，有近四成（38.4%）司法预算，存在被行政机关削减的情况。最后，从我们调查的整个样本当中，有60.8%的司法机关采取的是财政直接下拨经费的方式，71%的地方设立了司法经费管理机构来确定统一支付标准，67%的单位有专门的管理部门来承担司法经费的适用和监督职能。

分立来看，如图3-1，海南省的样本中受访者选择“不能满足”选项的最多，达到总体水平的47.7%。除海南省外，其他10个省份的样本中，均有超过半数的受访者选择“基本满足”选项。虽然所有的省份均有过半数认为司法经费已经“满足或者基本满足”，但考虑到“基本满足”占比之大，不得不让人思索司法经费的构成，以及是否会有削减情况。

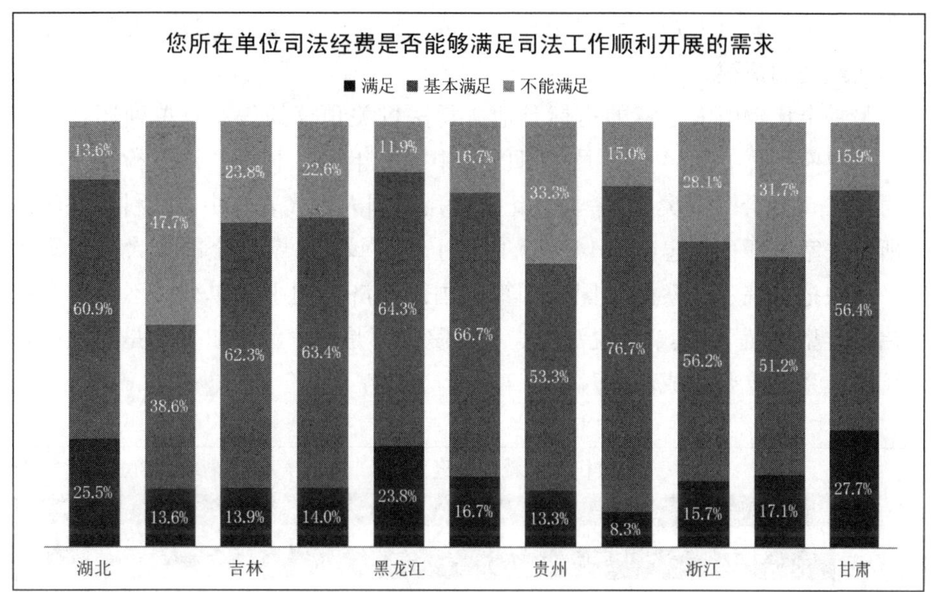


**图3-1　司法经费是否能够满足司法工作顺利开展之需求的调查的省份分布**

正如图3-2所显示，所有样本中，认为司法经费“满足”司法工作顺利展开之需求的受访人，有超过九成（90.9%）选择“存在”办案收入弥补司法经费的情况，另外选择“基本满足”的受访者中，亦有超过七成（73.8%）认为“存在”办案收入弥补司法经费的情况。最后，认为司法经费“不能满足”司法工作顺利展开之需求的受访司法人员中，有74.9%认为“存在”办案收入弥补司法经费的情况。

**图3-2　司法经费之满足需求与办案收入弥补司法经费之交叉图表**

另外，如图3-3所示，认为行政机关“存在”司法经费削减的受访司法人员当中有60%认为司法经费“满足”司法工作顺利展开之需求，而认为司法经费“不能满足”或“基本满足”司法工作顺利展开之需求的受访司法人员中，分别有超过五成（55.7%）和八成（87.4%）认为行政机关不存在削减司法经费的情况。

另一个比较引人注意的指标是地方司法机关预算的编制是单列还是依附于其他政府预算。2014年3月13日，《中国青年报》刊登“法院检察院预算别再放在‘社会治安类’”一文，记者采用全国人大代表、中国社科院法学研究所民法室主任孙宪忠在2014年人代会上的建议，“希望全国人大督促国务院，尽快把法院、检察院从国家预算和国民经济计划中间单列，不要放在社会治安类型里面”，其解释说法院、检察院“不是国家治安机关，是立法、司法国家体系的重要组成部分”。

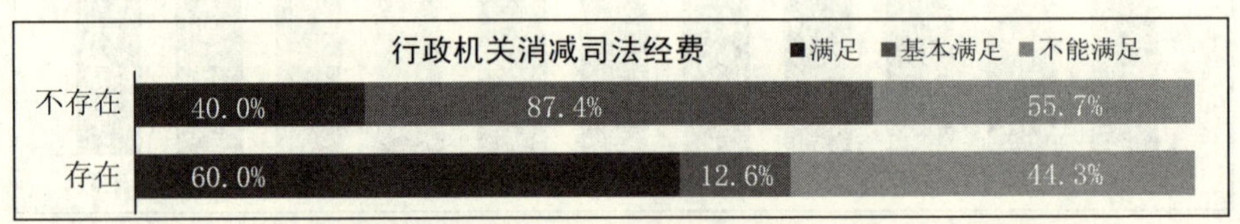


**图3－3　司法经费之满足需求与行政机关削减司法经费之交叉图表**

本次的司法体制改革，中央对“人财物统一管理”的部署中，对“人的统一管理”有统一要求，但是对“财物的统一管理”则基本上是六个试点区域，因地制宜。从我们调查的数据来看，有超过五成的地方（包括试点区域和非试点区域）是司法机关的财政预算依附于其他政府预算。

另外，作为司法改革的六个试点区域之一，湖北省的受访司法人员当中，有超过半数认为，司法机关的预算编制已经脱离其他政府预算而实行了单列。另外，江沪（江苏省和上海市，下同）、广东省和吉林省的统计数据显示，地方预算单列的比率仅徘徊在30%，海南省居湖北省之后，有超过四成（43.2%）的受访者认为其所在的司法机关的预算实现了单列。

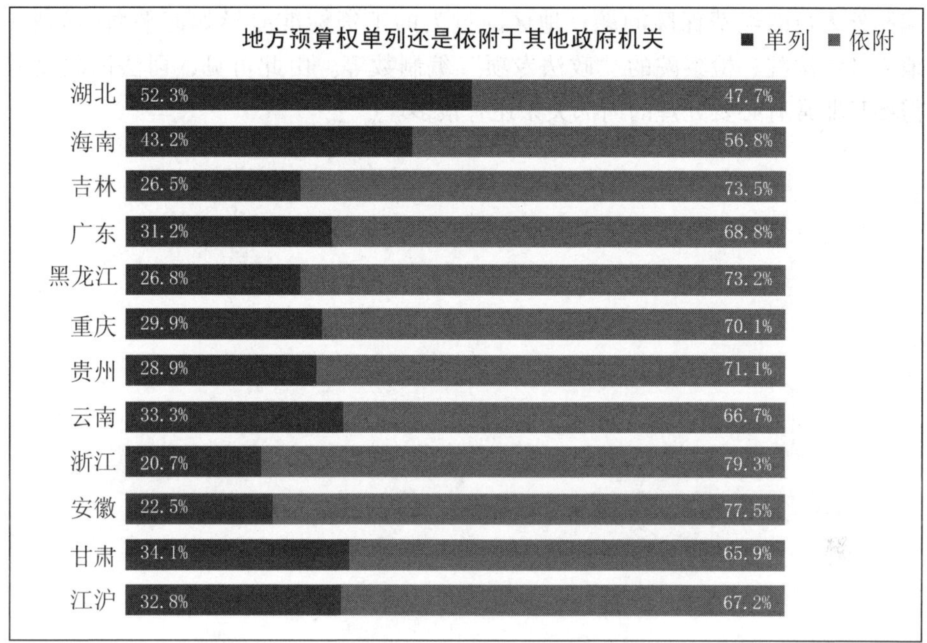


**图3－4　地方司法机关预算权单列还是依附于其他行政机关的调查的省份分布**

作为司法体制“难啃的硬骨头”之一，“财物的统一管理”之设想在设定之初，便有学者对其建言献策，提出中肯方案，其中“司法预算的独立性”和“司法经费之保障”为关注重点。概括地说，司法预算应由各级司法机关自主编制且单列于政府预算；省财政部门可针对地方财政之实际情况，对司法机关所编制之单列预算虽不可自行删减，但拥有提出修改意见之权力且该修改意见应与上述预算一同提交省级人大参考。

从改革的现状来看，司法经费的预算编制绝大多数仍然是依附于其他政府预算，即使某些改革试点区域，在此指标上，亦未有良好表现。另外，司法经费由办案收入弥补的现象仍然广泛存在于地方司法机关内，虽绝大多数受访司法机关均认为司法经费已经“满足或基本满足”司法之顺利运行所必需，但是考虑到办案收入对地方司法经费弥补之程度，不得不让我们正视司法改革进程之艰难。

随着司法改革的试点的深入，一些更为细微和重要的问题也浮现出来并需要制定详细的制度安排予以解决。如负责部门、管理内容等制度性安排；

编制外人员的经费保障问题；地区间过去的工资标准差异如何平衡的问题；地方各级法院、检察院的“政法专项”编制数等。由此可见，司法体制改革需要且非常有必要处理的内部关系还有很多。

# 第四章 司法责任制

《中共中央关于全面深化改革若干重大问题的决定》第33条第2款写道："改革审判委员会制度，完善主审法官、合议庭办案责任制，让审理者裁判、由裁判者负责。"十八届四中全会公报中亦强调"推进以审判为中心的诉讼制度改革，实行办案质量终身负责制和错案责任倒查问责制"。

司法责任制是本轮司法改革的又一重要分支，其是对官方媒体曝光之一连串的"冤假错案"的回应。为保证各级人民法院正确理解司法责任制之精神，2015年9月21日，最高人民法院发布了《关于完善人民法院司法责任制的若干意见》（以下简称《意见》）。该《意见》对法官在履行判决职责时所应当承担的责任作了详细的规定——在职责范围内，对办案质量终身负责。《意见》也明确提到应当"确保法官依法独立公正履行审判职责"。2015年9月28日，最高人民检察院发布了《关于完善人民检察院司法责任制的若干意见》，其中强调"突出检察官在司法办案中的主体地位"。最高检司法改革领导小组办公室主任王光辉认为"检察机关司法责任制改革，重点解决三个方面的问题：明确检察人员的职责权限；完善检察权运行机制；完善司法责任体系"。其中"明确检察人员职责权限，目的在于使检察官在职权范围内相对独立地承办和决定案件。完善检察权运行机制，是减少审批环节，也是为了突出检察官在司法办案中的主体地位。只要这两个方面确定了，司法责任体系就比较明确了"。

具体操作流程，6个试点区域正在努力尝试创新。为了洞晓"司法责任制"改革之进程与现状，我们设置了8个问题，以期有所发现。8个问题会在下述三个小节进行说明，并对调查结果做一阐述。

## 一、改革现状

有鉴于法院（检察院）的审判权（检察权）存在掣肘之现象，且“冤假错案”终身追责制度之威慑，为了揭示其存在之普遍程度以及对司法人员所造成之心理影响，我们设置了下面的问题：

1. 您认为当前司法机关内部是否存在着法院（检察院）的审判权（检察权）无法依法独立行使的问题？（1为绝对否，5为绝对是，1~5之数字表明其所感程度；下同）

2. 对于官方媒体报道的冤假错案，您是否存在着心理压力？

针对上述两个问题的问卷调查之结果，如图4-1和图4-2所示，有六成受访司法工作人员认为司法机关内部“存在”司法职权无法独立行使的问题（所填数值不低于3）；亦有超过六成（61.7%）的受访者认为官方媒体所报道的“冤假错案”使其存在着心理压力。

分立来看，甘肃省的表现令人醒目，其中有近九成（89.7%）受访司法人员认为，在其所在司法机关内“不存在”司法职权无法独立行使的情况。但甘肃省委政法委执法督导处处长冯之东博士在其《司法体制改革背景下的审判委员会制度——以司法责任制为切入点》一文中，以甘肃省Z市法院审委会之改革为背景，指出“改革之后的Z市市县两级法院68名审委会委员中，正副院长和专委共计35人……中层正副职也多达30人”，并以此来说明“审委会委员”被异化、被行政化之严重程度。当然，考虑到我们的调查样本的局限性，在统计结果中，不排除个别极端数据的产生。

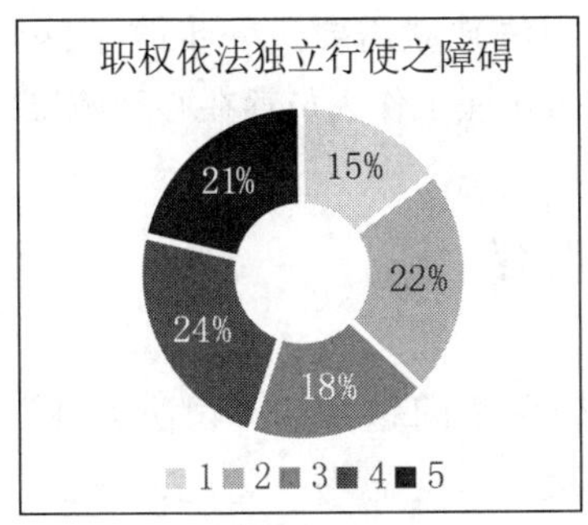


图 4-1　司法机关职权依法独立行使之障碍

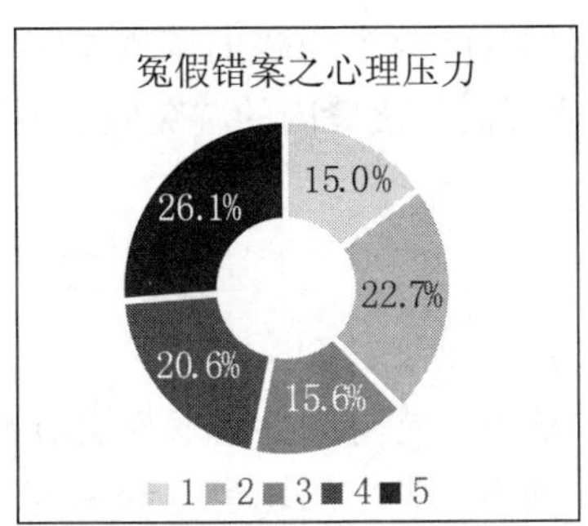


图 4-2　冤假错案对受访司法人员之心理压力

另外，江西省和四川省之反映结果刚好相反，有 89.7% 的受访者认为“存在”司法职权无法依法独立行使的问题，86.4% 的受访者认为官方媒体报道的“冤假错案”会对其产生心理压力。从 15 个（江苏省和上海市放在一起）被调查的省市来看，除却甘肃省外，均有超过半数的受访者（最低为广东省的 55.9%）认为司法职权“存在”无法独立行使的问题；超半数的受访者（海南省为 45.55%）认为官方媒体的报道的“冤假错案”会对其产生心理压力。

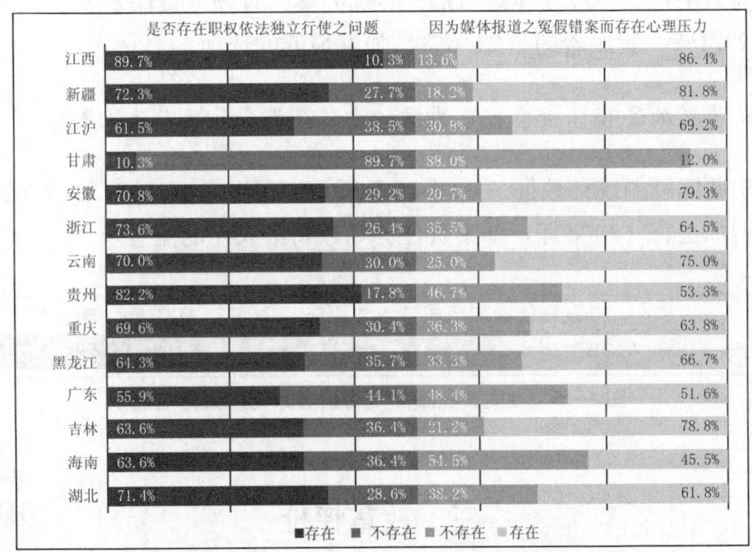


图 4-3　司法机关职权依法独立行使和冤假错案对受访司法人员之心理压力两个问题的调查结果的省份分布

我们对前两个问题的调查结果揭示出司法独立需要进一步改革深化，而“司法责任制”之肇因的“冤假错案”确实对司法工作人员存在心理威慑效应。

## 二、改革内容

司法责任终身制会引发权责分配是否公平之问题，且“司法人才”会否因此而加速流失之问题也已经引起学者和决策者之思考。为此，我们设置了下面两个问题，并公布了我们的调查结果：

法院（检察院）各级领导都应当担任主审法官（主任检察官），亲自参加办案。您认为这样做是否可行？

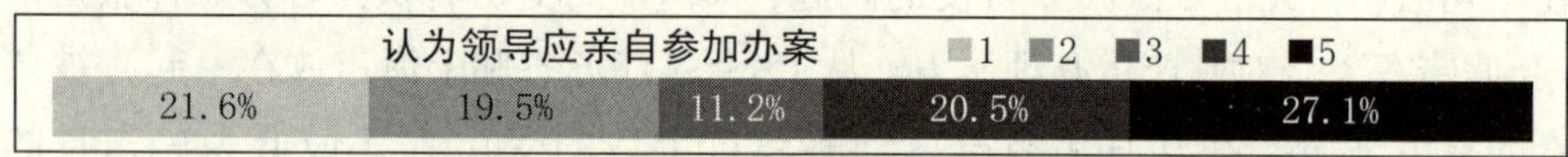


图4-4　司法机关各级领导是否应当亲自参加办案

从调查结果的分布来看，如图4-4，近六成（58.9%）的受访司法工作人员认为司法机关各级领导应当亲自参加办案，且强度最深之选项5，占比最高，为27.1%，紧跟着的是21.6%，强度最低的选项1。

您认为增加法官（检察官）办案的责任是否会导致人才流失？

关于此问题的统计数据，如图4-5所示，超过六成（63.5%）的受访人员认为增加法官（检察官）办案责任会导致司法人才的流失。

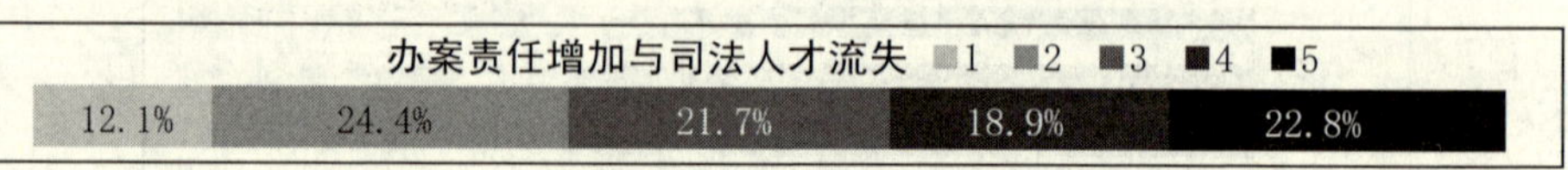


图4-5　办案责任增加是否会导致司法人才流失

## 三、改革评价

地方司法机关工作人员对“司法责任制”这一改革举措之评价最能说明

司法改革面临的问题。为了表明“司法责任制”改革至此阶段所面临的问题，并回答其进一步完善所需要的配套设施。我们设置了下面几个问题，结合其调查结果，下分述之：

您认为推行错案追究制度是否有助于法官（检察官）的审判权（检察权）的依法独立行使？

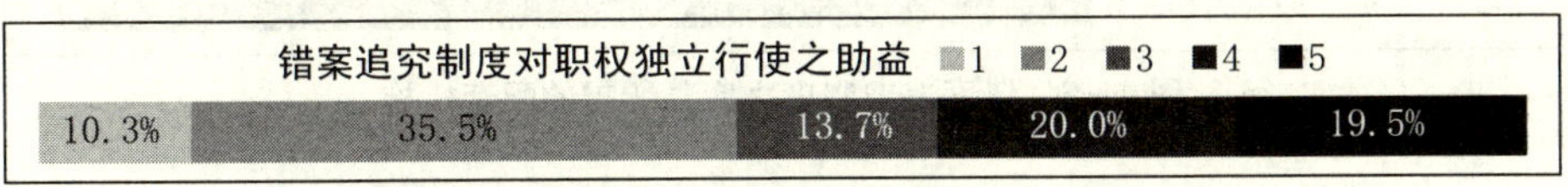


**图 4-6　错案追究制度对司法职权独立行使之助益**

有超过半数（53.2%）的受访者认为错案追究制度有助于司法职权之独立行使，但值得注意的是，有36.5%选择选项2，远超过其他强度选项。

司法办案组织由主审法官（主任检察官）、法官（检察官）及辅助人员组成。您认为司法办案组织的凸显主审法官（主任检察官）主体地位的同时，能否保证主审法官（主任检察官）以外的其他法官（检察官）的办案职权？

**图 4-7　司法办案组织对其他法官（检察官）办案职权之影响**

关于此问题的统计结果比较“均匀”，分别有21.7%、21.7%、23.9%和20.5%受访者选择选项2、3、4和5。超过半数认为司法办案组织可以“保证”除却主审法官（主任检察官）之外的法官（检察官）的办案职权。

由于错案追究制度之威慑性和严苛性，众多受访者认为该制度应该有相应的配套措施以近完善。我们拟定的四个可供选择的配套措施如下：

为了错案追究制度的顺利推行，您认为还应完善哪些配套措施？

1. 改革法院（检察院）内部的领导机制
2. 改革法官（检察官）的职业能力培训机制
3. 提升法官（检察官）的工资福利待遇

4. 构建司法权依法行使的监督机制

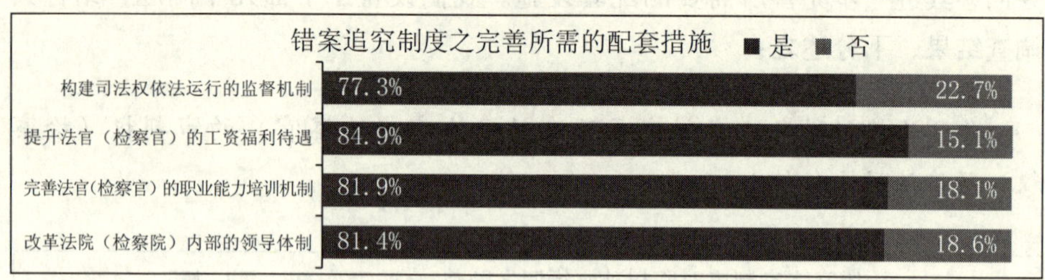


图 4-8　错案追究制度之完善所需的配套措施

统计结果显示，4 个选项均有八成左右的受访者认为应该作为配套机制以完善现有的错案追究制度，可见在强调错案追究制度的同时，对法官和检察官的个人关怀也是不可或缺的。这一点完全体现在下面一个问题上：

推行错案追究制度意味着法官（检察官）要对所办案件的质量终身负责，您认为这样的责任追究机制是否合理？

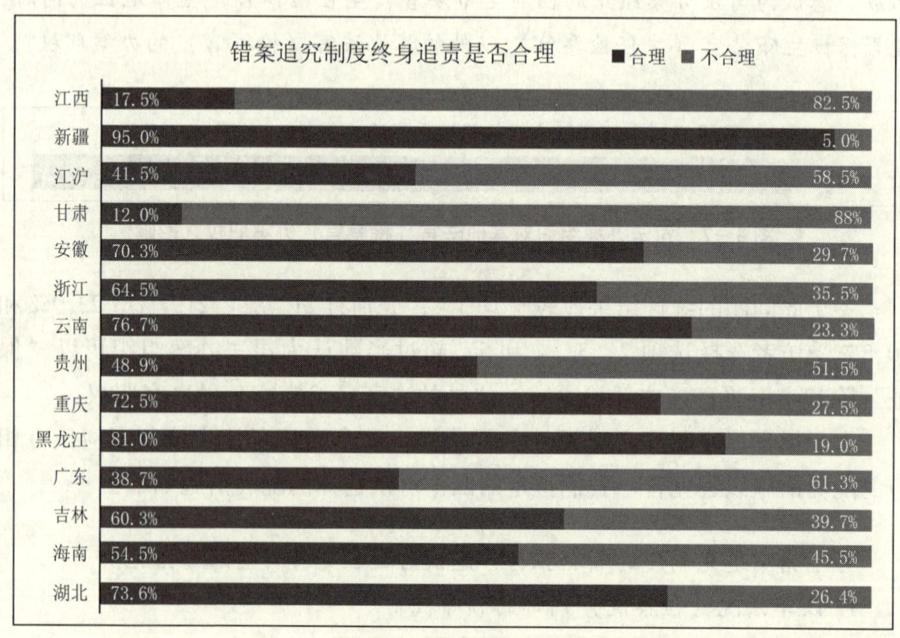


图 4-9　错案追究制度终身追责是否合理

如图4-9，调查数据显示的结果，各有代表性，其中新疆维吾尔自治区有95%的受访司法人员认为终身追责之制度是“合理”的，为所有省份之最。除却新疆维吾尔自治区外，黑龙江省、云南省、湖北省和安徽省均有超过七成的受访司法人员认为该制度“合理”。另外，贵州省、江沪、广东省、江西省和甘肃省均有超过半数的受访者认为终身追责制度“不合理”，其中江西省和甘肃省选择“不合理”的受访者占比超过八成（分别为82.5%和88%）。

为了深入揭示上述结果之背后信息，作为对比分析，图4-10列举了三个省份对错案追究制度之负责范围的问卷结果，三个省份分别为江西省、新疆维吾尔自治区和江沪，其中江西省和江沪的调查结果均有超半数认为终身责任制“不合理”，而新疆维吾尔自治区是95%的受访者认为其“合理”。从调查结果可以很明显地看出受访者均对终身负责制的负责范围有所保留，认为“只应对其办理的故意或重大过失引起的冤假错案负责”。这或许反映了司法改革过程中地方法官和检察官的心声。

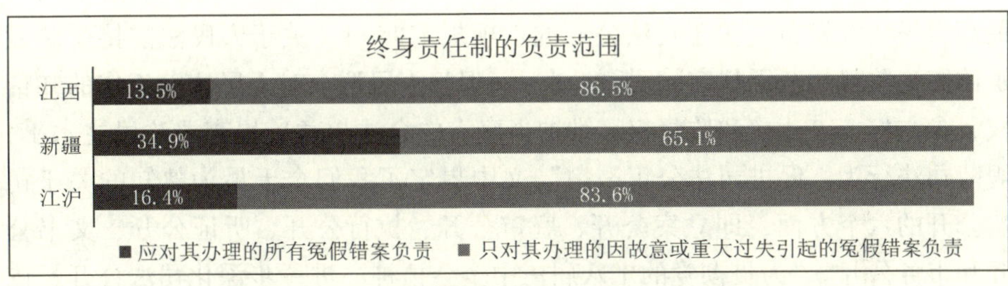


**图4-10　错案追究制度终身负责制之负责范围**

从本章的调查数据来看，“司法责任制”之改革确实对司法人员具有重大威慑作用，但是错案追究制度终身负责制是否合理却引发争议，从我们调查的数据来看，各级法官和检察官对此也颇有质疑与不满。有学者认为终身追责太过严苛与恣意，建议结合诉讼法中的诉讼时效和追诉时效制度，给错案追究制度设定时限，以缓和司法改革过程中司法工作人员的抵触情绪。这未尝不是思考与解决问题的途径之一，在司法改革的持续深入的过程中，在考虑权责分配和司法独立运行的基础上，应该加强各级法官和检察官之权责行使的保障措施，使其真正做到“放心”办案。

# 第五章

# 司法公开

司法公开与其他司法改革措施相比，启动时间较早，最早可追溯到1999年3月最高人民法院发布的《关于严格执行公开审判制度的若干规定》。作为中国第一个专门就公开审判问题进行规定的法律文件，其明确，公开审判的含义是“公开开庭，公开举证、质证，公开宣判”。2006年7月，最高人民法院发布第二个关于公开审判问题的司法解释——《关于加强人民法院审判公开工作的若干意见》，其中对审判公开作了广义的解释，认为审判公开涉及立案、审判、执行等诉讼环节和与审判有关的法院工作。2009年12月23日，最高人民法院发布《关于司法公开的六项规定》和《关于人民法院接受新闻媒体舆论监督的若干规定》，旨在“……保障人民群众对人民法院工作的知情权、参与权、表达权和监督权，维护当事人的合法权益，提高司法民主水平，规范司法行为，促进司法公正……”文中界定了我们今天最为熟知的关于司法公开的六个方面，即立案公开、庭审公开、执行公开、听证公开、文书公开和审务公开。“为贯彻党的十八届三中全会精神，进一步深化司法公开，依托现代信息技术，打造阳光司法工程……”最高人民法院以法发［2013］13号印发《关于推进司法公开三大平台建设的若干意见》，提出推进审判流程公开平台建设、推进裁判文书公开平台建设和推进执行信息公开平台建设。

在此背景下，为体现司法公开制度后地方法院和检察院的践行程度，我们设置了6个问题，并公布了调查结果，下分述之：

*您所在的地方为推行审务公开改革是否出台过相关规范性法律文件？*

从我们收上来的问卷结果来看，总体上，有近八成（79.6%）的受访司法人员认为，所在地方“有”出台过相关规范性法律文件，以推行审务公开改革。

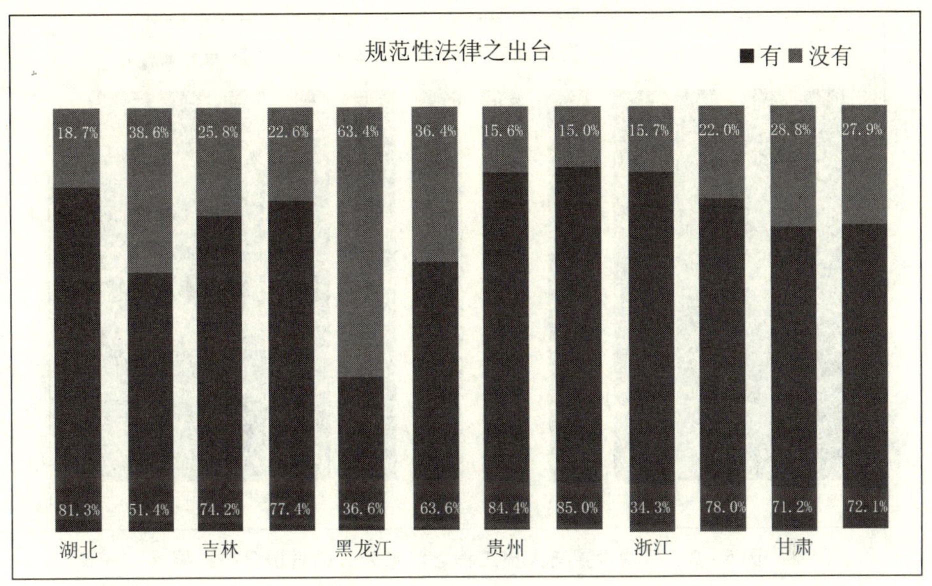


**图 5－1　是否有规范性法律之出台的调查结果之省份分布**

分立来看，如图 5－1，黑龙江省是唯一不同的省份，有超过六成的(63.4%) 受访者认为“没有”出台过相关规范性法律文件以推行审务公开改革。其他省份均有超过六成（最低为61.7%）的受访者认为“有”出台过相关规范性法律文件。

您所在的地方是否公开了法院（检察院）的机构设置和人员构成等相关信息？

从调查结果来看，如图5－2，接受调查的省份中，均有超过半数（最低为58.5%）的受访司法人员认为所在地方的法院（检察院）公开了机构设置和人员构成等信息。比较醒目的，海南省、云南省均有超过九成（最少为90.9%）的受访司法人员选择了“有”这一选项。

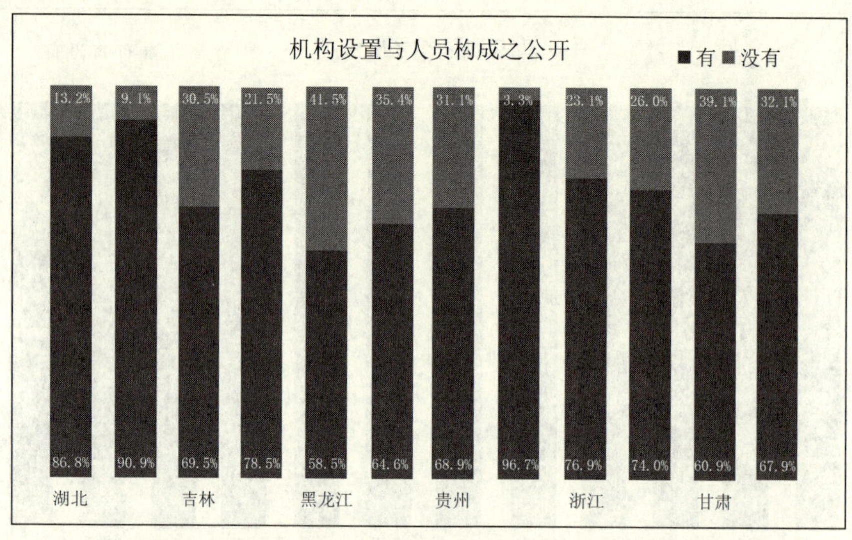


**图5-2　机构设置与人员工程之信息公开的省份分布结果**

管理依据之公开，对应于最高人民法院《关于司法公开的六项规定》之“文书公开”。我们在问卷中只列出了4个可供选择的选项，并没有要求受访者自行填写，具体问题如下：

您所在的地方公开了哪些管理依据？

1. 法律法规和司法解释
2. 本院制定的审判指导意见
3. 审判管理制度
4. 诉讼指南

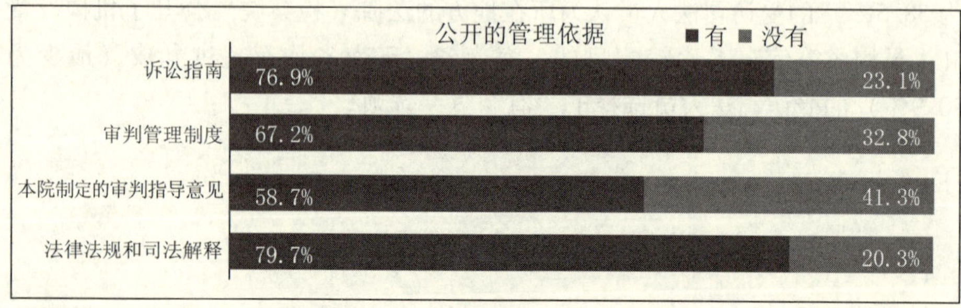


**图5-3　四项管理依据的公开结果**

从图5-3可以明显看出来，虽然选择“本院制定的审判指导意见”选项的司法受访人员比例（58.7%）已经超过半数，但是选择这一选项的受访司法人员相对来说最少。选择人数最多的为“法律法规和司法解释”，比例为79.7%。

为对应司法公开三大平台之一的审判流程公开平台，和最高人民法院《关于司法公开的六项规定》中审务公开之规定，设立了如下问题：

您所在的地方公开了哪些案件管理过程？

1. 案件流程信息
2. 排期开庭
3. 审判管理措施和成效

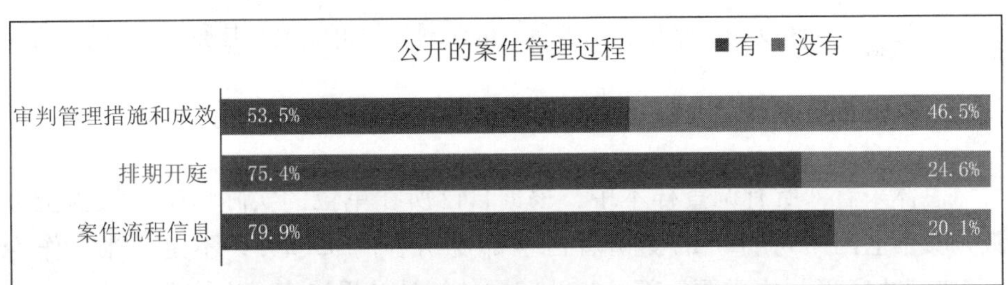


**图5-4 案件管理过程之公开**

在我们所列举的3个选项中，选择“审判管理措施和成效”的受访司法人员之数目和“案件流程信息”（79.9%），但是也超过了半数（53.5%）虽显著低于其余两项——“排期开庭”（75.4%）。

您所在的地方公开了哪些与审判工作有关的其他管理活动？

1. 接受公众监督机制　　2. 本院重大活动
3. 司法统计数据和工作报告　　4. 审判研究成果
5. 司法救助管理　　6. 司法亲民活动

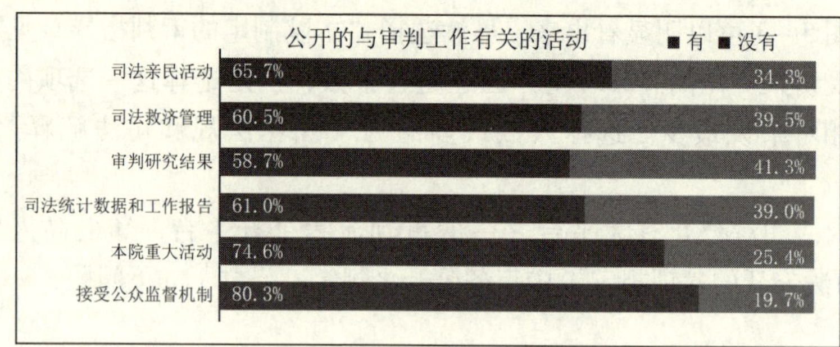


**图5－5　与审判工作有关的其他管理活动之公开**

6个选项，均有超过半数（最低为“审判研究结果”58.7%）的受访者选择，其中占比最高的为“接受公众监督机制”，占比为80.3%，紧接着为“本院重大活动”的74.6%和“司法亲民活动”的65.7%。

最后一个问题反馈的结果，出乎我们的预料，但可能也有其原因。问题如下：

根据您所在单位的实际情况，您觉得裁判文书全部上网可行吗？

总体来看，所有调查样本中，根据自己所在单位的实际情况，认为全部裁判文书上网“可行”的受访者占全部受访者的45.2%，不足一半。作为“阳光司法工程”之重要一部分，此问题的统计结果确实令人惊讶。

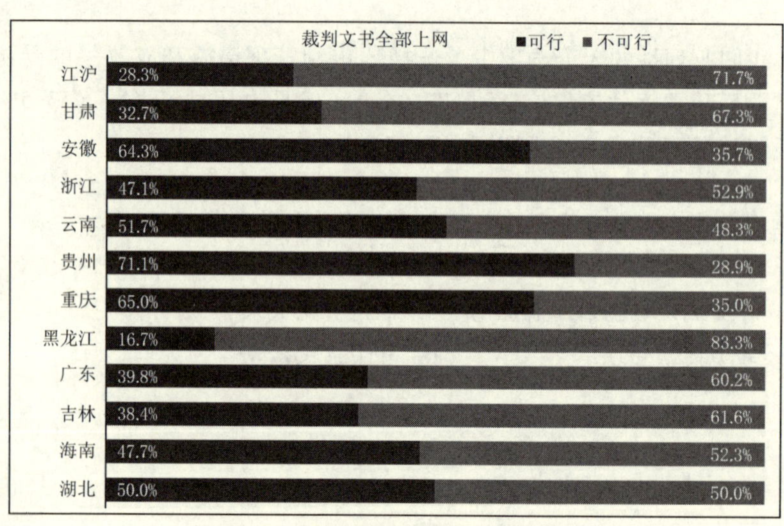


**图5－6　裁判文书全部上网是否可行**

分立来看，结合省市特征，如图 5 －6 所示，全部省市中，仅有 4 个省市，安徽省、云南省、贵州省和重庆市有过半数的受访司法人员认为，根据自己所在单位的实际情况，裁判文书全部公开上网“可行”，其中最高的数据由贵州省录得，为 71.1%。相反，绝大多数的省份认为全部裁判文书上网之举措“不可行”，其中黑龙江省的数据最低，仅有不足两成（16.7%）的受访司法人员认为全部裁判文书上网之举措“可行”，紧接着的是江沪的 28.3% 和甘肃省的 32.7%。湖北省做到了“平衡”，认为全部裁判文书上网“可行”与“不可行”的受访者，各占全部受访者的一半。

从我们的调查数据来看，统计结果基本上符合我们的预期。作为司法公开最重要一环的“审判文书全部上网”之举措，争议最为激烈，显示数据结果的差异也最大，这反映出基层法官、检察官对于司法公开之制度的顾虑。需要指出的是，司法公开虽然是司法改革整体方案中的重要环节，但并非全部。如若把司法公开简单地视为判决书的公开，而忽视其与其他司法改革措施的配合，司法公开的深层意义，便会得到削减，最终导致司法公信力和司法水平并没有因为司法信息和程序的公开而得到根本性的提升。如此，司法公开必将会给具体办案的法官以更大的责任和压力，从而令司法人员质疑与抵触。合议庭和独任法官依法独立审判的权力之落实应该是改革的重点——以摆脱非司法权之不正当干预，并让法官、检察官得以自由公正地履行职责，而没有“怕背黑锅”之顾虑。

# 调研报告

# 最高人民法院巡回法庭调研报告

## 一、巡回法庭基本情况

设立最高人民法院巡回法庭是党的十八届四中全会作出的重大改革部署。2014 年 12 月 2 日，中央全面深化改革领导小组审议通过《最高人民法院设立巡回法庭试点方案》，拟在深圳、沈阳两地设立最高人民法院第一巡回法庭、最高人民法院第二巡回法庭。2015 年 1 月 28 日，最高人民法院第一巡回法庭在深圳挂牌建立，受理广东、广西和海南三省的跨行政区域的重大行政与民商事案件。最高人民法院第二巡回法庭于 2015 年 1 月 31 日上午在辽宁省沈阳市挂牌，巡回区为辽宁、吉林、黑龙江三省区。

### （一）第一巡回法庭

第一巡回法庭设 1 名庭长、2 名副庭长和 1 名廉政监察员。暂设主审法官 9 名，从最高人民法院优秀审判长中选任，负责审理各类案件。主审法官实行定期轮换，轮换期为 2 年。每位主审法官都配备相对固定的法官助理、书记员等司法辅助人员，司法辅助人员主要从地方法院优秀审判员、助理审判员、书记员中选任。综合行政、司法调研和后勤保障等事务性工作统归综合管理办公室负责，实现内设机构精简化。

截至 2015 年 11 月 30 日，第一巡回法庭接待来访 9816 人次，共受理 820 宗案件，结案 570 件，结案率为 70%。受理的案件主要由二审、申请再审和申诉三类案件构成。其中申请再审的案件最多，占的比例最高；其次是二审的案件，有 62 件，占案件总量的 8% 左右；最少的是申诉案件。就受理案件分类而言，行政案件的占比最高。《行政诉讼法》修改后，各级人民法院受理的行政案件增多，一定程度上表明人们更加相信法律，愿意通过法律解决行政争议进而“化访为诉”。第一巡回法庭根据实际情况，公正审理各类型的案件，从而将纠纷解决导入正规程序当中，通过法律化解纠纷。

### （二）第二巡回法庭

最高人民法院第二巡回法庭配备了1名庭长、2名副庭长、1名廉政监察员、9名法官以及若干审判辅助人员和行政管理人员。完善的硬件设施是巡回法庭顺利开展工作的前提和基础。因此，沈阳市浑南区世纪路3号的一幢8层高的灰色大楼就被选定为第二巡回法庭的办公地点。一走进第二巡回法庭，映入眼帘的就是位于一楼大厅的面积达900平方米左右的诉讼服务中心。该中心设有导诉台、候谈室、接洽室、分案室、信访室、心理咨询室等窗口，基本上可以一站式为当事人提供相关诉讼服务。除了巡回法庭本部的办公地点外，该巡回法庭还在东北三省设置了11个巡回审判点，通过定期选派法官去巡回审判和接访，充分方便了当事人的诉讼活动。

第二巡回法庭2015年一年审判案件高达876件（法官人均参审220件），其中庭领导参与审结的案件多达121件。在保证较高的案件审结数量的同时，案件的审判质量也得到了保障，由该庭审结的申请再审、申诉或引发信访的案件的数量均为0件。巡回法庭的设立在巡回区反响较大是其给人的又一印象。因为巡回法庭兼具负责审理特定类型案件与负责办理特定来信来访的职能，第二巡回法庭一设立，就审理了大量的诉讼案件，也处理了大量的来信来访。以2015年的统计数字为例，仅一年，第二巡回法庭就接待来访当事人33 000余人。

## 二、司法改革情况

### （一）机构设置扁平化

为了凸显以审判工作为中心的司法改革精神，巡回法庭均采取了扁平化的机构设置。巡回法庭设党组，由庭长、副庭长和廉政监察员组成，党组书记由庭长担任。巡回法庭不设置固定的合议庭和固定的审判长，而是由法官随机组成合议庭；所有党务、行政、人事、后勤等综合行政工作统一由综合办公室负责。

（二）办案组织团队化

为了提升办案能力，巡回法庭实行扁平化的人员管理机制，组成了以主审法官为核心的审判队伍。每个团队的人员结构是“1+1+1+1”，即由1名主审法官、1名法官助理、1名实习法官助理和1名书记员组成。

（三）合议庭的组成以及分案随机化

案件分配上实行自动分配原则，案件审理上坚持庭审中心主义。就分案的随机性而言，为了防止案件的难易不均和审判不公正，通过分案系统随机为合议庭分配案件。就合议庭组成而言，为了防止合议庭成员固化所带来的利益固化和合议虚化，同时为了促进不同法官之间的交流和学习，巡回法庭要求所有合议庭都是随机产生，审理案件时由承办案件的主审法官担任审判长。庭长或者副庭长参加合议庭审理案件时，自己担任审判长。巡回法庭作出的判决、裁定，经合议庭成员签署后，由审判长签发。截至2015年9月30日，第一巡回法庭在已审结的307件案子中，除32件由庭长、副庭长直接承办的，7件庭长、副庭长以审判长身份参加合议庭的案子外，其余案件均由承办法官作为审判长自行签发。

（四）推进主审法官负责制、合议庭负责制

为了做到由审理者裁判，由裁判者负责，第二巡回法庭突出主审法官和合议庭成员在立案、阅卷、调解以及案件裁判中的地位，赋予他们决定权。庭领导对于主审法官和合议庭的审判工作一律不准过问。

（五）提升当庭裁判比例

当庭审理、当庭宣判不仅有助于提升司法权威，还有助于当事人服判息诉。为此，第二巡回法庭不断提升法官的当庭宣判能力，扩大当庭宣判的案件比例。不仅当庭宣判一些影响较小的案件，也尝试当庭宣判很多大案、要案。

## 三、访谈实录

（一）第一巡回法庭

**访谈时间：2015年11月15日**

**访谈对象：法官代表、书记员代表**

**问：**一巡成立以来的工作情况？

**答：**截至2015年11月，第一巡回法庭接待来访将近8000人次，共受理700多宗案件，结案有500件左右，结案率大约是70%。受理的案件主要由二审、申请再审和申诉三类构成。其中申请再审的案件最多，占的比例最高；其次是二审的案件，有62件，占案件总量的8%左右；最少的是申诉案件。

就受理案件分类而言，行政案件的占比最高。《行政诉讼法》修改后，各级人民法院受理的行政案件增多，一定程度上表明人们更加相信法律，愿意通过法律解决行政争议进而选择“化访为诉”。此外，2008年调整民商事案件受理标准后，近几年来最高人民法院受理的二审民商事案件数量总体呈下降趋势。

就工作量而言，其一，法官都要亲自办理案件，办案数量比较大，开一整天的庭或者加班之类的现象很常见，第一巡回法庭主要是考虑到当事人心理预期和效率等，会尽量将受理的案件在审限内结掉，但不强调形式的“办案指标”；其二，在保障办案质量方面，如果合议庭意见有重大分歧，主审法官可以将案子提请到联席会议讨论，而重大疑难案件、合议庭内部分歧较大的案件按规定还要征求最高人民法院本部相关业务庭室的意见；其三，信访量大增，以往巡回区三个省的信访总量一年才2000多件，而现在信访的总量已经翻了两番。此外，法官队伍素质很高，也希望通过案件来发现实践中的新问题，从而进行理论研究，真正做司法公正、司法为民的践行者。

**问：**第一巡回庭下一步的工作重点？

**答：**下一步会发挥巡回法庭的独特作用。其一，第一巡回法庭努力加强最高人民法院与地方人民法院之间的联系，发挥桥梁纽带作用，把最高人民法院的最新部署尽快传达到基层，并及时向最高人民法院反映巡回区内的司法审判情况和问题。其二，目前第一巡回法庭在深圳的审判区共设四个法庭审理案件，法官可以主动到巡回区内一些地方审判、接访，借用巡回区的人民法院设施就近办案，同时还可以开展相关的调查研究。第一巡回法庭根据实际情况，公正审理各类型的案件，从而将纠纷解决导入正规程序当中，通过法律途径化解纠纷。

巡回庭还加强服务建设，切实方便人民群众。第一巡回法庭设有诉讼服务中心，为来访的有关人员提供咨询、诉讼材料收转、立案登记等事项的服务。同时，诉讼服务中心还设有两个“律师志愿服务岗”，由深圳律师协会选派律师轮流值班，他们可以第三方的身份帮助来访的人员或者当事人，提供法律方面的意见或者帮助释法说理。

（二）第二巡回法庭

**访谈时间：**2015 年 11 月 18 日
**访谈对象：诉讼服务中心主任、综合办主任以及两名法官助理**

**问：**第二巡回法庭的设立除了起到了方便当事人诉讼的功能外，还起到了哪些作用？

**答：**除了降低当事人的诉讼成本外，第二巡回法庭的设立还起到如下两方面的作用：（1）法制宣传作用。第二巡回法庭多次到巡回区大学公开审理案件，让人大代表、政协委员、专家学者和学生等旁听案件审判，扩大了司法裁判的法制宣传效果。（2）二巡庭与巡回区 7 所大学建立了双向交流合作机制，通过法官到大学法院院担任兼职教授，大学向二巡庭输送实习助理，以及院校共同承担课题研究等多种方式，促进了法学人才的培养工作，同时也缓解了二巡庭案多人少的工作压力，实现了双赢。

**问：**第二巡回法庭是如何应对数量庞大的来信来访工作的？

**答：**第二巡回法庭设立之初，由于宣传工作不到位，很多不归本庭处理的信访案件都涌到了二巡庭。其中，二巡庭办公的第一天，就接待了 1000 人次的信访工作。为此，二巡庭通过充分利用各种媒体，印制宣传手册等方式，向巡回区的民众解答哪些信访事项该由二巡庭处理，从而大大降低了信访人次。到了 2015 年下半年，每天接待的信访事项已降到 100 人次以下。

**问：**第二巡回法庭诉讼服务中心的运行效果如何？

**答：**第二巡回法庭通过设立功能齐全、设施完善的诉讼服务中心，大大地方便了当事人及其律师。而且，诉讼服务中心突出了“服务”这一理念，在内部功能分区以及相关业务处理上，都能让相对人在感受司法权威的同时，体验到司法温情和人性化的一面。

**问：**二巡庭确立了主审法官会议制度，请问该制度发挥了哪些作用？

**答：**主审法官会议制度的确立有助于统一二巡庭的法律适用，进而保证同案同判，确保案件裁判的公正、准确。依据相关规定，如下类型案件都应提请主审法官会议讨论：合议庭决定提审的案件、合议庭决定指令再审的案件，在理论上或实践中有分歧且涉及法律统一适用的案件，重大疑难复杂新类型需要解决法律适用争议的案件。主审法官会议通过讨论，可以为合议庭如何适用法律提供参考意见。据统计，2015 年全年即召开了 22 次主审法官会议，讨论了 68 件案件。通过集聚全庭智慧，解决了疑难案件审判中因为法官业务背景的差异所带来的法律适用不一致等问题。

（王昭华、孙胜东、黄瑞）

# 云南省司法运行过程实证调研报告

## 一、基本情况介绍

云南省位于我国西南边陲，因其秀美的自然环境而被誉为“七彩云南”。2015 年云南省的经济总量为 13 717.88 亿元，同比增长 8.7%。虽然经济总量不高，但随着较快的经济增速，其民商事类案件也在不断增多。2015 年，云南省全省法院受理案件超过 40 万件，比 2014 年增加 9 万多件。云南省是个多民族地区，其下辖 8 个少数民族自治州，少数民族占其总人口的 33%。因云南省毗邻“金三角”，所以其毒品类犯罪十分猖獗，毒品案件数量居高不下。云南全省法院每年审结毒品类案件 6000 余件，查获的毒品数量占全国总量的 70% 以上。针对自身特殊的社会环境，云南省积极探索符合本省情况的改革方案。基于此，云南省高级人民法院实现了多个“第一”。如第一个设立毒品案件专业审判庭；第一个设立统一管理和统一协调的执行局；第一次对减刑、假释案件实行听证程序；指导下级法院第一次采用注射式执行死刑；第一次统一任命执行员；第一次实行专业审判委员会制度等。云南设各级法院 149 个，其中包括 1 个高级人民法院，17 个中级人民法院，131 个基层人民法院。云南省作为全国第二批司法改革试点省份，积极推进司法体制改革。2015 年，在省高地方的院的推动下，昆明、普洱 2 个地方的中级人民法院和西山、寻甸、思茅、景谷 4 个地方的基层法院正式开展司法人员分类管理、司法职业保障、司法责任制、人财物省级统管等 4 项改革试点工作。在全省 23 个人民法庭开展主审法官办案责任制试点工作，探索构建科学的审判权力运行机制，落实“让审理者裁判，由裁判者负责”。

### （一）昆明市西山区人民法院

西山区人民法院是云南省受理案件数量最多的基层法院，是云南省唯一一家年受理案件数量超过 1 万件的法院。西山区人民法院在案多人少的情况下，一是认真抓审判质量与效率。2013 年 2 月份，西山区人民法院被最高人民法院授予“庭审质量、裁判文书质量评查活动全国先进集体”称号。二是抓工作创新。2011 年，西山区人民法院被最高人民法院确定为全国 90 家小额速裁试点法院之一，2012 年 4 月，西山区人民法院被确定为全国 42 家诉调对接试点法院之一。由于工作业绩突出，最高人民法院于 2011 年、2012 年连续两年对西山区人民法院予以通报表扬，2012 年 9 月，西山区法院被中共云南省委、省政府评为“省级文明单位”。

### （二）昆明市呈贡区人民法院

呈贡区人民法院始终围绕“努力让人民群众在每一个司法案件中都感受到公平正义”的工作目标，以“司法为民，公正司法”为工作主线，狠抓执法办案第一要务，全面加强队伍建设，为全区社会和谐稳定作出了积极贡献。通过持之以恒地狠抓审判，苦练内功，规范管理，内强素质，外树形象，呈贡区人民法院以审判为中心的各项工作取得了人民群众的理解信任。先后获得最高人民法院授予的“全国优秀法院”“全国模范法院”的荣誉称号，并被确定为云南省唯一一家“司法公开示范基层法院”。

## 二、司法改革基本情况

云南省作为我国司法改革第二批试点省份，初步确定昆明、普洱 2 个地方的中级人民法院及其辖区西山、寻甸、思茅、景谷 4 个地方的基层法院为司法改革试点法院主要举措包括：

设置 3 至 5 年的过渡期，逐步将法官、司法辅助人员、司法行政人员的员额比例控制在 39%、46%、15%。在司法人员薪酬制度方面，采取由现行工资收入 + 岗位津贴或办案补贴的方式，确定薪酬，适当提高一线办案法官的待遇。并探索试行法官有条件延迟退休制度。

在司法人员等级晋升上，畅通一线办案法官择优选升通道，全省三级法院可在一线办案岗位设定一定员额的不担任领导职务的高级法官。

突出法官主体地位，形成权责清晰、权责统一、公正高效、管理有序的司法权力运行机制，真正“让审理者裁判，由裁判者负责”。

建立“案件质量终身负责”和“错案责任追究制度”。按照“谁办案、谁负责；谁决定，谁负责”的原则，让法官对案件质量终身负责。

从现有法官中选拔优秀、资深法官担任主审法官。合议庭成员在阅卷、庭审、合议等环节中共同参与，相互制约监督。

人员归省级统一管理。将建立全省法院法官交流轮岗制度，解决艰苦偏远地方基层法院办案力量不足的问题，并由省级统一安排轮岗交流周转房，为交流人员提供住房保障。

将全省法院的经费、资产归省级统管。今后全省三级法院基础设施建设项目统一纳入省发展改革委规划计划管理，纳入省级财政予以保障，基础建设债务统一由省级化解。

云南省员额制法官的选拔并不是一蹴而就的，而是设置了 3 至 5 年的过渡期，可以减少员额制推进过程中的阻力。目前云南省已经完成 6 个试点法院首批员额法官遴选工作，共有 199 名法官进入法官员额。西山区人民法院在员额制法官的选拔过程中采取“考核考察 + 笔试”的方式，其中考核考察成员占 70%，笔试成绩占 30%，考核考察包括政治素养、办案履历、办案质效等方面。这样的选拔方式有相应的规范性标准，给了所有法官进入员额制相对公平的机会，但也难免让人产生主观性较大的疑虑。如何在不同年龄段、不同的工作履历中体现公平公正是员额制法官选拔中面临的重大考验，毕竟法官员额制与整个法官群体的利益紧密相连，是整个司法改革的基点。

在法院去行政化改革方面，西山区人民法院从管理模式入手，取消了庭长、副庭长的设置，采取了扁平化管理模式，即“法官 + 助理法官 + 书记员”的模式。此项改革取消了庭长在具体案件上的指示，提高了法官的独立性，突出了法官的核心地位和主导作用，可以进一步推进审判权运行机制的转变。

案多人少是目前法院面临的普遍问题，这就造成“1 个法官 + 若干法官助理和书记员”的模式难以达成。西山区人民法院表示法官助理缺乏根本配不齐。员额制导致法官的工作量成倍增长，而办案质量终身负责制又使法官的责任重于泰山，司法改革中法官最关心的是付出与回报是否对等。虽然改革方案明确法官工资增长 50%，但增长基数还未明确，增长后工资是否能与工作量相匹配也未确定，最重要的是增长所需的财政资金尚未到位。因此西山区人民法院和呈贡人民区法院纷纷表示财务与人员等配套措施的落实是司法改革顺利施行的关键。

## 三、目前改革的问题与困境

### （一）职业晋升难，法官有离职的倾向

据调研，由于员额内法官的数量有限且有一定的资格要求，所以并不是所有法官都能够进入员额。因此，自员额制实施以来，法院人员，尤其是基层法官都有着离职的心思，有的已经离职，有的则处在左右摇摆状态。而从法院出走者大概有两类人群。一类是担心入不了员额，晋升无望的人员，此类人员属于青年人群，即进入法院才四五年的时间。这类人群担心有限的名额、晋升机会可能会被级别高、资历深的审判员或高级法官占去。因此，与其等待不如就此离去，趁着年轻还可以再搏一次。另一类人群，则是中年法官，年龄在45岁左右。这类人群具有丰富的审判经验和较强的专业素养，相比于进入员额内的吸引力，他们更愿意另谋他职。此外，案件骤增、责任过重、压力过大亦是此类人群的离职的重要原因。

### （二）司法员额制和司法人员分类管理等制度的落实有分化法院内部人员的倾向

据调研，自司法员额制和司法人员分类管理制度实施以来，法院内部便出现了员额内和员额外的法官之别。而先前在同一家法院，且同为审判人员的两位法官，在实行员额制后，有的成功地进入了员额内，成了“当然”之法官，而有的却被排斥在外，成为员额外的司法辅助人员。简言之，有的法官干了几十年，却最终沦为法官助理。这样的现状对于有些法官而言，其内心是难以接受的。而原因不仅在于工资待遇的降低，还在于社会认同感的缺失等。

### （三）工资待遇低，职业保障未落实

据调研，目前基层法官群体的工作状态普遍呈现出压力大、待遇低的倾向。具体而言，“五加二”“白加黑”的超负荷工作状态几乎是大多一线法官

的办案常态。但其工资待遇却未突破5000元，有的地区不到4000元。即付出与回报严重不成正比。而在此次司法改革中，据相关规定，法官工资要在原有工资基础上提高50%，法官助理提高20%，行政人员提高10%。虽然是在其基本工资的前提下上调，但是据了解有些地区的工资上调至今仍没有落实到位，即法官应有的职业保障还未兑现。

## 四、访谈实录

在云南，我们主要针对两个基层法院进行了调研、访谈。一个为试点法院，另外一个则为非试点法院。虽然后者在调研期间还是非试点单位，但是论收获的程度，后者丝毫不逊于前者。具体而言：

**问：**司法改革带来的最大变化是什么？

**答：**首先，最大的变化莫过于法院的管理模式从行政化变成扁平化体制，即以法官为主，一个法官带一个团队，团队包括一个法官和若干法官助理和书记员。但是，法官助理和书记员的职责并没有完全明确，一般是听从法官的安排。其次，司法改革中法官最关心的是付出和回报是否对等。据了解，法官工资要在原有工资基础上提高50%，法官助理提高20%，行政人员提高10%。提高幅度不是很大。可以说法官是孤独的裁判者，法官承受的无形压力是比较大的，尤其是在实行终身责任制后。因此法官的工资待遇是第一保障。如果法官的工资待遇没有达到社会中等偏上水平，就会影响法官对于司法改革的积极性。再次，实行员额制后助审不能办案，所有案件均由法官办，会产生质和量的冲突。按照正常200多天有效工作日，一年办100件案件比较合理。最后，司法改革的主题是公正与效率，改革要进步，如果没有变化，那改革就是失败的。

总体来说，司法改革的大方向是正确的，但是其进度、具体措施是不合理的。法官对司法改革的结果的心理预期也是个未知数。

**问：**法官的遴选方式是怎样的？

**答：**通常法院法官员额只占39%，遴选方式是考试加考核，考核绩效和工龄，由云南省高级人民法院组织考试，本院进行考核。新法官的考核由法官遴选委员会负责。法官接受统一管理。

**问：**立案登记制度实行后的变化？

**答：**自法院实行立案登记制后，法官受理案件的数量增加了30%左右。其实法院对于立案问题一直是程序审查，只是从立案审查制改为立案登记制了。此外，由于基层法院审理案件的标的增加到1000万以下，所以基层法院的案件增加了。这也是案件增加的重要原因之一。

**问：**派出法庭和巡回法庭的运作情况和看法？

**答：**两法院中，其中一法院派出法庭已选好址，还未建设。而另外一家法院已有5个派出法庭，设立初衷是方便群众诉讼，最早是就地立案，后来改为统一立案、当地开庭。

此外，巡回法庭是最高院设立的，有一种清官情节，这其实与法制统一的精神是不相符的。可能会出现巡回法庭和地方法庭的扯皮现象的，对整个法院体系的建立也不利。有的法官直接指出，最高院设立巡回法院的目的应该是维护法制的统一，而不是剥夺地方法院的权力。

**问：**对审委会的职能定位怎么看？

**答：**总结司法经验，形成法院内部统一的办案标准。但是针对外界所说的“审者不判，要取消审委会”，有的法官认为应当一分为二地看待，尤其是涉及一些重大敏感、社会关注的问题时，取消审委会对个案裁判是不利的。

**问：**法院独立还是法官独立的问题？

**答：**A法官认为司法改革应当是法院的独立，而不是法官的独立，尤其是在行政诉讼中。比如在一些拆除违章建筑的案件中，一个案子可能会涉及当地几千名群众的利益，如果法官只是依从法律来裁判的话，对维护社会稳定是十分不利的。到底是法官独立还是法院独立，司法改革在理论上首先应当解决这个问题。也有法官指出，法官独立和法院独立不应完全的割裂开来，法院的内部应该去行政化，实现法官的独立，外部则应该是法院的独立。

**问：**司法改革中法院人财物的落实情况？

**答：**如果将法院人财物收归省级统管，程序就会增多，法官的保障就会降低。以前对诉讼费这些非税收入，地方财政会给予法院一定比例的返还；如果收归统管，这些政策还有没有是一个未知数。对于保障，司法改革中应当有清晰明确的标准，具体哪些可以保障应当有相关的法律文件予以明确。

**问：**地方政府对于司法干预的问题？

**答：**A法官不同意地方保护主义的说法，认为地方党委的领导只是政策方针上的领导，地方党委对个案的干预是少之又少的，即使干涉也是为了维护地方稳定。在中国这样一个人情社会中，打个招呼的情形是有的，这也是不可避免的。地方党委和法院的思想是有一些差异的，法院关注的主要是公正问题，地方党委关注的是地方的稳定问题，尤其是某些拆迁案件，它的执行还需要依靠党委协调公检法司相互配合，法院一家承担不起拆迁后果。

**问：**法官的终身负责制及追责问题？

**答：**A法官认为，原来法官审理案子先由庭长、审委会把关，现在绝大多数案件都是法官适用简易程序独任审判，增加了审理案件的风险。如何界定责任问题还没有明确的标准。如果让以前由政法委定调的案子由法官来负责，对他也是极不公平的。

B法官认为，法官的责任可以加大，但应该合理化，不同的法律意见和能力不足不应成为承担责任的理由。责任的范围、标准、鉴定不明确，"合议庭责任共同承担"是怎样的承担？责任加大了但是相应的保障没有落实。

**问：**在司法实践中，执行难问题主要是什么原因造成的？

**答：**首先，最主要的问题是被执行人没有可供执行的财产。这在一些刑事被害人的赔偿问题、大量的交通肇事案件中受害人的赔偿问题，以及特困企业的一些债权债务案件体现得尤为明显。对有可供执行财产的案件的执行有很多措施，比如限制出境、限制高消费，或者是对其进行信用评级。所以要解决执行难的问题，首先必须明确执行难的问题症结所在。对于没有可供执行财产的案件，国家应加大救助力度，尤其是在刑事案件对被害人的赔偿方面。现在司法救助赔偿比例只实现了百分之一二，最高救助数额为2万，还需要政府、党委协调。

其次，执行难的另一个原因是法院执行力量不足。比如有的基层法院的执行法官数量十分有限，4个左右，而让他们去搜集被执行人的财产线索是不现实的。

最后，执行不能光靠法院，还跟整个社会大环境有关。比如建立社会信用机制，法院、公安、银行财产信息共享，执行队伍模仿公安队伍分离出去。执行难并不是因为法律的缺陷，就算没有执行也可以程序结案。而执行救助不能解决执行难的问题，虽有执行救助，但是可获得的数额很小（300 000：50 000）。

**问：**您对审执分离问题有什么意见？

**答：**裁判、执行分立是今后司法活动的一大趋势。执行不应当是法院一家的事情，应当上升到国家层面。这体现了国家对法律判决的尊重和保障。一个裁判就是一部法律，对裁判的尊重就是对国家法律和强制力的尊重，因此某些法官对“法律白条”的说法是深恶痛绝的。

**问：**您如何看待执行监督问题？

**答：**执行监督一直是一个薄弱环节，因为缺乏执行节点的控制，对执行的节点也没有具体确定的时间，比如在什么时间点将采取的措施反馈给执行申请人。不同于审判环节，执行没有标准的流程，也缺乏执行顺序的相关规范。比如在刑事案件的执行中，监狱、看守所有自己的条例，可能会影响执行的实行。虽然拒不执行判决、裁定罪有法律的明文规定，但在现实中有关部门难以立案。

**问：**对于《法官法》和《法院组织法》的修改有什么观点？

**答：**《法官法》《法官组织法》是必然要修改的，合议制要不要、存在是个很大的问题，在合议制中，合议庭组成人员的责任如何分配现在没有明确的标准，这是一个难题。

**问：**如何看待法官终身制？

**答：**为了保证法官的精英队伍，必须严格控制法官的进入程序，但是现在法官进入的方式多种多样，整体素质不高。此外，法官终身制跟国人的身体状况也不符合。法官终身制意味着法官在即将退休的年龄也要承担极其繁重的审判任务，但是现在法官的黄金年龄是30至40岁，在50岁以上的法官基本上已经不承担审判任务了。总之，法官实行终身制、员额制都不能一刀切，可以尝试老人老办法、新人新办法，这样可以给老法官一个进退的选择。

**问：**司法改革对法官的影响和困难是什么？

**答：**经费不足、人员不够。法官助理很缺，配不齐，经费不足，影响改革的积极性。但是总体司法改革势在必行，配套措施还急需完善。

比如员额制导致法官任务加倍，办案质量难以保证；员额外的法官身份很难处理；员额制对法院传统的老人带新人的培养模式不利，它容易切断对人才的培养；员额制推行后新人以及法官助理成为法官的困难加大，年限加长；审委会职能的转变导致审委会讨论的案件比以前大大减少，只对特别重大的案件讨论，比如国防、外交之类。此外，司法改革试点法院应有较大的自主权，能够结合当地实际和自身情况，因此，建议最高人民法院能多为基层考虑，尊重地方的自主权。

（杨丽娟、佘嘉玲、李青龙、宋静、林佳燕、彭帅华）

# 贵州省司法运行过程实证调研报告

## 一、基本情况介绍

贵州地处西南腹地，下辖贵阳、遵义、六盘水、安顺、毕节、铜仁6个地级市和黔东南、黔南、黔西南3个民族自治州。境内地势西高东低，高原、山地居多，是全国唯一没有平原支撑的省份。全省共有民族成分56个，其中世居民族18个，到2009年末，少数民族人口达全省总人口的39%。多山的地形和多样的民族形成了不同的文化，对贵州省的司法也产生了影响。贵州设各人民级法院99个，其中高级人民法院1个，中级人民法院9个，基层人民法院89个，派出法庭402个。贵州省高级人民法院设有办公室、政治部、立案庭、民庭等27个内设机构，在编人员355人，其中法官205人。据了解，2014年贵州全省法院共受理各类案件283 747件，审结266 180件，法定审限内结案率为98.79%。包括受理刑事一审案件30 094件，审结28 597件；民商事一审案件148 762件，审结138 990件；行政一审案件3468件，审结3276件；执行案件47 682件，执结43 288件，实际执行率和执行标的到位率分别为73.65%和69.96%。[1]2014年底，中央政法委批复《贵州省司法改革试点实施方案》，将贵州列为全国司法体制改革第一批试点省份，贵州司法改革拉开了序幕。

### （一）贵州省高级人民法院

1950年7月，贵州省人民法院正式成立，1954年更名为贵州省高级人民

---

〔1〕“贵州高级人民法院2014年工作情况”，载http://gzrb.gog.cn/system/2015/01/29/014077738.shtml，访问日期：2016年4月12日。

法院。主要职能为依法行使审判权并监督下级人民法院的审判工作，对贵州省人民代表大会和贵州省人民代表大会常务委员会负责并报告工作。贵州省高级人民法院现有内设机构 27 个，在编人员 355 人，其中，法官 205 人。这 27 个内设机构具体包括：办公室、政治部（内设人事处、法官管理处、组织处、干部教育培训处）、立案一庭、立案二庭、刑一庭、刑二庭、刑三庭、民一庭、民二庭、民三庭、生态环保庭、行政庭、赔偿办、审监一庭、审监二庭、执行局（内设综合处、执行一处、执行二处）、研究室、审管办、新闻处、法警总队、信息技术处、司法行政处、监察室、离退休干部处、保卫处、机关服务中心、国家法官学院贵州分院。近年来，每年审理、执行刑事、民事、行政等各类案件 3000 余件。

（二）贵州省兴义市初级人民法院

兴义市人民法院成立于 1950 年 12 月，前身是兴义县人民法院。全院现有人员 180 人，其中正式干警 136 人，司法协警 14 人，聘用制书记员 30 人。正式在编人员中，本科以上学历 124 人，占总人数的 91.18%，其中硕士 7 人，占总人数的 5.15%。作为黔西南布依族苗族自治州州府所在地的基层人民法院，年均受理各类案件 5000 件。目前设审判执行业务部门 23 个，按职能划分为立案、民商事审判、刑事审判、行政审判、审判监督和执行六类。后勤综合部门按职能划分为机关党建、纪检监察、政工、研究、办公室、财会、技术、司法警察、审委会办公室、书记官（含对外委托）等 11 个部门。法院队伍建设呈现出知识化、年轻化、专业化的特点；法院基础设施建设、物质装备建设、信息化建设和网上办案、网上办公等均走在全州法院的前列。

（三）贵州省人大法工委

贵州省人大法工委是贵州省人大常委会的工作机构和办事机构，内设法规一处、法规二处、备案审查处和法工委办公室。其主要职责如下：

（1）拟订省人大及其常委会的立法计划和年度计划，并组织实施。

（2）负责常委会和主任会议交办的有关议案草案的拟订工作。

（3）承担主任会议交办的地方性立法的具体工作。

（4）开展立法调研，收集国内外立法信息，编辑法规汇编。

（5）承办省人大及其常委会制定和批准的法规向全国人大常委会和国务院的备案工作。

（6）承担省人民政府、贵阳市人民政府制定的规章的备案工作。

（7）承办领导交办的其他工作。

## 二、司法改革基本情况

按照不同于东部，有别于西部，符合司法规律，符合贵州法院实际的改革要求，贵州省按照“切口准，深度改，出特色”的工作思路，分别选择了代表城区法院的遵义市汇川区人民法院、代表城郊法院的贵阳市花溪区人民法院、代表农村地区法院的黔南州贵定县人民法院、代表边远少数民族地区的黔东南州榕江县人民法院开展第一批试点。2015 年 11 月，六盘水中级人民法院及安顺市平坝区、黔西南州兴义市、铜仁市碧江区和毕节市织金县人民法院相继启动第二批司法改革试点工作。司法改革的主要内容包括：

### （一）完善司法人员分类管理制度

贵州对法院、检察院工作人员进行科学分类，并实行法官、检察官员额制。按照中央要求，以全省法院、检察院政法专项编制总数为基数，综合经济社会发展、人口数量和案件数量等情况，综合确定各类人员员额比例，以期通过 5 年过渡期，逐步实现法官检察官、司法辅助人员、司法行政人员员额分别占编制总数的 39%、46%、15% 的目标，确保 85% 的司法人力资源直接投入办案工作。确定员额后，试点法院规范了入额遴选方式，设立省法官检察官遴选委员会，根据缺额情况定期组织全省法官、检察官拟选工作，从专业角度把关提出法官、检察官拟任人选，确保所有入额法官全部经过遴选过程。

### （二）完善司法责任制

一方面，贵州优化司法办案组织结构。新型的办案团队由员额制法官与法官助理自愿结对，再配以书记员，组成了“1 名主审法官 +1 名法官助理（或 N 名法官助理）+1 名书记员”的基本审判单元，打破了以前的审判组织架构。另一方面，科学划分内部办案权限，突出主审法官、主任检察官在办案中的主体地位，完善主审法官、合议庭办案责任制和检察官执法责任制。明确将原先由院长、庭长行使的案件审批权、人员管理权、裁判文书签发权下放给主审法官，形成扁平化的审判管理新格局，缩短了审判管理周期，保障了主审法官、合议庭依法独立办案。贵州法院在保障法官独立行使审判权的同时，对审判权的监督制约也相应加强，确保权力在阳光下运行。贵州高级人民法院要求各试点法院强化庭审同步录音录像和裁判文书说理，简易程序案件审理全程录音，普通程序案件审理全程录音录像，审判活动全程留痕。电子卷宗在各试点法院全面推行，生效判决文书实行上网公开，建立在线诉讼服务公布平台，凡是依法可以公开的，各试点法院全部公开透明。试点法院内部还通过加强案件流程管理和节点控制，完善案件分配、办案流程监控、案件质量评查、工作绩效考核等案件管理制度体系，强化对司法权力行使的内部监督制约。

（三）构建法官职业保障制度

贵州对法院、检察院工作人员实行人财物省级统一管理，同时探索建立以案定补制度，构建法官职业保障制度。具体而言，市级、县级法院院长、检察院检察长由省级党委（党委组织部）管理；全省法院、检察院系统机构编制统一由省编委办统一管理；法院、检察院经费、资产由省级统一管理，市、县两级法院、检察院作为省级财政一级预算单位，向省级财政部门编报预算，预算资金通过国库集中支付系统拨付。试点法院不仅建立了法官单独职务序列配套的薪酬制度，适当提高一线法官工资待遇，还实施办案补贴策，采取现行“工资收入+办案补贴”方式，根据办案数量测算办案补贴，多劳多得，并且对以案定补原则、以案定补项目、以案定补标准及计算方法、各类人员分配比例、各类案件办案成本核算以及绩效定补扣减条件等形成明确规定。〔1〕

## 三、目前改革的问题与困境

（一）法官终身责任制有损工作之积极性

目前，法官终身责任制的相关规定并不明确。在调研中，大多法官、检察官因此而心存担忧，无形中打击了其工作之积极性。因此，对此问题大多

〔1〕 徐海星：“贵州法院司法体制改革观察”，载《当代贵州》2016年第9期。

法官、检察官是十分关心的。对于错案追责问题他们的主张几乎一致地倾向于，如果是因为法官业务能力（自由裁量权）之外的问题，如贪污舞弊的才应负责。换言之，只要法官审判程序没有违法，实际操作中没有问题，就不应该担责。此外，对于法律的认知产生的误差亦属于免责的范围。而对于具体追责，应当仅限于内部行政追责，不能刑事追责。如此迫切且几乎一致的答案，足见法官、检察官对此问题的关注度。

（二）职业待遇低，法官有离职的倾向

法官出走的原因经调研发现大致有如下几项，即工作负荷高、办案难度高、工作压力高、职业风险高、群众要求高，但职业待遇低。在高压、高强度的工作压力下，法官却连家都养不起，买不起房，孩子上不起好的学校。在内心职业尊荣感与不可回避的现实因素的挣扎中，贵州某些法院的法官便选择了离职，且大多是办案经验丰富的法官。从所调研的法院来看，虽然这种现象并不普遍，但却真实存在着，并且有如此想法的法官不在少数。

## 四、访谈实录

在贵州，我们主要针对三家单位进行了相关的调研、访谈。虽然其中一家单位虽并未直接参与此次司法改革，但是对于我们此次调研给予了极大的支持，召集了多名曾在公检法工作多年的处长们与我们进行直面交流。由于有多年的实战经验，他们从不同的视角谈到此次司法改革的可能出现的问题及改革愿景与自己的建议，令我们这些初出茅庐的学生耳目一新，受益匪浅。三家单位具体的访谈内容总结如下：

**问：**现阶段司法改革的进展状况？

**答：**贵州省高院未进入司改，现在共“4+4”个试点。司改在探索中，主要目的是去行政化，法官走职业化道路，只剩司法员额制，去掉行政职务。

**问：**员额内的法官是怎么产生的？

**答：**总体上为——考试加考核，即业务能力与领导评价的综合结果。已有的员额制都是考试，先确定有多少个名额，法官符合条件自愿报名，再统一组织考试。9、10月份已有四个法院进行了考试，设定了专门的考场，考题由遴选委员会出。

**问：**法官遴选委员会的具体运作程序?

**答：**高院、检察院、人大、高校人员组成法官遴选委员会。法官遴选委员会已经产生，但未步入正轨。

**问：**法官分类管理的比例如何确定?

**答：**以案定人，平均下来33%，从基层法院到中院、高院逐渐递减，整体呈均衡状态。在试点较易推行，在全省推行比较困难，主要原因为财政无法落实。员额内外法官的标准还在探索，但在遴选时应该保留3%左右的机动名额。

**问：**立案登记制实施状况和问题?

**答：**总体而言，立案登记制实行初期，案件会有大幅度增长，但过了反弹期渐趋稳定后，效率就会提高。但在现阶段，如果贵州全省中院的民事案件都可以申请再审，高院立案二庭就是解决信访再审。在具体的任务分担上，书记员只做送达，其他都是法官来做。就基层法院而言，有的基院法官一上午就要开4个庭。

**问：**您对司法员额制与人财物统管有什么建议?

**答：**首先，员额制要精英化，需要财政支持，像贵州这种地方不一定能跟得上。所以，员额制认定只能先定基准标准，再慢慢完善。其次，空降挤占名额是极少数情况，绝大部分是遴选。以后发展趋势是中院、高院从基院遴选，基院空出了名额再选，是一个循环。最后，法院人员严重不足，尤其是司法辅助人员，尚未配备到位，这几乎是贵州各法院的普遍情形。比如实际所需书记员8个，但实际配备只有4个甚至低于4个。法院缺人时，很多地方实行聘任制书记员，要招聘培训，人员不是立即能到位，只能自己克服。只能提出后抓紧时间招聘，这还是跟经济发展有关。即使是书记员的招聘也需要财力和时间的保障。工资增长比例达不到50%，长期下来，铺摊开看，财政是一个很大开支，目前试点法院财政还是不到位的。不过经相关考察，经济发达地区如深圳、浙江，由于财政支持到位，司法辅助人员配备是相当到位的，所以其司法改革的效果是比较显著的。

为弥补司法辅助人员的不足，可建议与高校法学院建立长期的协作关系，实现高校法学资源的合理配置和利用，但是高校实习生实习期限有限（1个月左右），所以只能从事一些基础工作（比如订案卷），无法担任书记员的工作。如贵州某法院每年实习生很多，通常会在其单位实习3个月，但是刚到法院不熟悉，一般要3至5个月才能胜任书记员的工作。而实习的时间有限，一般刚刚培养出来或将要培养出来，实习期就结束了。

**问：**员额内法官的职业保障落实情况如何？法官职业保障待遇是否有提高？

**答：**A法官指出，现在法官处于超负荷的压力下，没有任何补助，责任增大，人员减少。贵州正拟方案以案定补（贵州省高院拟定），在确定办案基数的基础上，超额完成的有补助。但这只是一个过渡方案，以后还是要用财政保障。

B法官认为，工资有增长，但是受到财政、整体经济的限制，以及公务员制度正在改革，退休金改成养老保险金。总之，责任增长了，但福利却不对称，这是经济原因，可以理解。希望最高院制定改革政策要切合实际，如香港高薪养廉在目前的大陆实施还不现实，即现今中国还无法实现高薪养司法。

**问：**请问您对人财物统管持何种态度？是否坚信人财物统管后能真正实现法院和法官独立，去地方化和去行政化是否真正符合中国国情？

**答：**A法官指出，人财物统管对经济强县而言，原来地方财政拨款方便，现在需要事先作出预算，麻烦。并且审批相对以往会更加严格，相对不便。同时，统管只是有可能解决司法人员本身的相对独立，但从整体上而言，还是不可能完全实现去地方化。但是，贫困地区很欢迎，因为省里会拨钱，不需要自己想办法。所以，总体而言还是利大于弊，问题在以后会慢慢解决，因为还在试点，很多东西还不知道，还需要慢慢尝试。

B法官认为，法院人财物统管利弊兼有，现阶段更能实现司法独立，人员调动更方便，但是地方政府和法院关系远，不利于调和法院与地方政府的矛盾。一个是权力的制约，另一个是人员的法治意识问题。

C法官认为，地方化和行政化对司法的干预比较明显，公检法均受到地方政府的影响，虽然有所弱化，但仍然无法避免。

D法官指出，人财物统管，但是生活、工作还在地方，需要处理好和地方的关系。但是司法服务大局的基调是不能变的，更多的是体现在个案如何处理上。现在是了解一下，讲究方法而不是直接干预。总之，司改确定后，应强调法院与行政机关的合作，而不是对抗。

**问：**您是如何看待法官终身责任制与法官豁免机制？

**答：**如果是因为法官业务能力（自由裁量权）之外的问题，贪污舞弊的，才应负责。只要法官程序没有违法，实际操作中没有问题，就不该负责。对于法律的认知产生的误差应该免责（法律本身模糊，法官个人原因对法律理解误差）。总体而言，应对法官更宽容。审判程序出现问题，一般只会纠正而不追责，因为尚未造成实际损害，是可控的。追责应当仅限于内部行政追责，不能刑事追责。同时，法官责任豁免目前还没有，这是应当与责任并存的且必须存在的一种制度设计。

**问：**您对司法改革的抱有怎样态度？

**答：**A持观望态度。最关心的是薪酬问题，想成为员额内法官。法官的付出与回报不成正比，压力过大。以庭长为例，他们不仅是法官，还兼任了行政职务，如调研任务，协调技术部门、中院立案，加班时协调食堂等琐事。如果使两者分开，行政的一脉，法官的一脉，有可能会出现外行的管理内行的情况。所以，在平常工作中，加班可谓是常态。

B法官指出，法官工资上调50%，而50%的基数要搞清楚。目前高院是在基本工资的基础上增加。大概税后5000元，基本工资调整后为1000元。

C法官谈到，司法改革应与政治体制相结合，而不是一味地学习西方。改革步子可以慢一点、稳一点，慢慢消化，配套措施要落实。现在司改的措施有闭门造车的嫌疑。司改是中央在推，省委、市委、县委不是很推崇，司改阻力很大，很多法院不愿意当试点单位。公安等部门不服法院涨工资。所以中央要把相关配套措施进行合理的调配落实。

**问：**上级法院员额外的法官是否愿意到基层做员额内的法官？

**答：**法院上下级之间不可能自由流动，现在司改矛盾是因为司改刚开始，老法官不能退休，新法官进不来，司改步入正轨后问题会改善。

**问：**关于最高法院设置的巡回法庭与地方法院是否存在冲突扯皮的现象？还有该地区的派出法庭的状况如何？

**答：**巡回法庭目的是去地方化、消除地方影响。设立时会对其受案范围进行规定，职责划分明确，地方不好处理的事情会希望巡回法庭解决，这样亦会使百姓更加相信审判的公正性。派出法庭全国基层法院都有，地点固定，人员流动，人员统一由法院调配，派出法庭的法官会有一定的补贴，但是其只是工作地点不同，工作性质是一样的，整体收入差不多。

**问：**您对司法改革有什么宝贵建议？

**答：**A法官认为，司法改革要根据地区实际情况，员额比例不要太过行政化固定化，员额比例应该是可控的。其次，解决办案数量问题，辅助人员配齐，待遇要大幅度提升，比例和基数（基本工资原有770元，加了300元，现有1000多元）要好好考量。再者，还要注意案件是法官团队，不是法官一人办的，法官对适用法律负责，助理对事实负责。书记员目前由劳务公司派遣，实习生由法官自己出资补贴交通，单位不负责。

B法官指出，司法改革最主要的是让法官减负。目前加班是常态，不加班是例外，应该让法官不加班为常态，加班是例外。吸收社会优秀人才到法院需要保障，一个是提高薪酬待遇（比如基层院长一年的收入是6万元，只抵优秀律师的一个案子），还有一个是提升法官的职业荣誉感（近5年已经有几十个法官离职，且大多是中层骨干）。要坚持权责利三者的统一，即司法责任制与法官职业保障机制的匹配。（司法人员待遇的提高除了内部的阻力外，来自外部的阻力亦是存在的，如行政人员也要增加工资等。）

**问：**您认为审判委员会应如何定位？

**答：**A法官认为，重大社会意义的案件还是要审委会把关。不能因为司改让案件的质量下降，因此为了工作需要，民事、刑事执行分别成立专门的咨询委员会。即由专业性强、办案经验丰富的法官组成的民事、行政、刑事专家团队，类似于医院专家会诊。它们由分管院长、庭长、法官组成，对法官、合议庭拿不准的案件进行讨论，提出意见，但没有强制力，法官可不采纳。即最终的决定权在主审法官，委员会的建议只是参考性质的。

B法官提出疑问——如果合议庭有一个法官不同意合议庭的裁决，出现了问题谁负责？在他看来，应由承办人对案件负责，法律适用错误由提出意见并写入判决的法官负责。

**问：**新进法官的实习制度是如何安排的？

**答：**一般情况下，大部分法官是从书记员岗位开始熟悉案件，除非落后地方，如偏远山区会直接招入初审法官，由其直接审案而不用老法官带。通常情形下，是发挥老法官的传、帮、带作用，因为他们办案经验丰富、社会影响力大。先由新审判员自己理出思路，再由老法官指出问题。

**问：**您是如何看待对《法官法》《法院组织法》的修改？

**答：**首先，要从《宪法》开始改。一旦在司法体制改革全国推行开，就要修改《宪法》。在党的领导下，一定要引进权力之间相互监督的设计。法院的司法独立不但要独立于左右，还要独立于上下。其次，员额内的法官由法院内部法官遴选委员会产生，这与之前人大任命的法官相冲突。所以，法官遴选衔接、监督程序等需要修改。但是目前《法官法》的修改尚未启动。

（杨丽娟、佘嘉玲、李青龙、宋静、林佳燕、彭帅华）

# 重庆市司法运行过程实证调研报告

## 一、基本情况介绍

1997 年 3 月，第八届全国人民代表大会第五次会议批准设立重庆直辖市，辖原四川省重庆市、万县市（今万州区）、涪陵市（今涪陵区）、黔江地区。体制调整后，全市有 40 个区、县（民族自治县、市），地域面积 8.24 万平方公里，人口 3.59 千万。2015 年，重庆市高级人民法院在市委的领导、市人大及其常委会的监督下，深入贯彻党的十八大，十八届三中、四中、五中全会精神和习近平总书记系列重要讲话精神，认真落实市四届人大三次会议决议，指导全市法院紧紧围绕五大功能区域发展战略，忠实履行《宪法》和法律赋予的职责，全力以赴做好审判执行工作，积极稳妥推进司法改革，各项工作取得新进展。全市法院共受理案件 589 850 件，同比增加 145 501 件，增长 32.74%；审执结 533 837 件，同比增加 140 353 件，增长 35.67%。其中，市高院审执结 5788 件，五个中级人民法院审执结 56 763 件。

重庆市人民检察院现下辖 5 个分院、40 个区县（民族自治县、市）检察院。直辖以来，重庆市检察院建立健全了直辖市检察机构，形成了有重庆特色的管理模式，充分履行《宪法》和法律赋予的神圣职责，积极查办贪污、贿赂、渎职等职务犯罪，严厉打击刑事犯罪，大力开展诉讼监督，各项工作稳步推进，有力地维护了社会政治稳定，为重庆市的经济发展和社会进步作出了新的贡献。直辖十几年来，重庆市检察机关坚持“素质兴检”，开展教育整顿，加强教育培训，深化检察改革，加强队伍建设，塑造了一支新时期高素质的检察队伍。共批准逮捕 17 453 人、提起公诉 32 453 人，查办涉嫌职务犯罪 873 人，对刑事和民事行政裁判提出抗诉 224 件，审查办理控告申诉

7735 件。

（一）渝中区人民法院

渝中区是重庆市的中心城区，是重庆市委、市政府和驻军领导机关所在地，也是全市政治、金融、商贸、信息中心和水陆客运交通枢纽。特殊的区域特点决定了渝中区人民法院肩负的维护社会稳定，促进经济发展的任务更加艰巨和繁重。自建院以来，渝中区人民法院始终坚持以审判工作为中心，严肃执法，公正裁判，为促进辖区和谐，保障公平正义作出了突出贡献。尤其是近年来，该院在上级法院的指导下，在区委的正确领导和区人大监督下，始终以“公正与效率”为主题，狠抓审判工作、队伍建设、法院改革三件大事，各项工作取得了不俗的成绩。

（二）九龙坡区人民检察院

重庆市九龙坡区人民检察院担负着九龙坡区、高新区两个行政辖区的刑事检察工作，办案数量在全市基层检察院中长期处于前两位。2008 年，该院共受理提请批捕的各类刑事案件 1062 件 1608 人、移送审查起诉案件 1276 件 1915 人，批准逮捕各类刑事犯罪嫌疑人 1308 人、起诉 1639 人，立案侦查职务犯罪案件 9 件 23 人，大案率 100%，人均办案量高居全市榜首。

直辖以来，该院在区委和上级检察院的领导下、在区人大及其常委会的监督下，依靠全体检察人员发扬同舟共济、艰苦奋斗的精神，坚持“公正执法，加强监督，依法办案，从严治检，服务大局”的工作方针，充分履行《宪法》和法律赋予的神圣职责，为九龙坡区的经济发展和社会稳定作出了积极贡献。

## 二、司法改革基本情况

重庆作为我国司法改革的第二批试点省份，初步确定在市第二中级人民法院、市检察院第二分院及渝中区、黔江区、荣昌区、梁平县人民法院、检察院共 10 个单位先行试点，开展了司法人员分类管理、完善司法责任制、健全职业保障制度和探索建立市以下法院检察院人财物市级统一管理体制等四项改革任务。

在司法人员分类管理方面，将法院、检察院工作人员划分为法官、检察官，司法辅助人员，司法行政人员三大类。按照中央政法专项编制的39%确定法官、检察官员额，司法行政人员不超过中央政法专项编制的15%，司法辅助人员占中央政法专项编制的46%以上。法官、检察官实行多层次遴选，进入员额的法官、检察官必须在司法一线办案。

在完善司法责任制方面，重庆将推行法官、检察官办案责任制，全面建立执法档案，法官、检察官依法在其职责范围内对案件质量终身负责，并建立健全法官检察官办案咨询制度，完善审判委员会、检察委员会工作机制，强化对司法权力的内部监督制约，加强对司法权力的外部监督。

为了健全职业保障，重庆还将建立有别于其他公务员的法官、检察官单独职务序列，建立与之相衔接的工资制度，提高法官、检察官工资水平，调动其工作积极性。

在探索建立区县法院、检察院人财物的市级统一管理体制方面，重庆区县法院、检察院机构编制由市机构编制部门统一管理。该市将组建重庆市法官遴选委员会和重庆市检察官遴选委员会，对法官、检察官实行“统一提名、市级审批、分级任免”，确保法院、检察院依法独立行使职权。

此轮改革将分三个阶段推进，在启动改革试点工作后，重庆于2016年上半年，分析总结试点工作经验，评估试点工作效果，进一步修改完善相关制度设计。从2016年下半年开始，按照修改完善的改革方案，重庆将选择更多试点单位，逐步扩大和有序推开司法体制改革试点工作。

## 三、目前改革的问题与困境

### （一）司法员额制的落实不到位，人员缺失严重

目前，司法员额制的落实并不到位，而在人、财、物无法保障的情况下，法院大量的案件只能由法官一人承办，其不仅要开庭审理案件、撰写法律文书，还要送达材料、准备庭前相关事宜、校对文书、整理卷宗等。换言之，原本该制度设计中应由司法辅助人员、司法行政人员担任的工作，却因为人员缺失无法配备到位而只能由法官一人担负。因此，严重的超负荷工作状态便成为现行法官的办案常态——尤其是基层一线法官。而在如此高压下，与

其相匹配的法官职业保障并没有到位。

（二）案件数量庞大，工作压力大

由于立案登记制的确立及基层法院受案标的额的提高法院的“受案率”居高不下。在基层法院，法官几乎每天要办一个甚至两个案件。面对如此庞大的案件量，不少法官主动加班，他们白天开庭、晚上写判决书，周末再加班，这样“五加二”“白加黑”的超负荷工作状态已成为大多一线法官的办案常态。而有时，即使加班也完不成任务量。

（三）工资待遇低，职业保障未落实

据调研，目前基层法官、检察官群体普遍呈现出工作压力大、待遇却偏低的倾向。不仅是重庆，云南和贵州大多基层法院、检察院的法官和检察官的工资待遇也始终未突破5000元，有的地区甚至不到4000元，多在3000元左右。简言之，付出与回报严重不成正比。长久以往，不利于法、检系统的稳定，法官、检察官的工作积极性也会大受影响。

## 四、访谈实录

在重庆，我们主要针对两家单位进行了相关的调研、访谈。其中一家为法院，另一单位为检察院，亦是我们此次调研的唯一一家检察院。虽然调研对象不够壮观，但还是很有收获的。

**问：**司法改革后贵法院的现状？

**答：**曾经是审判权运行机制改革的试点，14年初开始是司法体制改革，将审判权改革融入司法改革，成为综合性改革试点。包括4项：员额制、司法责任制改革、人财物统管、职业保障。法院现在最关键的是员额制、司法责任制。

在改革中，比较突出的问题是：付出与回报不成正比，如现在我们地区法院的工资大多在3558元至3900元，多未突破4000元。虽然有“以案定补”机制的存在，但是依旧需要政策支持，现在基数案件差不多就已经达到了极限。但是办案不达基数的，还要扣除，扣的比补的多。长此以往可能出现法官离职潮。现在已经出现苗头，且现在流失的法官大多是30至40岁的副庭长，是业务骨干，业务能力都很强。主要原因即是付出与报酬不成正比。具体而言，是两层面的保障缺失——福利待遇、发展前景，现在离职的多为看不到发展前景，没有职业晋升渠道。

**问：**您对司法改革持怎样态度？

**答：**重庆是第二批试点城市，所有的改革全部没有报道，内部网站上也没有报道。改革比较敏感，内部领导要求少说多做。

**问：**您最关心司法改革哪一部分？

**答：**最关心能不能进员额，职业保障是第二位的。

**问：**您如何看待员额内人员遴选问题？

**答：**首先，员额制法官的初选条件必须满足，一般独立办案的法官都有资格，但是必须是进入办案一线的法官，即"具有审判员资格，达到一定年限"。

其次，通过考试考、核后将人员名单报上高院。遴选委员会组成人员包括高院、人大，还有体制外的社会人士等。只知道大概有哪些人，由市高院进行。员额内名单尚未确定。员额内、员额外只是一个过渡，以后就会是员额内都是法官，员额外都不是法官。员额内法官比例为39%。

最后，有的法官坦言，自己并不是很想进入员额，觉得影响不大。

**问：**司法员额制中人员匹配是否到位？

**答：**由于人员数量不足，不仅是我院，重庆其他法院的人员匹配亦不可能到位。但是书记员的到位是迫切需要解决的问题，因为有的法官一年要办200多件案子，工作量很重，辅助人员不与之相匹配，是很难达到办案标准和保证办案质量的。

**问：**立案登记制实施的情况怎样？

**答：**实行立案登记制后，（案件量）增加了33%，但不全是实行立案登记制的原因，还因为大量的借贷纠纷案，增加了50%～60%。经济性的案件影响是全国性的，以及现在民商事案件受案金额由800万元提升为3000万元等因素。

**问：**贵院人财物统管的政策实施状况如何？

**答：**在重庆，这一政策尚在制定中。统管是未来发展的方向，因为检察院是监督机关，监督机关必须独立于被监督机关。如果要真正独立，就要打破行政区划。财政支持对偏远地区有利，对主城区来讲，地方政府还是很支持的，统一申报省级，省里面对的申报太多，效率低。人财物统管不能从根本上排除地方干扰。

**问：**是否存在审委会的替代机制？

**答：**专业法官会议，一个庭的审判员聚在一起。参与讨论不存在激励机制，是法官之间的相互帮助。最终责任还是落在了主审法官身上。

**问：**贵检察院检委会的状况？

**答：**检委会还进行重大疑难案件讨论。每年到检委会的案件不少，初步估算每年2500多件中占160至200件，按人头算5%至10%。

**问：**受司改影响，贵检察院现状如何？

**答：**重庆是第二批试点，搞试点中试点，重庆检察院一共38个基层，5个分院，试点有4个基层，1个分院，由于本检察院尚未推行，还不是很了解。

在部门设置上，有3个主要部门：其一，职务犯罪侦查局：1个是政委、政委上面1个分管副检察长、下面2个副局长，共6个办案组，组长牵头开展侦查工作。其二，公诉科：科长1正4副，副科1内勤3业务，10个办案组，案件承办后交给组长，副科长审批，交给起诉法院。不起诉交给科室副检察长，提交给检委会。不起诉案件由检委会决定。其三，侦查监督科（批捕科）：1正3副。不批捕也要提交分管的副检察长。

总之，类似于行政模式管理，这么多年尚未出错，符合现实的需要，并不是老套的，是符合一定历史阶段的。

**问：**检察院实践中的职能同《宪法》上的定位是否存在偏差？

**答：**《宪法》上的定位是法律监督，实践中打击犯罪和法律监督职能都很重要，一是经济发展的当下，对社会和谐、稳定、安宁有现实意义，二是省里人财物统管还没改，公检法依附于地方党委和人大，需要配合地方中心工作。

**问：**地方行政机关对检察院独立司法的影响？

**答：**外界干扰只限于某些特定案件，比如职务犯罪工作，因为反贪反腐纪委也在做，涉及协调。一般情况下，仅同整体大局部署冲突时才对检察工作有影响，因为检察工作比较单一，很少从大局上考虑区里面的工作。且干扰不一定是负面的。

**问：**您对现在检察官的职业保障是否满意？

**答：**工作待遇还可以，公检法都一样，仅靠基本工资养不起家，还需要一些福利待遇。检察院的压力小于法院，整个诉讼过程中检察院是中间那一环，法院是最后一环，其裁判直接决定了当事人的利益，法院感觉到压力。法院审判权对检察权有很大的限制，认定无罪对检察院来说就是错案，审判权似乎有些任性。

**问：**您对反渎反贪局独立的看法是什么？

**答：**不支持分离，在“一府两院”之下，反贪局划分到检察院之下是比较合理的。没有必要全盘借鉴西方，只要体制与当下环境相符就是好的制度。现在检察机关体系内的反渎反贪职权行使已经有最高检垂直领导模式的趋势。其实在中国没有哪个部门能真正独立，关键是要司法权相互协调。如果归到纪委，纪委本身存在行政证据合法性转化的问题。现在检察院很多证据需要同纪委相协调。

**问：**您如何看待检察院公益诉讼？

**答：**检察院作为公益诉讼主体没有问题，但同样存在以下问题：（1）诉讼结果是不确定的，败诉了结果不能承担，尤其是败诉后的赔偿问题很难解决。（2）缺乏鉴定能力。环境鉴定很专业，检察院没有能力做。受害人证据问题也很难。公诉案件依托公安机关侦查，有很大的优势，环境公益诉讼需要公安机关、环保部门等专业机构的协同参与。环境问题的解决不一定通过诉讼，很多环境问题时行政部门不作为导致的。加大行政部门的作为是解决环境问题更好的途径。(3) 环境公益诉讼是民事案件，民事诉讼强调诉讼当事双方的平等性，让检察院作民事主体，却动用国家公权力，打破了诉讼平等性。(4) 检察院作为公益诉讼的主体和它民行部门事后监督职能有冲突。

**问：**您对此次司法改革有哪些建议?

**答：**首先，改革的经费必须得到保障和落实，付出和回报要对等以保证积极性。法官和检察官的工资期望值大多在 10 000 元左右，当然包含奖金金在内。同时，还要保证法官和检察官的职业安全问题。其次，改革的一大方向就是向社会购买服务。高校和司法机关有联动，最高院有关于建立实习生的规定。再次，司法改革的各项举措必须配套实施，否则可能会出现头尾无法衔接的被动局面。最后，对于检察机关而言，由于 80% 的工作、机关、干警在基层，建议改革工作从基层开始，可以搞试点。其实法院亦是如此。

(杨丽娟、佘嘉玲、李青龙、宋静、林佳燕、彭帅华)

# 安徽省司法运行过程实证调研报告

## 一、基本情况介绍

为积极回应本地司法运行中出现的问题，使司法改革适应本地司法环境，2015年6月，安徽9家试点法院〔1〕启动“司法责任制”“司法人员分类管理”“司法人员职业保障”“省以下地方法院检察院人财物统一管理”四项改革内容。

“环境”是一个相当广泛的概念，它不独立存在，而是相对某一中心事物而言。具体来说，环境是指围绕着某一事物——通常被称为主体——对该事物产生影响的所有外界事物。司法环境是指围绕司法系统并对其产生影响的经济、文化、政治等客观条件的总称。要研究司法环境，首先要明确该环境所围绕的主体——司法系统。司法系统由三部分组成：司法主体、司法主体进行的审判和监督等行为，以及主体在履行其职责时适用的法律法规。由此观之，对司法产生影响又不属于司法系统组成部分的所有因素都构成司法环境的基本内容，也是本次调研报告中有关调研地司法环境的研究对象。需要阐明的是，部分学者所谓的内部司法环境，即法院的层级设置、法院的内部职权设置等，我们认为，这些属于司法主体的组成部分，是司法系统不可缺少的结构要素，属于司法系统，因此并不属于司法环境的研究范畴，应当在被调研地的司法状况部分进行论述。而所谓的司法外部环境才是真正意义上的司法环境，是该部分应当研究和阐述的对象。

---

〔1〕 合肥中级人民法院、蚌埠中级人民法院、安庆中级人民法院以及各自辖区内2个基层法院为改革试点法院。

根据以上对司法系统和司法环境的阐释，本部分将对影响被调研地司法系统的经济、文化、政治等因素进行简单的介绍和分析，希望真实反映出被调研地区的司法环境，为优化和改善司法环境，创新社会管理和提高司法运行的效率和质量提供一些可供探索的思路和帮助。

（一）经济环境

按照“经济基础决定上层建筑”的历史唯物观点，作为上层建筑重要组成部分的司法环节也直接受到经济发展水平的制约和影响。司法活动，尤其是商事纠纷的审判的深度与广度直接受制于当地经济发展的水平。首先，在经济高速发展的社会，经贸活动的形式愈加丰富，司法主体需要解决的民商事纠纷也愈加复杂，需要解决的案件数量也可能会随之攀升。此外，市场经济发展更成熟的社会，更有利于一套完备规则的生成。这些在经济活动中自发形成的“契约规则”和“活动准则”对于作为“纠正正义”的司法活动具有重大意义。尤其是在改革和社会转型时期，滞后的立法活动不能及时调整在高速发展的经济环境中产生的新型经济关系之间的矛盾。综上所述，经济发展的情况和司法活动有着紧密的联系，经济环境是影响司法活动的重要指标。

从2014年和2015年发布的GDP数据来看，安徽省的经济状况在全国处于中等水平，2014年安徽省GDP首破2万亿元排在第14位，2015年GDP保持稳中有进。从各地级市来看，省会城市合肥、芜湖和安庆GDP在全省列居前三。安徽省经济运行总体平稳，稳中有进，但巨大的经济发展压力仍然存在。2015年安徽省GDP增速为8.7%，创十年来增幅最低。尽管2015年新登记注册各类市场主体47.2万户，累计达276万户，新登记企业14.4万户，增长18.4%，但中小企业发展仍然面临巨大挑战。其中安徽省高级人民法院审理涉及民营企业案件，审结合同纠纷案件36 048件。尽管金融危机已经平息，但复杂的经济形势和不够成熟的金融监管体系导致金融风险增大，经济诈骗案件增多。最为显著的是民间借贷和企业融资案件增多。安徽省高级人民法院审结金融保险、投资融资、股权纠纷、破产重整等案件1682件，合肥市中级人民法院审结民间借贷案件7267件，涉案标的额64.5亿元，处理涉及融资、证券、保险、信托等金融纠纷案件1093件。近年来，安徽省经济结构不断调整优化，面对巨大的市场压力，企业间的竞争愈发激烈，重组兼并、破产改制、产权股权转让等案件的数量也不断增加。其中合肥市中级人民法院审结重组兼并、破产改制、产权股权转让案件207件，包括涉及3000余名职工安置的庐江矾矿及下属公司破产清算工作。此外，复杂严峻的经济形势和不断出现的经济矛盾，使得各级法院法官在审理案件时不断总结经验，提出了各类新的司法解释，其中合肥市中级人民法院报送的《市法院分析非法集资案件的特点、原因并提出建议》充分体现了经济环境对司法主体发挥能动性的巨大影响。

（二）社会文化

司法环境的另一个重要内容是社会文化。社会文化中对司法活动影响最深远、意义最重大的是社会法制观念，具体体现为人民的权利意识、义务意识、程序意识、责任意识等。法制观念不仅是衡量一个社会进步的标准，同时对于司法主体进行司法活动有至关重要的影响：当人民群众的法律意识较强时，司法活动才能在和谐稳定的环境下进行，司法主体才能获得尊重，司法判决才能彰显出其权威性。

对被调研地法治观念强弱的考察，主要从以下几个方面入手：第一是考察直接参与司法活动人员的行为是否遵纪守法；第二是考察广大人民群众对司法运行的关注和司法活动的参与程度；第三考察是法制宣传和普法活动开展的频次。本次调研主要针对司法运行状况展开，并没有专门人民群众的法治观念加以考察。但是结合与当地法官的访谈以及安徽省各级人民法院和法制办公室公布的具体信息，我们可以大致得出：安徽省内人民的法治观念和法律意识在近年来有显著提高，但是仍然存在一些普遍问题。社会法治观念的提升主要归功于当地政府法制宣传部门和一些新闻媒体对普法宣传的重视。在安徽省人民政府法制办公室的主页上可以看到丰富多样的普法宣传活动，例如“国家宪法日暨全国法制宣传日系列宣传活动”“三级法治宣传教育基地建设”等。此外，安徽当地的报纸等媒体也对法制观念的宣传起到推动作用。例如《安徽日报》2015年10月20日对将于2015年12月4日起施行的《安徽省法治宣传教育条例》进行了整版篇幅的深度解读，让法治观念深入人心；2014年《安徽日报》开设了“依法行政十周年”专栏；等等。然而，尽管安徽省人民的法治意识与过去相比有了巨大提高，与部分经济发达地区相比，安徽省人民的法治观念仍还有待提高。具体表现在部分案件当事人对诉讼程序的干扰和法官判决的不尊重。根据调研中与部分法官的访谈的记录可以看出，部分当事人不遵守法定诉讼程序，不尊重法官判决，企图通过在法院静坐或制造事端甚至威胁主审法官人身安全等不良恶劣手段给法院和主审法官施加压力，影响案件的审理和判决。这些事件充分体现了人民群众法律程序意识的薄弱，这样的司法环境给法院的法官和其他工作人员履行自己的职责带来了严重负面影响。群众法治意识的低下不仅不利于自身权利的维护，还会给整个社会宣传法治观念带来消极影响。

### （三）政治环境

影响司法环境的第三个重要内容是政治环境，其中对司法系统有着重要影响的是当地人大、政府和作为执政党的中国共产党。作为全国第二批司法体制改革试点省份，安徽省内6个市和6个县（区）法院、检察院围绕“完善司法人员分类管理制度，健全司法人员职业保障制度，完善司法责任制，建立省以下法院、检察院人财物统一管理体制”四个内容先行试点。在笔者开展调研期间，安徽省的司法改革还处在试点实施方案的研究和细化中，各试点单位还没有就具体内容开展工作，但司法体制改革营造的整体政治环境对于目前安徽省的各项司法活动起到了积极的推动作用。其中“健全司法人员职业保障制度”和“省级以下人财物的统一管理”两项改革内容都对司法系统的独立性起到了巩固作用。这两项改革措施极大地减少了地方保护主义和党政机关对当地司法工作的干预和影响，充分保障了法官、检察官独立行使职权的权利。此外，省委、政法委已开始制定关于“建立领导干部干预司法活动记录、通报和责任追究制度”的具体意见。整体来看，司法体制改革有助于厘清司法系统与人大、政府和党的关系，为实现司法独立营造积极的政治环境。

影响司法系统的因素有很多，除了上述探讨的经济、社会、政治内容外，还包括司法系统内法院的层级设置、法院内部职权设置和法官们个人的职业素养等多方面因素。虽然司法环境仅仅是影响司法活动的外部因素，但是这个外因的作用却不容忽视。任何司法活动的开展都需要依赖良好的司法环境，没有和谐稳定的司法环境，司法活动将成为无源之水、无本之木。

## 二、目前改革的问题与困境

蚌埠市中级人民法院是被调研的法院之一。作为中级人民法院，蚌埠中级人民法院2015年的整体司法状况，大体可以反映出当地的司法状况。故本书在此首先通过数据的展示来表明当地的司法状况。

办案数量再创新高。2015年受理各类案件40 331件，首次突破4万件，审、执结32 380件，同比分别上升37.78%和14.62%，审限内结案率99.76%。其中，市中院受理案件4396件，审、执结3637件，同比分别上升25.35%和16.46%，审限内结案率99.29%。

案件质效持续向好。一审服判息诉率90.02%，一审陪审率89.01%，执行实施案件实际执行率68.87%，一审简易程序适用率65.39%，当庭裁判率49.08%，民商事案件调撤率58.96%，案件质量评估指数89.89。

司法公开不断拓展。市中院公布案件流程信息24 780件、生效裁判文书24 955份、执行信息7600条，网络直播庭审678场，召开新闻发布会27场，举办法院公众开放日活动47次，邀请560名人大代表、政协委员旁听庭审、观摩执行。

切实加强人权司法保障。严格落实疑罪从无、证据裁判原则，依法排除非法证据，保障无罪的人不受刑事追究。严把死刑案件事实关、证据关、法律适用关，注意听取律师意见，正确适用死刑，死刑案件核准率为100%。

积极参与社会治安综合治理。推行未成年犯罪案件圆桌审判、社会调查和档案封存制度，审结未成年人犯罪案件80件121人。规范减刑、假释、暂予监外执行工作，裁定减刑、假释案件706件。积极参与社区矫正等工作，回访帮教1336人次，促进社会治安综合治理。

强化行政相对人诉权保护。严格执行新修订的《行政诉讼法》，受理各类行政案件624件，审结478件，同比分别上升68.65%和33.15%。审查非诉行政执行案件155件，结案率100%。依法审理涉及公平竞争、信息公开、社会救济等案件251件，促进依法行政。

倾力提升执行效果。加大强制执行力度，规范执行行为，执结案件7599件，执行到位11.02亿元，同比分别上升108%和75.32%。大力推进执行信息化运用，房地产、机动车、存款等实现联网查控，查询财产线索 98 601 条，查封、拍卖、变卖房屋 11 639 套、车辆 3153 辆，冻结、扣划存款 5.4 亿余元。

着力提升司法能力。广泛开展庭审观摩、岗位练兵、办案竞赛，提升法官驾驭庭审、适用法律、制作文书的能力。开展司法警察大比武，强化警务保障。举办法院大讲堂活动，邀请上级人民法院法官、专家学者举办讲座 10 期，参加培训 2256 人次。

加强基层基础建设。市中级人民法院坚持人才兴院，竞岗选拔中层干部 29 人，轮岗交流干警 45 人。强化对基层法院的业务指导，召开对口庭会议 36 次，增强指导的针对性。开展审判法庭、人民法庭信息化建设，建成高速专网、高清视频会议、数据中心，实现两级人民法院和基层派出法庭间互联互通。

如果说从中级人民法院那里看到的是司法状况良好的一面，那么通过对基层法院的调研，我们才能更全面立体地了解司法状况的另一面。下文是在调研凤阳县人民法院的基础上总结而出的，问题集中体现在立案登记、法院人才、案件审理和审判执行上。

立案登记制改革以后，法院受理案件数量急剧增加，尤其是行政诉讼案件数量明显增长。这一点对于基层法院造成较大压力。因为基层法院是绝大多数民事诉讼和行政诉讼的一审法院。诉讼案件的爆发式增长最先冲击到的是基层法院审判人员。然而，由于基层法院设置在区县（此外还有驻乡镇的法庭），导致法院在审判人员数量和经费保障上处于很大的劣势。部分基层法院反映，基层法院法官人均审理案件数量对比中级人民法院和高级人民法院法官审理案件的数量要多很多，但是在物质保障等福利待遇上，基层法院法官却远不如其他两级人民法院的法官。[1]

关于法院人才问题，基层法院面临着人才缺口大，现有人才流失严重的问题。近些年来，法院法官，尤其是优秀法官离开法院的现象层出不穷。基层法院法官流失严重，原因主要有三个：一是法官职级待遇偏低，影响了工作积极性。与党政机关相比，法官的职级待遇普遍偏低，并且解决起来非常困难，有的法官到退休连副科级也没有解决。二是法官经济待遇较差，与繁

〔1〕 林瑛：“基层的司法现状与司法改革”，载《辽宁行政学院学报》2011 年第 4 期。

重的审判工作不相适应。受制于当地的经济发展水平，一些年轻力强的业务骨干承担的工作较多，但收入却较少，体现不出他们的劳动价值。三是法官工作压力大，思想负担重。由于面临案多人少的矛盾，不少法官审判任务相当繁重，经常加班加点。四是法院人才选拔机制不健全。有的法院有论资排辈现象，法官的职务晋升非常缓慢，一些优秀的法官人才不能得到及时的提拔，他们感觉自己的能力得不到领导的肯定和同志们的认同，因此不愿继续留在法院工作。[1]

在案件审理上，诉讼模式在职权主义与当事人主义之间转换。传统的职权主义诉讼模式意味着当事人启动诉讼后的“坐等正义”，而当事人主义的诉讼模式在充分保障当事人诉讼权利的同时，要求当事人承担起推动司法运作而必须履行的相应义务，主要表现为审判实践中的举证义务。受“熟人社会”的传统作用，基层民众的交往仍处于一个由相对熟悉的宗亲、姻亲、朋友、同学等组成的关系网中，他们基于“熟”而相信“人”的个人信用，证据意识薄弱，不善于利用证据保护自己，为自己说话。

人们既不认为收集证据是自己分内的事情，也不知道该如何去收集证据以及应该收集哪些证据，更不易接受因举证不能引发的败诉后果。政府管制、行业垄断、部门保护的客观存在，进一步弱化了基层民众的举证能力，使他们沦为司法运作中的“弱势群体”。如果严格执行司法程序，完全拘泥于法律事实而忽视客观事实，当事人内心确认的“正义”得不到实现，体会不到现代司法带来的实际利益，就会逐渐失去吸收和接纳“司法新思维”的热情，转而冷落不满，与司法体制对立排斥。为迎合民众朴素的“正义”观，基层法庭法官出于解决纠纷的实际需要对现行体制进行了中和，在不违反法律的前提下，合理放宽举证限制，加强职权取证的适用范围，在较多的时候以较为积极主动的姿态体现纠纷处理的最佳效果。

法院司法职能实现的最后“一公里”就是执行。执行问题中最重要的是财产类，财产执行占据了执行内容的大部分。高级人民法院和中级人民法院由于金融行业的配合，以及法院、公安、工商等部门的联合，在涉及财产纠纷的执行上相对于基层法院有着很大优势。基层法院通常是面向农民或者城市流动人口，他们的财产除了在金融机构，还有一些是很难被执行的，比如

---

〔1〕 吕晨阳、徐春凤：“基层法院人才流失现状分析”，载《江苏法制报》2013 年 12 月 12 日。

农民的私有财产，牲畜家禽，在处理起来显然就复杂很多[1]。

基层法院执行难，典型有两类。一是离婚案件。在农村离婚案件执行实务中，执行地区的特殊（大多在被执行人住所中进行）、家族势力的参与、农村社会舆论的影响等因素，极易造成当事人之间、当事人亲属之间的矛盾尖锐对立，引发事端，严重影响和阻碍案件执行。其中涉及子女抚养权、探视权的执行案件难度尤为突出。二是行政非诉案件。在行政非诉执行案件中多是难以彻底执行的土地、规划、环保案件。从行政案件执行的工作量上看，每一案件均要完成送达执行通知书、调查取证、谈话、公告、采取强制措施等项工作，工作量大，程序繁琐。法院每完成一件行政执行案件所付出的工作量往往是民商事执行案件的几倍甚至是几十倍。[2]

## 三、司法改革的措施与成效

目前，以合肥、蚌埠、滁州、安庆、六安等中级人民法院为试点进行的司法改革取得了阶段性成效，其主要措施包括：

（1）规范法官遴选考试制度。安徽省法院首批法官遴选考试，将分别在试点法院所在的合肥、蚌埠、安庆等 3 个市设置考区，同一时段进行。省人事考试院统一负责命题制卷、阅卷等工作。各市的考务工作在各市中院、人社局的领导下有序进行，各市人事考试中心（院）分工负责考场安排、准考证制作等具体组织和实施工作。[3]

（2）推进立案登记制改革。滁州中级人民法院制定《关于规范立案工作的暂行规定》，细化工作流程，实行“一次性”告知，提高立案工作效率。建立“日报告、周分析、月总结”制度，成立督查组对立案情况进行现场督查，并邀请社会各界代表监督立案工作，确保各项制度落实到位，全面保障当事人诉权。六安中级人民法院将诉讼中心划分出立案、信访、诉调对接 3 个独立区域，涵盖立案、候访、综合、调解、信访 5 个服务区功能，还设有六安

---

〔1〕 王蕾：“浅谈人民法院‘执行难’问题及对策”，中国海洋大学 2013 年硕士学位论文。

〔2〕 郑策：“基层法院执行难问题调查与思考”，载《法治纵横》2010 年第 3 期。

〔3〕 “蚌埠法院司法改革试点工作向纵深推进”，载 http://www.ahcourt.gov.cn/sitecn/gzbd/74483.html，访问日期：2016 年 5 月 2 日。

法律援助中心驻该院工作站、涉法涉诉信访调处中心。除审判开庭外，所有功能都在诉讼服务中心完成。并且，六安中级人民法院投入大量资金快速推进信息化建设和应用。实现同步录音录像、视频直播、远程提讯、远程质证等；建成办公大楼视频监控系统，实现监控区域内无死角；建成集诉讼服务中心、审判管理中心、执行指挥中心为一体的“指挥中心”，实现对全市法院案件受理、审判、执行情况的全程监督、指导。[1]

（3）推进审判权运行机制改革。作为全省法院审判权运行机制改革试点单位，滁州中级人民法院迅速出台《审判权运行机制改革试点工作实施方案》，制定了“1+16”总体方案和配套措施，并同步指导全椒县人民法院的试点工作。其又出台了《关于进一步规范合议庭工作的暂行规定》，明确责任，规范主审法官和合议庭办案，其中明确院、庭长编入合议庭办案，不再签发本人未参审案件的裁判文书。推进审判委员会转型，严格限缩审委会讨论案件范围，初步实现审委会由讨论个案向宏观指导的转变。强化法官审判权监督，并列院庭、长审判管理权力清单，就法官业绩评价，瑕疵案、错案认定，违法审判责任追究，制定相关管理办法，促进法官公正高效办案。

（4）推进多元化纠纷解决机制改革。滁州中级人民法院主动与相关部门沟通，制定“1+15”规定，健全多元化纠纷解决机制，成立诉调对接中心，与相关部门加强对接，合力化解矛盾纠纷。滁州级人民法中院与市工商联成立非公有制企业商事调解中心，加强非公有制企业商事纠纷诉调对接。天长法院引入商会会员进入纠纷调处中心，来安法院与司法局联合成立诉调对接中心，定远法院在交警大队设立调解室，明光法院联合交通事故处理中心建立“绿色通道”，使大量纠纷妥善化解在诉前。[2]

（5）积极调研案件，集中管辖改革。安徽省在皖中、皖南、皖北分片指定6个法院交叉集中管辖全省一审行政诉讼案件。芜湖经济技术开发区人民法院在上半年被安徽省高级人民法院确定为集中管辖蚌埠、铜陵、宣城、池州、黄山五市一审行政诉讼案件的基层人民法院后，进一步承担了省高级人民法院“关于行政案件相对集中管辖”重点调研课题，积极开展工作调研，

---

〔1〕“六安中院：司法改革敢担当 为民服务先锋——六安市立案登记制改革平稳运行”，载 http://www.ahcourt.gov.cn/sitecn/gzbd/71696.html，访问日期：2015年8月25日。

〔2〕“滁州中院遵循司法规律 稳妥推进司法改革”，载 http://www.ahcourt.gov.cn/sitecn/gzbd/75535.html，访问日期：2016年5月2日。

通过走访省内外法院获取第一手信息资料，做好了集中管辖的相关准备工作。〔1〕

（6）积极破解执行难题。为大力推进执行指挥中心建设，试点法院建成了100余家金融机构全覆盖，国土等部门分级联网的省内“点对点”查询系统，与最高人民法院建立了“总对总”系统，并与上海、江苏、浙江三地法院签署了长三角地区执行查控协作网互联共享协议，实行联动惩戒，公布失信被执行人名单，对其依法采取限制高消费、限制出境等措施。

（7）推进人民陪审员工作机制改革。试点法院全面完成人民陪审员“倍增计划”，探索建立人民陪审员信息库，试行随机抽取参审制度等制度。〔2〕

随着改革试点工作即将正式启动，安徽省根据实际情况制定了有针对性的子方案。2015年，受经济下行压力加大、社会矛盾增多、立案登记制改革的实施、《行政诉讼法》的修改等多种因素影响，安徽省各级人民法院受理案件数大幅上升。截至2015年前4个月，全省法院共受理案件284 601件，同比增长26.05%；新收民事一审案件143 467件，同比增长27.47%；涉案标的额263.57亿元，同比增长101.96%。随着案件数量的上升，案多人少的矛盾将更为突出，基层法院面临的压力更为艰巨，有“四个80%”尤其值得关注，主要表现在：新常态下常规案件总量的80%在基层法院；民商事案件级别管辖调整后，原由中级法院受理案件的80%移至基层法院；立案登记制实施后，增长案件的80%在基层法院；干警流失基层法院占80%。〔3〕

作为第二批改革试点地区，安徽省司法改革目前还处于较务实的状态，不断地吸收和借鉴前一批改革地区和其他成功试点地区的经验，结合本省的实际情况和特点，推进安徽后续的司法改革工作。

---

〔1〕“芜湖经开区法院多举措积极响应司法改革新要求”，载http://www.ahcourt.gov.cn/sitecn/gzbd/73479.html，访问日期：2016年5月2日。

〔2〕“2015安徽省高级人民法院工作报告（摘要）”，载http://epaper.anhuine-ws.com/html/ahrb/20160227/article_3413974.shtml，访问日期：2016年5月2日。

〔3〕“安徽省9家试点法院将启动司法改革”，载http://ah.anhuinews.com/system/2015/06/04/006823787.shtml，访问日期：2016年5月2日。

## 四、访谈实录

在对安徽省的调研中，我们就司法运行过程中的相关事项，分别和安徽省高级人民法院、蚌埠市中级人民法院和凤阳基层人民法院的部分法官进行了访谈，访谈主要涉及各级人民法院从立案到执行过程中的若干突出问题。现摘录如下：

（1）安徽省高级人民法院访谈实录

**访谈时间：**2015 年 11 月 10 日

**访谈地点：安徽省高级人民法院**

**访谈对象：安徽省高级人民法院部分法官、庭长及其他司法工作人员**

**问：**您对法官员额制改革在安徽省的实施现状和问题的看法？

**答：**A 法官认为，法官员额制对很多法官来说是一个新事物，也是不少法官最为关心的一项举措。这是因为员额制改革涉及法官职位、职务、级别的调整，随之而来的直接影响是部分法官身份的变化和薪资福利的调整。很多一线法官对这种变化表示担忧。因此，应该循序渐进，做好法官的思想工作，使各级法官更进一步地了解员额制的真实含义，进而探索出适合安徽本省实际情况的改革实施方案。

B 法官认为，法官员额制改革不应仅是法院系统内的单打独斗，而且应该寻求和法院外的各部门相配合协调。这是因为员额的调整必然涉及差额的分配和安置问题，而这一问题不能仅靠法院一己之力来解决。

C 法官认为，法官员额制和省级人财物统管都是此次司法改革的重要内容，安徽省作为第二批试点省份，可以学习其他省的改革经验，尤其要避免出现“统管”变成“统不管”，“员额制”变成“无员额”的情况。他还举出了某地实例来说明这一问题。甲市法院率先推行人财物省级统管后，由于对接工作没有跟进，出现法官无法按时领取工资的情况。他认为，法官问题是改革问题中的重要组成部分，只有解决好事关法官切身利益的员额问题，尊重法官的职业选择和社会地位，员额制改革才能够更加全面的开展。

**问：**立案登记制在安徽的实施效果如何？

**答：**A法官认为，立案登记制是对人民群众多元司法需求的积极回应。立案是审判的前提和基础，是法院启动司法程序的起点。三大诉讼法对立案制度都有相关的规定，对符合法律规定条件的起诉，法院应该依法立案。但事实是原有的立案审查制存在诸多问题，立案登记制的推行是对这一问题的回应。它能够解决以往因立案门槛过高导致的大量纠纷无法进入诉讼渠道，转而形成“信访大军”的问题。

B法官认为，立案登记制还在探索阶段，是否能够达到预期的实际效果还有待检验。解决民众“起诉难”问题的同时，还不能忽视防止“司法全能”的倾向，防止从一个极端走向另一个极端。这种倾向不仅对诉权保障问题无所助益，还会削弱司法权威，浪费司法资源。

C法官对立案登记制持较乐观态度。他举例说，立案登记制改革实施以来，对法院案件分流、提高法院效率、节省司法资源等诸多方面产生了成效。以安徽某市为例，自立案登记制实施以来，全市法院共新收各类民商事、行政、国家赔偿、刑事自诉及执行初始案件31 108件（其中民商事案件22 398件，占72%，行政及国家赔偿案件622件，占2%，执行案件7777件，占25%）。其中当场立案30 221件，当场登记立案率为97%；书面告知补正材料816件，裁定不予受理或不予立案45件。

**问：**“执行难”问题的安徽经验？

**答：**A法官解释道，执行是司法运行的最后环节，执行难一直是困扰法院的重要问题，但经过探索，通过信息公开和联网共享等现代手段建立失信“黑名单”来解决“执行难”问题在安徽取得成效。通过对被执行人财产状况的普查与网络监管，能够及时了解到被执行人的财产变动信息和人员流动信息。例如，曾某某因恶意负债被纳入“黑名单”，其公司安排曾某某出国深造，因曾某某被纳入失信被执行人名单，无法办理出国手续。焦急的曾某某马上与法院取得联系，主动要求履行债务，将欠款全额偿还给申请人高某某。法院遂撤销对曾某某的信用惩戒措施，曾某某得以办理相关出国手续，该案顺利执结。在另一个案件中，吴某一直未履行生效判决所确定的义务，于是潘某向法院申请执行。进入执行程序后，吴某仍拒绝履行。为保障当事人合法的胜诉权、维持基本的诚信，该院执行法官依法将吴某纳入失信黑名单。在感受到无处不在的信用惩戒后，吴某积极与潘某沟通协调，主动与申请执行人和解，化解纠纷。但是，A 法官同时指出，联网“黑名单”仍然在安徽级人民法高院和各市中级人民法院较适行，在各基层人民法院推行起来就存在地域上的困难。这是因为，安徽省仍然是一个农业人口占比较大的省份，某些村民可能很少出行或者根本不出行，和外界的交流互动很少，这样失信“黑名单”就难以对其本人产生切实的影响。所以针对广大欠发展地区的执行难问题，更多的还是需要发挥基层法院法官处理问题的能动性，具体问题具体分析。

**问：**您认为信访制度的运行现状如何？

**答：**A 法官认为，信访制度本身是指公民个人或群体以书信、走访、电话等方式与有关单位负责信访工作的机构或人员直接接触，以反映情况，表达自身意见，吁请解决问题，有关信访工作机构或人员采用一定的方式进行处理的一种制度。但就法院来说，信访制度又有着另外一种意味。这是因为，信访制度提供了一条区别于司法的纠纷解决途径，甚至可能对已作出的或正在形成的判决产生实质的影响。这就关涉到了司法权威的问题和判决是否有既判力的问题。对于安徽而言，司法环境对信访的影响十分明显，经济社会发展到转折点，部分社会矛盾开始凸显，闹访、非访现象时有发生。这些事件经过媒体扩散，往往对当事法官造成很大的压力，甚至于对法官个人人格尊严和人身安全造成不良影响，这实质上形成的是对司法权威的损害，是对法官职业荣誉感的伤害。谈到法官尊荣的问题，

B 法官表示，经济的发展并没有让法官这一职业共同体的地位提高，相反，却在遭受一个下降过程。社会中质疑法官、诋毁法官的事件层出不穷。B 法官认为，一方面，司法需要接受人民的监督，这是肯定的。但另一方面，她所在的单位多数法官都能够依法司法，也很珍惜法官的职业荣誉，他们经手的每一件案子，每一份判决都经过审慎的考量。信访制度同样是应该在法治前提下进行，“救命稻草”不可滥用，不可因此造成对司法和法官的二重伤害。

**问：**三位一体的诉讼服务“安徽模式”具体指什么，发挥了怎样的作用？

**答：**“三位”指的是诉讼服务大厅、诉讼服务网、12368 诉讼服务热线这三种诉讼服务的基础设施，“三位一体”诉讼服务模式即“一站式服务、一体

化运行、一揽子解决”的模式。这一模式是安徽法院基于司法运行规律和当地法院实践探索出的又一经验。A 法官解释道：这种模式就是以群众需求为导向，“一站式”办理除开庭以外诉讼事务。这种模式的“标配”有立案区、候访区、综合区、调解区、信访区五大功能区，标牌标识、岗位职能等均实现了统一。目前，安徽省所有法院均完成了诉讼服务中心建设，实现全省 127 个人民法院诉讼服务中心全覆盖。A 法官还介绍说，这种模式实现了诉讼服务“从后台到前台、从分散到集中、从多点到一点”的优化。形成现场与远程、网上与网下、实体与网络结合，不仅为民众提供了方便，也为法院节省了司法资源，是一种值得推广的模式。

（二）蚌埠市中级人民法院访谈实录

**访谈时间：**2015 年 11 月 11 日

**访谈地点：安徽省蚌埠市中级人民法院**

**访谈对象：安徽省蚌埠市中级人民法院司法工作人员**

调研主要问题：“员额制改革”“司法执行状况”“跨行政区域审理”“司法反腐机制问题”“司法责任制”。

**问：**您对司法改革中的“员额制改革”有何种看法？

**答：**司法改革中“员额制改革”一经决定就受到了社会的各方关注。法院人事管理要向分工化、专业化的方向发展，要实行审判人员、审判辅助人员与司法行政人员的分类模式，各省、市、自治区要结合地方具体情况合理确定各类人员所占的比例。

员额制的改革所面临的主要问题有以下几点：（1）如何解决案多人少的矛盾。部分人认为，司法改革制度的初衷是良好的，顶层制度的设计也是完善的，但是在落实到实际的实施上却存在着诸多的问题。以当地基层法院的现状来看，案件逐年增加是目前存在的主要现象之一，但是法院的审判人员相对于案件的数量来说是极其短缺的，就是在这样的背景之下，我们仍然要实行员额制的改革，这必然会出现案多人少的矛盾。以目前已完成员额制改革的几个地区为例，虽然已经按要求对审判人员、审判辅助人员和司法行政人员作出了严格区分，但是在实际的工作当中，仍然援用了原有的工作模式。以此观之，员额制改革落实效果会大打折扣。（2）如何解决工资待遇问题的论证，增加法官工资是目前的热点话题之一。但是，增加法官的工资缺乏合理的理论支撑。有人认为，法官是从事专业化工作的队伍，专业化程度要求较高，因此需要上调法官的薪资水平；也有人认为，法官高强度的工作，需要增加法官工资，这样才可以保证法官工作的积极性中级人民法院蚌埠市的A法官认为，这两种观点，都缺乏基本依据。首先，从专业化的角度来看，法官从事的工作并不是所有领域当中最为专业的，相对于审计、金融领域的工作，法院的工作还是比较容易处理的；其次，就辛苦程度来看，法官高强度的工作量和社会基层国家公务人员相比也并不是最为辛苦的，盲目地上调法官的工资水平会导致其他国家机关工作人员的不满，因此解决上调法官工资的问题缺乏依据。（3）如何遴选法官以及如何解决同事之间的关系。法官如何产生是员额制改革的又一重要问题，蚌埠市目前还没有形成具体的实施方案，蚌埠市中级人民法院B法官认为考试是相对较为公平的方式之一，但是考试成绩所占的比例应当是多少仍需商榷。另外，员额制改革势必会造成部分法官从现有的工作岗位走下来，有人会从事审判辅助工作，这就会造成原有的主审法官会成为其同事的辅助人员，如何解决其心理落差，保证法院人才不流失也是员额制改革的主要问题之一。

**问：**贵院的应对“执行难”问题的举措有哪些创新？您对执行问题有何看法？

**答：**本院的执行状况较为良好。从2010年开始，蚌埠市对执行权进行了合理的配置，在公、检、法三部门之间形成了良好的执行联动机制，除此之外，蚌埠市还将银行等金融机构以及报社等信息传播机构纳入到执行配合机构的范围之内。另外，蚌埠市在2012年，建立并完善了执行联动机制，在这一制度的基础之上，成立了的执行查控中心。执行程序可以在网上进行，大大加快了执行的速度，对于某些程序，采用电子签章的执行方法，从而提高了执行效率。另外，蚌埠市还成立了信息技术中心，从而做到了信息共享，对于失信被执行人，蚌埠市中级人民法院都及时予以公布，督促失信被执行人执行法院判决。

目前仍存在以下几点问题：（1）执行程度并不是完全取决于程序的设计，执行问题是一个整体的问题，信息化建设、社会管理体系以及规则意识都是影响执行的重要因素。从蚌埠市的实际状况来看，信息化建设已经完全可以满足当下执行的需要，但是仍然面临着部分案件执行不了的问题，这就是社会管理体系以及社会群众的规则意识不完善所导致的。当前社会整体对法院信任度缺失，无限制的发回重审以及行政权力的干预，导致法院判决难以得到认可。（2）目前我国解决纠纷的程序仍是比较单一的，我们应当研究多样化的解决纠纷的机制，当下主要的民事纠纷主体之间有着高度的紧密性，单纯地依靠判决解决纠纷的模式，不仅难以便判决得到执行，而且会造成双方的巨大损失。因此，应当研究多样化的纠纷解决模式，尽量将矛盾解决在庭外，这样既可以有效缓解执行困难的问题，又可以节约诉讼成本、保障当事人双方的利益。这是解决执行困难的有效方式之一。

**问：**对于跨行政区域集中审理，安徽省有何新举措？跨行政区域审理有何困难？

**答：**目前，安徽省已经在全省范围以内出台了关于行政案件的跨区域审理的相关文件，已经确定了5个地级市拥有跨行政区域审理的权限，蚌埠市也是其中之一，蚌埠市大约集中审理案件1000多件。跨行政区域集中审理模式是审理行政案件创造性模式，这种审理模式有效解决了行政案件审理困难的局面，对解决行政案件的审理问题大有裨益。但是也存在着问题，比如，集中审理行政案件，案件数量的增加需要更多的审判力量，但是目前人员的编制问题仍然没有解决以及如何处理公平与效率之间的关系都是影响行政案件集中审理的主要问题。

**问：**您对于刑事立法以及当前的反腐形势有何看法？

**答：**充分理解我国的刑事立法，要从横向和纵向两个层面理解。从横向上来看，我国的刑事立法与法制发展程度与部分相比仍有不足，但是，从纵向来看，我们的刑事立法已经有了巨大的进步，刑事立法在不断进步当中。目前，《刑法修正案（九）》已经通过，这标志着我们的刑事立法又向前迈进一步，它对贪污贿赂犯罪作出了重要的修改，废止了以往单纯以数额为标准的量刑模式。这是我国经济发展的必然要求，以前以数额为标准的量刑模式已经不符合当前形势的发展，并且这样的立法技术可以便于法官结合各省市的具体情况作出符合实际的判决。

当然，刑事法律发展也存在不足：（1）贪污贿赂犯罪目前主要是由纪委牵头进行调查，一切犯罪证据由纪委进行调查之后再移交检察机关，这会在一定程度上造成检察机关的尴尬局面，纪委权重太大的局面仍需改进；（2）立法技术仍然有待提高，刑事立法存在大量的“口袋罪名”，比如“寻衅滋事罪”“非法经营罪”等，口袋罪名的存在造成大量不需要《刑法》调整的社会关系被纳入犯罪的范畴，这无疑是对人权的损害；（3）人权问题无法充分保障，近几年我们的刑法发展突飞猛进，人们法治观念逐渐增强，但是仍然存在刑讯逼供，损害人权的行为，这也是阻碍我们刑事立法发展的巨大障碍。

**问：**您对司法改革要实行法官“终身责任制”，有何看法？

**答：**关于“终身责任制”，大多数法官认为，实行这样的制度无形之中加重了法官的责任。而且“终身责任制”这个制度仍然没有详细的实行方案与细则，对哪些事情法官需要负责，哪些事情法官不需要负责并没有作出具体详细的规定，是否还是会像先前，以“上访率”作为考量法官审判是否公平的标准，这些都是目前没有解决的问题。因此，依目前的状况来看，“终身责任制”实行的难度非常大。

### （三）凤阳基层人民法院访谈实录

**访谈时间：2015 年 11 月 12 日**
**访谈地点：安徽省凤阳基层人民法院**
**访谈对象：安徽省凤阳基层人民法院司法工作人员**

**问：**司法改革试点工作已经开始，中央关于司法体制改革也下发了一些文件，尽管凤阳县法院并没有纳入到司法体制改革试点工作的范围，但作为一线法院工作人员，您对司法体制改革是怎么看待的呢？

**答：**尽管我们凤阳县法院没有纳入到中央司法体制改革的试点单位，但作为司法工作的一线工作人员，我对于司法体制改革还是非常关注的。安徽省本次司法体制改革主要从四方面展开：一是完善司法人员分类管理制度，二是完善司法责任制，三是健全司法人员职业保障制度，四是推动省以下法院检察院人财物统一管理。中央现在已经做好了顶层设计，但是对于具体的改革目标、改革方案还没有进一步实施，比较统一的还是员额制改革。拿我们凤阳县法院来讲，全院工作人员 141 人，50 多名法官，每年大概有 6500 起案件，平均到每一个人的头上每年需要审理的案件高达 130 件。而根据中央规定的员额制，法官占到法院人数的39%左右，那样算下来，我们院的法官人数将更加减少，这样还不包括自己脱离法院工作的法官人数。如果将我们院的情况扩展开来，中央的员额制改革并不一定适应基层法院的实际情况。与此同时，由于法院工资待遇方面的原因，人才流失严重，法官队伍得不到合理地补充，这使得我们的队伍建设更加艰难。加上法官人员组成老龄化严重，业务水平得不到与时俱进的提高，也使得基层法院的审判工作进行得并不是特别流畅。所以我认为，各项改革措施还是首先要适应各地实际情况，渐进地开展。

**问：**众所周知，法院执行工作历来是法院工作的“老大难”，作为执行庭一员，您长期从事法院的执行工作，您对法院“执行难”问题如何看待？

**答：**首先，需要强调的一点是，法院执行难并不是法院一家的责任，也有其他部门的责任，法院执行难也有自身的问题。拿我们凤阳县法院执行庭来说，我们执行庭有8个在编人员，加上我总共才9个人，法院需要我们执行庭的每年有1600多件，案多人少，以至于现在财难查、人难找、难控制、联动机制难以建立，这样的情况我们执行起来肯定有困难。其次，凤阳县经济水平还不够高，当事人的法律意识普遍淡薄，有时候很难配合法院执行。前几天，我们到一个村里执行法院判决，这边刚送完判决书，被执行人（是个女的）就跑到法院来找我，见了面先是一脚。这种当事人殴打法院工作人员的情况层出不穷。加之我们这边有些地方民风彪悍，执行工作很难顺利进行。因此，我认为这轮司法体制改革一个很重要的事情就是要加强全民法律意识，让更多的人懂法、守法、护法。最后，就法官被打这件事，可以看出法官的社会地位并没有像预想的那么高。尤其是《信访条例》的出台更加让当事人信信访，不信法院。这边一立案，那边就上访，这就在很大程度上忽视了司法的权威。法律就是法律，应该始终不渝地坚持，从而更加保障法官的合法权益。

作为一名在检察院、法院都工作过的人，参加工作几十年，即将退休，正好赶上司法体制改革，我也会将自己的工作经验和建议说出来。第一，应当建立多元化解决社会矛盾的机制，矛盾从社会中来，同样也应该在社会中解决才对，司法只是保证社会公平正义的最后一道防线，当其他的机制不管用了，才可以动用司法资源。第二，就本次司法体制改革而言，执行局改革的计划并不明朗，要地方配合法官员额制去进行适当的改革，需要中央及时拿个方针出来，给人们吃一颗定心丸。第三，改革应当因地因时制宜，在基层，法官人数不一定非要减，反而编制应当适当扩大，待遇也要适当提高，这样才能更好地体现出法官社会地位与社会价值，才能提高法官的社会认同感。

**问：**您认为分散立法规定加上预支相配套的司法解释能够更灵活地应对“执行难”问题，还是应当集中体系化立法予以专门解决呢？

**答：**刚刚我们聊到了法院执行难，法院的执行确实难，我觉得应该更加加强专门执行方面的立法，因此，我强烈要求《强制执行法》的出台，这样我们的执行工作才可以更加规范，更加人性化，也才能使得法院的执行工作进行得更加顺畅。

**问：**我们知道现在人民如果有事的话，不会相信法院，往往是这边一立案，那边就上访，对于这种尴尬的现象您是怎么看待的呢？

**答：**《信访条例》的实施，在一定程度上，一段时间内对于化解社会矛盾，解决社会纠纷起到了一定的积极作用，但是随着社会不断向前发展，《信访条例》的实施对于司法权威产生了很大的挑战。当事人不信法院、信信访的情况已为常态。由于《信访条例》的实施，老百姓对司法产生不信任，也使得司法工作人员，自己腰杆子不硬，进一步造成“好事不出门，坏事传千里”的尴尬局面。

（刘文君、刘诗琪、赵新磊、罗仙凤、孟诗然、李江峰）

# 广东省司法运行过程实证调研报告

广东地处沿海，毗邻港澳台，是改革开放的先行地，是国际交流合作的前沿阵地，是外贸大省，在优化法治环境、促进国际经济合作发展、塑造法治形象方面担负着重要的职责。广东地区国民生产总值连续25年位居全国第一，2013年突破了6万亿元，人均GDP为58 540元（按平均汇率折算为9453美元），相当于中等收入国家和地区的水平。广东是经济大省，也是案件大省。2010年以来，广东省各级人民法院受理和办结案件总数均保持在100万件以上，案件量占全国近1/10，多年位居全国法院首位。其审结各类刑事案件约占全国法院的1/11；审结各类民商事纠纷案件约占全国法院的1/12，其中审结一审知识产权纠纷案件约占全国法院的1/4，审结各类涉外、涉港澳台民事纠纷案件约占全国法院的1/3；审结各类行政案件约占全国法院的1/15；执结各类执行案件约占全国法院的1/9。广东设各级人民法院154个，其中高级人民法院1个，中级人民法院23个（含海事、铁路法院），基层人民法院130个，基层人民法院派出人民法庭412个。广东省高级人民法院设政治部、执行局和27个内设机构、1个直属行政单位、2个事业单位。2013年以来，承接了中央司法体制改革试点工作，在审判权运行机制、法院人员分类管理、知识产权法院等方面进行了积极的试点工作，探索深圳前海、珠海横琴审判机构建设，力争打造成全国综合改革示范法院。

## 一、基本情况介绍

### （一）广东省检察院

广东省检察院紧紧围绕党和国家的工作大局，认真履行法律监督职责，坚持“公正执法，加强监督，依法办案，从严治检，服务大局”的工作方针，突出查办贪污贿赂、渎职侵权犯罪等大、要案，严厉打击严重刑事犯罪和加强执法监督三项重点工作，推动其他检察业务的全面发展，为广东检察事业的繁荣兴旺，为保护和促进试省改革开放和经济建设的顺利进行发挥了积极作用。

（二）广州市黄埔区人民法院

根据广州市行政区划优化调整的部署，广州市黄埔区人民法院（以下简称“黄埔法院”）于2015年9月1日正式挂牌成立。其是由原广州市萝岗区人民法院和原广州市黄埔区人民法院合并成立的新法院。黄埔法院成立后，坚持“政治建院、公信立院、凝心兴院、创新治院、文化育院、科技强院”的工作方针，依法全面履行司法职能，为维护社会稳定和经济发展提供有力的司法保障。秉持“以人为本、以民为天、以法为魂、以院为家”的法院院训，建设具有黄埔特色的法院文化，积极推进法院各项工作健康持续发展；倡导“理性、智慧、勤奋、清廉”的法院精神，增强全院干警的职业使命感和集体荣誉感，为全院工作提供更好的精神动力和智力支持。

（三）佛山市顺德区人民检察院

佛山市顺德区人民检察院认真履行《宪法》和法律赋予的职责，依法查处贪污贿赂、渎职侵权等职务犯罪案件，积极开展职务犯罪预防工作，严厉打击各类刑事犯罪活动，努力维护社会和谐稳定，不断加强对刑事、民事、行政诉讼活动的法律监督，及时纠正“有法不依、执法不严、违法不究”等问题，维护司法公正和法律的统一实施。在推动检察工作发展的同时，坚持“依法建院、从严治检”的方针，队伍素质不断提高，各项工作取得巨大成绩。1992年2月被最高人民检察院授予“全国模范检察院”荣誉称号，1998年被再次确认。2005年和2007年，分别被最高人民检察院授予“全国先进检察院”和“全国先进基层检察院”光荣称号。

（四）深圳市前海合作区人民法院（以下简称前海法院）

前海法院成立于2014年12月2日，管辖前海合作区内的一审民商事、行政和执行案件，同时集中管辖深圳市辖区内一审涉外、涉港澳台商事案件。人员总编制195名，其中政法专项编制98名，法官员额控制在政法专项编制的40%以内，核定法官员额39名，包括1名院长、2名副院长和36名主审法官，司法辅助人员不低于45%，司法行政人员不超过15%。除院长、副院长外的所有法官，一律采用遴选方式产生，2014年12月前海法院面向全市两级人民法院遴选了首批15名主审法官，含借调人员在内共有工作人员54名。截至2015年12月，前海法院共登记案件816件，受理801件，其中涉外、涉港澳台商事案件419件，占比51.3%。

## 二、司法改革基本情况

广东作为我国司法改革的第一批试点省份，初步确定深圳、佛山、汕头、茂名为试点地区，主要举措包括：

建立以主审法官和合议庭为核心的审判权运行机制。主审法官对其独任审理的案件自行签发裁判文书，院庭长原则上不再签发未参加审理的案件裁判文书。

建立法官、检察官执法办案档案，严格执行错案责任追究，强化监督制约和惩戒追责，健全并落实办案质量终身负责制。

建立以法官、检察官等级定待遇的制度。明确各职务等级对应的薪级，建立各地区法官、检察官职业津贴计发比例与办案数量、质量挂钩的绩效考核机制，并根据经济发展、财政收入、物价增长等因素，建立津贴正常增长机制，适当延长一线法官、检察官的退休年龄。

落实司法员额制。法官、检察官员额5年内逐步控制到39%以下，司法行政人员员额比例调整至15%左右，司法辅助人员员额比例调至46%以上。

组建法官、检察官遴选委员会和惩戒委员会。市、县级法院院长、检察院检察长由省级党委管理，法官、检察官由省统一遴选并任免。

法院、检察院财物实行省级统一管理。市、县级法院、检察院作为省级政府财政部门一级预算单位，向省级财政部门直接编报预算，预算资金通过国库集中支付系统直接拨付；全省法院、检察院系统机构编制统一由省机构编制部门归口管理。

较之上海试点的改革，广东关于法官员额的比例有所提高，推行难度有所降低。绩效考核机制的设置，看似短期内能较大激励法官、检察官办案的积极性，实则极易加重法院内部的行政化管理，绩效考核变成法官、检察官头上的“紧箍咒”。法院不是企业，判决也不能简单地视为法院生产的产品，对法官、检察官的激励还应从加强司法职业保障、培育职业尊荣感等方面着手。

在建立以主审法官和合议庭为核心的审判权运行机制方面，广东省佛山市中级人民法院率先做出改革。其从2009年起酝酿，2012年启动改革，组建以审判长为核心的审判团队。主要内容包括：采取“审判长+合议法官+书记员”新型审判组织模式，组建以审判长为核心的35个新型的审判组织，所有案件都由审判长担任主审法官，合议法官在审判长的指派下跟办具体案件；重新规范审判长与庭长的关系，庭长只是行政上的领导，不再对案件进行协调，仅担负指导、督促作用。该院改革的特点在于更加重视审判质量与公正，突出审判长的核心地位和主导作用，审判长的权、责、利更加集中。但实际运行中，因待遇未能落实，工作强度、责任风险却大大增加，责任与利益并不匹配，审判长的积极性受到影响，而其他人也未能从该项改革中获得相应的激励，积极性同样受挫。

深圳前海法院实行以审判为中心的扁平化管理模式，组织架构仅由审判团队和两个综合部门（司法政务处、审判事务处）组成。目前已围绕现有的15名主审法官建立了15个审判团队，确立了“1+2+1”的团队模式，2名法官助理和1名书记员正积极配置到位，明确了两个综合部门的职责定位和职能分工，保证了司法审判、司法行政两条线相分离。其建立了专门的涉外法律查明机制、涉港澳陪审机制、从律师、专家中选拔任期制法官机制等。实际人员配置为2名法官配置1名法官助理，4名法官配置1名审判员，计划于2016年实现“1+2+1”的团队模式。在法官员额方面，2005年起深圳市即开始控制助理升任法官数量，现法官员额充足，但存在案多人少的情况。对于法官终身追责制，前海法院工作人员普遍认为保障不足，追责过严。人财物统一管理尚未完善。由于深圳经济较为发达，任职法官对财物管理没有太多意见，但认为下级法院对人管辖权不足，人事任免的上调削弱了下级法院的权限。任期制法官的回避制度比照旧有的《法官法》，依旧存在脱节。

## 三、目前改革的问题与困境

在调研过程中，一线司法干警普遍反映的问题有以下几点：

（一）现行管理体制不能适应改革要求

在目前法院的管理体制中，仍然存在审判与内部行政管理方面的相互混合、具有行政色彩的元素不时对审判渗透、对组织和领导作用的偏向重视、上下级法院和法官之间的服从性主体的非专业性及考核指标的偏颇等缺陷。此外，当前法院的经费保障主要由地方财政负担。按照法官员额制的设想，在赋予法官较大裁判职能的同时，应给予其较高的政治地位和经济待遇。但在粤东西北一些地区，地方财政困难，法院连办公经费和人员工资都难以如期足额发放，更不要提高法官待遇。而即便是珠三角地区，法官职业津贴能否形成长效机制前景不明。如果现行经费保障体制不变，即便实施分类管理后，法官的职业待遇也难与法官助理及其他工作人员拉开档次。法官素质的高要求与职业保障的低水平，很可能会影响改革的实际效果。根据试点，除深圳外，广东正在推进省以下地方法院人财物统一管理，应特别注意变革人事、财政方面不适应司法审判权运行规律的机制。

（二）错案终身责任制有损积极性

在广州各地法院和检察院调研时，司法工作人员普遍反映的一个问题是，错案终身负责制存在其弊端。因为，在我们国家的法律中并没有对“错案”的明确的界定。因此，在未来的追责过程中一般的民事责任也将会落到法官身上。这将会大大打击法官的积极性，使法官、检察官不敢判案，而将案件提交审判委员会讨论，这与我们推进的以审判长为中心的审理机制相违背，也不利于公平正义的实现。

（三）司法机关工作人员工作积极性不高

目前推进的改革一定程度上是法院内部人员之间职能的再分配和利益的再调整。改革的不确定性使得诸如法官助理的晋级、晋职等实际问题悬而未决，各种措施还没有很好地解决相关利益平衡问题。此外，当前广东省大部分法院还是实施统一的工资待遇标准，没有考虑不同岗位的实际差异。各种岗位工资待遇差异不大，特别是部分关键岗位聘用人员，如法官助理和书记员的总体待遇偏低，影响了工作的积极性降低了岗位的吸引力。例如在佛山市人民法院，检察院调研时了解到，佛山市人民法院改革，因配套措施特别是待遇没有落实，使包括审判长在内的各类人员积极性都受挫。

### （四）现有的司法工作人员严重不足

在广东省调研时，各级机关普遍反映的问题是案件数量多，法官以及辅助人员少，工作压力大，工资待遇低，法官职业保障不到位。以广州基层法院为例，平均每年基层法院每位法官受理案件的数量在 300 至 400 件，有时甚至达到 500 件，这意味着一个法官一天要办一个多案子。在广州这个经济发达的地方，案件多且复杂是在合理之中。但是也需要有相配套的人员数量去消化这些案件。但是，现实情况是各级人民法院的司法辅助人员严重不足，一个法官甚至都不能独立拥有一个书记员，常常导致法官身兼数职，不能全身心投入到案件的审判中去。法官的工作量与其相配套的人员配置严重不符，并且工资待遇、福利保障都不到位，这与司法运行规律严重不符，也必将会对司法改革的推进造成一定影响。因此，在司法改革过程中优化司法人员配置，使其与当地的经济发展水平、案件数量相适应至关重要。

## 四、访谈实录

### （一）广东省人民检察院访谈实录

**访谈时间：**2015 年 11 月 9 日

**访谈对象：政治处主任、检察官代表**

**问：**对本次司法改革的总体看法？

**答：**从中央下来是对的，大力支持试点方向，面对不同的声音，平衡改进要循序渐进，相关制度需紧跟。在落实过程中有矛盾在所难免，但是没有不可调和的，内外的平衡一两年内应该可以达到，目前改革时间尚短，真正的落实同意还不敢断言，还是在研究、在探索中。

**问：**对《检察官法》法律层面的修改建议？

**答：**应该在广泛调研的基础上修改和现有的司法改革协调方面的问题。例如，现有检察官存量方面需要协调，有关已经任命的检察官在改革后未进入员额的规定不明确；提高检察官任命的学历要求，但是不应该因为达不到学历而予免除。

检察官的定义应作修改，司法辅助人员可否转为检察官应予明确；在任免招录方面，由下而上选拔、考录、社会公开选拔等；在考核方面，检察官考评委员会在实践中没有具体的操作，制度在考核上应明确设定。

**问：**对于员额制改革的看法？

**答：**制度设计得很好，关键要看各地试点如何落实。员额制实行之后，检察官的收入会高很多，也更加精英化，与之相应，检察官的职业保障在实践中有待落实，也更应保障其独立行使检察权。

**问：**如何看待案件终身追责？

**答：**实践中确有冤假错案存在，在一定程度上与办案人员有关。一方面，实施案件终身追责来提高履职要求，提升办案质量，督促办案人员审慎处理；另一方面，不能只强调责任而没有相关保障，终身追责的同时应该赋予检察官更多的保障。此外，还应该明晰职权的行使及监督、实践中职权的衔接等问题。关于免责方面还应该作进一步研究，法理上有待进一步解释。比如，《刑法》上对犯罪有追诉时效的规定，而检察官要终身追责，理论上必须深入论证。此外，还要明确免责事项、案件质量标准的设计、追责主体如何构成等。

**问：**广东省在反贪腐方面的做法？

**答：**党委协调，严格按照中央部署，对涉案金额方面比较大的，我们会严肃处理，加大惩处力度，下一步也会继续保持高压态势。

**问：**广东省的检察监督工作开展状况如何？

**答：**在法律监督的框架下，检察院在立案、侦查、审判监督的各环节都有参与落实。其中，抗诉、检察建议、纠正违法通知书等情况在全国居于前列，但是监督的力度仍有提升空间，例如人员素质、制度安排、足够有力的手段等方面。但是对于“司法运作体系各机关要有外力制约”不能片面理解，若强制立案造成错误立案反而更加损害相关人的权益。

**问：**广东省检察建议的情况如何？

**答：**有关情况在网站上有公开。总体来看有待加强。检察建议严格上无法律约束力，实践中其刚性不足。刚性应如何理解、程序上应如何操作有待研究。检察建议制度设计的目的是防止滥用权力，针对不同的主体应该有不同的要求，否则会影响改革的衔接和推进。

（二）广东省广州市黄埔区人民法院访谈实录

**访谈时间：**2015 年 11 月 10 日

**访谈对象：院长、刑庭庭长、调研科科长、法官代表**

**问：**对于司法员额制的看法？

**答：**员额制改革配套措施要跟进。基层法院法官办案量极大，但却只有39%的法官员额，而且过渡期只有10%，案多人少导致法官长期加班，很难保障案件质量。入额的主体和方式是，青年法官级别套用行政级别，中层法官上升途径不畅、流失最为严重，领导法官入额后办案量无形中分给下级。审判一线中很多隐形的工作未加量化——审判团队的改革中主审法官对其配备的辅助人员有无管理权限、辅助人员的工作如何考核。改革后在法官亲力亲为的现实要求下，由于年龄等因素退出员额后没有任何的保障，是不合理的。

法官的职业保障与其所担的责任不相称，法官案件责任要终身追究，但是有关待遇等没有最终落定，导致人心不稳，法官人才流失严重。人财物的统一管理意在摆脱地方干扰，在制度设计上各个部分均要统管，否则是违背初衷。在法官的编制上，合同制的要依靠政府财政，处在夹缝中，仍会受制于地方。法官的工作压力太大，如案件数量、质量、信访压力等，要做到真正的独立办案很难。员额制之后，在工作量不变甚至增加的情况下，辅助人员远远不够。

**问：**对《法官法》修改的看法？

**答：**《法官法》对法官切实相关的级别待遇没有规定，权益保障、办案独立等很空话，有关法官的级别待遇基本上是按照《公务员法》来办理的。法官的晋升空间太小，待遇跟不上，根本没有动力，在严格学历要求和工作量要求的行政机关没有更大的发展空间。改革要提升法官的地位，法院是矛盾的聚集地，法官却没有实际独立的权力和执行力。法官在办案之外要应付各方的压力，司法不文明的一些现象不能片面归责于司法机关，一方面法官要依法办案，另一方面社会要遵守规则。

**问：**对终身负责制的看法？

**答：**案件终身负责、办案独立相反可能会导致无制约，内部监督被架空。承办案件法官有更大的裁量权，院长、庭长根本不知道案件的处理情况，如何追责、怎么追责，在实践中很难落实。

（三）广东省佛山市顺德区人民检察院

**访谈时间：2015 年 11 月 11 日**
**访谈对象：检察长及各部门代表**

**问：**贵单位司法改革基本情况？

**答：**一是实行了人员分类管理，2014 年 1 月 27 日正式启动了对检察人员的分类管理，共选拔出了 49 位主任检察官；二是进行机构调整，设立了“三局一办”，即公诉、诉监、反贪污贿赂、检察长办公室；三是推进司法责任制，推行“谁决定谁负责”；四是加强职业保障上，坚持“责权利统一”的原则，单位在改革中将主任检察官待遇调高半级，定期进行考核，考核不合格的将取消相应待遇。

**问：**对司法改革运行的看法？

**答：**首先关于员额制改革的问题。我院通过遴选考试的方式选出了主任检察官，目前有 70 多人入额，整体上比较年轻化，不会引起大的波动，年纪较大的检察官精力略显不足。试点半年以来，总体上感觉压力大大增加。其次对于办案责任终生制度的问题。对于追究检察官办案责任要分析原因，是否能够自主决定是担责的主要原因，要保障检察官办案足够的独立。是不是真的办案不受干预、是不是仅仅观点不一致，要根据具体的原因来看是否担责、担多大的责任。司法责任远远高于行政责任，行政机关的决策无形中会极大影响司法，政绩的追求会大大干预司法。

**问：**司法辅助人员的状况怎么样？

**答：**（1）司法辅助人员的晋升期是 7 至 8 年，这样目标会更加明确，更有动力。在珠三角地区，相关司法人员的待遇还是很好的，尽管有可能低于其他更轻松的职位。改革过程中过于强调责任。改革中的重责和保障要相协调，否则可能导致司法工作人员的断层。（2）按照一个主任检察官配两个辅助人员的标准来看，辅助人员严重不足，批捕起诉上的人均办案量是省平均水平的4倍，以此来看配备人员至少要扩充1倍，这里的关键是编制问题，扩编不能只按照常住人员计算，要以案件量来计算编制数。

**问：**在员额遴选方面有何建议？

**答：**（1）在遴选委员会的组成上，可以有社会监督，但要合理，也要因地制宜，不能搞成“高考模式”，应该把本院的人员加进去（熟悉业务、了解人员），建议采纳“遴选+本院考核”的方式。（2）遴选的一大弊病就是精英集中在上层，因而上级人员精英化、数量多，而基层办案人员不足，如何改变这样一种人员设置上的颠倒，顶层设计上需要斟酌考虑。（3）不同层面应该有不同的遴选标准，比如基层审理案件相较上级司法机关稍显粗糙一点，在不同的层面上应该合理区别对待；此外，也要考虑到遴选人员的个人现实问题（婚姻、家庭等），上面的招录人员可以先下基层进行锻炼。

**问：**人财物统一管理运行如何？

**答：**各地经济发展不平衡，在省统管的前提下，法官的待遇要适应地方的经济发展，也应该高于地方行政机关工作人员的工资。

**问：**对检察院法律监督的看法？

**答：**对反贪有较大的力度。但是公诉部门的强制力确实重视不够，年年会有问题出现，检察建议的制约力度不够强，顶层设计上要改善，制裁手段要加强。实践中侦查机关很强势，相互配合还可以，只是制约力显得不足。公安机关进行专项行动等大规模运动时，检察院法律监督无法起到制约作用。

**问：**不起诉案件情况怎么样？

**答：**2013年不起诉率是百分之二点多，2014年“捕诉合一”的效果很好，但是学界对此有质疑。实践中不起诉率大降，公诉人引导侦查程序，十分负责任，在批捕时把关证据，这些在程序上不符合规定，但是实践中有很好的效果。

**问：**对立案监督怎么看？

**答：**设有诉讼监督局，公安机关因为有各种指标要求常找不到案子，政法委会开会做协调。由此可见司法机器中的动力何来，最核心的是行政压力因素，而不是人员自身的原因。地方对社会治理的要求作用于司法领域，可能会破坏司法本身的作用、运作和平衡。

（四）深圳前海合作区人民法院

**访谈时间：**2005 年 11 月 15 日
**访谈对象：深圳前海合作区人民法院法官（以下简称前海法院）**

**问：**贵单位的司法改革情况？

**答：**第一个方面是司法体制改革。我院确立了干部分级管理、财务由市级统管的人事和财务管理体制，前海法院的法官按法定程序由市中院提请市人大常委会任免，财、物由市一级统一管理；建立了与行政区域适当分离的司法管辖制度，前海法院跨区域集中管辖深圳市辖区应由其他基层法院管辖的第一审涉外、涉港澳台商事案件和全市部分金融案件；建立了以审判为中心的审判组织架构，前海法院不设业务庭，围绕主审法官设立了“1+2+1”的审判模式团队（1 名主审法官配备 2 名法官助理和 1 名书记员），建立专业化的审判团队；建立了以服务审判为中心的司法行政管理体制，前海法院仅设置司法政务处和审判事务处两个综合部门，司法政务处负责诉讼服务、审判管理、司法辅助事务等工作。

第二个方面是司法职权配置改革。我院实行立案登记制度改革，2015 年 2 月 2 日开始受理案件全面落实立案登记制，制定民商案件立案登记规范化，依托信息化平台实行电子化改革，建立随机分案机制和内部分案公示制度；实行审判权和司法行政管理权的分离，以科学、精简、高效的工作，推进扁平化管理，建立以服务审判为中心的法院内设机构设置模式，严格界定审判业务，司法政务、审判事务的权力清单——副院长分管审判业务，司法政务处主任管审判业务，司法政务处主任和审判事务处主任直接对院长负责，实现审判和司法行政在人员编制和机构设置上的完全分离；探索审判权和执行权的分离，进一步规范裁决权、执行权和执行监督权的行使，明确审判团队和执行实施团队的权力界限和工作职责，保证审判权和执行权的分离机制改革，前海法院不设执行部门，主审法官不办理强制执行事项，具体事项由市中院统一管理和指挥。

第三个方面是落实审判权力机制和司法责任制度改革。我院落实司法责任制改革，建立案件质量评查评制，明确责任判断标准，建立办案责任追究机制，完善法官问责、惩戒和退出机制，确保“由裁判者负责”，建立司法行为约束机制，落实审判监督权行使的全程留痕制度，建立领导干部干预审判执行活动、插手具体案件处理和法院内部人员过问案件的记录、通报和责任追究制度；建立以庭审为中心的诉讼制度，建立“三规则——指引”的诉讼制度，建立健全庭审规则，落实庭审记录和全程录音录像制度，贯彻证据裁判规则，落实直接言词原则，细化证人、鉴定人出庭规则，强化民事诉讼证明中当事人的主导地位，建立法官行使自由裁量权的指引规范；建立统一裁判标准的保障机制，完善审判委员会工作机制，重点发挥审判委员会工作机制，重点发挥审判委员会的司法政策指引功能，建立专业法官会议制度，针对重大、复杂、疑难案件提供咨询意见；建立更加科学的审判管理和审判监督机制，完善监督权的行使机制和程序要求，全程监督办案流程。

第四个方面是司法人员管理体制和职业保障体制改革。我院建立了符合司法人员职业特点的“职业化”管理模式，工作人员分为法官、审判辅助人员、司法行政人员三大职系，前海法院法官员额为政法专项编制的40%，司法辅助人员为45%，司法行政人员为15%，实现各类人员分类管理、分途发展；建立相对固定与动态相结合的法官员额制，前海法院以每位主审法官年均办案任务300件为标准确定法官员额，法官员额空缺时才能补充法官，收案数量明显变化时才能调整员额，目前除院长、副院长外的所有法官一律由遴选的方式产生；探索任期制法官制度，面向社会从优秀律师、法学专家等法律人才中公开选任法官，任期届满即结束法官身份，符合条件者可转任职业法官；强化法官的职业保障，建立法官单独的薪酬体系和法官登记晋升保障机制，构建差异化、动态化、符合司法规律的激励机制，探索建立法官工伤保险、意外伤害保险、补充医疗保险和因公伤残牺牲抚恤制度；建立法官大会制度，在取消审判庭和科层制，弱化行政管理的同时，推进法官的自我约束和自我发展，强化法官自律，提升法官职业操守和职业能力。

**问：**前海法院在自贸区建设方面的工作？

**答：**完善服务自贸区和合作区建设的司法保障机制，制定实施保障自贸区和合作区建设的司法保障机制，努力提供一流的法治环境，为自贸区与合作区政府职能转变、扩大投资领域开放、提进贸易方式转变、深化金融领域创新及治理能力现代化建设提供有力的司法保障；完善涉外、涉港澳台案件审判机制，探索建立港籍陪审员制度，积极发挥港籍陪审员在涉港案件中的作用，建立涉外、涉港澳台商事风险防控机制，开展涉外商事风险评估，建立知识产权纠纷应对、涉外商事风险防控制度；探索完善域外法适用机制，强化商事主体的法律指引，积极建立涉外、涉港澳台案件适用域外法的指引机制，探索建立港澳台及外国法律查明研究基地和港澳台及外国法律查明中心，完善港澳台及外国法律查明机制，实施案件审判精品战略，积极推进涉外、涉港澳台商事审判工作的专业化、信息化、现代化建设，履行裁判文书说理原则，强调对法律适用部分的说理，不断增强涉外、涉港澳台商事审判的公信力。

**问：**当前《法官法》正准备修改，贵单位能提一些建设性意见吗？

**答：**《法官法》应该成为保护法官利益的达摩克利斯之剑，而显然其未能承载这样的重任。所以《法官法》在实践中形同虚设，目前法官的权益保障主要还是依照《公务员法》，这是不正常的，法官和公务员的权益保障应当有所区分。这里面就有许多地方需要注意：首先，《法官法》的条款与现实有些脱节，缺乏可操作性，这就导致《法官法》成了一个形而上的法律，无法保障法官的权益；其次，任职法官的年龄要求太低，建议按照不同级别规定不同的年龄门槛，这是因为法官裁判经验极其重要，年轻的法官可能缺乏相关的经验而无法承担法官职责之重。

**问：**目前正在试行法官终身追责制度，您认为是否合理？

**答：**法官终身追责制是合理的，可以强化法官的责任意识，我院也是坚决支持和拥护的，但是前提是必须设置相应的豁免条款。另外根据权责相应原则，在试行法官终身追责制的同时，必须保障法官的权益，否则权责不匹配，优秀的法官难免会大量流失。目前法官的收入、地位是偏低的，法官的收入甚至低于普通公务员，这是不合适的。严厉的追责必须以全面的职业保障为基础。以我院来说，目标的人员配置仍未达到，但工作量却持续上升，法院的每一个法官都在超负荷运转，4 个法官共用 1 个书记员，2 个法官共用 1 个助理，在这种条件不完善的情况下，每个法官每年仍然大概要完成 300 件案件，难度可想而知。当然，目前相关人员仍然在招纳之中，具体效果待明年的实际检验。

**问：**目前正在试点人财物统一，请问贵单位有何看法？

**答：**人财物统一管理在避免行政干预方面显然具有积极作用，避免了地级领导干预司法的怪象。但是在实施中仍然有几点需要注意：首先是发达地区法院法官的收入可能会减少，统一的省级管理无异于取消了地级的财务补贴，这是基层法官所不愿意看到的，本来法官的收入和晋升渠道就略低于普通公务员，这一点是中央顶层设计需要考虑的。其次是它剥夺了法院领导的管理权，弱化了领导人事管理的相关制约，对任职法官的监督可能就存在盲点，因为最熟悉一个法官的还是院内领导，人事管理权又是最有效、最直接的制约手段。最后是在财务方面，人财物统一管理需要层层审批，可能会降低效率。

（李福林、唐亮、李卓、何盼盼、孙胜东、黄瑞）

# 海南省司法运行过程实证调研报告

## 一、基本情况介绍

（一）海口市美兰区人民检察院

海口市是海南省省会，是海南省的政治、经济、科技、文化中心和最大的交通枢纽。海口市美兰区人民检察院是本次司法改革的试点之一，每年大约有700起起诉案件，年批捕约800人，司法改革以后行政事务和监督事务减少。在不审批但负有监督职责的情况下检察长的任务较之前更多。在人员待遇上比照《公务员法》进行，现海口市检察官收入每月不超过6000元，和同级别公务员相差不多，但工作量较大，其中部分科室行政事务较多。现阶段检察官和检察官助理的人员配置原则上是1∶2，部分有1∶1的人员配置，工作量较大，人手不够充足。美兰区检察院基本没有人员流失现象，较同级法院情况较好。

（二）海口市龙华区法院龙泉法庭

海口市龙华区法院龙泉法庭位于龙华区龙泉镇，负责审理辖区内的民事、经济纠纷，龙泉法庭本身共有法官、法官助理和书记员共3人。该法庭法官介绍龙华区法院每年人均办案数超过200件，人手不足，人员配置无法达到法官和助理人员1∶1的比例。存在法院不愿收案，大面积超审限的情况。在日常工作中行政事务较多，送达方式落后，由于辖区流动人口较多尚无法做到电子送达。

（三）临高县人民法院

临高县位于海南岛西北部，农业和渔业是该县支柱产业；经济不发达，尚属国家级贫困县，但近年来经济增长较快。临高县自实行员额制以来，截至2015年11月共入额23名法官。其司法改革走在了全省的前列——第一个开通微博，第一个建立网上诉讼服务平台，并被《人民日报》头版头条报道。四年共处理案件3703件。实行“谁审谁判，谁审谁负责”的制度，庭长、副厅长不再进行审批。于2016年1月对法官进行密集培训，实行终身负责制，推进法官逐步独立，提高审判效率。在人财统一管理方面，临高县法院年经费200万元，主要依赖中央转移支付，有法官说：“如果没有中央转移支付，临高法院将无法运转。”临高县的人员员额基本充足，人员流失不大，但海南省很多改革尚未一步到位，由于海南省缺乏低级行政单位，一般县级法院院长由省一级管辖，其他人员由地方关系管辖并需报省高级人民法院同意。在法官待遇方面套用公务员制度，《法官法》规定的“四等十二级”法官仅和工龄、职务挂钩。

（四）临高县检察院

临高县检察院现有26个检察官员额，目前共入额18人。主要工作重点是反腐案件的侦查和公诉类案件。2015年全年共接收87条线索举报，25起立案，全部起诉。职务犯罪类案件中涉案金额5万元以上的19人，50万元以上的5人，主要集中在渔业系统和社保系统。临高县检察院自称其公信力强于法院，主要通过办案提高公信力。诉讼监督、检务监督实行网上公开，取得了较好的社会效果。在实行司法改革以后，临高县检察院尚未实行捕诉合一，先仍采用分别办案模式。由于临高县整体资源匮乏，全县仅200员警力，检察院人员配置也不足，无法实现“1+1+1”的检察官、助理、书记员的配置，工作量较大。

## 二、访谈实录

（一）海口市龙华区人民法庭

**访谈时间：**2015年11月17日

**访谈对象：龙华区人民法庭法官**

**问：**能不能简单介绍一下贵人民法庭的运行情况

**答：**首先，你可以看到，龙华区人民法庭只有我一个法官，另外还有一个书记员，但是我们的工作却是非常庞杂的，除了司法工作，我还要负责党政工作以及其他的杂事，可以说是精力有限而事务无限。法庭的基础建设、人员培养都是远远不够的，法庭本应该成为最亲民之地却成了被遗忘的流放地。人才的上升渠道在基层法院基本上是封闭的，待遇经费也没有跟上，这让许多工作无法展开，设想无法落实，仅仅停留在口号之上。其次，领导的支持对基层人民法庭工作的开展也很重要，很多时候我们向上级申请增加人财物的支持，领导不批，本身人员又不足，这是一个恶性循环。最后，希望上级能够加大基层基础设施的投入，龙华区人民法庭现在连快递都无法送到，就更不用提现代化的电子办公，这对基层法庭的工作开展显然是不利的。

**问：**您对当前法官职业保障有何看法？

**答：**法官的薪酬非常不合理，合理的薪酬是职业保障的基础，而现行制度却没有做到，高义务、轻保障是法官行业的普遍现象。法官的激励机制形同虚设，无法带动法官的积极性，法官的案子办不完，而且还对办案质量吹毛求疵，这必然导致法官消极办案。法官必须办案，但是案件数量又超过了法官的承受程度，法官只能采取放任态度，能办多少是多少，于是出现很多超过审办时限的案件。这是一个无法避免的现实，顶层设计必须予以考虑，责任和保障相匹配才能真正激励法官。

**问：**您对当前法院试行人财物统一管理有何看法？

**答：**顶层设计的人财物统一管理是为了去行政化，当然是有好处的。但是人财物统一管理首先将带来效率降低的问题。省法院的行政编制也是有限的，其除了管理本法院的人财务问题还要管省里所有法院的人财物，这种冗长的科层结构必然带来效率的降低。现在我们向上级申请人财物都不是一件容易的事，难以想象统一管理后的情况会有何转变。省级的法院不但对基层法院缺乏了解，而且也因为管理的事务过多而行动缓慢，最终恶果还是只有基层法院或者法庭来承担。其次，省级统一管理不能从根本上改变行政机关的影响，这种隐蔽的影响仍然是存在的，无非是更为隐蔽或者难度加大了一点而已。

（二）海口市美兰区人民检察院

**访谈时间：2015 年 11 月 17 日**

**访谈对象：美兰区人民检察院检察官**

**问：**现行《检察官法》正在修改之中，您有什么建议？

**答：**《检察官法》目前在实际运行中几乎没有起到它应有的作用，所有实际运行中起作用的还是《公务员法》。现在《检察官法》需要适度去行政化，修改幅度应该会很大，人财物会统一到省里管理，办案的体制也在慢慢修改，检察官需要为承接的案件终身负责，选任也通过遴选委员会，未来前景是光明的。但又有一点，也是重中之重，强化责任的同时必须提高法院的职业保障，做到权责相适应，用权要监督。

**问：**那您认为现行检察官的职业保障到位吗？

**答：**实事求是地说，检察官的待遇还有大幅度提高的空间。首先是检察院案多人少，这就必然加大了检察官的工作量，然而检察官的收入并没有与之相匹配，甚至低于普通的公务员，这是不合理的。理论上每一个检察官都应该配一个检察官助理，或者都应该配有一个书记员和检察官助理，但现在很少有检察院能达到这样的配置要求，这就变相加大了检察官的工作量。在压力不断上升、保障不到位的情况下，不断加大对于检察官责任的苛求，是不符合客观规律的，这就必然导致了检察官工作积极性的降低，尤其是经验丰富的中流砥柱人才的流失。另外，这一点在检察院领导身上也表现得极为明显。相当一部分领导既是办案部门的负责人，又是行政部门的负责人，既要负责办案，又要负责行政事务，还要负责监督，他们的压力是巨大的。

**问：**您对检察官员额制有何看法？

**答：**员额制实行之后，当然有其好的地方，对于检察官的责任意识、职业荣誉感的加强都大有好处。但是另一方面，检察官的压力也会加大，另外对于检察官的角色定位也更不明确。虽然我们是主任检察官，职业岗位的严格要求是应该的，但是我们依然无法脱离各种各样的行政事务活动，各种会议、报表、考核占用了我们大量办案时间，让我们无法专心工作。这些繁冗的行政工作必须有专职人员来处理。员额制的首要任务是让法官、检察官回到主业上来，这样才能办好案。

（三）海口市临高县人民法院

**访谈时间**：2015 年 11 月 18 日

**访谈对象：法官代表、法官助理代表、书记员代表**

**问**：您对《法官法》修改及当前司法改革有何建议？

**答**：2015 年 3 月起司法改革正式启动，23 名法官入额，法官对自己的审判负责，庭长及以上不再审批。此时法官的职业能力就显得非常重要，我院对法官进行了 4 次密集的业务培训，以提高法官自主审判的能力。从目前我单位的司法改革情况来看，司法改革进展顺利，司法独立将能得到有效保障。同时有个问题需要注意，法官的压力将加大，必须给予其配套的职业保障。另外，司法审判的效率将不可避免的受到影响。目前我院的财政收入的主要来源是中央转移支付，临高县又属于省级直管，人财物统一管理对临高县的影响相对较少，没有太多变化。最后说明一点，《法官法》对于法官待遇的规定只有 3 条，且比较原则，法官需要有不同于公务员的单独序列。

**问**：您对当前法官职业保障有何看法？

**答**：法官的职业保障没有体现法官的审判特点，职位套用公务员的标准，工资也是按照等级发放，责任和待遇不对等会造成严重的心理失衡。顶层设计对法官的职业保障严重不足。顶层设计不是关在屋子里研究国外制度，而是要调研基层，真真切切地了解当前法官的真实状况，否则即使方向理念没问题，也会因为脱离实际而半途而废，推行不下去。比如目前的员额制，这个制度的初衷是为了保障法官的权益，但客观上造成了许多没有入额的老法官成了司法辅助人员，强烈的现状对比会让他们消极怠工，而他们所具备的熟练的工作经验和审判技巧恰恰是当前法官所急需的。

**问**：您对法官终身追责有何看法？

**答**：其实法官终身追责更加强调了法官的责任意识，以做到“让审理者裁判，让裁判者负责”。这种责任意识和法官的经验是息息相关的，在取消层层上报审批，强化法官独立审判的背景下，经验就显得更为重要了。年轻法官需要多请教老法官，判案的时候要考虑不同的地域风情，程序正义固然重要，但是不能过分偏离实体正义。刑事审判与民事审判的思维处理区别很大，对刑事案件法官的责任追究理应更加严格，但是职业保障也应该更大一点，以保障权责相匹配。

（李福林、唐亮、李卓、何盼盼、孙胜东、黄瑞）

# 浙江省司法运行过程实证调研报告

## 一、基本情况介绍

浙江省地处中国东南沿海长江三角洲，与福建、江西、江苏接壤。浙江是中国经济最活跃的省份之一，在充分发挥国有经济主导作用的前提下，以民营经济的发展带动经济的起飞，形成了具有鲜明特色的“浙江经济”，至2013年人均居民可支配收入连续21年位居中国第一。浙江与江苏、安徽、上海共同构成的长江三角洲城市群已成为国际6大世界级城市群之一。浙江省下辖杭州、宁波、温州、绍兴、湖州、嘉兴、金华、衢州、舟山、台州、丽水11个城市，其中杭州、宁波（计划单列市）为副省级城市；下分90个县级行政区，包括36个市辖区、20个县级市、34个县（含1个自治县）。浙江省是经济大省，也是案件大省。在2014年，新收各类案件113.8万件，结案111.9万件，居全国第二位，分别上升5.3%和3.9%，一线办案法官年人均结案187件，是全国平均数的2.2倍，居全国第一位；上诉率为6.1%，二审改判发回率为7.7%，生效裁判息诉率为99.2%，主要办案质量、效率、效果指标继续位居全国法院前列。浙江省设一个高级人民法院，并下辖杭州、宁波、温州、湖州、嘉兴、绍兴、金华、衢州、丽水、台州、舟山等11个中级人民法院、宁波海事法院和92个基层人民法院，基层法院现共派出222个人民法庭。2015年，浙江正式成为全国第二批司法体制改革试点省市。其在司法人员员额制、审判责任制、法检人财物省以下统管等方面开始改革“破冰”。

## 二、司法改革基本情况

### （一）杭州市中级人民法院

2015年杭州中级人民法院新收各类案件一共26 568件，新收案件量占全省第一。全市一线法官人均结案260.6件，超全省平均数73.1件，是全国平均数的3倍。在司法改革的背景下，杭州法院创新六个“先行先试”，即：先行先试“互联网+审判”、先行先试道交案件网上数据一体化处理综合改革、先行先试外国专家辅助人出庭制度、探索铁路法院跨区域集中管辖案件、扎实推进刑事案件速裁程序的试点工作、稳步推进司法改革试点。2016年，杭州市法院总体工作思路是：学习贯彻十八届三中、四中、五中全会精神和中央、省委政法工作会议精神，按照市委十一届十次全会精神，围绕“让人民群众在每一个司法案件中感受到公平正义”的目标，以服务保障G20峰会为圆心、市委七项工作为重心，深化“三信法院”建设，稳妥推进司法改革，全面加强队伍建设，自觉接受人大监督，全力维护社会公平正义，为杭州市“十三五”时期经济社会发展良好开局提供有力的司法保障。据了解，浙江首批确定了11家试点法院，其中中级人民法院1家，基层法院10家。根据各试点法院辖区经济发展、人口数量、案件数量等综合因素，将法官员额总体上控制在政法专项编制的39%以内。其中杭州市中级人民法院的员额比例大概是35%，这其中的80%的法官都在一线审判部门。而立案、调解等都属于二线部门，综合部门的人员不到20人，案多人少的矛盾相当激烈。目前，经浙江省法官检察官遴选委员会评审表决，第一批纳入员额管理的403名法官人选，目前都已公示结束。建立法官员额制的同时，也完善着退出机制。员额法官不是终身制的，法官入额后，每年要定期进行考核，经考核不能胜任法官岗位工作，或有廉政作风等问题的，要退出员额。另外，浙江省11家试点法院将进行人员分类定岗，组建以“1个法官+1个法官助理+1个书记员”为基本模式的办案团队，实行新的审判权运行机制，探索实现“让审理者裁判、由裁判者负责”。

### （二）杭州市人民检察院

推进司法体制改革试点，以检察人员分类管理改革、完善司法责任制为重点，市检察院全程参与、指导萧山区检察院试点工作，为改革全面推开积累经验。在员额制上，杭州市检察院的员额制改革当中，进入员额制的人员总体不超过39%，其中检察官占比33%、行政人员占比15%，剩余比例给其他人员。关于员额制内部人员的选拔，杭州市检察院制定了较为严格的标准，遴选、考试、人格、办案机制等要求比原来都有所提高。遴选要求的提高，使得员额制内检察员的素质也随着提升，相应地，其事务与责任也会增加。在遴选程序上，初期的遴选程序和以后稳定实施的程序可能会有所不同。目前的程序是检察员报名，考评委员会作标准认定、考核，省遴选委员会遴选，人大任命，以后应该会有一个下级到上级的遴选过程。在司法责任制上，“让审理者裁判，由裁判者负责”。检察人员分类管理、司法责任制改革是杭州市检察院司法体制改革的重点。杭州市检察院的司法责任制改革根据《最高人民检察院关于完善人民检察院司法责任制的若干意见》以及《最高人民检察院关于深化检察改革的意见（2013～2017年工作规划）》的指导，认为司法责任制包括两个方面：一是让办案检察员承担案件错误的责任；二是强调检察员办案的独立性，他们在法律赋予的权力内，有办理案件的自由，不应当受到不正当的束缚。关于前者，办案人员权力清单、检察官岗位职责、违法办案责任追究办法和院长、检察长、庭长、处长监督办案制度等都将加以完善，并注重于内部检察员办理错案后，错案的认定标准、检察员担责的程序、检察员担责的形式等相关具体制度的建立。在错案认定的标准方面，目前正在摸索当中，没有一个具体、明确的标准可供参考；在检察员担责的程序方面，初步设想是根据检察员担责形式的不同，采取不同的责任认定程序；在检察员担责的形式方面，主要责任形式是刑事责任与行政责任。关于后者，为排除权力干扰，杭州市检察员积极建立健全司法人员履行法定职责保护机制，确保检察员依法履职行为不受追究，即非因法定事由，非经法定程序，不得将法官调离、辞退或者对其作出免职、降职等处分。在人财物统一管理上，由于检察院的人财物统一管理是从省一级开始实施，所以杭州市检察院还没有实施。但初步设计是检察员薪资水平会超过普通政府公务员的薪资水平的50%，所以检察员们很期待。

### （三）杭州市萧山区人民法院

完善司法责任制、完善司法人员分类管理制度、健全司法人员职业保障制度、推动省以下地方法院检察院人财物统一管理共同构成司法体制改革的四项基础性措施，在全国进行试点推广。其中，完善司法责任制改革是司法体制改革的核心。浙江省作为司法体制改革试点省市，辖内试点法院均在省高级人民法院统一部署之下开展司法体制改革。萧山区人民法院（以下简称鞍山法院）在推进司法体制改革的进程中，重点着力于推进司法责任制改革，同时着力推进司法人员分类管理改革。司法责任改革主要涉及审判权运行的机制改革，包括整个审判、监督及其具体操作的流程。司法责任制改革重点体现在对院长、庭长、法官等的权利义务要求上，要求院（庭）长必须亲自办案，坚持“谁主‘审谁签发判决’”的原则，但当涉及具体少部分重大疑难案件时，仍要提交法官联席会议来讨论，讨论意见只作为合议庭参考意见；涉及特别疑难案件时，需要提交审判委员会讨论，但只能涉及法律适用的问题。司法人员分类管理改革主要涉及法官员额制改革。萧山法院现有法官、行政人员、辅助人员等，他们各司其职。在改革之前，萧山法院在综合部门、执行部门等都有法官，在改革过渡期之后，所有法官都要在办案（审理）一线，综合部门和执行部门就不再会有审判员和助理审判员。浙江省高级人民法院部署设定萧山法院的法官员额比例为43%，但考虑萧山地域范围、面积、人口总数、社会经济发展等因素，结合本地区案件量巨大的现实，萧山法院的法官员额比例有可能突破上述规定。进入员额的法官行使审判权，责任重大。对于作为后备法官的审判辅助人员也有较高要求，须有2年以上工作经验并通过司法考试，审判辅助人员也要积极参与案件审理工作，学习法官的办案经验。书记员主要承担记录工作，目前主要为事业编制内，由地方政府招聘文员从事文字录入工作。但浙江省也在推行庭审记录的改革，今后的发展趋向于法官开庭没有书记员，而是直接进行录音、录像并上传信息库以备调用检查。萧山法院现在也开始针对较为简单的案件采取此类做法。萧山法院现有的司法警察主要在法警队，法院为每个法庭配置若干司法警察。改革之后，执行人员逐渐转化成司法警察的身份，由司法警察承担执行工作。司法技术人员主要负责鉴定工作，其工作量也巨大。法院有效运转同样离不开综合文字、组织人事、纪检监察等司法行政人员。司法行政工作发展趋向专门化，现在较为尴尬的是其选择的工作人员是否必须是法律专职人员，在聘用人才时是否要求法律专业背景。而司法工作人员职业保障制度及人财物统一管理改革两项作为顶层设计，在浙江省内的具体落实推进还有待上级进一步的完成，法院现行有效的司法改革主要集中在人员分类。

（四）嘉兴市海宁人民法院

关于2015年实施至今的司法改革，该法院认真贯彻落实省、市司法改革领导小组的各项决策部署，稳步推进人员分类管理、法官员额制、司法责任制和司法人员职业保障等基础性改革，不断完善司法管理体制和司法权力运行机制，建立以法官为主体的司法人力资源配置模式，落实完善主审法官责任制和合议庭办案责任制，以改革提升审判质效，促进社会公平正义。同时，该院高度关注信息化时代群众的多元司法需求，打造“智慧法院”，探索推进“互联网+审判”工作机制改革，深化庭审记录、诉讼费收退办法等改革，为审判管理、法官办案、群众诉讼服务。面对收案压力加大的实际工作情况，该法院办案人员实行单休制，并开展“多结案、办好案”活动，全力加强案件审理执行。该院着力落实院、庭长办案制，健全审委会制度，在盐官法庭开展审判权运行改革试点工作，完善以审判权为核心，以审判监督权、审判管理权为保障的审判权运行机制，真正做到“让审理者裁判，由裁判者负责”。其又致力于加强司法改革的思想引导、政策解读和舆论宣传工作，引导广大干警增强大局意识，支持司法改革有序推进、顺利实施，保障群众参与司法，稳步推进人民陪审员倍增计划。新增人民陪审员45名，人民陪审员数量达到121名。全年参审案件1919件，普通程序参审率达96.65%。同时，全面落实立案登记制，充分保障当事人诉权。坚持依法受理案件，对符合法律规定条件的案件敞开大门，确保“有案必立、有诉必理”。自2015年5月1日实行立案登记制以来，共登记立案12 277件，当场登记立案率达99.53%。全面推进诉讼服务大厅、诉讼服务网、12368诉讼服务热线三位一体的诉讼服务中心建设，集中为当事人提供诉讼引导、服务救助、查询咨询、判后答疑等一站式服务。加强对恶意诉讼、无理缠诉、虚假诉讼的审查，有力维护登记立案秩序。加大司法救助力度，让经济确有困难的当事人打得起官司，全年为困难当事人缓、减、免诉讼费46.09万元，为12名当事人发放救助金12.6万元。围绕法官队伍正规化、专业化、职业化建设目标，该法院加强对青年法官的培养锻炼，开展学术论文、案例评析、法律文书等评比活动，举办法官沙龙活动，与东方学院联合举办第五届司法审判与理论研讨会，努力提升法官法学理论修养和司法实务能力。

## 三、访谈实录

（一）杭州市中级人民法院

**访谈时间：**2015 年 1 月 11 日

**访谈地点：杭州市中级人民法院（以下简称中院）**

**访谈对象：邓老师（政研室主任）、徐老师（法官）、韩老师（纪委）**

**问：**一线办案人员很吃紧，法官和办案量比例基本饱和，又面临司法改革立案登记制的冲击等一系列改革中出现的矛盾，法院内部对当前司法改革的感受及期望是怎样的？

**答：**可以感受出改革进程难以衔接，所以接受起来在一定程度上也存在困难。目前处于法治转型生存期，案件类型多样化、新型化的趋势在所难免，应当根据此来考虑法官的数量、分类，还要根据地区差异来分配。另外，不能单纯是因去了国外考察就这样制定，还要考虑我们的中国特色，转型社会进程中不能以蓝本意义上的法治来要求现实中的法治。法官队伍上的人员结构也需要考虑，这之后再来考虑人数的问题。

**问：**法律职业共同体怎么建筑一个交流渠道？法官员额制度在实施中存在哪些问题？

**答：**首先，目前的法律职业分为两大阵营，一个是法检工作人员，另一个是律师、学者。人员流动的通道没有打通，共同体难以形成。其次，在法官遴选实施过程中，基层法院会存在不愿意让有能力的资深办案人员遴选到中院的情况。法官的上升渠道不开阔，导致法官人才流失，原本的法院内部人员无法在 5 年之内全部进入员额。五批员额制，准备把现今所有法官吸收进员额，但是就目前看来，并不能完全吸收。所以中院 2016 年不会招人，只能遴选，新招聘人员只会集中在部分基层法院。并且，中院前几年新进人员也多，走的也多，遴选的评价指标体系也不确定。最后，员额制改革没有获得人大的授权，不符合《法官法》的规定。员额制改革无法可依，这涉及《法院组织法》的修改。

**问：**对于执行权的内分与外分有什么看法？

**答：**执行的行政性不能否定其审判性，其异议还是与审判权相关，执行有一定的行政性质但不能和审判完全分离。所以，由案件引发来的，由一般意义的社会冲突转化的法律纠纷，外分还是值得商榷。实务中执行后有很多信访，我国司法权威时常受到挑战，而在国外都是自动履行，没有执行机构。这也是社会诚信机制和约束机制缺失所导致的。不执行也没有惩罚机制，所以很多人就是不去执行，但强制执行之后又存在上访压力。现在很多当事人达成调解之后还是不履行，还是转执行程序。内分的话，资源配置力度、协调统一程度、执行的刚性和力度、执行和社会（执行协助义务）都需要考虑。因为执行不再是定纷止争，而是权利义务的直接行使，所以将执行人员划分到警察序列这个想法可行。但不是公共秩序类的警察，是一种职务单一的警察。相对独立而不是面向社会的，可以最大程度排除社会其他方面的干扰的警察，例如武警序列。

**问：**关于我国人民陪审员制度，理论界认为形式意义大于实质意义，不知道法官怎么看待这个问题？

**答：**现在审判实践中存在陪而不审的问题。完善合议庭制度中一个重要的部分就是陪审员制度改革。近几年比较难，需要慢慢过渡。从 2014 年开始我们有聘请专家陪审，特别是在知识产权案件中，这也是一个完善的方向，这样在认定事实方面可以发挥陪审员更大的作用。在专业审判中更多是功能性，在刑事审判中更多的则是事实认定，偏向于学习西方陪审员制度一般人对于事实的认定，有一定公开度方面的意义，这应该是今后改革的方向，但短期之内很难有大的变化。陪审员制度设计存在问题。陪审员与法官有同等的权利。在其参与案件时，专业知识的不足，会导致其附和法官。陪审员的选择也存在一定问题，让他们发表法律意见也不现实，应借鉴国外经验，把陪审员功能由法律审转为事实审，以补充法官对事实认识的偏差。而现实操作上又存在陪审员缺席审判的问题。现在陪审员比较固定。

**问：**法官是怎样看待司法责任制中的终身负责的？

**答：**责任制度历经三个阶段。一政治意义上的负责，要求高，可以追溯到延安时期；二是两错案时期，更多的是一种探索；三是目前的阶段，审判权的回归，员额制和法官资质要求相统一，它有它的逻辑前提，就是不能侵犯审判权的独立行使。法官追责是一直存在的，错案追责督查在实践中也一直都有在做，这次改革只是提出得更加明确。最主要的是追责的标准问题。最高人民法院有一个刚出台不久的实施意见，各省也有出台自己的文件，全国性的这个文件还是比较科学的，对于法官正常的行使权利有保障作用。法律在发展变化，司法导向发生改变，导致案件结果的不同，这也不视当作为错案。科学认定错案的机制非常重要。法官对此感到压力很大，因为案件太多，让法官对每个案件精雕细琢，很难。不是因故意违法、重大过失办错了案，应当尽量倾向法官。不应走向极端化。错案的认定程序、申诉惩戒有科学的考量。通常错误、小瑕疵都不能视为错案。改判、意见不一、证据规则导致事实错误的不应视为错案。责任与权利相匹配。只是法官个人观点和举证期限以及对证据理解的不一样，这种偏差不宜归责于法官，以免束缚了法官的手脚。司法界担心以司法责任制为名，导致司法责任的泛滥。

**问：**人财物统一管理后工资有什么变化?

**答：**人财物统管目前看来还是比较难，也不是法院一家说了算，而且统管之后如果法官待遇降低了，法官内心也是不太愿意接受的。目前普遍存在的现象是，经济条件好的地方，不愿意人财物统一管理；经济条件差的地方，反之。所以关于薪酬待遇，改革不能以酿成法院内部更大的矛盾为代价来推行改革。人财物统一管理后，法院经费问题，还是政府决定的。应当给予法官相对优厚、有尊严的保障。员额不能仅仅是量的层面上，还要考虑质的基本规定性，研究方面也是一线前沿的，不能仅仅将裁判法官定为一线，这样的划分也不合理。区域差异和案多人少、人多案少的问题也需要被考虑到员额的划定中，这是一个持续性的增长，需要我们的司法回应能力，也要有与之适用的法官员额质和量匹配。现在法官加班的情况很常见，确实很辛苦。今年经济下行和立案登记制导致案件激增，社会诚信机制更加下滑，调解松弛无力，社会自身的调整能力下降，法院的案件裁判压力将会更大。至于生活、薪金的保障，法官和政府行政官员不是一个序列，将来如何打通两者之间的差异以保障法官的权利也是一个需要解决的问题。

（二）杭州市人民检察院

**访谈时间：**2015 年 1 月 12 日

**访谈地点：杭州市人民检察院**

**访谈对象：魏老师（纪检检务督查）、曹老师（政治部）、石老师（政研室）**

**问：**目前，杭州市检察院的员额制改革的状况是怎样的？现今，有人认为员额制改革会造成检察院内部人心惶惶，怎么看？

**答：**杭州市检察院的员额制改革当中，进入员额制的人员总体不超过39%，其中检察官占比33%、行政人员占比15%，剩余比例给其他人员。遴选要求的提高，使得员额制内检察员的素质也随着提升，相应地，其事务与责任也会增加。在遴选程序上，初期的遴选程序和以后稳定实施的程序可能会有所不同。目前的程序是检察员报名，考评委员会作标准认定、考核，省遴选委员会遴选，人大任命，以后应该会有一个下级到上级的遴选过程。我认为检察院内部人心惶惶与员额制改革无关，这是围城内的人想要去围城外的一种表现。检察院内部人员都比较支持改革，对检察官的职业化有好处，但是具体改革措施还在摸索。

**问：**杭州市检察院遴选检察官的具体标准是什么？

**答：**关于员额制内部人员的选拔，杭州市检察院制定了较为严格的标准，遴选、考试、人格、办案机制等要求比原来都有所提高。萧山法院已经启动，已经修改3遍，但是没有对外宣传。

**问：**员额制会不会造成大幅剪裁检察官？会不会导致被裁剪的检察官心生不满？

**答：**这不会。我们的案件非常多，如果检察官被大幅剪裁，就存在案件办不完的风险。你说的问题可能会有，但是我了解到基层的很多检察官不愿意进入员额制，因为进入后的事务与责任会增加很多，但是工资福利不会提高很多。员额检察官办案，就必然承担责任，当辅助人员其实也很好。

**问：**对于员额制检察官占比33%的数额的确定，有没有质疑？

**答：**这个比例，中央肯定有调研，具体论证的。分类改革在2011年就提出来了。杭州市司法改革，2016年3月份才全面启动。办案组织怎样设置、综合部门要不要设置员额、员额制的比例是否合理等都是要考虑的问题。

**问**：员额改革是否会与现有的《检察官法》《检察院组织法》相抵触？

**答**：我们员额制内的检察官叫作员额检察官，由遴选委员会在现有的检察官中遴选，并经由人大任命，在具体遴选过程中，还是按照《检察官法》的规定来执行，肯定不会按照文件执行，因此不存在违法、违宪的情形。

**问**：员额改革之后你们对于案多人少的压力有什么看法？

**答**：案多人少的矛盾哪里都有，杭州更为突出。疑难案件、舆论关注案件也很多，矛盾焦点都在司法机关，我们的办案压力是很大。重大过失没法不惩戒，中央和舆论都盯得很紧。我们综合部门事情也很多，办事情要追求品质，压力也是非常大的。

**问**：杭州市检察院是怎样实施司法责任制改革的？

**答**：我们认为司法责任制不仅仅是让办案检察员承担案件错误的责任，让检察院承担更大的压力，让他们更加认真负责地办案，维护司法公正，更是强调检察员办案时有自己的自主权，不受外来不正当因素的影响和压迫，有其自身的独立性，有办理案件的自由。目前我们正在完善内部检察员办理错案后，错案的认定标准、检察员担责的程序、检察员担责的形式等相关具体制度。在错案认定的标准方面，目前正在摸索当中，没有一个具体、明确的标准可供参考；在检察员担责的程序方面，初步设想是根据检察员担责形式的不同，采取不同的责任认定程序；在检察员担责的形式方面，主要责任形式是刑事责任与行政责任。现今，杭州市检察院正在积极建立健全司法人员履行法定职责保护机制，确保检察员依法履职行为不受追究，以确保检察员办案不受外来因素的干扰。

**问**：对于最高检出台的司法责任制文件有什么看法？

**答**：最高检出台的文件有提到检察官惩戒委员会等内容，在司法责任的程序和形式上都更加完备和细化，总体来说是比较具体的。

**问**：对于文件中提到的“重大错误”的认定方面，在实际操作中是否会有对检查人员的倾斜？

**答**：这个绝对不可能。我们检察院从严治检，不会违背公平正义，并且我们在监督上很严格，定性非常准确。杭州市检察院没有出现违法违纪案件，群众满意度很高。

**问：**在办案中如何排除领导和上级干扰？

**答：**我们办案中感觉本来就没什么干扰，杭州这个方面都比较规范，事实、案卷都摆在这里，领导不会、也没办法干扰。

**问：**原来人民监督员任命权由检察院自身行使，现今由司法行政机关行使，这样的改变有什么影响？

**答：**因为检察院是法律监督机关，所以我们要发挥外部监督的力量。但是我们原来自己任命人民监督员也是有程序的，并且很规范；人民监督员并不受制于我们，他们也会发表自己的意见，可以畅所欲言，没有什么限制和干扰。

（三）杭州市萧山区人民法院

**访谈时间：**2015 年 1 月 13 日
**访谈地点：杭州市萧山区人民法院**
**访谈对象：余老师（办公室主任）、娄老师（法官）**

**问：**谈谈司法改革的总体概括？

**答：**我们今年有很多行政案件，实行立案登记制之后案件量增大。现在的热点是员额制，我们是浙江省的试点单位，听到了一些反映。员额制对办案人员本身的利益有些影响，但是效果不是很能显现出来，制度本来是想更加突出办案法官的职业化、专业化。现在看起来并不是很有效。不论是工作量还是自身利益的影响，可能都需要一个过程慢慢表现出来。办案的人员，进了员额也是一样办案，相比对于助理法官等辅助人员来说冲击可能比较大。因为晋升通道不是很畅通。对于不办案的少数人，他们也会有一个角色。这个角色是比较纠结的——要不要进员额，现在不进员额可能永远都不能进入法官的角色了。

**问：**基层法院和中级人民法院员额比例差别不大，但是基层法院案件多，您怎么看？

**答：**员额制是现行改革的热点，作为试点法院，我们内部也曾听到一些反馈，员额制对办案人员自身利益产生了一定影响，但并没有明显表现出来。员额制改革原本是想更加突出办案法官职业化与专业化，但现在似乎并不是完全向预定方向进行。不论是工作量还是自身利益的考量，可能都需要一个过程慢慢表现出来。对于一直办案的人员来说，进了员额也是一样办案，司改对其本身的工作等基本没有什么影响，相比之下，对于经验较少的法官、法官助理来说可能冲击比较大，因为这导致晋升通道不是很畅通。而对于不办案的少数人，对于自己的角色定位会有一定纠结——要不要进员额，以及如果现在不进员额可能永远都不能进入法官角色，会被边缘化。这些问题都是很现实的担忧。省高院根据每个法院的特点来分配员额比例，我们是43%，但萧山法院跟别的法院完全不一样，它在全省承担的办案数量是最多的，应该可以突破省高院的划线。基层法院最多能承担多少案件，也是上级法院需要考虑的问题，会根据我们特殊的实际情况制定。进入员额制的程序，初期的遴选和以后稳定下来之后有区别。现在是通过自己报名，然后考评委员会作标准认定、考核，还有省遴选委员会遴选，再报人大任命，以后应该是会有下级到上级的遴选过程。

**问：**立案制度改革对法官工作量有什么样的影响，有什么不合理之处？

**答：**以前的立案审查是要对案件全面的审查，现在立案登记制的改变基本上是平稳的。现在纠纷案件大幅上升主要是和经济下行和政策新法有关，大概只有5%是以前会挡在外面的案件，比例并不多。前几年我们浙江省的法院还有一个预立案，先审查后立案。现在不是这样，诉求进来之后7天之内一定会进入立案的程序或者被驳回。

**问：**我们想整体听你介绍一下试点的思路和方案设计？

**答：**浙江省有11家试点法院，唯一一家中院是嘉兴中院，7月份左右确定下来，7月底召开省里的动员大会，下发了文件。省高院统一部署。一块是司法责任制，涉及审判权运行的机制改革，包括整个审判管理、监督、操作（民商、刑事），院、庭长办案，法官联席会议制度，法官权利与义务。员额法官的权利和义务是“谁裁判谁负责”。以前过多是审案层级上报。但是重大复杂疑难案件，小部分是提交法官联席会议讨论，这种讨论意见只能作为合议庭的参考。特别疑难的、需要提交审委会讨论的只能是涉及法律适用的问题。再一块是人员的分类管理，包括法官、审判辅助人员（司法技术人员、书记员等），现在方案是公开的，我们的法官员额比例是39%，考虑地域范围、面积、人口、案件量的因素，我们的比例较大。这几类人员各司其职。在改革之前，在综合部门、执行部门等有法官，在过渡期之后，这些部门不会有法官、助理审判员。审判辅助人员里的法官助理，必须要有2年以上工作经验、通过司法考试，要求较高，是遴选法官的主要力量。主要负责庭前调解、证据交换等包括诉性的工作，学一些法官的经验。书记员主要负责记录，往往是经过专门技能培训，主要依靠的是事业编制。省高院会集中招聘书记员从事文件录入工作。省里还在进行庭审记录的改革，以后就是法官开庭没有书记员，直接是录音、录像，现在主要是针对比较简单的案件。录音、录像会上传到系统里，可以调用检查。关于司法警察，我们法院有22个部门，一个法庭配置几个司法警察。以后，执行员慢慢转成司法警察的身份，由其承担执行工作。另外，在司法人员的工资保障上，司法行政人员包括综合文字、组织人事、纪检监察，他们必不可少，后勤发展趋势是专职的，现在比较尴尬的是其人员选择是否要求法律专职人员，是否由法律专业学生来应聘。司法保障主要是顶层设计，现在还会完成。现在司改主要是人员分类。

**问：**对于人财物统一管理对收入薪金有什么看法？

**答：**人财物的统一管理没这么快，司法改革刚开始，需要中央首先开始，省级再规划，下面铺开。这个是一个期待，我们目前也没有什么大的变化。虽然现在设计的是以后会比普通政府公务员多50%，但这个到底是谁管，也说不清。

**问：**精英化和数量减少没有必然联系，但国家目前首先是对数量上的一种限制？

**答：**我觉得周围精英也确实不多、大部分的法官都是一个法律工匠、只起到定纷止争的作用、法院出去的人都很优秀、只能看出法院晋升的通道太窄了、要说到精英、还是医省这样的专业工作更精英。司法反腐是一个很大的进步。司法责任制也是个很大的进步。以前出现的一些冤案主要是死刑案件，那些案件主要是受外界的一些因素影响，比如审委会和政法委权力主体多元化。现在的责任制就不会存在这样的问题，谁签署谁负责。内部过问这个，有点不理解。会让人情关系受到影响，中国毕竟是人情社会，不能让工作上的情况影响人际关系。当然这个对防止腐败有很好的意义，将工作和生活区分开来，8 小时之外监督难的问题也存在。

**问：**今年年初出台了人民陪审员改革，您对这个怎么看？

**答：**有时候我也会偶尔客串陪审员的职务，因为办案人员太少了。但是长期不判案的人也不敢随意发表法律评论，所以起不到实质性的作用。但是国家为什么一定要有陪审员，更多的是一种民主意义上的要求，所以它一定要有。

**问：**在专业问题上也可以引入专家陪审员？

**答：**是的。如果引入他们来充当陪审员，可以更好地解决专业上的问题，一般的陪审员有的主要就是司法民主的意义了。

**问：**司法警察内分具体是什么呢？

**答：**内分主要是分为白领和蓝领，一部分人作裁定，一部分人具体执行。分为执行警察的说法，这个其实就是换一套服装。执行是一个强制性的，警察去执行的话效果会更好，这个应该是改革的初衷。再有就是收入的问题，不能吸入员额的话，法警的收入可能会比一般综合人员待遇高一点。

**问：**批捕权放在法院是否会更好？

**答：**有权力就会滥用，但是目前法院的司法腐败情况比检察院好。就像缓刑权的使用，更多会涉及人情方面。司法权过早介入侦查阶段不太妥当，放在检察院的话又得不到监督，自己监督相当于不监督。

**问：**对裁判文书上网的看法？

**答：**是很好的做法，倒逼法官更好地处理案件，对整体质量提升是有好处的。从目前的反应来看，当事人不一定会看裁判文书，律师、学者研究的更多一些。让公众来评价，法官有一个说理的过程，更有说服力。

**问：**员额法官的遴选程序？

**答：**初期的遴选和以后稳定下来之后有区别。现在是通过自己报名，然后考评委员会作标准认定、考核，还有省遴选委员会遴选，再报人大任命，以后应该会有下级到上级的遴选过程。

**问：**法院应该是最后一道社会防线，这与目前的立案登记制度是否相悖？

**答：**目前的原则是降低司法门槛，满足司法需求。司法也太廉价了——劳动争议案件复杂，但是不收受案费用。法院有权威性，就必须承担一定的社会管理责任。需要一种考核指标和激励机制，把矛盾化解在当地政府。

**问：**对“执行难”问题有何看法？

**答：**执行难托问题一直存在。原先的执行庭进行执行任务就是体力活，晚上、双休日、节假日加班集中执行，防止被执行人逃避。现在社会信息化发展，多动用社会诚信体制来执行，比如限制高消费、公布被执行人名单等，可以解决不少“执行难”的问题。但同时，“执行难”不仅是执行手段欠缺、被执行人逃避等单方面问题，还有投资风险、履行能力的问题。我国也没有个人破产制度，我们无法判断是逃避执行还是没有执行能力的情况。此外，执行方式方法存在粗暴的情况，也需要改进。法院扮演的是一个审判的角色，同时承当执行工作会把更多社会矛盾引向法院。

（四）嘉兴市海宁人民法院

**访谈时间：**2015 年 1 月 15 日
**访谈地点：嘉兴市海宁人民法院**
**访谈对象：郭老师（政治处主任）、周老师（法官）**

**问：**您以及您了解到的您的同事对法官员额制改革这一改革内容有什么看法？

**答：**法官员额制改革指的是在司法体制改革过渡期内，浙江省法官员额数暂按中央政法专项编制总数的 39% 确定。根据各法院人员情况以及工作需要，结合辖区经济发展、区域位置、人口数量和案件数量等情况，并考虑法院层级职能、法官工作量、审判辅助人员配置、办案保障条件等因素，测算出各法院的法官员额比例，以实现法官的专业化、职业化。法官员额制改革是司法改革的重中之重，这一项改革内容的初衷是好的，但是在具体实践中会遇到很多问题。首先员额怎么定？我们目前的操作是由省里来安排分配各地方的员额比例。虽然相对来讲比例确实是在向基层倾斜，但这个比例还是不够，因为90%的案件都在基层。2015年5月1日实行立案登记制之后，案件数量比以往更多，但每个单位就只有那么多办案法官，导致案件越积越多，所以辅助部门的其他人员最后还是会向办案一线转移。现在后勤等部门也有一部分法官，但是如果让他们也进员额，就需要让他们在一线办案，但是这些人中有的年龄也比较大了，可能不想办案，或者不适合办案。而且有的辅助部门也需要懂法、懂程序的人员来处理综合后勤文字工作，这一部分人也需要是法律专业的人才，也需要一定员额。总之，从总体来看，最大的问题就是员额太少，晋升缓慢，分配给领导和资深人员之后就已经占用了大部分法官员额，具体承办案件的很多人员入员额难，所以事实上这个改革方案目前还是有很多问题的。

**问：**浙江省目前遴选员额法官的参考标准是什么，或者说有无具体的标准呢？

**答：**我们法院目前还不是员额制改革这一项内容的试点单位，参照上海和我们开会了解到的情况，院领导和审判委员会的人员是上级考察之后直接进员额，但是有些类似执行局局长、后勤领导的不进员额，审判员可参与遴选，助审工作3年以上也是可参与遴选的。这是目前在尝试的方案。

**问：**您对法院人财物由省级法院统一管理这一项改革内容有何看法？

**答：**将来可能会出的方案是，法院人员薪资的一部分是统一的，还有一部分是根据地方案件量等其他情况来进行各地的具体安排。我们目前也是对此拭目以待。

**问：**您对人民陪审员改革有什么建议？

**答：**去年我们有70多名人民陪审员，与法官比例1∶1左右，今年达到了2∶1，2个陪审员配1个法官，这个是通常的情况。今年新增人民陪审员45名，人民陪审员数量达到121名。全年参审案件1919件，普通程序参审率达96.65%。

**问：**那具体案件中人民陪审员作用如何，是否会出现“陪而不审”的情况？

**答：**人民陪审员和法官享有同等权力，但他们在法律知识上肯定和专业审判员比起来会显得不足。他们对案件的意见我们会听取，有讲得不对的地方法官也会立刻纠正。而且我们对于人民陪审员都会定期培训，不会出现很极端的不懂法的情况。盐官法庭作为试点单位，总共就只有 4 个办案法官，肯定就需要人民陪审员全面具体地参与办案，基本很少出现只陪不审的情况。

**问：**是否会有“执行难”的问题，您对裁判执行有什么看法和建议？

**答：**与其说是执行难，还不如说是执行不能，很多情况下当事人没有钱，对这种风险也没有办法，法院只能穷尽各种方法来保障当事人的权利，但也没有办法做到百分百保障。

**问：**那您如何看待执行权分离的改革方案？

**答：**目前在我们的执行庭下面有一个专门裁决庭，这个有助于提高执行的效率，既不需要任何事务都回到法庭重新裁决，也不存在执行庭自己执行自己裁决导致不公的情况，因为它本身内部也是独立的。有的方案计划将执行系统分立到警察系统，通过司法警察来执行，比起法官穿着法袍西装去执行会更有效。目前社会观念上法院的威慑力很低。外地执行的时候，地方保护问题也很严重，有时候严重得连甚至人身安全都无法保证。

**问：**那执行权也有需要审判工作，分立后如何处理这一部分审判工作呢？

**答：**执行局下设的执行庭作为裁决机构是不撤的，专司裁决。内部全部划出去不现实，但是具体怎么执行还是执行局说了算，执行还是由司法警察来完成。

**问：**执行由谁来进行监督呢？法院还是检察院？

**答：**法院内部监督还是更合理，检察院权力过大，事情多，很多权力根本不行使。而且检察院是法律监督机关，如果针对具体案件有异议，都可以再去检察院申诉。

**问：**一方面执行难，那在作出裁判的时候是否会出于执行难的因素，导致有一定的倾斜，因而损害另一方利益？

**答：**调解的时候一定是要兼顾执行的，要保证调解书中的内容能够得到实现，当事人没有履行是会有惩罚约定的，这其中肯定需要一方妥协让步，但也不可能无限退让，即使有这种情况也只是极个别，但一般都不会损害一方利益。

**问：**您对司法责任制改革有何看法，法官是否会受束缚而不敢办案？

**答：**现在的法官专业素养很好，如果真的出现重大过失，那办案法官或多或少肯定是存在故意的，这种案子现在已经是极个别的情况了。现在的环境和以前并不一样，监控摄像更多，只有在真正很明显的有证据显示是有重大过失时，才会对办案法官追责。另外法官的束缚更多来源于司法系统之外。如果连法官自身都无法保护，如何能保障当事人的权益？就像警察的配枪权。公职人员不敢使用权力，就无法更好履职——就像基层法院的进门安检。目前社会出现一种不尊重法官的思想，我们也没有办法。有时候在具体案件中，媒体过早介入，形成舆论鼎沸之势，也会给司法造成压力。

**问：**员额制改革实行后，对法院人员在薪金保障上会有什么变化？

**答：**以后大家整体的薪金都会比较高，就算没有进员额的也会较高，进员额的法官工作会更多，压力也更大，所以薪金也会相比更高。我们都还是很期待的。

**问：**您能具体介绍一下人民调解渠道吗？或者您对此有什么看法？

**答：**政府鼓励不起诉，通过社会调解来解决矛盾。目前社会上有很多调解机构，可是为什么总是调解不好？还是因为人民不信任，也没有强制性。现在法院审理案件的门槛很低，当事人当然更愿意来法院。乡镇里很多政府人员甚至鼓励打官司，很多工作人员自己代理案件，甚至以此牟利。

**问：**在目前的行政案件中，行政负责人的出庭率怎么样？

**答：**新《行政诉讼法》实施以来，我们受理的行政案件，负责人出庭率都是100%的。现在政府部门法律意识都还比较强，行政案件数量整体都比较小。

**问：**是否会出现领导和其他党政机关人员干扰司法的情况？

**答：**我们和地方部门有着千丝万缕的联系，要想完全脱离地方是不可能的。党委可以限制我们的地方太多了，对外独立也仍然无法做到超然。至于法官的内部独立呢，重大案件以前都是由审委会共同决策、集体承担责任，但是集体承担责任就相当于不承担责任。将来改革方向还是要让主审法官对自己审理的案件担责，专业的法官委员会只是一个咨询机构。但是这样对年轻法官的成长来说也未必是好事。

（梅扬、付中一、牟丹、赵嘉君、吴悠、曹婷玉）

# 江苏省司法运行过程实证调研报告

深化司法体制改革，是全面深化改革的重要内容，是建设公正高效权威的社会主义司法制度、推进国家治理体系和治理能力现代化的重要举措。深入了解我国司改试点的推行工作，进一步明确下一步司法改革重心。

## 一、基本情况介绍

### （一）苏州工业园区人民检察院

江苏省苏州工业园区人民检察院是江苏省苏州市人民检察院的派出机构，内设办公室、职务犯罪侦查局、刑事检察科、民事行政检察科、控告申诉检察科、职务犯罪预防科、案件监督管理科。苏州工业园区人民检察院自2002年12月经最高人民检察院批准设立，2003年3月经苏州市人大常委会审议通过。经过一年多的紧张筹建，于2004年3月31日举行成立大会暨揭牌仪式，2004年4月1日起正式办公。园区检察院大楼是一座集舒适性、安全性、保密性、经济节能性为一体的“E”时代综合大楼。实现了通信自动化（CA）、办公自动化（OA）、楼宇自动化（BA）、安全自动化（SA）、消防自动化（FA）。全院干警以“队伍一流、科技一流、管理一流、业绩一流”为目标，按照“以创新谋取跨越式发展，以发展实现一流法治服务”的工作思路，全面履行各项检察职能，切实加强检察队伍建设，为推进“平安园区”“法治园区”“和谐园区”提供有力的法治保障。

### （二）镇江市中级人民法院（以下简称镇江中院）

镇江中院下辖7个基层人民法院，全市设14个人民法庭，两级法院共有行政在编和辅助人员1474人，其中中央政法编制947个，在编831人。中级人民法院机关内设27个庭、处、室、队，现有干警及职工261人，其中中央政法编制181个，在编165人（其中法官102人）；机关工人7人；事业编制数45个，在编33人；合同制人员56人；另有离退休人员65人。全市法院现有全国审判业务专家1名，全省审判业务专家3名。

2015年，镇江中院紧紧围绕“司法为民、公正司法”的工作主线，充分发挥审判职能作用，各项工作取得了积极进展。进行司改试点工作以来，该院共受理案件85 404件（含减刑、假释及特赦案件4793件），审、执、结68 871件，同比分别上升20.71%和17.72%。一年来该院立足本市实际，先行先试，积极探索，保证了改革试点工作的顺利进行，取得了阶段性成果。

## 二、司法改革情况

### （一）苏州工业园区人民检察院

2015年4月，苏州市人民检察院被正式确立为江苏省首批司法体制改革试点单位之后，市人民检察院认真开展人员测算摸底、调查问卷、检察官职务套改、外出考察学习等基础性工作，先后制定了《苏州市检察体制改革试点方案》，以及主要业务部门职权清单等相关配套性文件10余份。经过报名，资格审查，笔试，面试，市检察院党组提出拟任人选，省检察官遴选委员会建议，省检察院党组研究，苏州市人民检察院确定了53名员额制检察官，不仅为下一步探索检察人员分类管理、完善办案责任制等改革试点任务奠定了基础，同时也为今后年轻检察干警入额留足了空间。苏州工业园区人民检察院作为江苏8家试点单位之一，积极响应司法体制改革，探索并实践新模式。

### （二）镇江市中级人民法院

#### 1. 着力执法办案中心工作，切实提升审判执行质效

第一，认真履行审判职责。坚持宽严相济惩治犯罪，受理刑事一审案件2687件，审结2500件，判处罪犯2959人。推进行政机关负责人出庭应诉工作，全市行政机关负责人出庭应诉率达95.87%。

第二，积极破解执行难题。深入开展“转变执行作风、规范执行行为”专项活动，努力提升执行工作成效。受理执行案件17 404件，执结13 880件，执结标的26.21亿元。建成两级人民法院执行指挥中心，开通远程执行指挥

系统，启用执法记录仪，与28家银行、国土等部门建立了点对点实时查询机制。通过互联网、电子屏幕、报纸等载体公开曝光失信被执行人名单信息2186人次，限制高消费、限制出境，提高失信成本。加大督办力度，市中级人民法院立案督办执行案件62件。开展集中执行涉民生案件，打击拒不执行判决裁定犯罪等专项行动，依法保障胜诉当事人及时实现权益。

第三，全面加强审判管理。突出审判执行中心工作和法官主体地位，强化正确考核导向，取消不符合审判规律的考核指标，切实为基层一线法官松绑减负。规范立案管辖工作，建立对基层法院案件管辖情况季度评查通报制度，坚决整治违规管辖现象。完善发回重审、改判案件意见交流机制，强化对基层审判工作的监督指导。加强审判流程节点管理，规范审限变更操作，全市各级人民法院案件法定审限内结案率为92.44%。

第四，努力提升案件质量。坚守法律底线，坚持公正司法。全面落实罪刑法定、疑罪从无原则，严格实行非法证据排除规则，切实保障刑事案件质量，依法对1名公诉案件被告人和2名自诉案件被告人宣告无罪。加强审级监督功能，市中级人民法院二审依法改判、发回重审案件246件，对生效的41件案件提起再审。定期研判审判运行态势，加大庭审和裁判文书评查力度，努力提升审判质效，全市法院一审案件服判息诉率达92.46%。

2. 稳步推进司法机制改革，切实提升公正司法水平

第一，优化审判资源配置。开展法官案件饱和度调研，合理确定一线法官工作量。坚持审判资源向一线倾斜，实行综合部门具有审判职称人员挂庭办案制度，全面推行院庭长办案，全市法院院庭长共办理案件3420件。扬中、丹徒等法院积极探索道路交通事故和劳动争议案件要素式审判，着力提升审判效率。深化书记员管理体制改革，市中级人民法院在成功实行聘用制书记员改革试点工作基础上，逐步向全市法院推开。分5批次组织对编制外书记员定岗培训，经省法院考核通过114名，镇江法院聘用制书记员改革工作走在全省法院前列。

第二，改革审判权运行机制。推进审判委员会制度改革，建成市中级人民法院数字审委会，严格限缩讨论案件范围和数量，强化审委会对审判执行工作中重大问题的宏观指导功能。全市有6个人民法庭被省法院确定为首批改革试点单位，积极探索审判权运行机制改革。市中级人民法院民一庭认真落实合议庭负责制，裁判文书一律由审判长签发。京口区人民法院从全院法

官中遴选出 29 名主审法官，组建成 13 个审判团队，全面实行主审法官负责制，取得初步成效。

第三，深化司法公开工作。两级人民法院全部开通法院外网、微博和微信，通过法院外网公布法官名单、审判执行等信息。加快审判流程、裁判文书和执行信息公开三大平台建设，建立流程节点短信告知制度，全市法院全年召开新闻发布会、媒体通气会 33 次，上网发布裁判文书 27 181 份，网络直播庭审 538 次，居全省法院第 3 位。开发区法院庭审网络直播工作被中宣部拍摄进专题电视片《国魂》，并在央视播出。建成市中级人民法院执行公开大厅，方便当事人查询、监督执行案件进展情况。全面推进网上司法拍卖，全市法院上网拍卖 793 件拍品，成交金额 2.24 亿元。对职务类、金融类和涉黑类罪犯减刑假释一律开庭审理，并通过远程视频开庭审理减刑假释案件 44 件，取得较好效果。

3. 充分发挥审判职能作用，切实提升服务大局能力

第一，依法保障生态文明建设。加强环境资源案件“三审合一”集中审判工作，受理环境资源案件 63 件，审结 45 件。市中级人民法院审结该市首例环境民事公益诉讼案，取得较好法律效果和社会效果。京口区人民法院审理的一起环境污染纠纷案入选江苏法院 2014 年度十大环境典型案例。

第二，依法服务经济发展新常态。丹阳市人民法院与公安机关强化工作衔接，依法打击非法集资等犯罪活动，维护金融环境。全市法院主动走访重大项目企业 300 余人次，提供法律指导和服务。发布知识产权司法保护白皮书，深入眼镜市场、醋业协会、惠龙港等开展司法调研，促进企业创业创新。

第三，依法推进镇江法治建设。加强司法建议工作，发送司法建议 182 份。其中，医疗卫生系统职务犯罪多发，小贷公司借贷管理不规范等 10 份情况反映被省委办公厅转发，3 篇信息被最高人民法院转发。推进法院文化建设，初步形成丹徒区人民法院宝堰法庭“法园”法治文化广场，句容市人民法院下蜀法庭“沐正苑”法治教育基地等法庭文化特色品牌，积极传播法治正能量。

4. 认真践行司法为民宗旨，切实提升司法公信力

第一，大力化解涉诉矛盾。扬中法院深化开展“法官进村居”活动，使化解矛盾关口前移。丹阳法院为道路交通案件当事人提供“一站式”司法服务，提升矛盾化解实效。市中级人民法院建成群众来访接待中心和四级人民

法院远程视频接访联网平台，强化院、庭长工作日接访，院、庭长全年接访1348人次。坚持涉诉信访法治化改革，完善“诉访分离”和涉诉信访案件终结机制，推动律师等第三方参与化解信访矛盾纠纷，按时办结省委巡视组交办的127件信访案件。

第二，不断完善便民举措。全市法院诉讼服务中心实行提前半小时上班、中午安排值班、事项办结后下班的“三班”制度，完善“12368”语音服务平台建设，为当事人提供便捷诉讼服务。深化网上立案、巡回办案、节假日开庭等便民举措，市中级人民法院自主研发财务软件，规范诉讼费、案款管理，简化退费退息手续。润州法院建成残疾人无障碍法庭，京口法院设立未成年人及家事案件审判庭，扬中法院建立“康乃馨工作室”，切实方便当事人诉讼，中央第三巡回督导组组长来镇视察时对法院便民、利民工作予以肯定。加大司法救助力度，全市法院为诉讼当事人缓减免诉讼费645.85万元，提供救助资金258.61万元。

第三，主动自觉接受监督。认真办理建议、提案和来信，办结率、满意率均为100%。全年邀请代表、委员视察583人次，旁听评议庭审668人次，走访、座谈1267人次。最高人民法院组织8省市14名全国人大代表视察镇江法院工作，代表们给予充分肯定。认真对待检察建议，依法审理抗诉案件，共同维护司法公正。加强人民陪审员工作，新增人民陪审员497人，全市人民陪审员参与审理案件10 028件，较上年增加4308件。市中级人民法院召开特邀审判监督员、新闻媒体、律师代表等座谈会14场次，回复网民提问238人次，处理人民来信414件，自觉接受社会监督。

## 三、访谈实录

### （一）苏州工业园区人民检察院

#### 1. 办公室主任访谈

苏州工业园区人民检察院检察官员额制的推行基本上与法官同步，全院对此次司法改革是持整体上支持，具体制度仍须完善的态度，毕竟一线人员需要一定的时间来适应改革带来的变化。在实地考察中，我们发现苏州工业园区检察院的人员组成具有明显的年轻化，高知化的特点，由此，办公室主任同我们分享了工业园区检察院人员来源及招募程序。人员来源主要有三个方面：（1）学生实习生制度。苏州工业园区每年都会接收江南大学等高等院校的法学学生进院实习，实习优秀者有望在实习结束后留院工作。（2）选调。此部分是工业园区人民检察院优秀人才的主要来源，每年都会从全国各地的司法队伍中如律师团队、基层检察系统中选调优秀的检察人员。（3）公务员招募。苏州工业园区检察院呈现年轻化的特点，非常欢迎全国各大高校法学学生的报考。在招募程序上，公正透明不繁复，所有人员必须参加同等考试，考核通过后方以入院。除此之外，办公室主任还向我们分享了工业园区人民检察院服务为民的优秀经验：（1）非常重视与公众，尤其是新闻媒体之间的互动，更好地贴近民众；（2）注重检务公开制度的建设，做到严格遵守工作要求，构建清楚的案件信息公开平台，以方便公众查阅，对于应当予以公开，主要是涉及案件终局性如案件不起诉和程序性事务的相关信息，必须予以公开，否则，对责任者进行通报批评；（3）提高整体服务意识。

2. 公诉科检察官访谈

我们访谈的这位检察官是一名非常优秀，业务能力强大的一线人员。在接受访谈之前，她还在紧锣密鼓地开展工作，因为工作实在太过繁忙，只能进行40分钟的访谈。虽然时间短暂，却让我们调查小组真切感受到了自司法改革开展后，人民检察院一线检察官人员的真实感受及状态。

首先，这位检察官对推行员额制的第一感受是失望。在检察系统的基层人员看来，实行员额制弊大于利，理由有以下几点：（1）对于基层检察人员而言，在司法改革之前就已面临“人少案多”的问题，实行员额制之后，压力大、工作重的问题并没有得到改善，反而另外出现了“军心不稳”的问题。由于检察官的人员比例是确定的，助理检察员在经历高压力、多案件的繁重工作后却不能进额，这无疑严重挫伤了助理检察员的工作积极性，员额制导致的人心惶恐不利于检察系统的稳定和基层检察工作的高效开展。（2）对于进入员额制的检察人员而言，同样是忧心忡忡，因为他们无法决定手下人员的激励方式。（3）领导进入员额制后，是否还需办案？领导坐在机关高位时，不仅要办案、提起诉讼，还要处理大量的行政性事务——这无疑会占据领导大量时间，相应也必然会减少大量的办案时间。因此，领导进额后，是否还需要办案就成为一个需要妥善解决的问题。如果还需要继续办案，那么办案标准是什么？令人担心的问题就是由于时间、精力有限，领导对于办案工作的处理仅限于纯审批，毫无疑问这对于承担繁重工作却不能进入员额制的一线人员来说，是一件令人郁闷的事。高层人员办案少而全入额，基层人员办案多而员额少，这一矛盾正是员额制缺乏灵活性的表现，也是实行员额制饱受基层人员诟病的最主要原因。

其次，我们访谈的检察官向我们反映了一个检察系统一直以来都存在的问题：权责利是否相匹配的问题。由于地区经济发展不平衡这一客观差异，基层检察人员的办案工作量也因地区而异。例如东部沿海地区 1 名检察员的年办案量远远多于西部省份检察员的工作量。然而责任的大幅加重并没有带来利益的相应增加，繁重的工作量和全国各地并无明显差异的基层检察员薪资水平呈现出明显不协调的特点，这无疑是造成检察院人才大量流失困境的根本原因。

再次，我们访谈的这位检察官向我们反映了一个近来非常困扰她的问题：检察院系统内部的一些事务员，如给每名检察官配备的速录员，既没有编制，薪资也不高，再加上工作较繁重，因此事务员的流动性非常大。事务性工作没有稳定的工作人员来完成也会给办案的检察官带来一定的困扰，因为，速录员需要有效密切地配合检察官的工作，速录员的经常更替不利于检察官工作的高效开展。

最后，我们访谈的这位检察官向我们表达了作为基层检察员最直接、最殷切的司法改革愿望：那就是希望越来越多的人员来办案，分流他们的工作量。但是，改革不是一蹴而就的，改革的措施也不尽是完美的，司法体制改革的方案是顶层设计，固然会存在无法考量全部基层顾虑的问题，正如以我们访谈的这位检察官提到的探索繁简分流模式与自上而下的司法大统一系统相冲突为例，该大统一的司法模式繁杂冗长，大量增加了检察官的时间成本。也许很多顶层设计只是利于高层领导审看，却不利于基层人员办案。

3. 控申科检察员访谈

在他们看来，实行员额制最直观的感受是心理落差大。因为员额制配比太少，他们原本的检察官称谓变成了检察辅助人员，虽然实际的工作并没有发生改变，但相应称谓的降低导致了较大的心理落差，加上员额比例固定，进入员额内的希望几乎渺茫，更是极大地降低了他们的工作积极性。再有就是，他们希望此次司法改革能够提高一线检察人员的薪资水平，改善待遇。

通过此次调研，一方面我们了解了一线的司法状况，聆听了部分一线法官和检察官对此次司法体制改革的看法和意见；另一方面，我们可以借助这个机会，在了解社会的同时反诘自身对中国法律、司法与法治现状的认识水平如何，知识储备还存在哪些缺陷。中国正处于改革的时代，我们必须将自己的知识、研究贡献给中国的法治建设，贡献给中国的司法进步。

（二）江苏省镇江市中级人民法院

**时间：**2015 年 11 月 18 日
**地点：江苏省镇江市中级人民法院会议室**

虽然江苏省司法改革小组暂时没有出台完整的改革方案，但部分改革内容已经在部分法院有试点，镇江市中级人民法院就是试点单位之一。在座诸位都是在一线岗位工作多年的法官，对司法工作的现状以及改革的方向都有最直观的理解和感受。我们司法改革调研团队出于理论研究的目的进行的本次调研活动，就是希望通过对一线司法部门的原始资料进行调研和分析，以期推动司法改革工作的进一步开展，形成具有理论借鉴作用的学术调查报告。所以希望得到各位的不吝指教。下面开始我们正式的访谈，谢谢！

**问：**请问您以及您了解到的您的同事对法官员额制改革这一改革内容有什么看法？

**答：**法官员额制改革指的是在司法体制改革过渡期内，江苏省法官员额数暂按中央政法专项编制总数 39% 确定。根据各法院人员情况以及工作需要，结合辖区经济发展、区域位置、人口数量和案件数量等情况，并考虑法院层级职能、法官工作量、审判辅助人员配置、办案保障条件等因素，测算出各法院的法官员额比例，以实现法官的专业化、职业化。

但目前来说，从总体来看，最大的问题就是员额太少，晋升缓慢，分配给领导和资深人员之后就已经占用了大部分法官员额，具体承办案件的很多人员入员额难，所以事实上这个改革方案目前还是有很多问题的。

**问：**是否会有执行难的问题，您对裁判执行有什么看法和建议？

**答：**与其说是执行难，还不如说是执行不能，很多情况下当事人没有钱，存在的风险在社会上也没有办法防范，法院只能穷尽各种方法来保障当事人的权利，但也没有办法做到百分百保障。

**问：** 您如何看待执行权分离的改革方案？

**答：** 目前在我们的执行庭下面有专门裁决庭，这有助于提高执行的效率，既不需要任何事务都回到法庭重新裁决，也不存在执行庭自己执行自己裁决导致不公的情况，因为它本身内部也是独立的。

**问：** 请问您对法院人财物由省级法院统一管理这一项改革内容有何看法？

**答：** 将来可能会出的方案是，法院人员薪资的一部分是统一的，还有一部分是根据地方案件量等其他情况来进行各地的具体安排。我们目前也是对此拭目以待。

**问：** 您对司法责任制改革有何看法，是否会束缚法官而不敢办案？

**答：** 一方面，现在的法官专业素养更好，如果真的出现重大过失，那办案法官或多或少肯定是存在故意的，这种案子现在已经是极个别的情况了。现在的环境和以前并不一样，监控摄像更多，只有在真正很明显有证据显示是重大过失时，才会对办案法官追责。

另一方面，法官的束缚更多来源于司法系统之外。如果法官自身都无法保护，如何能保障当事人的权益？就像警察的配枪权——公职人员不敢使用权力，就无法更好履职——就像基层法院的进门安检，目前社会出现一种不尊重法官的思想，实行进门安检，我们也是没有办法。有时候在具体案件中，媒体过早介入，形成舆论鼎沸之势，也会给司法造成压力。

**问：** 员额制改革实行后，对法院人员在经济保障上会有什么变化？

**答：** 以后大家整体的薪金都会比较高，就算没有进员额的也会较高，进员额的法官工作会更多、压力也更大，所以薪金也会相比更高。我们都还是很期待的。

**问：** 目前行政负责人在行政诉讼案中的出庭率怎么样？

**答：** 新行政诉讼法实施以来，我们受理的行政案件，负责人出庭率都是100%的。现在政府部门法律意识都还比较强，行政案件数量整体比较少。

**问：** 是否会出现领导和其他人员干扰司法的情况？

**答：** A法官：由于我们国家行政体制的要求，我们和地方部门其实是不可能完全分开的。我们要受党委的领导，对外独立仍然无法完全实现。至于法官的内部独立呢，重大案件以前都是由审委会共同决策、集体承担责任，但是集体承担责任就相当于不承担责任。将来改革方向还是要让主审法官对自己审理的案件担责，专业的法官委员会只是一个咨询机构。但是这样对年轻法官的成长来说也未必是好事。

而且目前一个最大的问题，是舆论监督的问题。这会涉及我们法官的个人人身安全的问题，我们在座的几位法官，可以说从业这么多年来，都受到过威胁。我们的刘法官（女）就曾受到当事人无理取闹及殴打，我们作为国家公务人员又不可能予以还击，有时候也只能忍气吞声，事后再与当事人进行调解沟通。

B 法官：对，这是基层法院都面临的很大的问题，而且就法官本身的待遇来说，有时候真是无法保障较高的生活水平。所以有很多基层法官离开法院，从事法务及其他工作，为了生活另谋出路了。

C 法官：还有一个问题就是人才的流失。像我们院去年新招了一个名校毕业的硕士生，小伙子各方面都非常优秀，结果被某政府部门相中借调走。从大局着想和考虑个人发展，我们也非常支持，但是基层法院里这样的优秀人才越来越少了。

## 四、调研中发现的问题及对策

### （一）问题分析

在进行调研走访的过程中，特别是在召开座谈会时，谈及最多的就是基层法院法官队伍的建设问题，主要包括目前广受关注的法官队伍断层问题，即法官队伍年龄结构不合理，老中青比例失调，特别是新进入法院的年轻法官数量较少，不能形成正常的年龄梯次，从而导致法官队伍有“青黄不接”的趋势。在与参加座谈的法官代表进行交谈的过程中，我们发现在司法改革试点工作开展以来的，日渐突出的问题主要有以下几点：

第一，法官队伍年龄结构不合理。法官队伍年龄分布大致呈漏斗形，结构比较老化，在职法官年龄结构不合理，老中青比例严重失调。

第二，在职在编的年轻法官少。全院在未来 10 年内将有十多名法官达到退休年龄，陆续退休；而25岁以下的法官却不及退休人数。

第三，法官流失严重。流失的主要原因有：组织调动、离院，考上研究生后放弃工作，因个人申请调离，辞职，被其他法院招录等。特别是近年来，外地法院工作人员也十分紧缺情况下，纷纷招人，该院通过司法考试的人员外流倾向日趋突出。同时，还存在法官隐性流失的问题，个别在职在编老法官由于种种原因基本不办案或办案很少。

第四，法院内部挖潜余地有限。为了解决法官流失问题，各法院普遍加强了培训教育工作，特别是近3年来司法考试通过率明显提高。但有因为编制限制，各基层法院还有部分取得法律职业资格的干警等工作人员无法任命为法官。

第五，在职法官整体素质不高。主要体现在以下几个方面：一是，法官队伍构成复杂，职业化程度不高。当前各基层法院的法官有的是从行政机关调入，有的是教师改行调入，有的是转业军人安置，有的是“以工代干”转正。二是大部分法官第一学历低。法官队伍的这种整体状况很难适应目前审判工作的需要。

编制问题直接决定了法院“能不能进人”，在解决编制问题后，“有没有人来”“能否留得住人”则是由法官职业本身的魅力决定的。在当前法院进人非常困难，法官断层问题已十分突出的情况下，还不断有比较优秀的年轻法官调离法院，这客观上进一步加剧了法官断层问题。近年来，随着司法考试通过率的提高，法院内部后备法官资源已经挖掘得差不多了，引进新人势必要从社会上已经取得法律职业资格的人员中招录。但他们是否愿意到基层法院工作，到基层法院后能否安得下心，很大程度上取决于法官职业是否具有足够的吸引力。从调研的情况看，基层法院法官职业保障不力，对优秀法律人才缺乏吸引力的问题还比较突出。

1. 法官职级配备不合理，职级待遇落实困难，政治经济待遇低

基层法院法官政治待遇比较低，依法应享有的职级待遇无法落实。确定职级数额的文件老化，执行不力。对按编制数还是按实际在职人数计算职数也存在争议，实际落实的情况因各地法院工作力度不一样而差距很大。由于职级数量的限制，导致工作职务与级别待遇没有必然关系，影响了职务晋升的激励效果。近几年经过机构改革、人员调整，很多法院科级干部职数与现有的工作岗位有较大的差距，有许多任职时间很长的庭长、副庭长一直没能

解决职级待遇问题。与公安派出所、司法所（由于检察院在乡镇没有派出机构，故不具有可比性）相比，法庭庭长的职级配备明显落后。随着中心法庭的组建，一些法庭要管辖几个乡镇，派出所则绝大部分只管辖一个乡镇，但派出所所长依据有关文件规定理所当然是副科级，而法庭庭长的职级配备问题却长期得不到解决。造成这种局面，主要原因是有关部门至今没有明确法庭庭长的职务级别，落实职级待遇受到法院职数配备整体比例的限制。在当前财政收支体制条件下，经济待遇直接与职级挂钩，法官的职级落实不到位，特别是基层法庭庭长大部分还是科员，直接影响法官的经济收入和工作积极性。

同时，法院经费保障不足，法官工资待遇低，工作、生活条件艰苦，人均公用经费过低。为节约开支，法院只能严格限制办案成本，但如此低的标准很难满足办案实际需要，经费保障严重不足。干警工资津贴保障不充分，严重挫伤了干警的工作积极性，不利于法院干警队伍的稳定和管理。

而经费保障不力导致各基层法院办公条件较差，物质装备落后。法官服作为法官的工作服装，却四年甚至更长时间才发一次，新进人员一旦错过时机就要等很长时间。大部分年轻干警靠自己的工资收入买不起商品住房，法院公用住房又数量不足，条件有限，难以让干警安居乐业。特别是各基层人民法庭建设比较滞后，法庭干警的工作和生活条件很差，有的法庭干警吃住都成问题，很难安心工作。

2. 法官工作压力大，办案风险大

随着经济和社会发展进程的加快，社会矛盾会越来越多，需要由法院解决的矛盾也越来越多、越来越尖锐。虽然该市各基层法院前几年受案数量呈逐年下降趋势，但法官们普遍反映办案任务并没有减轻。随着基层调解组织的逐步建立和完善，一部分比较简单的矛盾纠纷通过非讼调解得到消化，在进入诉讼程序的纠纷中新型、疑难、群体性案件比例较大，而且上诉、申诉、信访增多，接待答复、复查裁判、向上级机关报告等耗时费力，而且近年案件又呈上升趋势。随着经济发展和全民法律意识、权利意识的日益增强，法官作为社会各种纷争的最终裁决者，经常处在各种矛盾漩涡之中，职业风险越来越大。基层法院法官处于审判工作第一线，直接与当事人和人民群众打交道，要面对更多、更具体的矛盾和问题，也要面对更大、更现实的风险和压力。当法律事实与客观事实冲突时，法官只能依从规则，往往因此造成当事人与法官之间的矛盾对立；有的当事人独占资源优势，利用金钱、权力关系干预司法，这对法官无疑是可怕的诱惑和巨大的陷阱；当判决结果与当事人的期待冲突时，法官轻则被投诉辱骂，重则被人身攻击甚至受到生命威胁。法官的职业权力、职业身份、职业收入等并没有得到很好地落实，保障法官人身安全及其他合法权益的措施也不到位。

3. 法官遴选和培训机制不健全，基层法院法官职业发展空间有限

近年来，受地方组织人事制度制约，镇江中院很少从基层法院遴选和提拔任用法官，法官遴选和提拔任用机制尚未形成。由于上级法院从下级法院遴选法官还没有形成制度，基层法官对职业前途看不到希望，大部分年轻法官不愿到基层法院尤其是偏远的山区法院工作。

随着我国法制进程的加快，公民法律意识的提高，新的法律法规层出不穷，社会对法官队伍提出了更高的要求。在基层法官整体素质偏低的情况下，必须通过培训调整法官的知识结构，提高办案能力，但目前对法官的业务培训还存在不少问题：一是培训的计划性不够，存在多头培训、不够系统、对审判实践指导意义不大等缺陷；二是培训方法不够灵活，影响培训效果；三是基层法院由于审判任务重、经费缺口大，各基层法院定期安排法官进修学习的制度无法形成。与一些律师事务所、大公司每年投入大量资金提升律师或员工素质相比，基层法院在职业培训方面投入仍显不足。

4. 考核机制和奖惩机制不健全

受当前队伍管理机制和财政体制的制约，对法官的考核难以与干部任用紧密结合，也无法与经济待遇挂钩，多为精神鼓励或口头承诺，干与不干一个样、干多干少一个样、干好干坏一个样的平均主义、“大锅饭思想”有所抬头，法官工作积极性和主动性不高，领导管理难度加大。在这种环境下，一方面有些法官不思进取，得过且过，难以最大限度地发挥每个人的潜能；另一方面有些想有所追求、有所作为的法官会产生对现状不满的情绪，成为优秀年轻法官流失的一个诱因。

### （二）对策分析

根据以上反映出的问题，不难发现，由于基层法院法官职业风险大、待遇低、压力大，一些年轻法官对职业前景没有信心，人心不稳，社会上一些优秀的法律人才也不愿意到基层法院工作，加剧了基层法院人才流失和断层

现象。为了扭转这种局面，必须增强法官的职业保障力度，提高法官职业的吸引力。具体可以从以下几方面予以考量：

第一，提高法官准入标准。法官作为审判权的直接行使者，其自身法律知识背景和审判技能等必须达到一定的水平，否则很难胜任司法审判工作，当前我国法官队伍总体上仍有良莠不齐的现象，这严重影响法院的审判工作。提高法官的准入标准，可适当延长法律工作年限，提高担任法官的年龄；法官的来源上除了法院内部培养，还可以从具有高素质的律师、法律学者中选择。

第二，强化法官职业保障，推行法官终身制。强化法官职业保障，推行法官终身制是当前法官制度的发展趋势，使法官免受入职、升迁、生活开支问题的干扰，免除后顾之忧，给其提供稳定的生活和职业保障。法官在审判工作中应当强化自身法律知识、审判技能、学术能力，积累生活阅历，而且还要保持品德高尚，同行政机关人员或是其他领域人员保持一定距离。为防止法官在生活领域或是其他的领域被影响和干扰，应当提高法官薪资待遇，保障其生活水平，在职位方面非经司法确认和立法机关罢免，其职位不受影响。

第三，优化司法环境。一方面，旗帜鲜明地支持法官依法独立行使审判权，敢于和擅于为遭受不公正待遇的法官撑腰，严惩对法官进行打击报复的不法分子，坚决维护法官的合法权益和人格尊严。另一方面，加快建立法官职业安全保障制度，加大对安全保障设施的投入，有效预防和制止一切侵害法官人身、财产安全的行为。并为法官购买包括人身意外伤害保险在内的职业安全保险，解决法官的后顾之忧。

第四，加强职业培训，为基层法官提供更多学习提高的机会。在法官培训方面首要的任务是保证培训时间，做到所有基层法官每 4 年左右就能得到不少于 8 个月的公费、脱产培训的机会。其次是选择合理的培训形式，除对新法律法规及一些专门性问题可以进行短期培训外，其他培训一般应采取每次不少于 3 个月的集中办班，做到管理正规，内容系统，保证培训的实效性。职业培训要努力实现由知识型培训为主向能力型为主转变，由普及型培训为主向专业化为主转变，由经验型培训为主向素质型为主转变。最后，可争取政策将培训资金单列，切实解决基层法院无力负担培训费用的问题。

第五，建立合理的法官遴选制度。最高人民法院提出的上级法院法官从下级法院优秀法官中选任的制度，为基层法院法官提供了制度化的晋级渠道，有利于打消年轻法律人才“到基层法院工作永无出头之日”的顾虑，鼓励其选择基层法院作为个人职业发展的起点，引导优秀法律人才向基层流动。但如果这项制度得不到普遍推行，从下级法院选拔没有成为上级法官来源的主渠道，则很难收到人们预期的效果。基于目前基层法官队伍的整体状况，如果对法官遴选制度过于急于求成，也将面临上级法院无人可选的尴尬局面。因此，对这项制度既应强力推进，又需循序渐进。首先，应明确制度的普适性，减少例外。上级法院任命法官，除领导班子成员和极少数确实不能从下级法院选拔的专业人才外，一律应从下级法院优秀法官中公开选拔。其次，应制定具体“路线图”，限期到位。按照逐年提高比例的办法，争取用 10 年左右的时间将这项制度完全改革到位，具体期限可通过慎重、全面论证后确定。在过渡期内，可以先实行上级法院新录用的法官必须先到基层法院工作，根据工作业绩再选拔回上级法院的制度，形成鼓励和支持法官到基层法院、到边远地区法院工作的正向激励机制。对于到边远地区、艰苦地区工作的法官，可适当提高待遇并缩短职务晋升的年限。

第六，建立健全法官考评体系和机制。一是按照《法官法》的要求，成立由领导、资深法官和职能部门人员组成的法官考评委员会，作为一个常设机构，专门研究和组织本单位的考核工作。二是合理地确定考核内容和考核标准，建立以绩效为核心，定性与定量相结合的综合考评体系，创新并完善有利于优秀人才脱颖而出的考核机制。三是建立考评档案，注重考核成果的利用，把历次考核的结论综合起来，作为法官提拔任用、晋职晋级的主要依据。

（庞远福、阳曼怡、胡祎玮、王萌、刘新鹏、卞晓玉）

# 上海市司法运行过程实证调研报告

## 一、司法改革基本情况

司法体制改革是一项长期而艰巨的任务。新一轮司法体制改革是中央在全面深化改革的框架下统筹规划和主导推动的，作为全面深化改革的重要组成部分，不仅直接涉及司法体制层面，而且关乎政治体制改革，意义十分重大。上海作为先行试点省市之一，承担着为全面推进司法改革破冰探路的重任。

### （一）上海市第二中级人民法院（以下简称上海二中院）

上海二中院作为最高人民法院确定的全国九家先行试点的四家法院之一，早于 2014 年 4 月就正式启动了有关改革试点的工作。在此次司法调研过程中，上海二中院的有关领导和工作人员积极热情地为我们介绍了其在改革工作中，收获的经验与遇到的困境。由于篇幅有限，在此将其整理为以下几部分：

#### 1. 员额制改革

员额制作为此次司法体制改革最为引人瞩目的内容，在法官群体中引起了巨大的反响，对此项制度性安排，各方的意也有所不同。在此，我们采访了上海二中院政治部的吴科长，听其为我们讲述了法院内部的看法。

目前，我国各地基层法院主要以辖区内人口数量、经济发展水平及受理案件数量为基础，参照同级行政机关人员配置，确定法官基数，并根据审判实际配备司法辅助人员以形成初步的员额配置。实行法官员额制，既可以提高法官入职门槛，明确其质量保障，也实现了司法人员的分类管理和有序流动，但在员额制推行过程中，仍然会遭遇到许多问题：

其一，上海各地经济发展水平并不相同，应当根据各地实际情况来制定标准，寻找规律性的东西，尤其是在社会治理方面，如果各地采取过于严格的硬性标准，可能导致中西部地区不达标。目前全国的标准为39%，上海控制在33%，在确保员额科学配置的同时，留足未来发展的空间。

其二，基层法院普遍出现“案多人少”的困境。立案登记制的推行，一方面使公民的合理诉权得到保障，另一方面却使各地基层法院案件数量大幅增加，同时由于法院内部员额被削减，办案人员数量也相应随之减少，法官办案负担加重，导致出现大量案件积压的情况。

其三，为了解决上述困境，一个行之有效的方法就是招聘法官助理，逐渐剥离法官的部分事务性工作，发挥其裁判、审议的职能，使广大法官能把更多的精力投入到办案中。法官助理应当具备基本工作经验，从书记员做起，熟悉文书制作、案件调解、证据整理等辅助性工作，经过3至5年的培养，为法官队伍储备人才。挖掘司法潜力，提高办案效率。

综上，对法官实行员额制改革，可以加快之前缓慢推行的法官职业化进程。随着法官选任要求和入职门槛的提高，职业化水平也将随之提高，将有限的司法资源集中分配到高职业化水平的法官群体中，逐步建立专业化、职业化的精英法官队伍。

2. 司法责任制改革

实行办案终身责任制，对法官而言，既是惩罚，也是保护。长期以来，办案责任制在一定程度上存在责任主体不明、责任性质不清、责任追究不力等问题，成为司法责任体系相对薄弱的环节。本次改革的总体思路要遵循“更清晰的司法权力，更严格的责任追究”以及“裁判者对自己负责”等原则，逐步构建符合司法规律，与法官职业化水平相适应的司法责任制。在采访尚主任的过程中，我们即感受到上海二中院作为先行试点法院在改革中取得的进步，也深刻体会到一线办案法官对司法责任制的疑惑：

其一，明确错案的标准，并不是所有发回、改判的案件都是错案。要对错案的认定实行专业性评判。这就意味着并不是要对所有的错案进行追责，应根据主观认识的局限性，以及办案时的具体客观环境作出客观公正的判断，排除不相关因素的干扰，不应简单地根据追责时的客观环境，采取“一刀切”的标准。

其二，实行错案第三方评估机制。将错案的认定、责任的追究交由专业机构进行评估，在不影响案件当事人合法权益的基础上，区分一般差错、重大差错和违法裁判。例如可将法律文书的文字性错误认定为一般差错，通过司法机关系统内部的监督机制发现并改正。

其三，法官责任的有限豁免。在司法责任制的大背景下，作为错案追责的对立面，法官责任有限豁免制度理应成为司法责任的重要组成部分。法官承担的责任和豁免的情形均应有明确的制度性安排，若不明确，将会引起各方的焦虑不安。只有消除法官的后顾之忧，才能使其好办案、办好案。

综上，对于广大法官职业群体而言，严格的司法责任制既是警醒，也是保护，对其严格依法行使审判权具有积极意义。在确保法官办案质量的同时，逐步建立权责清晰、权责一致、管理有序的司法权力运行机制。

3. 执行制度改革

法院执行难不是一个新鲜的话题，“被执行人难找、执行财产难寻、协助执行人难求、应执行财产难动”，这都是司法实践中会遇到的难题。在司法改革的大环境下，如何使法院的判决得到执行，避免“案了事不了”，切实解决当事人之间的纠纷，对于维护社会公平正义，就显得十分重要。以下是从上海二中院执行庭孙主任处了解到的相关情况：

其一，目前我国司法判决执行的法律规范并不健全，总的部门法缺位，无相关配套法规，相关规定散见于各个司法解释中，因此，单独成体系地出台司法解释，完善立法极为紧迫。

其二，法院执行力不足，上海二中院每年有2000多件待执行案件，只配备了8名执行人员。

其三，对拒不执行司法判决的惩处力度不够，应加大对拒不执行行为的打击力度，例如延长对抗拒执行人员的拘留期限，公检法三机关协同，解决柔性法律文化与刚性司法权威之间的矛盾。

其四，加强对抗拒执行人员的打击力度，完善全社会诚信体系。执行效果与社会诚信体系的建设呈正相关，因此，应加快诚信体系建设，增强全社会的诚信意识，建立失信人员名单，限制失信人员进行高消费。

其五，法院执行权的监督制度缺失，一方面程序启动、规制等方面不完善，何时启动未明确；另一方面为了提高执行效率，我国尚未建立被执行人异议之诉，导致被执行人救济渠道缺失。

除此之外，法院在判决执行过程中还不可避免地会遇到执行程序花费时间较长；确实没有足够可供执行的财产；强制执行的成本较高等客观问题。但无论如何，我们都应克服这些困难，只有这样，我们才能避免使花费众多司法资源的生效裁判成为一纸空文，减少对司法公信力的损害。在现实生活中，当当事人的合法权益不能通过司法途径得到救济时，部分人就求助于讨债公司，严重危害社会治安。执行难现象长期存在下去必然产生消极的波动效应——放纵债务人的躲债、赖账的心理和行为。因此，解决“执行难”，刻不容缓。

4. 法官权益保障

法官进行审理和裁判是践行社会主义法治的神圣职责，因此对法官队伍实施最严格的管理是必须的，但与此同时，法官的合法权益也应得到保障。我们既要坚定不移地推进司法体制改革，又要保障法官合法权益。司法改革在确保法官依法行使职权的同时，也应最大限度地防止法官在正常工作的过程中受到不法侵害。在要求法官恪守职责的同时，我们必须为法官维护合法权益提供强有力的制度性保障。

其一，法官职业风险增大。法官作为案件的裁判者，掌握着当事人诉讼利益的最终走向，在每一个案件当中必然会使一方的诉求得不到满足。在采访过程中，多位法官反映，其在执业过程中遭遇到许多潜在威胁，例如人身攻击、恐吓辱骂甚至是人身威胁。

其二，法官群体收入偏低。法官并不是一个高收入职业，而一线城市的生活成本过高，导致法官职业吸引力下降。法官办案数量大幅增加的同时，法官的收入却并未得到增加。在市场化经济的当下，收入与付出并不挂钩，法官的能动性不强。因此，应加强法律职业保障，例如在子女教育、职位晋升等方面加强保障。法院只有在保障职业吸引力的前提下，才能真正吸引和留住怀抱法律职业梦想的精英。

综上，倾听一线法官的心声，能使我们真切地了解基层法律职业队伍人员对司法改革的看法和建议。只有保障法官的合法权益，维护法官职业尊严，才能真正确保法官独立行使审判权，提升法官办案能力，实现法治中国梦。

### （二）上海市徐汇区人民法院

2015 年上海市徐汇区人民法院工作概况主要包括五项内容：第一项，依法履行审判职能，维护社会公平正义。截至 2015 年 12 月 25 日，共受理刑事、民商事、知识产权、行政以及执行、再审等各类案件41 680件，连同2014年存案共审（执）结40 413件，同比分别上升42.64%和39.36%。第二项，切实践行司法为民，服务大局，保障民生。着力深化便民利民举措，积极推进社会矛盾源头化解，服务保障区域经济社会发展。以信息化建设为引擎，构建诉讼服务大平台。以新审判大楼建设和启用为契机，加快推进诉讼服务大厅、诉讼服务网和“12368”诉讼服务热线“三位一体”的诉讼服务中心建设。开发电子旁听证、导览留言机，开发远程庭审系统。落实立案登记工作，推动矛盾多元化解。第三项，深入推进司法改革，健全完善运行机制。不断推进司法体制改革，以“调结构、明责任、增活力、畅通道”为目标，努力将司法改革的成效体现在公平正义的维护上，体现在司法效率的提高上。推进以司法责任制为重心的审判权运行机制改革。突出法官主体地位，赋予法官独立审判权，签发主持审理案件裁判文书等权力，确保法官办案的独立性。突出院庭长审判角色，制定院庭长和入额法官办案量化指标，实现院庭长办案常态化。完善以员额制为重点的人员分类管理改革。合理配置审判资源，审判一线部门的实有人数比改革前增加了3.5%，90%以上的人员集中到审判一线，审判辅助人员与法官的比例从改革前的1.02∶1提高至改革后的1.47∶1。探索建立以权责利统一为原则的法官权益保障制度。加强法官权益保障工作，避免法官办案受到不当干扰，是落实司法责任制的重要基础。第四项，坚持抓好队伍建设，促进司法公正廉洁。努力提高队伍政治素养、司法能力和司法水平，建设一支高素质法院队伍，有效提升司法公信。切实加强思想政治建设，坚持以党的领导、人民当家作主和依法治国有机统一为引领，确保正确政治方向。第五项，努力深化司法公开，接受社会各界监督。积极推进司法民主，拓展人民群众参与司法活动的渠道，自觉接受监督。一是主动接受人大监督、政协民主监督和检察机关的法律监督。依法主动向区人大、政协报告和通报司法体制改革，立案登记制实施，行政案件司法审查情况等工作。二是广泛接受社会各界监督。邀请社会各界代表参加公众开放日活动，邀请特邀监督员旁听庭审、评查案件、参与现场执行和涉诉信访矛盾化解等工作，进一步发挥外部监督作用。三是努力提高司法工作透明度。2015年判决书上网率和附录法律条文率均达到100%。

## 二、访谈实录

**问：**您可以对徐汇区人民法院司法改革工作进行简要介绍吗？

**答：**我们院于2015年7月份正式开始司法改革工作。工作主要围绕四个转型开展。第一，新型审判权运行机制的转型。主要包括：突出法官主体地位；审判一线集中；院庭长审判成常态；改革审判委员会，加强其宏观指导职能，去行政化等内容。第二，新型审判辅助职能的转型。主要包括：合议庭中法官助理的列席庭审、署名、适用回避；法官与法官助理的配比为1∶2～1∶4等内容。第三，新型审判权监督评价机制的转型。主要包括：科学考核指标的制定；内部司法责任制；第三方监督评价机制，例如，科研机构、社会组织；公众参与，例如裁判文书上网公开等内容。第四，法治队伍的转型。主要集中于事实认定法律适用能力和清洁廉政这两个方面。

**问：**您可以对司法责任制进行简要介绍吗？

**答：**司法责任制是指基于司法的属性而产生的一种责任体系，不仅包括法官的责任担当与责任追究，还包括法官享有充分独立的司法裁判权。它作为一种责任体系，应当与现行法律、法规以及地方司法规范性文件相呼应。上海司法改革中，除了国家层面的法律法规外，上海市已经形成了比较完备的规范司法责任的规范性文件体系，主要包括人员分类管理、审判权（检察权）运行机制、审判权（检察权）监督管理和法官（检察官）职业保障等。围绕法官、检察官遴选（惩戒）工作也形成了一系列规范性文件，加上《上海法官、检察官从严管理六条规定》，它们既是对国家层面法律法规的具体落实，也是基于地方特色对司法责任制的有益探索。让审理者裁判，由裁判者负责。“审者不判，判者不审”，曾是存在于案件审理中的现实状况。在试点中，上海推行主审法官办案责任制，着力“去行政化”。在适用简易程序审理案件中，主审法官依法对案件审理全程全权负责；在合议庭审理案件中，主审法官承担除应当由合议庭其他成员共同担责部分之外的所有责任。同时改革审判委员会制度，大幅减少审判委员会个案指导，强化审委会总结审判经验、实施类案指导等方面的职能。加强对司法权力的制约监督，建立法院人员权力清单制度，明确法院负责人与办案人员的权力与责任，加强内部、外部的办案监督机制建设。

**问：** 如何看待司法责任与司法豁免权的关系？

**答：** 正确处理司法责任与司法豁免权的关系是理解司法责任制的关键。2015 年 4 月 10 日通过的《上海市高级人民法院关于主审法官、合议庭办案责任制的规定（试行）》第 9 条规定："审判人员在案件审理的各个阶段，除确有证据证明存在徇私枉法、滥用职权、渎职等违法审判行为外，依法履行职责的行为不受法律和纪律追究。"不过，法官责任豁免必须限制在合理限度内，一旦法官违反或者超越审判职权，实施了违法违纪行为，仍需按照司法问责的程序追究相应的行政、民事甚至刑事责任。

**问：** 您是如何看待看待员额制的？

**答：** 所谓"员额制"，是将司法机关工作人员分成三类：法官、检察官；法官助理、检察官助理等司法辅助人员；行政管理人员。三类人员占队伍总数的比例分别为 33%、52%、15%，这意味着有 85% 的司法人力资源直接投入办案工作。同时，法官、检察官将实行单独职务序列管理。改革后，法官、检察官主要从法官助理、检察官助理中择优选任；上级司法机关的法官、检察官主要从下级司法机关中择优遴选。另外，法官、检察官也可以从优秀的律师、法律学者等专业人才中公开选拔或调任。员额制出现在法院人员分类管理制度中，它意味着更高的准入门槛，有利于实现法院队伍的正规化、专业化和职业化发展。首先，确定法院工作人员的分类和比例，法官走向职业化的前提条件是确定谁是法官，即在现有的法院工作人员队伍中选拔一批有专业知识背景、相当程度的理论素养和业务实践经验的法院工作人员成为法官。其次，建立有别于普通公务员的法官管理制度。建立在法院内部遴选法官制度和面向社会（律师）公开选任法官制度，实际上就是在选任法官方面注重专业知识结构和法律实践经验。为律师等"体制外"法律人进入法官队伍创造条件，将极大地促进法官职业队伍的专业素质的提高，这也在某种程度上促进了法律职业共同体的形成。

**问：** 谈谈您对法官遴选制度的看法？

**答：** 法官遴选制度主要是指基层法院法官从法官助理中择优遴选，法官助理任职满5年，可按程序参加基层法院法官遴选；高中级法院法官原则上从下级法院法官中择优遴选。它是上海市司法改革去地方化、去行政化即人财物统管的具体表现之一。省以下法官统一管理体制宝库成立上海市法官、检察官遴选（惩戒）委员会，实现上海法院法官的统一遴选、提名、考核、等级评定和升降，形成全市法院法官统一标准、集中审核、高院提名、党组审批、分级任职、逐级遴选、有序流动的法官管理格局。就我们目前的工作情况来看，法官遴选制度还存在不足之处。由于案多人少、办案压力大，薪资待遇低，职业前景不明朗、职业荣誉感流失等现实原因，法官流失现象严重。因此法官职业保障是司法改革中不容忽视的一个重要方面。我们不禁要问，法官待遇如何提高，法官权益如何保障。司法改革方案中明显加强了法官的责任，法官需要对自己审判的案件负责，但并没有具体明确的规定提高法官的待遇，这很有可能造成高素质法官人才的流失。其实，有关法官待遇的问题，因近年来不断增加的法官流失现象早已被人注意到。“法官职业化”与“法律人共同体”密切相联系，在法官职业化的背景下，律师与法官检察官等职业间的交流互动增加，较低的法官待遇将导致法官流失。因此，关于法官待遇增加问题一直是司法改革的焦点之一，也是法官职业化后的趋势。法官职业化本身也需要法官具有较高的职业道德品质，较高的职业道德品质自然是建立在法官拥有较高的职业待遇之上的。

（庞远福、阳曼怡、胡祎玮、王萌、刘新鹏、卞晓玉）

# 湖北省司法运行过程实证调研报告

## 一、基本情况介绍

2014 年 3 月 15 日，中央政法委将湖北省确定为全国首批 6 个司法体制改革试点省份之一。2014 年 11 月 18 日，中央政法委正式批复《湖北省司法体制改革试点方案》，标志着湖北司法体制改革试点正式由理论设计转入实践操作阶段。根据《湖北省司法体制改革试点方案》和《司法体制改革试点工作推进方案》，湖北省确定武汉、襄阳、黄石、恩施 4 个市州的中级人民法院、市州人民检察院和所属的汉阳、青山、襄城、枣阳、大冶、西塞山、利川、鹤峰 8 个县市区的基层人民法院、人民检察院，作为司法体制改革第一批试点单位，同步开展先行试点工作。

## 二、司法改革基本情况

（一）利川市人民法院（以下简称利川法院）

利川市户籍登记人口为 95 万人，加上超生未登记人口数，实际人口应有 100 多万。毗邻重庆、万州，人口流动性大，商业往来频繁，客观情况所致，法院案件也多。利川市人民法院近年来每年诉讼案件约有 6000 件，其中刑事案件 100 件左右，民商事案件较多。

1. 划分人员类别和职责

将法院纳入中央政法专项编制的人员，划分为法官、审判辅助人员、司法行政人员三类，分别试行不同的职务序列管理。

2. 法官员额制改革

利川法院党组成员共有10名，含1名院长，4名副院长，1名纪检组长，1名政治部主任，1名执行局长，2名专委。司改后，法院人员划分为法官、司法辅助人员、司法执行人员，具体入额情况，有法院自己确定后申报。院长可以不经考核直接入额，纪检组长和政治部主任不能入额，其他入额人选从审判员和工作满2年以上的助理审判员中确定。结合利川法院具体情况，个别不满2年工作经验的年轻助理审判员在报经省高院批准后，也允许参加法官员额制考试。利川法院包含执行局在内，共有14个审判庭，其中就有副庭长等人放弃入额考核机会，宁愿做法官助理。

根据本次司法改革相关政策规定，法官入额比例不大于39%，另外，须空出机动名额3%，实际能入额法官比例为36%。利川市人民法院共有实际在中央政法编制内工作人员137位，入额标准人数应有49位。本次法官员额制第一次申报人数为44位，经动员后实际申报人数49位。在考核过程中，依据《公务员法》工龄满30年可办理退休之相关条文规定，先后有2名法官办理退休手续，含1名副庭长，1名审判委员会委员；另有2名法官被调走。按照省政法委要求，法院纪检组长，政治部主任不在本次法官员额制入额范围之内，因此，最后参加员额制考试实际人数为43位。

综上所述，与恩施市中级人民法院和临近的鹤峰县人民法院员额编制少，报名积极性高等情况形成对比的是，利川法院在法官入额动员过程中，出现了报名意愿低，报名人数少的情况。

3. 完善司法责任制

利川法院在健全法官、合议庭办案机制和办案责任制方面进行了探索。法官在独任审理案件时，对案件审理负责，依法签发裁判文书，独立承担办案责任；合议制审判时，原则上由承办案件的法官担任审判长，审判长主持合议庭审判活动，全体合议庭成员平等参与案件的审理、评议和裁判工作，裁判文书由审判长签发。大力试行司法公开，推进阳光司法工程，提高社会各界的知情权、参与权和监督权。

### （二）襄阳市中级人民法院

襄阳市中级人民法院下辖10个基层人民法院（含直属高新区人民法院）、91个人民法庭和襄北、襄南2个监狱法庭。内设机构24个，其中审判业务部门17个，综合部门7个。在职在岗干警219人（法官122人），其中襄阳中院机关165人（法官93人），襄阳中院直属的高新区法院54人（法官29人）。全市法院在职在岗干警1370人，法官846人。襄阳中院年均结案近6000件，其中，刑事、民事、行政诉讼案件2400件左右，占43%；执行案件250件左右，占4%；减刑、假释案件2800件左右，占50%；其他案件160件左右，占3%；根据审级和审判环节划分，一审案件约占14%，二审案件约占82%，申诉和再审案件约占4%。全市法院每年办理案件数量3万件以上，在全省排名第二，仅次于武汉市中级人民法院。

1. 立案登记制改革实施情况[1]

自2015年5月1日施行立案登记制改革以来，全市法院按要求全面实行包括行政诉讼案件在内的案件登记受理工作。具体措施如下：

（1）组织策划，履行诉讼服务职能。首先，襄阳市中院及时制定《立案登记制工作实施方案》并成立了立案登记制改革工作领导小组，并实行庭长带班值班制度。其次，对立案大厅的窗口功能进行重新设计规划，设四个功能性窗口，即一审民商事案件立案登记窗口、执行案件立案登记窗口、行政案件立案登记窗口、诉讼费用核算窗口。再次，注重将立案登记制改革与诉讼服务中心建设紧密结合，强化诉讼服务中心的便民、利民宗旨，并对有关法律规定分类制作宣传册。最后，统筹协调，加强对基层法院立案改革工作的指导。

（2）登记立案数量大幅增长，案多人少矛盾更加突出。立案登记制度的实施使案件实质审查转为形式审查，受案门槛降低，更多社会矛盾纠纷都以案件形式涌入法院。

（3）采取配套措施，稳步推进立案登记制改革。为稳步推进立案登记制改革，市中院采取以下措施：一是针对在推行立案登记制后出现的新情况科学调研，及时梳理影响改革的重点、难点问题。二是推行便民服务，不断提升服务水平。制定立案必需的材料清单和不予立案类别清单，对当事人提交的诉讼材料提供实用性参考模板，并向社会公示不予登记立案的详细类别，对不予立案范围予以提前释明。三是探索建立大调解机制，即法院司法调解与人民调解、行业调解相衔接，诉前调解和诉中调解相衔接的大调解机制。

---

〔1〕 王洪：“襄阳中院召开立案登记制改革新闻发布会”，载http://xyzy.hbfy.gov.cn/DocManage/viewDoc?docId=ab1ca17d-59af-422c-9216-c54460fe4f5f，访问日期：2016年3月4日。

四是完善诉调对接机制。在法院诉讼服务中心建立诉调对接工作联系点，邀请工会、妇联、商会、律师、法律志愿者等多方主体参与调解，推动诉前和解、案件分流。五是加快信息化建设，尤其是网上登记立案平台建设，有效推行网上预约立案，减轻立案窗口压力。六是建立对“缠诉”“滥诉”及虚假诉讼等行为的惩戒制度，并加大宣传力度，正面引导当事人依法行使诉权，理性表达诉求，诚信维护权益。

2. 法官员额制改革〔1〕

在完善司法人员分类管理方面，试点方案将法院、检察院工作人员分为法官和检察官、司法辅助人员、司法行政人员三大类，同时按照员额制的要求，通过5年过渡达到三类人员分别占编制总数的39%、46%、15%的员额控制目标。此为湖北省的司法员额的总体规划。襄阳市中级人民法院根据实际情况，制定了本院的员额制改革方案。该院通过政策宣传、方案制定、报名申请、资格审查、法官笔试等环节进行公平公正的法官等司法人员的选任。

襄阳中级人民法院被确定为司法改革试点单位以来，面对案多人少矛盾突出，现有审判人员远多于法官员额等实际情况，该院逐一开展相关动员活动，进行人员正确自我定位，最终该院121名审判人员中，有36名自动放弃入额。为确保德能勤绩廉各方面比较优秀的法官进入首批员额，该院在全院公示个人近3年办案数量、超审限、改判发回等重要绩效指标，年度考核，违法违纪举报等各方面情况，作为民主测评和业绩考察的重要依据。其中，书面考试是法官入额程序中的一个重要环节，也是遴选法官公开公平、择优录取的重要体现。根据《襄阳市中级人民法院人员分类定岗实施方案》和《襄阳市中级人民法院首批进入员额法官选任方案》，襄阳中院在遴选法官过程中注重审判人员办案实绩的前提下，坚持考试与考核相结合的原则，规定考试成绩占30%，考核成绩占70%。该院考试考核工作的每个环节都受到全程严密监督，考试、民主测评、业绩考察的成绩全部公示。最后按照1∶1.1比例提出80名首批拟入额法官人选，层报省法官遴选委员会，从中产生74名入额法官。此次司法体制改革，襄阳中院法院法官员额比例控制在中央政法

〔1〕王洪、张琦：“襄阳首批157名入额法官面向国旗庄严宣誓”，载 http://xyzy.hbfy.gov.cn/DocMange/ViewDoc?docId=6f81479a-9c2a-4554_9a5g-be41f918178b，访问日期：2016年3月4日。

专项编制总数的36%，司法行政人员15%，其余均为审判辅助人员。这一改革进行较为顺利，反映出襄阳中院司法改革的魄力与效率。

3. 审判管理工作改革

襄阳市中院在审判管理工作改革方面，主要从四个环节加强和改进审判管理工作：一是解决好思想认识问题。要处理好司法改革“让审理者裁判，由裁判者负责”理念与审判监督管理的关系。比如，司法改革后，改院、庭长审签制为阅评制，对于争议问题提交法官联席会议研讨、审委会讨论，监督管理方式由“领导个人管”向“法官集体决策”转变。二是提高办案效率。要想方设法优化司法资源配置和办案流程，建立健全案件繁简分流、立案调解、诉前人民调解等机制，加强管理、督促，解决当前案子结案率较低等问题。三是坚决落实司法改革各项措施。要按照司法改革精神，以司法责任制为核心，保证“让审理者裁判，由裁判者负责”理念的落实。四是履职尽责、勇于担当。司法改革后，审判管理职责的重要性更加凸显，对审判管理能力要求更高、更精，从事审判管理工作要屏除私念，勇于担当。

另外，以专门审判管理机构为枢纽，不断强化审委会、院长、庭长、审判长、审判人员的审判管理职责，以落实《最高人民法院关于完善人民法院司法责任制的若干意见》及《湖北省高级人民法院关于相关主体司法权力清单的规定》等六个司法责任制配套文件为指导，全面履行和重点强化审判管理基本职能，努力提高审判质效及司法公信力。

4. 案件执行制度

案件执行难是全国一个普遍性的问题，是司法体制改革进程中的一个顽疾。就襄阳市中级人民法院而言，2014 年，全市两级法院共受理执行案件 10 578 件，比 2013 年增长了 19%，增长幅度较大。为此，襄阳中院采取了“一性（强制性）两化（执行信息化、规范化）”新型方式，加大“拒执罪”案件办理力度，加强失信被执行人信用监督、威慑和惩戒机制建设，依法保障胜诉当事人及时实现权益，从而保证人民法院生效裁判文书得以落实。

5. 新媒体助推司法改革[1]

深入实施“每案公正”工程，建立法官办公办案新平台。为解决信息化

[1] 王洪、丁俐：“襄阳中院‘三微一网一报’构建新媒体矩阵”，载 http://hubeigy. chinacourt. org/public1detail. php? id =26938，访问日期：2016 年 3 月 4 日。

应用中面临的系统分散、入口不统一等问题，襄阳中院为一线办案法官构建了统一、实用的办公办案新平台。它将数字法院、数字审委会、内网网站、文书直报系统、科技法庭、电子卷宗、电子邮箱、审判绩效等模块综合集成，消除了法官分散登录各个子系统的繁琐操作。法官办公办案新平台内置了二十余项办案助手工具，帮助法官完成诉讼费计算、刑期计算、人身伤害赔偿、违约金计算等工作，操作简捷方便，结果准确可靠。办公办案新平台还具有应用扩展空间，法官可根据自己的业务需要，将最新开发的功能模块和工具添加到平台上，以方便工作。据不完全统计，该院办公办案新平台投入使用后，减轻了法官1/3的工作量，提高了办公办案效率和质量，受到了一线办案法官的欢迎。

"三微一网一报"构建新媒体矩阵。襄阳中院建设了功能齐全的新媒体工作室，完善和新建官方微信、新浪微博、腾讯微博、官网、手机报等"三微一网一报"新媒体宣传阵地，通过点对点、点对面等信息传播新样态，扩大司法信息公开的社会影响力，实现阳光便民服务，及时有效地沟通群众，便于法院运行的阳光化。

（三）武汉市中级人民法院

武汉市中级人民法院下辖15个基层人民法院。武汉市中院主要管辖：法律规定由中级人民法院作为一审的案件；基层法院一审后的上诉和抗诉案件；指导基层人民法院的审判工作。根据法院工作管理要求，设置17个审判部门和8个综合职能部门。现有在编法官和其他工作人员508名，其中法官310名。审判人员中，取得博士学位的9人，硕士学位的154人。2015年全年两级法院受理案件预计可突破10万件，同比分别上升18.3%。在收案量大幅增长的同时，办案质量也进一步得到提升。

1. 立案登记制改革实施情况

2015年受理一、二、再审行政诉讼案件3548件，审结2604件，同比分别上升120%和89%。行政机关一审败诉率为14.3%，其中撤销、变更具体行政行为139件，确认行政行为违法或无效80件，判决履行法定职责45件，判令行政机关赔偿相对人损失2件。武汉市中院为全面落实立案登记制，坚持有案必立、有诉必理，对符合法律规定的起诉、自诉和再审申请，一律出具法律文书，当场登记立案。2015年，全市法院收案量持续攀升，其中，武汉市中院受理的民商事案件同比增长35%，行政案件同比增长204%。全年行政机关负责人出庭次数同比增长15倍。行政机关一审败诉率为14.3%，这说明法治政府建设还有需要加强的地方，行政执法人员在工作中，手续、程序不到位的现象还存在。通过立案登记制改革方案的推行，希望政府部门可以从败诉中汲取教训，规范行政执法行为。

2. 案件执行制度

执行一直是个老大难问题，这在全国都是非常普遍的现象。武汉市中级人民法院在破解执行难问题上作出了很多努力，创新了很多方式、方法，走在了全国前列，建立黑名单制度就是其创新之处。建立“点对点”查控专线后，法官在电脑上输入被执行人的姓名、身份证号后，被执行人在银行的存款情况，购买了哪些理财产品，有几套房子，这些信息一目了然，大大缩短了个案财产调查时间。

同时法院将失信被执行人纳入黑名单，建立黑名单制度，让那些“老赖”乘飞机、出入境、贷款、参与招投标都受到限制。他们中的许多人慑于其威力，主动清偿了债务。执行难问题在最近几年有巨大好转，但距离群众期盼还有差距，要从根本上解决这个问题，还需要社会各界齐抓共管、共同努力。

3. 法官员额制改革

2014年初，武汉市中院被省委确定为司法体制改革的试点法院后，武汉两级法院迅速行动，分别成立了司法改革工作领导小组，在学习借鉴外地司法改革经验的基础上，制定了相关工作方案，在试点法院干警中广泛开展了摸底调查，了解和掌握干警思想动态和岗位选择意愿，并统计分析了近3年来各部门法官办理案件情况，摸清了试点法院人财物底数，为推进法官员额制改革做好了充分的准备工作。

2015年6月22日，武汉两级试点法院组织345名干警参加了省委组织的统一考试。通过笔试、民主测评、业绩考核、组织考察、省法官遴选委员会审核等环节，按照既确保优秀的资深法官入额，又给年轻法官预留成长空间，使入额法官能保持合理的年龄梯次结构的原则，最终确定首批员额内法官296人。据统计，市中院首批入额法官中，具有硕士以上学位的106人，占入额法官数的54%，年龄在40周岁以下的53人，占入额法官的27%，年龄在55岁以上的21人，占入额法官的11%。实现了以中青年法官为主干、资深法官为辅力，形成梯次，优化配置，确保优秀的审判专业人员充实到一线办案的目标。目前，武汉中院正采取个人自愿、审判长与合议庭成员双向选择、组织推荐的方式，积极做好人员分类定岗和交流工作。

4. 审判管理工作改革

武汉市中院在全院重新组建47个审判团队，院、庭长一律下团队担任负责人，其余负责人从入额法官中择优选任。除经审委会讨论的案件外，院、庭长不再审批其未参审案件的文书。改革审判委员会制度，限缩审委会讨论案件的范围。完善审判流程管理机制，切实做到“让审理者裁判、由裁判者负责”。不仅强调主审法官责任制，更重要的是审判工作的去行政化，通过这一改革，办案法官的责任心增强了，办案质量和效率也提高了。同时建立法官执法档案，统一司法过错责任认定标准，严格错案责任追究，这些举措也激发了法官的责任心，使他们对公正办案有了更高的自我约束，有助于提高裁判的公正性。

（四）黄石市人民检察院

黄石市人民检察院作为全省首批4个试点地区之一，在市委领导下，带领首批试点的大冶市人民检察院、西塞山区人民检察院率先完成检察人员分类管理，完善司法责任制，省以下检察院人财物统一管理等改革任务，同时指导其他4个基层检察院于2015年9月同步启动改革试点。截至2015年12月底，第一批试点院共遴选103名检察官，构建以检察官为核心的基本办案组织，实行办案质量终身负责制和错案责任倒查问责制，人财物统一管理机制不断健全，改革释放的工作活力逐渐显现。其他4个基层检察院人员分类管理、财物统一管理改革基本完成，其他工作按照上级部署稳步推进。

稳步落实其他司法改革任务。深化涉法涉诉信访改革，坚持诉访分离，依法妥善处理涉法涉诉信访386件；构建新型检律关系，注重律师在化解矛盾纠纷方面的独特作用，积极邀请律师参与信访接待、案件听证60余件（次）。深化检务公开改革，依托人民检察院案件信息公开网发布重要案件、法律文书、案件程序3类信息3344条，在官方微信、微博等新媒体发布信息1400余条，推动检察院门户网站改版升级，增强信息发布、案件查询、咨询服务等功能，形成多角度、多层次、全覆盖的检务公开体系。按照“两主一重”思路积极推进以审判为中心的诉讼制度改革，坚持罪刑法定、疑罪从无原则，完善提前介入、引导侦查机制，严格依法收集、固定、审查和运用证据，确保侦查、审查起诉的案件事实证据经得起法律检验。下陆区人民检察院认真做好案件提前介入工作，引导公安机关成功侦破一起赌资达800余万元，参赌人数50人的聚众赌博案。

深入推进检察工作机制创新。继续推进诉讼监督制度化、规范化、程序化、体系化，加强诉讼违法线索管理，健全诉讼监督工作流程，提升诉讼监督工作实效。着眼于完善检察机关组织体系建设，从规范基本办案组织、规范检察权力运行等方面深化基层检察院内部整合改革，形成既契合司法改革方向，又符合基层工作实际的黄石改革模式，被省检察院在全省基层检察院司法体制改革中复制推广。〔1〕

## 三、目前改革的问题与困境

在湖北省改革试点的调研过程中，司法改革正如火如荼地进行，各个试点取得了显著的改革成果，这表明改革的总体方向是正确的。但是，由于现在改革正处于初期探索阶段，在调研期间，不少的问题也随着改革的深入而逐渐显现出来。大致有以下几点问题：

### （一）法官责任终身制的疑虑

推进人民法院司法责任制改革，总体目标就是“让审理者裁判、由裁判者负责”，中央《关于司法体制改革试点若干问题的框架意见》要求“主审法官、合议庭法官在各自职权范围内对案件质量终身负责”。在法院的调研期间，法官们普遍对法官错案责任终身制表示了担忧，法官错案责任终身制导致大量的司法人员不愿加入法官的入员改革，甚至引发了法官的离职。这在湖北省的改革过程中并不少见。原因在于，法官们对司改中错案追究的对象和重点、追究的主体、责任追究程序，错案责任追究终身制度的认识的模糊，这不仅与制度设计缺陷有关，也与法官原有的意识偏差有关。错案追究的前提在于法官的审判独立性——将审判的权力真正交还给法官，同时在错案的认定及责任追究程序上更加细化。但在湖北的改革试点中，法官普遍担忧法

〔1〕《黄石市人民检察院工作报告》——2016年1月12日在黄石市第十三届人民代表大会第五次会议，黄石市人民检察院检察长，尹晔斌。

官责任制所带来的后果，为了避免责任的追究，有些资历高的法官更愿意退而求其次，担任辅助人员，而不愿担任法官，承担错案所带来的风险。

（二）司法人员的待遇问题

在调研的过程当中，一线的司法人员普遍反映的一大问题是自身的待遇堪忧。虽然依据湖北省的总体改革方案要求提高司法人员的工资等相关的待遇，但是在试点法院改革过程中仅仅是有小幅度的改善，未有实质性的改变，未能满足司法人员的待遇需求。例如，在司法人员的保障方面，人身安全保障及养老待遇成为关注的一个焦点。法官责任机制不断强化而权利保障体系却迟迟没有突破，这一问题较为突出。另外，法官的身份认同感不高。法官的总体待遇与法官的权责利统一原则，以及作为前置条件的严格甚至苛刻、挑剔且科学的司法官遴选机制不相符，这不仅不利于法官对案件的审理，还可能造成司法的腐败而影响公众对司法公正的期待，也有损整个司法体系的构建，给司法改革带来阻力。因此，有必要且应当加大对其改革的力度。

（三）法院案多人少的矛盾冲突

法院案多人少是法院改革中的一大难题。就湖北省的试点来说，总体情况是基层法院在此方面问题最堪忧，中级人民法院情况相对好些，但也存在此问题。就本次试点的利川市而言，利川市人民法院近年来每年诉讼案件有6000件左右，其中刑事案件100件左右，民商事案件较多。而根据本次司法改革相关政策规定，法官入额比例不大于39%，另外，须空出机动名额3%，实际能入额法官比例为36%，利川市人民法院共有实际在中央政法编制内工作人员137位，入额标准人数为49位。这显然不能解决案多人少的问题，并且随着立案登记制的改革以及经济的发展，这一问题会越来越棘手。另外，在法院司法人员员额制的改革中，大量的人员积极性并不高，这更加重了法官等人员的负担。

## 四、访谈实录

（一）利川市人民法院访谈实录

**访谈时间：**2015年11月10日

**访谈对象：**

**问：**巡回法庭实行“扁平化管理”，在巡回法庭党组以下，设法官和综合办公室，综合办公室只有6名干警，负责党务，政务，审判管理，后勤保障等行政事务，请结合您在基层法院的实际经验，谈一下这种“去行政化”的改革模式，对审判效率有何影响？人员配置是否稍显紧张？

**答：**不影响审判效率。司法改革后，法官，法官助理和书记员的比例是2∶2∶1，也就是说，每个法官配1个法官助理，2个法官共用1个书记员，比以前工作效率高。另外，现有8个人民法庭，计划扩展为10个。只是，现在是审理案件的法官对案件负责，由以前的请示制转变为法官责任制，以后对法官如何考核也是正在摸索的问题。去年审判委员会共讨论案件50多件，今年不到20件。法官主审案件，不需要请示，不需要合议庭以外其他法官的讨论，也就没有统一适用的标准。譬如某些有自由裁量幅度的案件，不同法官审理，可能裁量幅度就不一样，可能会导致类似的案件，裁判结果轻重不同，不利于法制统一，也不利于对法官进行监督、考核，容易给人情案等提供操作空间。

**问：**巡回法庭和地方法院（基层、中院）的受案范围之间的界限及职能的划分如何？巡回法庭与地方法院在审判交流，以及对地方审判指导方面，您认为应通过怎样的具体方式实现，您对此有哪些期待和建议？

**答：**每个省高院都有审理典型、疑难案件的示范性案例。这些案件不多，但都是精华，对很多类似案件都有指导意义。巡回法庭审理的案件不一定要非常多，可以和每个省、市高院联系，把一些经典案例制成文本，给基层法院示范，加强对基层法院的指导，巡回法庭做出来的东西，实践性要强，要符合各省的实际情况，不能流于形式。

**问：**执行中是否存在困难，有哪些原因？

**答：**（1）部分当事人没有实际履行能力。当事人在起诉之前并没有评估风险，而是抱有侥幸心理，过于依赖法院。将一些执行难，甚至是无法执行的案件，转移到法院，法院不是救助站，判决生效后，对一些没有履行能力的当事人，法院执行不到，执行不了。当事人便认为是法院执行不力，甚至存在当事人上访的情况。（2）司法救助不该由法院来主管，应该交由民政部门。法院主理审判工作，经费、精力也有限，对一些有上访风险的案件，可以由法院提供司法意见，由民政部门具体提供救助。

**问：**改革中审判权和执行权应如何分离，以及分离的程度？

**答：**审判权和执行权的分离可以分为两种。一是内部分离，在法院内部设立执行局；二是外部分离，在法院之外再另设一个机构独立管理司法判决执行的业务。

个人以前认为审判和执行彻底分离开比较好，现在反而觉得，审判和执行可以不分离。审判和执行相互配合，法官判案时，会顾及执行的问题，间接监督法官对整个案件具体情形的考量，不是非要分开才能加大执行力度。

**问：**对拒不执行的惩戒制度的看法和建议？

**答：**拒不执行的惩戒制度非常有必要，但需设置好其适用条件。对有证据证明具备财产，或者转移财产，有预谋的拒不执行的，要惩戒；这点和完全没有履行能力的，不能搞一刀切。现有的查封、扣押等执行措施都在实行，但是目前来说，打击力度还是不够，公民的法律意识淡薄。对需要惩戒的加强惩戒，有利于实现公平正义，也有利于对一些有能力执行而拒不执行的当事人，起到警示和示范带头作用。

**问：**《强制执行法》的必要性、可行性为何？诉讼法律的空缺是否有必要改善？

**答：**有必要。当前立法不严谨，法律不够用，很多判决需要依赖司法解释，操作性不强。譬如《行政诉讼法》刚刚改动，匆忙之间又有了新规定。立法不能急，要充分调研，否则，法律不完善，就会导致判决尺度不统一，法制不统一。在内部，也会给个别法官不依法办案提供了可乘之机，会出现人情案、金钱案等。

**问：**司改之后，法官是否有流失情况？如果有，是什么原因导致的？

**答：**基层法院劳动量大，工作时间长，现在每个法官平均 3 天需处理 2 个案件。片面追求“终身负责制”，使得法官责任无限大。法官责任制以前就有，现在只是换了个说法，在民众中大力宣传，给法官工作带来了很大压力。我个人认为，只要法官不是徇私枉法，枉法裁判，可以多给法官一些空间。

另外，法官待遇差，我们基层法院，工作20年的法官，每个月的收入才三四千元，还不如一些技术工人。司改后，形式上法官收入增加了，实际上只是增加了一点点，并没有实际落实，没有实际价值。

**问：**利川法院被评为“全省反腐十佳法院”之一，请问有何宝贵经验？

**答：**首先法院并非一线的反腐部门，贪污、受贿、渎职案件主要由纪委和检察院负责，它们对反腐工作一直采取高压的态势，法院在审理此类案件的过程中当涉及免除官员职务等因素时必须将案件交由审判委员会处理。对于该类案件可能出现的质量问题，法院内部着力采取了有效的监管措施。关于对法官的审判监督，根据刑事案件、民商事案件的抗诉率逐年下降和中院的改判发回减少的情况来判断，此类案件的整体的审理能力及监督效果大大提高。

**问：**您对现行的法院工作的监督机制怎么看？

**答：**司改后，人大不再监督个案，院长人选由省委组织部向人大提名，由同级市人大选举，需人大代表通过并进行垂直管理，尽量排除行政的不良干扰。每年院长要向人大代表汇报工作，但对个案难以做到有效的监督，为此需要改进审判监督机制，对综合审判工作进行指导。另外还要注重追求法官独立性审判，并给予法官自由裁量权，但也应统一裁判尺度，保障案件的公平正义。

**问：**在利川市人民法院网上看到一篇关于天门市人民法院考察利川法院的司改工作的通讯稿，想请问您能否跟我们说说利川法院在落实司法责任和推进人员分类管理上一些具体情况？

**答：**关于主审法官责任制，我个人认为不宜过多的对外宣传，就目前我院的情况来看，一旦一方败诉，当事人便对主审法官怀有报复情绪，法官就可能面临身体和心理的双重压力，这导致大家都不想做法官。当然，这个制度的推行，是有利于强化法官的责任感的，但如何正确地宣传，可能还需要好好商榷。

目前我院的法官定额不超过整个法院编制的39%，在最初推行法官人员配额时，大多数人持观望态度，不愿意报名，加上能满足报名条件的人数不多，因此，相较于临县，我院的法官人数并没有达到基本水平。

**问：**司改后，法院人、财、物都由省级统一管理，有没有一些变化，您对此有何看法？

**答：**首先，从“财”方面说，我对“财”的理解，首先是钱，待遇。2015年1月以后，我们的工资由省财政发，但实际上，收入一分没多，并无改善。司法改革后，司法行政人员身份认同感差，没有人愿意做，影响整个机关的运行。我们法院每年有2000多万元经费，理论上很充足。我们一共只有中央政法编制137个，除此之外，聘用了很多文职人员、书记员和辅助人员。但是省高院有规定，聘请人员的经费无法报销，比如去基层办案时，1个法官带3个没有编制的工作人员，实际花了4个人的费用，而3个人的花费都不能报销。这些费用不能都算在1个人身上，否则1个人出差，住宿花了4个人的钱，花费这么多，审计时无法解释，这是不合理的。

其次，从物上来说。只不过把法院的土地使用证、房产证，由市里所有变成了省里所有，都是国家的，没有多大变化。

最后，从人员管理上说。法院一把手由省委组织部管，其他人委托市委组织部管。改革以后管理权限还是在市里。对于地方是否干预司法，能不能实现司法公正，差别不是很大。个人认为，这也是各方利益协调的结果。

（二）襄阳市中级人民法院访谈实录

**访谈时间：2015年11月13日**

**访谈对象：5名一线法官**

**问：**在法官入额方面上，襄阳市中院已经完成了首批法官入额，总体上进程较为顺利。请问贵院法官在入额上，表现的怎么样？顾虑多吗？都有哪些顾虑？

**答：**就襄阳中院来说，法官入额不够积极，顾虑较多。因为试点方案推行主审法官和合议庭办案责任制，落实“让审理者裁判，由裁判者负责”的理念，使得多数法官望而却步，尤其是年龄较大法官在入额上，更倾向于当助理审判员。他们主要考虑的是法官责任制所带来的风险，以及令人担忧的改革前景。法官责任的范围，行政领导的干预，主审法官的选任、职责、考核，内外部关系问题等还未明朗。法律层面，关于此种问题还未有相关的法律、政策支持，这是改革中欠缺的。另外，我们认为，中东部法官素质及审判经验上要强于西部法官，如果统一实施法官责任制，“让审理者裁判，由裁判者负责”，那么西部法官难以承担案件的审判，即使实施法官责任制，其实质也是改革前的模式。针对此种情况，我认为司法改革应当兼顾具体情况，因地制宜制定不同的政策。这样才能更好地落实“让审理者裁判，由裁判者负责”的理念。

**问：**贵院在法院报名上进行得怎么样？

**答：**在首批法官报名方面，本院年轻法官（45 岁以下）报名较少，主要原因在于多数年轻法官对改革前景担忧以及对错案追究责任的认知模糊，另外还在于法官的待遇方面。此外，就宣传上来说，上层宣传力度不够，致使多数法官疑虑重重。

**问：**请问贵院如何看待法官的待遇问题？

**答：**就目前阶段，法官总体待遇相对较差。虽然在此方面在进行改革，但目前落实情况还不能令人满意。根据目前的政策，遴选优秀的律师进入法院，此项政策的出发点是对的，但是其已脱离了现实。由于法官收入少，虽然法院法官要比同级公务员多 40% 工资，但对律师依然没有吸引力，故现实中律师进入法官阶层不具有可行性。随着全国养老并轨的开展，法官辞职人员数量不断增加，造成大量的优秀法官流失。就此种情况，我们认为司法改革应从以下几点出发：首先，应当提高法官的工资水平，使收入不再成为法官入职的考量因素；应当明确不同司法人员的工资待遇分配规定；其次，在法官津贴上，应当按行政级别进行；再次，就法官的退休待遇来说，应当处理好法官的养老保险保障，免去法官们的后顾之忧；从次，提高法官的社会地位，增强身份荣誉感，加强法官的人身安全保障措施的构建；最后，法院应当明确法官的职责范围。因为在现实生活中，大量的一线法官进行着相关的政府法治建设的宣传工作，从事着非审判性的工作。这不仅极大地影响了法院的形象，还占用了法官的办案时间、降低了办案效率。因此，应该将此类非审判性的事务从法官工作中脱离出去，让法官专心办案，以提高业务水平，实现审判公正。

**问：**请问贵院在案件审理过程中有无陪审员时间问题而致使案件审理不顺利？我国有无必要借鉴国外的陪审团制度？

**答：**我们认为我国的国情不同于国外，应当结合我国的实际情况建立符合我国自身的人民陪审制度，当然也有必要借鉴国外先进的经验。另外，就襄阳中院来说，我们认为中级人民法院没有必要设立人民陪审员制度。原因在于陪审员的个人时间难以与法院的审理时间相协调，并且陪审员的费用较少，采用此种制度的风险负担较大。与中级人民法院相反的是，基层法院完全有必要采用人民陪审员制度。因为此项制度可以解决基层法院人员配备不足的问题。就襄阳市来说，目前枣阳 17 个法庭中仅有 4 个配备了合议庭，因此基层法院急需加大陪审员制度的建设。另外，该制度对特定社区具有某些调整作用。

**问：**襄阳市中院在工作监督中是如何与本市人大进行协调的？

**答：**襄阳市人大对我院职权的行使进行监督与协调。在一年一度的人大报告上，襄阳市人大常委会按例会安排常规性专项工作报告，并对两会期间人大政协委员的意见进行调查走访。对于信访案件，我院在开放日进行群众接待，对群众的反映进行解答及相应的处理。

**问：**贵院对当下我国构建巡回法庭有何看法？襄阳中院在跨区域司法方面有何经验与我们分享？

**答：**对于跨区域司法组织的建设问题，我们认为，现在的巡回法庭在全国的试点成果显著。但我们担心巡回法院变相成为信访接待中心，难以继续。所以，全国巡回法院工作的进行有待进行实践的检验。另外，我们赞成成立专门法院，如知识产权法院——术业有专攻。但执行上会存在障碍，有待相关的法律法规的配套。就襄阳来说，由于铁路法院案件较少，可以考虑将城区部分的交通事故的案件移交给铁路法院来进行管理，按照类似跨行政区域案件来处理。

**问：**判决执行难是全国普遍存在的问题，请问贵院在司法判决执行上是否有类似的情况？贵院对此有何特色的解决方案？

**答：**关于此方面，我们认为，判决执行难是全国普遍存在的，我院也是如此，并且新型的案件逐渐增多导致执行更难。因此，每一级法院应该结合本法院的具体情况制定相关的具体措施来解决执行难的问题。另外，现在的改革也面临新的问题。实施法官责任制以后，由谁签发判决书——是院长签署还是审判长签署，不明确。在此方面，我院法官在审理二审案件过程中，阅卷量大，且审判责任大。如果合议庭对案件有不同意见，则需向上汇报，向上汇报后按照最终意见签署。对于事实清楚的，法官则可以直接签署。在办案过程中，审判长和承办人需要对整个案件负责，这使我们办案更认真谨慎。

**问：**《强制执行法》已经实施，请问贵院对此法的实施有什么看法？在强制执行过程中，贵院又遇到什么样的问题？

**答：**针对《强制执行法》，我们认为，该法的实施很有必要。比如跨区域查封，法院只要证件齐全，便可到当地查清相关当事人的财产情况。另外，襄阳中院也有过强制执行不便的案件。比如案件执行文书先从中院传文件到省高院然后发至另一省高院进行文书传递，手续麻烦，需要复杂的程序性规定。这样执行便带来执行效率低下的问题。这也会带来另外的问题，比如当法官在作判决时，如果遇到跨区域执行案件，往往需要考虑这些问题，这给法官的案件审理带来不利因素。因此，法院在进行相关的跨区域案件执行时，执行方式要灵活。我们认为，案件执行也与我国的体制有关联。在大多数的案件执行过程中，则急需法院与公安机关、检察院进行相互协调。这需要出台相关的法律法规，同时也需要公检法机关的密切配合。

### （三）武汉市中级人民法院访谈实录

**访谈时间：**2015 年 11 月 17 日

**访谈对象：审监庭法官 1 名**

**问：**武汉市中院试行法官员额制的具体情况是怎样的？

**答：**首先，在实行法官员额制以前，对于法官的定义没有一个具体的界限，书记员、法官助理都被视为广义上的法官，在实行法官员额制之后，法官人数由之前的两三百多人减为一两百人，减少的这部分人员变成了目前的法院辅助人员。武汉市中院的动员情况较好，相对于基层来说，报名情况还算乐观。

**问：**实行法官员额制之后，法官人数减少，案件数量却不断增加，法官如何解决这一矛盾？

**答：**法官人数减少，案件数量增多，法官的工作压力可想而知，加班是常态。尤其在实行立案登记制度之后，行政庭受到的影响最大，案件数量成倍地增加，除了加班，只能通过借调人手来解决。另外，制度上规定的小额诉讼程序、简易程序和精案精审原则对于减轻法官办案压力有一定的缓解作用，在程序上能简化的就简化，同时将一些程序简单、事实清楚的案件交给法官助理或书记员，可以在一定程度上减轻法官的工作压力。

**问：**人民陪审员制度的具体操作性强不强？

**答：**陪审制度是司法制度的重要组成部分，但是人民陪审员在具体的司法实践中发挥的作用并不是很大。由于我院地处武汉市文化中心，高校较多，实践中出现了这样一种情况，遇到疑难问题时，武汉市中院有时候会请一些专家出具专家意见书，召开专家会议，这对办案有很大的帮助，当然他们并不属于人民陪审员的范畴。尤其是我院在新的《民事诉讼法》刚推行的时候，由于相关解释还未出台，许多案件的处理缺乏明确的法律依据，例如“第三人撤销”，面对这一系列疑难问题时，法院专门请了一些高校老师过来进行论证分析。在这个基础上，我们认为人民陪审员制度还是具有实行的可行性的，虽然与国外的陪审员的性质存在着巨大的差异，但是因地制宜的陪审员制度还是发挥了其应有的作用。

**问：**法官整体素质提高对于法院工作的开展有何具体影响？

**答：**从整体上来说，法官素质提高，考虑问题更理性化、少情绪化。我院院长本身是学习刑法出身，非常重视理论与实践相结合，自担任院长之后，着手开展各项课题研究，更设置了专项调研室，负责法院的各项调研工作，对于最高人民法院各项课题的研究也都有重要的贡献，取得了不错的成绩。另外，法官的学历越高，考虑问题越理性越客观；对待案件以及当事人没有官架子，从公平理性的角度去分析问题，法理之中还能适当顾及情理；越是成熟的稻穗越懂得弯腰，越是这样的法官越值得当事人尊重，我觉得这是改变法官和当事人关系的一个重要因素。这也在一定程度上让当事人更加理解法官的工作。

**问：**相较于基层法院而言，武汉市中院法官处理案件的工作量大概是一个什么情况呢？

**答：**目前法院层级内，级别越高，办案压力越小，当然这可能和你们在上学期间了解的情况有所不同，但是现实情况就是基层人民法院处理的多半是一些技术含量不高的案件。中院的作用主要是定纷止争，尤其是在建设和谐社会的情况下，维护社会稳定是重中之重。正因为此，一些不属于法院处理的案件，也归法院处理了，如：申请人不出庭。前一阵子我们处理过一个按照撤诉处理的案件，当事人到最高人民法院申请再审，在案件发回时当事人又跑来中院，这原本和中院并没有太大的关系，但当事人不理会法律的规定，只当寻求法院的帮助是解决问题的唯一办法。类似的案例非常多，这对法院工作效率的提高有很严重的影响。

**问：**跨区域集中审理的设想有没有具体落实？

**答：**我院还没有明确的方案出台，但是单独设立了环保法庭和资源审判庭，集中处理环保案件，可以认为这是跨区域审理的一种灵活处理方式。

**问：**主审法官责任制的实行对于法院工作的开展有什么影响？

**答：**客观地说，目前的司法体制改革工作还处于初期阶段，导致员额制法官报名不踊跃。尤其是案件还存在诉讼时效，而法官则是终身责任制，因此多数人员更倾向于做法官助理或行政人员。中院动员还尚明朗，基层法院许多法官根本不愿意报名。

主审法官责任制没有解决根源性问题，原来的问题依旧存在，历史原因导致的家国关系，不可能完全过渡到西方的法治社会，法官难以独立断案。这一制度，目前还未完全显示出其优越性。加上群众片面地理解主审法官责任制，有些人专门到法院闹事，这导致法官的权益难以得到保障。

**问：**作为一线法官，请您就目前的司法体制改革提出建议？

**答：**建议不敢提，就我们目前的改革工作来看，此次改革突出法官单独序列，但是我认为改革应当立足于中国国情，不能邯郸学步。广东走在司改的前沿，但是据我所知，许多政策并没有完全推行下去。这些问题并不是个例，各个试点法院都有类似的情况出现。提出要提高法院法官地位，去地方化和依法独立审判等建议，初衷是好的。但改革涉及的层面多、范围广，是项系统工程，其他配套措施也要设置好。改革涉及方方面面，不能一蹴而就。当然作为一线法官，对于改革有期望、有意见是正常的，但具体工作如何开展，还是听上面的意见。

（四）黄石市人民检察院访谈实录

**访谈时间：**2015 年 11 月 19 日

**访谈对象：**1 名公诉处处长，2 名民事检察处处长

**问：**黄石市检察院司法体制改革进展如何？请您简单介绍一下。

**答：**分类管理这块，检察官第一批入额 100 多人工作已经结束，第二批考核 100 多人也已结束。目前只是形式上分类管理，人财物分类管理，财务保障受到省里管理，人员编制受到省里管理。司法责任制慢慢落实，在实践中摸索，主要从办案组织着手。入额要求单位在编人数 39% 以内，黄石市大概是 35% ~36%，黄石市检察院入额检察官是 47 人，辅助人员 36 人，大约达到 49%，司法行政人员比例为 45% 左右。检察院所在区域原来为市开发区，随着行政区划的改变，现在是商务区，更方便检察院和群众的联系。

实行司改后，我们院推出了相应的方案。首先就是报名，确定岗位，各个部门符合条件的同志报名。报名之后，根据报名的情况，对各个干警进行考核，第一步就是采取书面考试，基本上符合条件的都参加了考试，第二步就是，对近 3 年以来的工作实际、办案情况进行考核，第三步是对每个检察官进行综合考量，然后按一定的比例折算分数，按省里确定的标准，确定第一批入员的检察官。这就是选拔大概的情况。

工资待遇就目前来看，基本没有什么变化，还是按照原有的职位实行相关的福利待遇。工作上面要慢慢适应改革体制，像公诉部门，裁决都是集体研究制，办理的案件都是比较重大的案件，各个承办人不可能对整个案件进行负责，基本上每个重大疑难的案件都做到集体研究，领导决策，有的案子甚至提交监委会决定，基本都是这个办案模式。

目前公诉部有 7 个人，入额只有 3 名，另外 4 名以司法辅助人员的形式协助检察官办案，一些稍微简单清楚的案件交由 4 名未入额人员办理，但是入额的 3 名检察官各带领 1 至 2 名辅助人员进行指导，对案件进行把关。如果承办人员认为还是有一定问题，那么还是实行集体研究制。可能后期随着改革的深入，也会有一定的变化，对一些事实比较清楚的，证据没什么重大问题的，可能是采取检察官办案负责制，就不需要进行集体研究这些阶段了。

**问：**公诉部检察官在办理一些复杂疑难的案件的过程中，会不会有来自外界的压力？检察官的权利有没有相应的保障？

**答1：**检察机关和公安机关办案的理念存在一定的差异，例如像公安机关有口号“重案必破”之类的。前段时间我们接触到这样的案子尤其是“命案”，嫌疑人到案之后自己认罪，但这个案子实际上证据是不完善的，检察官内心可能判定案件是嫌疑人犯的，但是从证据角度来说，最终很难判定嫌疑人有罪。而公安机关压力较大，第一是来自命案，第二就是来自被害人家属上访等方面的压力。另外公安机关办案的思维定式也比检察机关要大，检察机关严格按照《刑法》上罪刑法定和相关证据的要求办案，对证据要求会更严格一些，而公安机关在这方面有时候难以接受，因此，在这方面两机关存在一定的差异。

**答2：**法院办案的压力大，尤其当事人经常有一路走到底的思维，法院难以进行工作就将案件转移到检察院。如果检察院认为法院判决确实没有问题，检察院会向当事人解释，促进当事人对判决的理解，共同维护司法权威。当然也会有少数人采取极端的方式，随时都会有这种风险。检察院不能按照《治安管理处罚法》，从人性化角度出发，对当事人比较宽容，只有门卫法警对当事人的极端行为进行相关工作，难以解决的就请求公安机关协助，很少采取拘留罚款的措施，但个人认为在这方面应更严格一点。在这方面法院和检察院的处理态度不同。之前一起毒品案件中，夫妻双方都被逮捕，家里人闹事，就把三个孩子丢到检察院门口，检察院的承办人还对小孩进行照料。但当案件移送到法院后，嫌疑人家里人采取同样方式闹事，法官的态度就会强硬些，声明法院有监控，可以对其以遗弃进行处理，方式更严厉，更有效。对闹事行为宽容要有度，在法律规定上也要对办案人员人身进行保障。

**问：**领导插手办案对独立司法的干扰？纪委反腐对检察院反腐有什么影响？

**答：**在公诉环节干扰较少，在检察机关内部干扰基本没有，但公益诉讼可能还是会受到地方人大等机关的干预。纪委和检察院反腐工作各司其职，相互配合，省检察院和省纪委按照法律规定分工合作。纪委双规一个人之后检察院不能进行审讯，检察院只能配合纪委在外围进行一些取证的工作，将线索交给纪委，各取所长，手段不同，这种配合还是比较有效的。公诉部门的工作中，在省纪委送过来的事实，而检察院侦查终结后，对案件事实认识有不一致的地方，对证据进行删减需要向省检察院报告。纪委和检察院对证据的认定标准是不一样的，在贪污案件中，检察院和纪委的证据认定数额会有所不同。

**问：** 现在在检察院公诉过程中，司法责任制是如何体现的？是表示在整个公诉过程中不能存在瑕疵吗？

**答：** 核心要件是承办人对案件事实证据的把握，但是对案件定性和处理的问题承办人左右不了。因为各方面的因素，有可能承办人坚持的最终不一定能实现，而且现在罪与非罪之间在学理上也存在一定的争议，不能绝对地说这个检察官当时定性错误。最重要的还是对事实和证据的认定，而最终的处理不应该作为归责原因。

**问：** 推行司法责任制之后，对检察官入员会有影响吗？

**答：** 对检察院没有太大的影响，报名情况尚可，只要符合条件的都有报名。检察院和法院有不同的职能，一个是法律监督机关，一个是审判机关，法官现在的工作量将近是以前的两倍，法官工作量大、责任也大，现在推行责任制，大家都会考虑到承担责任的风险，更重要的是这个风险和待遇不成正比，这会导致法院报名不够积极。

**问：** 地方检察院会办理跨区域的案件，对此黄石市检察院如何处理跨区域的案件中的协调问题？

**答：** 在办理跨区域案件过程中确实遇到一些困难，像有些案子，主犯在外地，从犯或相关人员在我市，案件移交就成为一个很大的难题，因为各地地方司法人员在配合力度方面不够，撇开司法人员个人素质来说，如果存在不收案的情况，就需要我院自己审查办案。前段时间办理了一个毒品案件，案件从犯已经在我市一审判决了，然后发现该案件主犯在外地，其还涉及其他的犯罪事实，我院交过去，对方不接收，法院又发回重审，我们又重新处理。

**问：** 关于行政的检察监督，检察院作为检察机关有哪些具体的行政检察形式，如何实施运行？

**答：** 颁发检察建议到相关行政机关，在颁发检察建议之前的调查阶段会和行政机关沟通，检察建议发过去并作出相应措施之后，行政机关会以文书的形式说明情况，回复给检察院。

**问：**检察院对抽象行政行为是如何进行监督的？

**答：**目前按照《行政诉讼法》的规定，法院在行政审判中即可审查，检察院对抽象行政行为只能从行政诉讼中监督法院入手，目前尚未对抽象行政行为进行积极监督，但肯定会关注，尤其是当涉及具体的群体利益的时候，可能会引起社会问题的时候，可能会向相关单位书面提出监察建议，也会有口头的沟通，有时候行政机关也会主动征询检察机关的意见。

**问：**在法律监督方面，检察机关对法院的审判过程和审判结果发现有不适当的行为，是怎样发现这些问题的，如何解决？

**答：**对于民事诉讼和行政诉讼这部分案件，由于检察院临近主要街道，加上适当的宣传工作，一般由当事人向检察院举报申诉，检察院收到线索之后，就按照相关流程进行。对民事案件的审判和执行目前来说，主动监督的比较少，但对相关媒体报道的案件，也会主动监督。

对刑事案件的监督，主要是按照判决书进行监督，属于抗诉范围的会提出抗诉，但对于量刑偏轻偏重但不属于抗诉范围的会提出相应意见。民事行政抗诉案件比例不是很高，整个黄石市的行政判决本来就不是很多，行政案件审判工作量不大，200 至 300 个，抗诉案件也少。当事人用行政诉讼解决纠纷的少，但胜诉可能性大。

**问：**市检察院在廉政建设方面的作用？检察院目前的工作情况，在办案法律规定方面的工作，应该从哪些方面加强？

**答：**我市检察院就有专门的监察室负责这部分工作，各部门有专门的廉政监督员，每个案件的承办员都有考核，自评和他评，再报给市有关单位，这部分工作做得比较到位。

**问：**请问从检察官角度您对司法体制改革有何建议？

**答 1：**难以进行评价，湖北省是全国的试点省份，改革刚开始起步，有不足的地方，也有好的地方。例如反贪案件属于集体性工作，检察官对案件的各种条条框框都要进行管理，需要司法辅助人员和检察官配合，而司法辅助人员一般只会在自己规定的职权范围内进行工作，毕竟不同人员之间工资薪金的差别会对工作积极性有所限制。需要完善对有限司法资源的合理分配。年龄结构的问题，有很多年轻又有能力的检察官的晋升渠道有待完善，需要提供周期的预期，完善晋升的标准。

**答2**：改革方向是对的，确实需要自上而下，但运行中必然会有些小问题，进一步运行落实也需要上面推进。

（张筱倜、张彬、张广明、杨艳宇、刘树雯、周星）

# 吉林省司法运行过程实证调研报告

## 一、基本情况介绍

党的十八届三中、四中全会对新一轮的司法改革提出了一系列重大的部署和要求，一改过去司法改革零敲碎打的模式，直接面对当前司法管理体制地方化、司法权力运行行政化、司法人员管理混同化等重大体制问题。而吉林省作为第一批司法改革的试点省份，成为此次司法改革的排头兵。而吉林省检察院在最高人民检察院的统一部署下，坚持敢为人先，稳中求新的基本原则，平稳扎实地推进着各项改革任务，取得了不俗的成绩。

吉林省作为老工业基地，经济欠发达，各地检察工作发展不平衡，检察院的类型较多，改革统筹难度较大。全省共 97 个检察院，除按照行政区划设置的省检察院、9 个市州检察院、60 个县市检察院外，还有 12 个林区检察院、6 个铁路运输检察院和 5 个开发区检察院、4 个监狱检察院。

## 二、司法改革基本情况

### （一）长春市中级人民法院

调研小组来到长春市中级人民法院，根据法院工作人员的描述以及整理他们给我们的资料后，着重对长春市中级人民法院的一些特色进行介绍。

长春市中级人民法院确立了立审执协调配合、异议复议、公开拍卖等制度，在 2014 年至今推进执行联动机制建设，构建执行难综合治理格局。比如 2014 年，开展清理反规避执行，涉民生案件集中执行，“转变执行作风、规范执行行为”等专项活动，实行财产申报调查措施，公布 463 名失信被执行人名单，限制出境42人次，拘留392人次，依法惩处拒不执行判决裁定和暴力抗拒执行等违法犯罪行为，全面压缩失信者生存空间，以刚性手段保障案件有效执行，111名上榜者主动履行判决义务。全市法院执行回款97.2亿元，市中院被评为“全国法院涉民生案件专项集中执行工作先进集体”“全国法院集中清理涉党政机关执行积案专项活动先进集体”。

长春市中级人民法院还因地制宜采取节假日预约办案、远程立案等方式，聘请志愿者提供无偿法律咨询，打造即时性、无障碍诉讼服务平台。组建净月法院，发挥人民法庭诉讼服务桥头堡作用，将审判力量充实到司法为民最前沿。与司法行政、政府法制部门共同推进人民调解工作，搭建保险纠纷、消费者权益纠纷诉调对接平台，发挥社会组织自治功能。有机结合群众工作与法治方式，灵活运用公众开放日、庭审观摩、判后答疑、巡回办案等措施，引导人民群众自觉履行法定义务、承担社会责任。主动将涉军案件审判纳入司法拥军范畴，为维护国家安全、实现强军目标提供司法保障。依法减缓免诉讼费514.2万元，常态化开展妇女儿童、农民工、老年人专项维权工作，未成年人审判工作获得最高人民法院表彰。发挥法制宣传品牌效应，制作播出《百姓与法》电视节目48期，讲述法制好故事、传播法制好声音。

立案登记制是中央重大改革部署，是解决“立案难”问题的治本之策。自2015年5月1日改革实施以来，长春市两级人民法院对符合法定条件的起诉，当场登记立案。对不能当场立案、需要补充必要材料的，一次性告知。96%的案件在20分钟内完成立案。2015年，全市法院受案总量首次突破10万件，同比增长21.2%，占全省总量的27.1%。其中，受理民事一审案件41 564件，同比增长19.32%。民间借款和金融借款、婚姻家庭、侵权与买卖合同纠纷案件占全市法院一审民商事案件总量的50.1%。受理行政一审案件1102件，同比增长193.08%。治安管理、征收补偿、社会保障案件占长春市一审行政案件总量的66.3%。受理执行案件17 786件，同比增长21.32%。执行标的额709亿元，占长春市2015年国民生产总值的12.82%。

长春市中级人民法院实施立案登记制改革以来，全市两级人民法院运用信息化技术等手段应对案件增长态势情况：一是依托“电子法院”平台提升立审执效能；二是优化诉讼服务质量；三是严格依法行使审判权；四是开展“三反三打击”执行战役；五是通过改革提升案件审理质效；六是充分发挥法制宣传与司法建议作用。分析了目前改革中滥用诉权问题突出、行政执法规范化水平及应诉能力需要提升、法院审判压力巨大等方面的问题。要求全市法院在今后工作中，一是开展司法感受改善工程，优化诉讼服务；二是加大司法改革力度，提升办案效率；三是深入履行审判职能，服务大局发展；四是主动接受领导、监督和指导，统筹解决存在问题。

在审判权力运行机制改革方面，长春市中级人民法院精细化指导南关、九台区人民法院开展司法人员分类管理、司法责任制、司法人员职业保障等改革试点工作，为上级决策提供参考。建立案件分流机制，压缩审判委员会案件讨论范围，实行审委会委员责任制，扩大内部司法民主。同步还权还责于法官、合议庭，建立法官会议制度，发挥咨询服务功能和审判团队整体合力。合理界定院、庭长审判管理权、指导权和监督权，理清权力行使清单，明确案件签批权限，防止内部不当干预，实现“让审理者裁判、由裁判者负责”。

继续强化审判管理一体化机制。细化审判流程节点管理，在全国首次将司法技术辅助工作纳入审判管理范畴，集中实施诉讼保全担保，利用信息化技术逐步实现每庭必录、全程留痕、动态跟踪。发挥案件评查核心抓手作用，对全部案件逐个评查审判流程、信息录入，专项清理诉讼积案、执行积案、超期未出具鉴定意见案件、超期未归档案件 12 973 件，专项评查 594 名法官裁判文书 1597 件，重点评查上级发改、群众信访案件，与下级法院双向评查中院发改案件，全市法院问责案件 144 件、法官 95 人。开展“提升审判质效暨推动司法公开双月攻坚”，强化办不成错案和办不起错案两道防线，县市区法院生效案件提起再审率同比下降 18.7%，再审案件改判发回重审率同比下降 25.9%，努力展现最优办案质量、最严内部管理、最佳司法形象。

长春市中级人民法院建设了审判流程、裁判文书、执行信息等司法公开七大平台，实现公开举措“一体化”，信息整合“全覆盖”。在互联网公布生效裁判文书 42 426 份、各类公告 26 499 条，稳居全省法院首位。网上提供审判流程、执行信息查询 9725 次，确保当事人随时获取案件动态信息。两级法院同步开通诉讼服务网站，推出官方微博、微信，市中院微博点击量 56 万次，保障群众以最便捷方式参与和监督司法，让司法公开成为常态，让司法公正就在身边。

长春市中级人民法院按照市委司法化解、行政化解、教育化解三种方式，继续推进涉诉信访工作法治化进程。成立涉诉信访局集中开展接待、化解、评查、稳控工作，将法官从运动式维稳中解脱出来，实现信访工作专业化、审判工作职业化。拓展门户网站、微博微信、公开电话、远程视频等立体化接访格局，让当事人既可堂前击鼓，又能网上传书，实现诉求表达零障碍。全市法院涉诉信访总量下降60.6%，2014年新判案件进京上访23件，同比下降57.4%，弃访转法局面初步形成，依法维权氛围日益浓厚。

（二）吉林省人民检察院

早在2013年底，当时中央还没有部署司法改革试点任务的时候，吉林省检察院就根据十八届三中全会的精神，自发在长春市九台区、南关区两个基层检察院率先试点，进行了以检察官办案责任制、整合内设机构、人员分类管理、强化监督制约为主要内容的“四位一体”改革前期试点。这一模式的最大特点是充分考虑各项重大改革措施的内在联系，一体推进，而不是渐次推进。经过半年左右的先行试点，积累了一些经验，为之后全面推进司法改革试点工作的计划制定提供了参考经验。

从2015年4月开始，吉林省检察系统的司法改革试点算是正式拉开了帷幕，其采取省检察院带头、压茬推进的办法，完成了员额检察官遴选、主任检察官选任、落实办案责任制、内设机构改革、人员交流对接等改革项目，省检察院从2015年6月1日起，16个市县检察院从2015年7月1日起，开始按照改革新机制运行。

从2015年7月15日开始，吉林省检察院全面启动了全省其余80个院的改革试点。在全面推进改革的这半年时间里，如何把员额比例一步降到位成为首要难题，吉林省检通过这样的做法来解决这一难点：第一，充分考虑助检员入额比例，在入额方式上要求与检察员一视同仁；第二，坚持公平公正，采取考试加考核的办法进行遴选，省检察院统一进行笔试、面试命题，全省统一组织考试，一把尺子量到底；第三，严控领导入额，规定各级院领导进入员额不能超过职数的60%；第四，把有限的员额全部配备到办案一线。

（三）长春市人民检察院

1. 建立“三位一体”责任体系，开创预防职务犯罪工作新局面

在全面从严治党的新形势下，做好预防职务犯罪工作，构建社会化大预防格局，对进一步落实党风廉政建设“两个责任”，深化反腐倡廉各项工作具有十分重要的意义。

市人民检察院作为预防职务犯罪领导小组的办事机构，充分发挥组织、协调、参谋作用，2015 年年初，选取农安县作为职务犯罪预防责任区试点，在农安县 10 家具有代表性的重点机关单位和国有企业、乡镇建立了预防职务犯罪领导责任、部门责任和岗位责任“三位一体”的责任体系。半年多来，农安县作为全市职务犯罪预防责任区创建工作的试点，为全市开展职务犯罪预防责任区创建工作提供了宝贵经验。

2. 内设机构整合为“八部一委”

内设机构实行“大部制”，是长春市检察改革的亮点。市检察院副检察长胡金刚介绍，检察机关目前的机构设置是行政化管理模式的产物。要想去行政化，必须对内设机构进行改革。也只有这样，主任检察官办案责任制才能真正落实。

经过反复论证，按照省检察院整体方案，决定整合原有的内设机构。将原来的 27 个部门整合为“八部一委”。其中 14 个业务部门整合为“四部”：即原来的反贪局、反渎局和预防局整合为职务犯罪检察部，实现侦防一体；侦查监督和公诉 4 个部门整合为刑事检察部，实现捕诉合一；民事检察处和行政检察处整合为民事行政检察部；控申处和监所处整合为控告申诉和刑事执行检察部。将 13 个管理保障类部门整合为政治部、监察部、检务管理部、检务保障部和机关党委。

3. 优化检察官队伍，实现精英化

为了优化检察官队伍结构，实现精英化，市检察院对检察官实行员额制。“检察官员额制，就是在现有的检察官中设置一定的数额比例，将不适合从事办案工作的人员剥离出检察官队伍。”胡金刚说，实行员额制可提高检察官的职业荣誉感，使检察官更加珍惜自己的岗位，同时也为建立检察官单独的职务保障体系创造了必要条件。

在落实检察官员额制过程中，市检察院根据中央政法委和省检察院要求，按照政法专项编 37% 的比例、预留员额内检察官 5% 比例的方式，一步解决到位——该院以 231 名政法专项编制人员为基数，对 186 名具有检察官资格的人员进行缩减，最后只有 82 人能够进入检察官员额，其余 104 人转为检察辅助人员或行政人员。

在司法改革推进过程中，长春市检察院采取以下两项举措：

第一，被告人家人出庭公诉，维护被告辩护权。一位接待我们的检察官姐姐为我们讲了一件小事，让我们体会到了司改对普通人的影响。2015年年末，顶着湿滑的冻雨，长春市检察院刑事检察部承办检察官门薇来到了二道区梓林小区的一间普通民宅，出席被告人平某涉嫌贩卖毒品案的庭审活动。开庭前夕，被取保候审的平某因病情加重，无法到法院参加诉讼接受审判。获此情况后，办案人门薇立即向主管检察长赵军作了汇报，提出此案应以保障被告人的基本人权为出发点，在制度框架下努力寻求人性化的司法途径，确保诉讼顺利进行。经与法院沟通协调，一场特殊的庭审在被告人的家中进行。虽是如此，但是严格按照法律规定的程序公开进行，平某的家人参加了庭审。在庭审过程中，平某对公诉人指控的犯罪事实供认不讳，当庭表示认罪伏法。平某及其家人从司法机关富有人情味的人性化执法活动中深受教育和感动，同时也对这种高效、利民、便民的庭审方式发自内心地赞许。在被告人家中出庭支持公诉，进行一场集诉讼、教育、感化于一体的司法活动，是长春市检察院规范司法行为，提升司法公信，践行司法为民的新举措，更为检察机关保障当事人基本权利，文明、人性司法提供了有益的探索。

第二，网上预约阅卷，赢得律师点赞。“检察院有了网上预约服务，我们律师阅卷方便多了！”2015年11月20日，崔文彬律师刚刚走进市人民检察院律师阅卷室，工作人员便将事先准备好的一份刑事案件卷宗复印件交到他手中。“我是前天下午在网上提出阅卷申请的，检察官当天就给我答复了，告诉我今天可以过来阅卷，并可以拿到一份复印件。”谈起律师网上预约服务，崔文彬颇为欣喜。他告诉记者，以前，必须先向检察机关提供相关手续，待核实确认身份后，在办案检察官在场的情况下才能阅卷。如果遇到检察官外出办案，就不知道要跑多少次了。现在，只要在网上进行预约，跑一趟就能办很多事。“通过网上预约，还能拿到案件卷宗的复印件，我们可以不受时间、地点限制，随时进行阅卷，这对代理一些复杂案件的律师来说真是太给力了！”崔文彬说。“阅卷、会见、通信、收集（调取）证据材料、自行收集证据材料、变更（解除）强制措施等事务申请，都可以通过网上预约实现。”市检察院工作人员张晓红介绍。“律师会见难、阅卷难、调查取证难等问题已经成为历史。现在，律师可通过人民检察院案件信息公开网，全天在线预约申请，解决了‘承办人不在，预约不成’的问题，打破了工作时间的限制。”市检察院检务管理部案件管理办公室副主任朱红梅表示，网上预约服务在给律师带来便利的同时，也充分保障了律师执业权利。[1]

（四）吉林市人民检察院

2015年全面开展级检察改革，科学配置检察权责，吉林市检察院根据省院同一部署，统筹推进了检察官员额制、内设机构大部制、办案责任制和监督制约体系“四位一体”的检察改革，有效破解了制约检察工作科学发展的体制性、机制性、保障性问题。

吉林市检察院实行人员分类管理，将检察人员划分为检察官、司法辅助人员、司法行政人员三类，经考试、推荐、审核等严密程序，两级检察院共遴选员额检察官300人，选任主任检察官126人。整合原有机构组建了“八部一委”：职务犯罪检察部、刑事检察部、民事行政检查部、控告申诉和刑事执行检察部、政治部、检务管理部、检务保障部、监察督查部、机关党委。落实办案责任制，先后制定出台了落实司法责任制的5个文件，以及市院机关和9个部委的“1+9”运行规则，明确检察官责权清单和岗位职责，全面勾画出改革后各项检察工作运行的流程图。

我们到吉林市检察院的控申大厅，受到了温暖的问候，看到了舒适的座椅，及时奉上的热茶，甚至贴心的针钱包、治疗头痛脑热的常备药……温馨的接访环境让来访的百姓舒展了紧锁的眉头。

这样的环境，这样贴心的接待，上访群众是不是越来越多了？控申处处长介绍其实是少了，前两年，一天差不多接访十几或二十几起，现在，平均一天也就二到三起，门前清静了。处长认为要捍卫群众的申诉权，就要站在群众的视角思考问题，对上访群众作有理推定，对上访案件作有过推定，对群众诉求作有解推定，用“三个推定”接访原则千方百计为群众化解矛盾。

2013年2月，吉林市检察院控申处站在群众立场上，提出了“三个推定”接访原则，把每一次接访都变成让群众暖心的过程，真正把群众当成亲人。

处长还给我们讲到一个小故事，2012年，赵某因为不服公安机关不立案，来到控申大厅。原来，赵某的父亲去世后，赵某的母亲与曾护理老伴的护工高某产生了感情，并共同生活了一段时间，其间，高某征得赵某母亲的同意

[1] 周源：“检察院网上预防服务　赢得律师点赞”，载《长春日报》2015年11月24日。

后，陆续从其存折上取了两万余元钱，之后离开了赵某的母亲。赵某认为高某抛弃了自己的母亲，又偷了钱财遂向公安机关报案，但公安机关经过调查依法未立案。

控申处的干警从法律的角度耐心地向赵某解释，但赵某只认死理。为解开赵某的心结，控申处处长决定召开听证会，并由赵某选定人大代表、政协委员、人民监督员、街道书记、法学专家等参会人员，听证会开了3个多小时并全程录像。根据赵某陈述的事实经过，参会专家进行听证说理，最后，与会人员一致认为，此案不构成偷窃，公安机关不立案是正确的。赵某最后心服口服。

另外令我们印象深刻的就是吉林市检察院的“科技强检”，一直以来，吉林市检察院紧密围绕高检院和省检察院部署，扎实推进检察信息化建设，推动科技强检工作的开展。

“先进的信息平台倒逼促进执法规范”，该院“科技强检”的口号，既是对检察业务规范化进行要求，也是对信息平台建设者的巨大挑战。为了保证执法规范化的有序开展，信息平台建设刻不容缓。该院技术信息处的干警们上下一心，工作热情空前高涨，高清视频会议系统、高清同步录音录像系统、高清远程视频接访系统、安防监控系统、多功能检委会系统、情报侦察指挥系统、车辆GPS管理系统，这些先进技术应用平台先后建设完毕并投入使用。

通过一系列的技术更新，使吉林市检察院办理的所有案件实现了网上受理、流转、审批、结案，并实时进行全程预警监控，出现问题全市通报并责令限期纠正。2014年10月以来，吉林市两级检察机关的法律文书公开率均达到100%，共公开程序性案件信息6880件，发布重要案件信息1222件，实现了“先进的信息平台倒逼促进执法规范”的目标，通过建设信息网络技术应用平台，使检察业务的规范化水平进一步提高。

## 三、访谈实录

### （一）长春市中级人民法院

**访谈时间：**2015年11月10日

**访谈对象：**民庭法官、执行部门法官

**问：**您觉得执行难问题经过这段时间的司法改革之后是否有所缓解呢？

**答：**个人认为执行难问题和司法改革关系不大。目前具体说来，我们可以通过最高人民法院开发的系统查询当事人在全国几十家银行的存款，大大增加了执行效果，有助于解决当事人刻意隐瞒资产拒不履行的问题。另外，执行也涉及拍卖，司法拍卖越来越多地在淘宝平台上进行，它节省了拍卖费，提高了被执行效率，因为淘宝平台广泛的受众群体使得拍卖品卖出的速度远比以前快。总之，淘宝拍卖这一举措我们是非常推崇的。另外，我们有时还会在全国挖掘当事人是否有其他如车房股票等资产。

**问：**关于执行的法律规定，您在实践中是否发现了规定得不那么完善的地方？您对司法改革中提倡的审执分离举措怎么看？

**答：**总的来说，执行的根据是《民事诉讼法》，它确实不是那么完善，只是我们的执行只要在不违反法律的前提下都很灵活，所以现在操作的关键主要还是挖出被执行人的财产。关于审执分离问题，我觉得案件本来是法院判决的，也由法院执行会比较好，方便协调。而且从执行的重要性来说，它才是真正实现当事人权利的最终环节。

**问：**当执行涉及一些行政案件，由于政府部门本身的强势，执行过程中会不会受到一些干预？与民事案件相比是更困难一些，还是容易一些呢？

**答：**一般公司或法人诉政府部门，如财政局、交通局建路修桥欠工程款，执行起来确实有点困难，不过最后还是克服了，办案法官经验丰富，通过各种途径最后还是实现了当事人权利。跟民事案件比较的话也要视具体情况而定。

**问：**目前关于执行的条款都比较零散，您觉得制定一部独立的司法强制执行法会不会更好？

**答：**现在最高院对执行这部分重视起来了，我相信它会越来越完善，是否有一部单行法规应该影响不大。

**问：**普通民事案件的执行情况怎样？

**答：**我们中院案件涉及标的额比较大，那种最普遍的民事案件主要在基层法院。它们案子多，压力特别大。而且今年经济状况不太好，案件数量都翻倍了，一年要办两三百件案子。最近跟基层法院同事聊天，他们有时周末还要加班。法院的工资确实太低了，感觉付出和收入完全不成正比。

**问：**司法改革进入员额制以后，您觉得财政方面会不会有好转？或者说会有怎样的一个实际效果？

**答：**主要觉得司法会更加独立，不过它还没有实施，不太好预料。

**问：**您能详细介绍一下司法拍卖吗？操作上是否有困难？

**答：**现在有二十多个省份入驻司法拍卖，吉林省是最近才加入的。以前通过拍卖公司拍卖会有一大笔拍卖费，加重了当事人负担，而淘宝网不收拍卖费。另外淘宝上关注度高，成交率也能增加。尽管淘宝拍卖才刚开始实行，但我们都觉得挺好的，这种拍卖方式不占用别的工作时间，编辑一些图片公告上传就行，拍卖过程平台可以自动完成，定价的话，拍卖前评估，一般起拍价以评估价为主。它是浙江那边首创的，我们都是借鉴过来的。而且它对于防止暗箱操作和腐败有很好的效果，因为有第三方的介入并且淘宝平台本身是相当公开的。在拍卖方式选择上，现在一般的拍卖都是用淘宝，以它为主，以传统拍卖方式为例外。

**问：**正常的淘宝购物流程会有售后环节，那法院这边怎么处理这种问题呢？

**答：**拍卖品上网之前，我们都会把物品的相关瑕疵情况（包括权利瑕疵，如是否抵押等）都调查清楚，法院会出协助执行通知书，一般不会有什么问题。

**问：**执行过程中是否有比较恶劣、拒不执行的？跨省案件会有哪些不便之处？

**答：**以前有不少，现在好了很多。跨省案件主要涉及拘留，不能将当事人带回本省，要把其送到当地的公安部门，如果当地机关不配合就会很不方便。

**问：**您觉得行政法中的一些新修改的条款哪些实用性比较强呢？

**答：**新增的对行政机关主要负责人的罚款条款起到了一些作用，敦促了某些机关尽快履行义务。

**问：**您觉得你们这边的司法改革有什么亮点？

**答：**我们这边主要是电子法院这块儿，可以电子立案可以在家里操作，材料上网，可以做网络调解，现在开庭全录像、全公开、全上网；审判的话，审判文书上网。

（二）吉林省检察院

**访谈时间：2015 年 11 月 12 日**
**访谈对象：队伍建设处处长、行政检察部检察官**

**问：**司法改革在吉林的运行情况？

**答：**从昨天开始，吉林省检察院分派了 12 个组，下到吉林省的 12 个地区进行调研，时间是 10 天到半个月。任务之一就是检查司法改革的落实情况，任务之二就是规范司法行为专项整治工作——有些重点任务，比如涉案财物的管理，是否切实落到实处？是否有不规范的行为？前些年，出现了很多在未确定罪名之前，先处理财物的行为。

**问：**吉林省检单设行政监察部，行政监察部的效果如何？

**答：**2011 年单立行政监察处，今年升级成行政监察部。行政监察部的力量是在不断增强的，最重要的考虑就是十八届四中全会建设法治政府的需要。行政检察部的职能从诉讼监督 1 项职能扩展到 3 项职能。第一是保留原有的诉讼监督职能，第二是公益诉讼，第三是对行政违法行为和违反行政强制措施的监督。还有内部的两法衔接——行政执法和刑事司法的相衔接，这块的牵头部分归行政监察部，属于其他部门的再移交其他部门。

**问：**单设行政检察部的原因？

**答：**第一是法治政府建设的需要。现如今，行政不作为与乱作为非常严重，而且，目前的监督，比如人大监督、审计监督等力量不够，最有力量的司法监督又是被动性监督。政府的自治，自我改良使最适合担当对行政权进行监督的机构就是检察机关。第二是检察权自身完善的需要。最开始我们说到检察权，会第一反应为反贪、反渎职。实际上，检察权的含义比以上多得多。目前为止，我们认为检察权不应该简单等同于法律监督权，它的构建应包括三大部分：刑事法律监督，比如批捕、公诉；为了追求司法公正，民事法律监督；行政法律监督。第三是维护国家、社会公共利益，维护公民合法权益的需要。比如长春水源地的一通河的水质污染已经到了非常严重的程度，对之提起公益诉讼能维护国家社会公共利益，间接维护公民的合法利益。

**问：**以前我们是事后监督，现在是事前、事中监督。诉前监督的启发机制是什么？

**答：**公益诉讼是事前监督，事中监督指对行政诉讼的全过程进行监督。对行政违法行为的监督是事中监督。

这个启动机制的来源绝大部分是内部线索的移送。其他来源途径主要是公民的申诉控告、媒体的第三只手。比如江苏泰兴的“1219案”就是媒体的线索。

比如，吉林省的食品药品监督局给吉林省检发了五个函，发现三家药业公司生产假药，这种情况不仅是行政处罚的问题，要将相关案件移送到公安厅，同时给省检察院复制一份。以前的处理方式是直接将案件交给侦监部门了，但现在的处理方式是先将材料递给行政监察部，再由行政监察部递交案件线索通知函给侦监部门，相当于是行政监察部门给侦监部门提供案源。同时，当侦监部门发现行政机关违法问题，也可以给我们移送。有利于形成检察一体化的工作格局。

检察权是公权力，分为两个方面，一方面是对行政机关的行政行为是否合法进行监督。另一方面是对法院的整个诉讼活动中进行监督。一个国家的司法状态就如同一个水源地，如果司法腐败，那么整个国家也不大有公平、正义可言了。我们一手要抓行政机关的行政行为，一手要抓审判机关的审判行为。对行政机关的监督主要是依职权。我们跟职务犯罪、控告申诉等部门之间有一个案件线索的联系移送机制。

**问：**如今公益诉讼的运转情况如何，如何推进？

**答：**第一，跟行政机关沟通，比如跟水利、国土等易发公益诉讼的行政机关构建沟通机制，目前和六个行政部门签订了协议。同时，还跟人大的环资委构建了沟通机制，还有跟政府法制办构建了沟通机制，还有和检查部门的内部进行线索移送。第二，摸排公益诉讼的线索。派了四拨人同时下到吉林省的九个市州摸排线索。第三，建立了联络人制度。省检察院具体到个人与各个州市进行直接联系。

**问：**您提到的跟行政部门构建沟通机制，是仅指省一级的行政部门吗？

**答：**覆盖全省的行政部门。比如我们跟省环保厅签订了协议，就不仅包含省环保厅，还包括下级环保局。协议内容包括各种合作机制，比如展开培训、交流案源、证据支持、重大处罚案件的报备等。

**问：**您说的和行政部门签订合作协议，这种协议的性质是什么？

**答：**法律没有明确规定这种协议，但它属于监督的一种。这是一种比较柔性的方式，还能起到预防行政部门犯错的作用。

**问：**在与行政部门签订的过程中，是否顺利？

**答：**比较困难，但是十八届四中全会的会议精神是一个很好的支持。省委省政府发文支持，在签订协议的过程中，省委的秘书长列席会议。

**问：**公益诉讼起诉的方式有哪些？

**答：**公益诉讼有民事公益诉讼，主要集中在环境污染和消费者权益保护；还有行政公益诉讼，主要是对行政机关提起诉讼，范围较广，比如环境资源案件、国有土地转让案件、侵害众多消费者合法权益的案件、行政机关不作为的案件。

而民事公益诉讼，分为三种。第一，督促起诉。督促相关的机关团体进行起诉。第二，支持起诉。比如“江苏泰兴案”就是支持泰州的环境保护联合会的起诉。第三，直接起诉。由于相关机关团体在取证等方面没有检察机关专业，所以检察机关可以直接起诉。对于行政公益诉讼来说，只有直接起诉这一种单一的方式。

但是无论是民事公益诉讼还是行政公益诉讼，都需要前置程序。民事公益诉讼的前置程序是督促或者支持，行政公益诉讼的前置程序是先要向行政机关提起检察建议。

**问：**在公益诉讼案件中，行政监察部门具体是如何操作的？

**答：**有“三查”。以非法采沙为例，第一，由于此案触犯了《刑律》，所以要与公安机关合作，采取刑事措施。第二，由于此案很有可能存在行政机关监管不力的情况，所以要查行政机关的渎职犯罪。第三，由于此案破坏了生态环境，所以行政监察部门要提起公益诉讼。

（三）长春市人民检察院

**访谈时间：2015 年 11 月 13 日**
**访谈对象：队伍建设处处长**

**问：**您觉得你们单位的司法改革有什么亮点呢？

**答：**我认为检察改革核心是实行主任检察官办案负责制，这项制度将彻底改变“办案的不负责，负责的不办案”的现状。去年，九台区检察院查办职务犯罪案件 65 人，大要案占 93.7%。立案总数和大要案件数都处于全省前列。改革后，对于大多数案件，主任检察官可直接作出决定，大大缩短了办案时间。例如南关检察院，刑检部门主任检察官人均办案 90 多件，自侦部门主任检察官人均办案 7 件，诉讼监督部门主任检察官人均办案 10 多件。这些数据能够看出，各部门办案效率、质量、效果明显增强。

**问：**司法改革中在保障公正公开这一块儿你们有什么举措呢？

**答：**主要是首先讯问过程全程录音、录像，并在法庭审理过程中出示，保证整个询问取证过程公开透明。此外，所有终结案件将在阳光检务大厅进行公开，保证举报人、涉访人及时准确了解相关信息。

**问：**在侦查工作中你们遇到过什么困难呢？能不能谈谈是怎么解决的？

**答：**比较有代表性的是我们在渎职侵权犯罪案件中发现难、取证难、处理难，查办阻力大的“三难一大”问题，它是阻碍我们工作进行下去的一个重要原因。2014 年绿园区法院遇到一起罪犯伪造协议，法官故意枉法判决的案子。考虑到查办对象是基层法院的审判人员，如果仅以区院作为单一办案主体可能会面临各方面的阻力，为此绿园区检察院主动向我们市院汇报这一情况，并与市纪委积极沟通。经过与市纪委、市院商讨研究之后三方组成了联合专案组，形成一个联动整体化的有利格局，从而减少了外界对查办案件的干扰，缓解了来自外部的办案压力，侦查工作得以顺利进行。

**问：**请问您对司法改革中的员额制有什么看法呢？

**答：**我的理解是，它是司法部门去行政化的举措之一，势必会促进司法独立和公平公正。实行员额制也是为了优化检察官队伍的结构，实现检察官队伍的精英化，进而提高检察官的职业荣誉感，使检察官更加珍惜自己的岗位，同时也为实施检察官单独的职务保障体系创造必要条件。它也提高了检察人员的质量和办案效率。我觉得尽管已经进入了检察系统工作，但也还是得继续学习充实自己，以应对将来的员额制考试。

**问：**请问您这边对实行公益诉讼作出了一些什么具体举措呢？

**答：**这是一个新的尝试，我认为公益诉讼目的在于维护公共利益，防止国有资源的流失和破坏。但是在全面开展之前应该与其他相关机关协调好，以免出现一些问题阻碍诉讼进程。试点内容主要包括民事公益诉讼和行政公益诉讼两类，试点期间，我们会重点对生态环境和资源保护领域的案件提起行政公益诉讼，并且建立与法制办、环保厅等机关单位的配合协调机制，相信这一系列的工作链条能够运行得很顺畅。

### （四）吉林市人民察院

**问：**你们是如何推进吉林省检察机关相关改革试点工作的？

**答：**这次司法体制改革，从检察机关内部看，涉及检察人员分类管理，减少现有检察官员额，落实办案责任，确保司法公正，建立健全监督制约机制，确保权力不被滥用几个方面。更重要的是，我们同步推动了内设机构的改革，难度可想而知。但是，吉林省检察系统的改革却能平稳推进，主要得益于三个方面：

第一，司法改革的顶层设计科学合理。十八届三中、四中全会出台了重大决定，中央政法委及时调研出台了框架性意见和补充意见，最高人民检察院也对检察改革作出了相应的部署安排，把改革的方向、原则、要求都提了出来，使我们的工作有所依据。

第二，吉林省委、省委政法委高度重视，全力支持。吉林省委十届四次全会对司法改革试点作了部署，巴音朝鲁书记多次听取汇报、作出指示，形成了良好的政治社会氛围。省委政法委统一组织省法检“两院”做了大量调研、探索工作，积极推动中央批准了吉林省司法体制改革试点方案。

第三，全省检察机关努力做到精雕细琢。工作方式方法上，做到“六个到位”。

其一，思想工作到位。坚持把思想政治工作贯穿改革始终，先后召开5次视频会议，试点院班子成员找每一位干警谈心，吉林省检察院编写的《司法改革正当时》人手一册，引导干警不断深化“早改早受益，早改早发展”的共识，出现了顾大局、讲奉献的良好局面。

其二，发扬民主到位。我们认为，在改革启动前讨论酝酿花的时间多一些，启动后可能出现的问题和震荡就会少一些。吉林省检察院先后组织广大检察干警对改革方案进行了6轮充分讨论，做到群策群力、集思广益。同时，畅通省检察院党组听取意见的“直通车”，在检察院内网开辟专栏，及时通报情况、听取意见、回答疑问，对基层干警发给我的100多封信件、邮件、短信，逐一转交院司改办研究答复。

其三，利益兼顾到位。我们从现实情况出发，统筹考虑了上下级院、不同类别人员、不同年龄人员的利益关系，最大限度地让大家看到各自未来发展的希望。比如，鉴于主任检察官对自己决定的案件终身负责，拟给予他们工资总额60%以上的办案补贴，同时为行政人员也发一定的工作补贴。由于助理检察员是办案主力，把省院助理检察员进入员额的比例由30%提高到40%。

其四，政策配套到位。我们认为，中央的改革要求能否落实，关键在政策配套能否到位。2014年下半年以来，吉林省委政法委组织我们在研究制定全省检察改革实施方案的同时，还研究提出了20个配套制度。吉林省检察院已经通过下发了改革启动所必需的8个配套文件，其他12个配套文件也将陆续出台。这些文件进一步明确了推进改革的路线图和时间表。

其五，领导带头到位。完成艰巨的试点任务，既要充分遵循司法规律，更需要从中国文化传统出发，坚持领导带头、以上率下。省院16位副厅级以上领导干部中，包括常务副检察长在内的9位同志，主动提出不进员额。班子成员还纷纷提出，补贴不拿最高的，只拿和行政或辅助人员一样的。曹建明检察长高度评价：“这种精神状态、这种觉悟境界，十分难能可贵。”据统计，17个试点院共有52名领导干部主动退出员额，占领导干部总数的 33.8%。

其六，培训督导到位。我们既注重统一试点单位的思想认识，又注重手把手教会他们如何操作。在动员会后，紧接着对16个市县试点检察院的检察长和改革骨干，进行为期3天10个专题的集中培训。最近，我和司改办的同志先后到辽源、公主岭、长春、延边等地的12个试点检察院调研，下周还要到松原、梅河口等剩下4个试点检察院，逐一进行指导。目前，省检察院包括我在内有5名班子成员，分别对16个试点检察院进行一对一的联系督导，并向每一个试点检察院各派2名联络员蹲点指导。

**问：**目前，吉林省检察系统检察院改革的进展情况怎么样？取得了哪些成效？

**答：**自2014年以来，我省检察院改革试点主要分为两个阶段：第一阶段，从去年3月开始，中央确定在吉林进行试点，我们首先确定在九台区检察院等4个院进行试点，一边试点，一边总结经验，为扩大试点做好充分准备。

第二阶段，2014年4月8日省委批准全省检察院改革扩大试点方案后，4月20日在进行全省检察院改革动员部署之后，对扩大试点17个院的改革分两批压茬推进，省检察院、九台区检察院和其他15个试点院，分别以于6月1日、7月1日按新机制运行为节点，采取“倒计时”的方式，排上日程表，每天争分夺秒推进。首先，省院带头先行一步。省院和九台区院一鼓作气，从5月9日开始，相继进行笔试、面试、推荐、职务任免、人员调整等一系列工作，到5月29日正式形成了改革新机制，前后用了40多天。紧接着，省院审查批准了其他15个试点院的改革方案，并为他们统一命出笔试题、面试题。还派出工作组实地指导他们于5月30日、31日进行笔试、面试，并进行现场监督。这15个试点院确定了526个员额内检察官，省院按照1∶1.1的比例向省遴选委报送了569人审核，6月10日已通过审核，目前正在公示。到6月20日之前，他们基本完成这些改革工作。7月1日起，正式按照新机制运转。

下一步，要达到改革的目的，提高司法公信力，实现公正司法，还要进行内部“精装修”，要推动改革深化、细化、实化。检察改革方案实施后，我们计划出台20个配套文件，前不久已经出台8个，还有12个配套文件，正抓紧研究，其中包括检察官权力清单等，将在近期陆续出台。此外，省委政法委主持研究的改革后“干部怎么管、补贴怎么发、经费怎么保”三个重要文件，已报中央有关部门待批。

**问：**为何要进行内设机构改革？机构改革后对检察机关的工作有哪些影响？

**答：**改革内设机构势在必行，其必要性和可行性主要有三点：一是目前一些检察院存在案多人少的矛盾，重要原因是内设机构过多过滥，造成职能碎片化、相互扯皮、效率低下。比如，省院358个专项编设了34个处室。有一个基层院总共有81人，但设了31个科。二是如果不改机构，检察官办案责任制很难走下去。因为，检察官办的案件还要处科长层层审批，司法权运行的行政化消除不了，办案责任制就名不副实。所以，必须痛下决心打破这个内部藩篱。三是以往检察官和普通公务员一样，都走行政职级序列，只有多设机构，才能增加职数、解决职级。这次改革后，检察官将走单独职务序列，不再走行政职级那个“独木桥”了。这就为我们改革内设机构提供了可行性。

认真总结了近年来最高人民检察院在一些地方推行“大部制”的做法，经与省编办充分沟通，在过渡期现有机构、领导职数暂不撤销的前提下，大胆推进“大部制”改革，把省院机关34个处室整合为“九部一委”。其中，把17个业务处整合为5个部，即职务犯罪检察部、刑事检察部、民事检察部、行政检察部。这些业务部由副检察长级别的领导兼任部长，部下面不再设处室，直接把主任检察官办公室作为基本的办案组织，而不是二级机构。实行“大部制”不是换汤不换药，主任检察官办公室与以往的处室有本质区别，其工作职责、任务、方式发生了重大变化：一是主任检察官办公室的主要任务是办案；二是主任检察官不是“主任”，也不是“官”，更不是“二处长”，没有行政事务管理职权；三是主任检察官办公室不刻制公章，不能以自己名义对外交往。各业务部的副部长都兼任主任检察官，主要职责是带一个组办案，兼顾一些协调事务。

**问：**未来改革推进过程中可能还存在哪些问题？

**答：**主要有三个方面：一是吉林是经济欠发达地区，很多地区存在保障不力问题，建议中央考虑东北地区的实际困难，加大一般转移支付的力度。二是希望中央有关部门尽快出台检察官单独职务序列，研究制定检察辅助人员职务序列。三是建议中央机关包括组织、人事、财政部门多到试点地区调研、指导，多倾听基层的改革呼声，多总结基层探索的经验，多指导基层克服瓶颈问题。

（王昭华、彭维汉、李玄、马啸、张慎）

# 黑龙江省司法运行过程实证调研报告

## 一、基本情况介绍

### （一）黑龙江省检察院农垦区分院

黑龙江省农垦区现有土地总面积553.63万公顷，耕地面积280.1万公顷，约占黑龙江省耕地面积总量的1/4，2010年以来粮食年总产量突破200亿公斤，是国家重要的商品粮基地、粮食战略后备基地和农产品加工基地。而黑龙江农垦区的形成可以追溯到20个世纪50年代，是计划经济的产物。改革开放后，各个省市的农垦区逐渐被取消，被划归到县市中去，而由于方方面面的原因，黑龙江农垦区被保留了下来，成了这片黑土地上一个独特的行政区划。2010年10月，黑龙江省人大通过了《黑龙江垦区条例》，赋予黑龙江省农垦行政执法权，总局相当于市级政府，下属9个管理局相当于县级政府，检察院农垦分院和农垦中级人民法院享有独立的司法权。检察院和法院作为黑龙江省检察院和黑龙江省高级人民法院的派出机关，接受所属机关和农垦党委双重领导，人事由省人大任免和监督。

2015年初，农垦区检察分院部署开展为期1年的破坏环境资源犯罪专项立案监督活动和危害食品药品安全犯罪专项立案监督活动。截至目前，共监督公安机关立案侦查8件9人，其中生猪屠宰领域4件4人，退耕还林领域3件3人，食品领域1件2人；建议行政执法部门移交1件1人。其间，向案发单位发放检察建议4份，均被采纳。同时，该院制定了《黑龙江垦区检察机关优化经济发展环境服务措施》《垦区检察分院开展“护垦佑农”专项活动意见》，用机制保障履职常态化。

### （二）哈尔滨南岗区王岗镇派出法庭

派出法庭是基层法院的派出机构和组成部分，是人民法院审判工作的前沿阵地，担负着大量民事纠纷案件的审理任务，在社会主义法治建设进程中发挥着“神经末梢”的作用。近年来，派出法庭案多人少的矛盾进一步加剧，案件调处难度日益增大。对于派出法庭自身来说，在新形势下要找好定位，努力作为，采取切实有效措施，积极回应群众司法需求，有效化解社会矛盾纠纷，促使案结、事了、人和。而对于司法改革的设计者们来说，派出法庭是我国司法系统的根基，根基健康才能让整个司法系统枝繁叶茂，健康生长。

同时，派出法庭还是社会平安建设的“前哨站”，其主要审理的是婚姻家庭、相邻关系、劳务纠纷等与百姓生活息息相关的、家长里短的案件，案子虽然小，但处理稍有不慎，有可能激化社会矛盾，影响基层社会的稳定和谐。派出法庭要充当桥梁作用，积极参加社会管理创新活动，协调司法所、村委会、企业、学校等单位构建矛盾纠纷多元化调处机制，全方位、多途径化解社会矛盾纠纷。制度设计也应赋予派出法庭更多的职权，充分发挥其主观能动性，让矛盾还在萌芽状态时就得以消灭，以助于司法成本的节制。

最后，派出法庭法官审理案件时要充分考虑到社会公众的一般道德评价标准、法律认知程度和对事物的是非判断的基本标准，以人民群众能够感受到的方式实现公平正义，为社会输送正能量，促进辖区社会和谐美好。

## 二、司法改革基本情况

### （一）黑龙江省检察院农垦区分院

据了解，“护垦佑农”专项活动立足农垦区实际，主要突出了“三化”。一是为经济发展提供差别化服务。按农垦区“春种、夏管、秋收、冬藏”的季节性工作特点，确定春天普法打假，夏天监督民生项目，秋天打击“两抢一盗”，冬季调研听取民声。二是为社会稳定提供专业化服务。充分发挥检察机关的触角作用，做法制宣传的“广播员”，解决纠纷的“管家婆”，净化环境的“守护者”。三是为不同群体提供定向化服务。针对不同对象、不同群体，采取不同方式、方法的定点服务，确保服务的针对性和有效性。对农场开展“订单式”服务，需要什么法律问题就讲什么，遇到什么法律事项就解决什么；对企业开展“预约式”服务，检察室将单位地址、预约方式、联系电话制成预约卡发放到所辖农场的每个企业；对农户开展“菜单式”服务，将检察机关的主要职责及相关业务制作成“服务菜单”发放给农场的所有农户，为农户在政策解读、雇工用工、债务纠纷等方面提供法律意见，帮助企业解决发展中遇到的问题。

虽然司法改革还未在农垦区检察分院开始实施，但是农垦区检察系统上下同样在日常的工作当中不断创新，探索提高工作效率，更好履行自己职能的工作方式和方法。

1. 创新执法理念，做到“突出重点、统筹兼顾”

农垦区检察分院在“从严从快”的原则下，创新了“什么犯罪突出就严厉打击什么犯罪”的执法理念，明确了“办对案件是本分，办错案件是失职、办精品案件是目标”的工作要求，在全院开展了司法创新建议活动，使院里创新推行办案新机制，严厉打击了杀人、抢劫等严重暴力犯罪和黑恶势力犯罪，重大盗窃、诈骗等多发性侵财犯罪，严重扰乱社会治安的涉毒犯罪。

2. 创新畅通诉求通道，做到“重心下移、服务基层”

以农垦区检察分院下辖的红兴隆检察院为例，红兴隆检察院以驻场检察室和检察联络室为平台，在社区居民委员会建立 12 个联系点，聘请了 12 名民事行政检察联络员，每月进行一次现场办公，收集提请抗诉和督促起诉案件线索 15 件，向分院提请民事抗诉案件 4 件，通过建议民事调解案件再审 2 件，纠正违法 5 次；强化检察室建设，积极开展了送廉政观念进心间、送法律知识进校园、送热心帮助进农家、送“零距离”进社区、送真诚关怀进“五种人”群的“五进”活动；建立了红兴隆检察院 QQ 群，建起了与“两室”交流、沟通与监督的平台；加大了驻场检察室与反贪、反渎部门协调配合的力度，推进立体交叉办案模式；加强了领导接访工作力度，明确积案化解责任，采取包案到底的原则，两年共接待来信来访 45 件 48 人，解答法律咨询 61 人次，成功化解了列为垦区重点的八五二农场杨某 2014 年涉检信访积案。

3. 创新案件办理机制，做到“维护公正、科学量刑”

结合新《刑事诉讼法》，不断实践刑事和解制度，在“教育、感化、挽救”的方针下，实行未成年人犯罪的专人专办。2014 年在对数起重伤案件和交通肇事案件的处理中，双方当事人经调解在起诉前达成赔偿协议，被告得到被害人的谅解，公诉人在起诉时建议从轻处罚，判决中得到了法院全部采纳。特别是在办理“胡某故意伤害案”“王某非法持有枪支案”“康某交通肇事案”3起未成年人犯罪案件中，对“胡某案”“康某案”起动刑事和解程序，且在公诉环节赔偿了被害人的经济损失，在起诉的量刑上均对其提出从轻处罚的建议；王某非法持枪一案，犯罪情节较轻，办案人起诉时向法院建议判处缓刑，法院采纳了缓刑的建议。

（二）哈尔滨南岗区王岗镇派出法庭

在东北三省的调研过程中，我们听到了很多高检、高法领导的官话和套话，每个人似乎都对司改充满了信心，也表达出了他们力争上游的决心，然而随着调研的深入，我们发现，越到基层，法官的心声流露得越多，官话套话便也越少。在王岗镇派出法庭，我们受到了庭长特别热情的接待，可能是因为天高皇帝远，很少有人关注到他们的困难与呼声，借这个机会，庭长向我们这群南方来的学生用家庭会议式的方式，表达了一个基层法官对中国司法现状的看法，亦或者说是阐述了与城里法官所截然不同的工作方式。

司法改革在黑龙江已经开始，但什么时候能推向第一线的基层派出法庭我们不得而知，员额制、责任制是否会在基层得到变通，是否变得更适应这片黑土地我们也不得而知。我们只知道，大山的深处可能才是最需要关心和帮助的地方。

## 三、访谈实录

（一）黑龙江省检察院农垦区分院

**访谈时间：**2015年11月16日

**访谈对象：副检察长、案管中心主任**

**问：**农垦区分院是一种什么样的形式？

**答：**我国的检察院系统分为四级：最高人民检察院，省级检察院，市级检察分院，还有基层检察院。农垦区检察院属于市级检查分院。黑龙江省检察院领导农垦区分院。20世纪50年代成立了农垦系统，农垦系统是一个有着1200万人的经济社会系统。农垦系统地域辽广，包括黑龙江省东面的4个基层院，还有西面 4 个基层院，于是在内部成立了一个检察院。内设机构与其他市级检察分院没有区别。

**问：** 农垦区分院与其他市级检察分院管辖是否有交叉？

**答：** 没有交叉。比如齐齐哈尔市农垦区检察院地理位置在齐齐哈尔市内，市内的案件属于齐齐哈尔市分院管辖。但是齐齐哈尔下面的农场的案件都属于齐齐哈尔市农垦区检察院管辖。管辖冲突的情况很少，多年来已经形成了惯例。

**问：** 设立农垦区检察院的最终目的是什么？用普通体制的检察院处理这些工作会存在什么困难？

**答：** 这是具有历史原因的。新中国农垦事业是在特定历史条件下为承担国家重要使命而建立的。经过六十多年的艰苦创业，已在全国大概三十个省区市建成了一千多个国有农场，占有很大面积的土地，拥有将近一千多万人口。农垦区是中国特色农业经济体系不可或缺的重要组成部分，而农垦区人民法院又是为了解决农垦区内问题应运而生的检察院。

**问：** 最高人民法院的五年规划，要求将农垦区法院统一纳入国家司法管理体系中来。但是最高人民检察院的司法改革指导意见又并未明确将农垦区检察院统一纳入国家司法管理体系中来。

**答：** 从目前的实践来看，是准备将农垦区统一规划到省。不仅包括黑龙江省人民检察院农垦区分院，还包括齐齐哈尔市农垦区检察院等，都将统一规划到省里。

**问：** 在推进司法改革的方面，农垦区检察院与其他检察院是否有不一样的地方？会遇到哪些不一样的困难？取得哪些不一样的成绩？

**答：** 司法改革目前在黑龙江省的推进状况还属于在个别分院试点推广，农垦区检察院还未开始。

**问：** 十八届四中全会提出，检察院要对行政违法行为以及行政强制措施进行监督，农垦区检察院是否有开始这方面的工作？

**答：** 现在还只体现在个别案件中。对于新的提法和新的案件，还没有系统性的做法，还在摸索过程中。

**问：**如果农垦区检察院进行改革，它负责的业务是否与其他检察院一样?

**答：**业务基本一样，仅仅是行政区划不一样。农垦属于一个独立的系统。

**问：**新成立的案件管理中心是司法改革的产物吗?

**答：**它是为了加强内部监督，在2013年成立的部门。也是省高检这边要求的，必须成立的部门。目的是对所有的案件统一进行管理，不同于以前将案件分散到各个业务部门的做法。全国共享一个案件管理系统。

**问：**案管中心的内容都是网络上可见的吗?

**答：**是的。案件分配等都是公开的。

**问：**案管中心的优势在哪里?

**答：**首先是从省检察院到基层，便于管理。对检察机关办理的案件实行统一受理、流程监控、案后评查、统计分析、信息查询、综合考评等，对办案期限、办案程序、办案质量等进行管理。其次是降低了案件的封闭性，有利于监督规范执法行为，提高办案质量和效率。

**问：**是否有相关部门的改革? 部门的改革是否有其他举措?

**答：**部门的改革，比如部门的重组、撤销、整合这些，包括员额制都是属于司法改革的内容。目前，农垦区检察院比其他检察院晚了一步，还没有具体开展这些工作。

**问：**办案模式是“三级审批”，还是办案检察官独立决定?

**答：**现在还属于三级审批制。可能在司法改革的推进中，在员额制成熟之后，会慢慢形成办案检察官有独立决定权。

**问：**现在检察官的产生方式是怎么样的?

**答：**有招考，有遴选。

**问：**现在办案经费的来源有哪些?

**答：**来自农垦局。

### （二）哈尔滨南岗区王岗镇派出法庭

**访谈时间：2015 年 11 月 17 日**

**访谈对象：人民法庭庭长**

**问：**王岗镇派出法庭的基本情况怎么样？

**答：**我们这个派出法庭是基层法院的派出法庭，主要处理农村、郊区的案件，我们王岗派出法庭的管辖区域包括一乡一镇：红旗乡和王岗镇。以前主要处理民商事案件包括案件的执行，但由于案件多、人手不足，现如今只审判案件，不再执行判决裁定。相对基层法院来说，受理的案件类型比较单一，主要包括婚姻家庭案件、民间借贷案件。派出法庭现在有 6 名成员：1 个庭长、1 个副庭长、2 个法官、2 个法官助理。

**问：**法庭的工作都怎么开展？

**答：**法庭的工作比较复杂，面对三教九流，要学会相机而动，虽然现在基本上都是慎用强制措施，但是对于扰乱法庭的，我们也要坚决打击。除了书本的知识，也要学习待人接物的技巧。

**问：**法庭的案件压力大吗？

**答：**案件数量已经达到七百多个，审判压力很大，对我而言（庭长），还要分一部分精力管理其他行政事务。我们是特别期待员额制的，希望审判的归审判，行政的归行政。再加上最高人民法院出台的司法解释规定了登记立案制——对于过来的案件，先登记，对于符合条件的案件，再立案。这个制度的出台，大大增加了的我们的工作强度，今年的受案量比去年翻了一番。再加上，本来政府的行政序列和司法序列严格来讲是并行的。政府解决的很多问题不需要法院来解决，但政府经年积累下来的很多问题，最后把矛盾的出口都推给了法院。现如今，很多老法官由于不堪重压，都选择了辞职。

**问：**王岗镇法庭的管辖区域是什么？

**答：**我们的管辖地区主要包括王岗镇和红旗乡。王岗镇的很多地区由于征地都已经变成了城区。不过现在哈尔滨在建一个经济区，有一些商业中心，比如万达广场，这些都属于我们的辖区。现在的城市不仅仅有一个中心区，都是多个中心区并存。

**问：**针对管辖来看，是完全按照地域管辖，还是根据不同的标的额与其他法院有所区分？

**答：**我们与中院有标的的划分。标的额 1000 万元以上的，归中院管辖；标的额在 1000 万元以下的，归基层法院管辖。我们法庭受理的标的额，也在 1000 万元以下，与基层法院的受案范围一样。

**问：**人民法庭与基层法院的人才交流是什么机制？

**答：**是轮岗制，定期流动。现在来我们这里工作的都是法律硕士，都是很优秀的人才。在这里工作一到两年之后，再不定期的调整回去，安排更好的位置。

**问：**人民法庭为当事人提供便利有哪些表现？

**答：**首先，法庭的巡回车是可以开到当事人家里开庭的。其次在农忙季节，当事人无法出庭，我们会深入田间地头，贴近农民。再次，我们跟他们的交流语言与方式也不尽相同，要尽量了解方言。从次，也要注意交流方式，如果有的农民实在无法沟通，一味客气也是行不通的。最后，我们跟村委会都有联系，毕竟农民都是很认组织的，村干部与之沟通相对轻松一些。

**问：**您之前提过您管辖的区域有一部分地被征收，您对这个怎么看？

**答：**征地对农民的影响很大。虽然他们一次性获得了一笔费用，但是却丢掉了赖以生存的饭碗，加上没有投资理财的观念和能力，正常的生活节奏也被打乱，所以并不是一件好事。有的人甚至沉迷于赌博，欠下巨额债务，所以出现了很多民间借贷纠纷。

**问：**有没有因为农民的法律意识淡薄，而出现更多的扰乱法庭等等恶性事件？

**答：**倒没有更多。从两个层面来看，市区法院的案件当事人，由于层次更高、素质更佳，所以更容易找法律的漏洞。派出法庭的案件当事人，更喜欢进行类似胡搅蛮缠这种相对低级的纠缠。按照以前的观念，刑事案件是敌我矛盾，民事案件是人民内部的矛盾。案件的诉求与每个人的利益息息相关。

很多案件没有证据，只是口头约定，没办法忠于客观真相。但法律说到底不仅仅是尽量还原客观真实，更应该遵循的是法律真实，以法律真实为标准。所以，涉及人的工作，就比较麻烦。

**问：**人民法庭在解决问题的过程中有没有与其他机构形成联动机制？

**答：**我们原来跟各种办事处都建立了联动机制，民间矛盾还得靠民间化解。村委会、居委会承担了很多工作，他们熟悉人员，熟悉情况，又是邻里关系，可以帮忙解决问题，帮助减少诉讼，毕竟诉讼成本很高。

**问：**现在法庭进行调解的情况怎么样？

**答：**调解的成本相对较低，判决是强制性的，调解属于心理的疏通。人民如果不服判决，还会上诉，诉讼成本会大大提高。我们现在是能调解就尽量调解。调解书也具有法律效力。

**问：**人民法庭是否被纳入司法改革的进程中去？

**答：**司法改革从观念到体制上的变化，是一个很漫长的过程。我们现在首先，理念上要改变；其次，机制要改变。大部制、员额制都属于司法改革的内容。我们这边还没有正式开始。

**问：**您预计司法改革会缓解如今人民法庭各方面的压力吗？

**答：**不一定。就比如省以下人财物统一管理，有可能会缓解我们人民法庭的压力，也有可能因为需要管理的方面太多，反而照顾不足，忽视了最基层。

**问：**人民陪审员在人民法庭的运行情况如何？

**答：**人民陪审员的数量比以前增加很多。人民陪审员参加审判还是有很大好处的。人民陪审员参加审判，会让案件当事人更有亲切感、幸福感。加上，人民法庭现在的案件很多，审判员不够，人民陪审员也减轻了我们的人员压力。以前的人民陪审员实质上都是单位的领导，企业的老板担任。现在在完善人民陪审员的遴选机制。

**问：**主审法官对于案件是否有最终决定权？

**答：**一般案件都是由合议庭决定。疑难复杂的案件，需要人民法庭集体讨论。

**问：**推行司法责任制，是否会对法官造成心理压力？

**答：**确实会。因为并不是所有的错案的责任都在于法官，有时候并不是法官疏忽，确实是防不胜防。

（王昭华、彭维汉、李玄、马啸、张慎）

# 青海省司法运行过程实证调研报告

## 一、基本情况介绍

青海省格尔木地处青海省西部、青藏高原腹地，地理位置十分重要，有“中国优秀旅游城市”“盐湖之城”的荣誉称号，格尔木市人民法院即位于这一自然资源、生物资源丰富的西部名地。格尔木市人民法院的前身格尔木人民法庭始建于1956年，1960年10月30日成立人民法院。首先，职能科室有：办公室、政工部（纪检监察室）两个综合部门和审判监督庭、立案庭、刑事审判庭、民事审判第一庭、民事审判第二庭、行政审判庭、执行庭七个业务部门，2007年经青海省高级人民法院批准设置河西法庭和河东法庭，2013年经格尔木市机构编制委员会批准增设司法警察大队、信访室两个内设机构。人员构成方面：院党组由1名院长、2名副院长、1名执行庭庭长共4人组成。全院现有政法专项编制75个，实有在编人员71人，本科以上学历占总人数的93%，其中硕士研究生1名，在职研究生14名，占总人数的21.1%。法院队伍呈现出知识化、年轻化、专业化特点。

格尔木市人民法院，有着与格尔木市相媲美的诸多司法阵线上的荣誉称号。2003年至2008年连续5年被海西州中级人民法院评为海西州法院系统目标考核工作“第一名”；2007年被最高人民法院授予“全国优秀法院”称号，被青海省高院评为“涉法涉诉信访工作先进集体”，被最高人民法院评为“全国模范法院”；2009年，被中共中央政法委员会、解放军总政治部联合授予“全国维护国防利益和军人军属合法权益先进单位”，荣获“全国法院档案管理一级单位”“省一级档案管理一级单位”等荣誉。

在青海省司法改革进程中，格尔木市人民法院被确定为全省司法体制改革先行试点法院。在《2015年年度综治平安格尔木建设工作目标责任书》中，市法院首要任务就是抓好法院司法体制改革工作，推动司法执法规范化，维护社会公平正义。作为青海省司法体制改革先行试点的基层法院，市法院蹄急步稳担当好司法改革的先锋，以坚定的决心和信心抓住机遇，开启“破冰”之旅，为青海省法院全面推进试点工作提供可复制、可推广、可借鉴的经验。

## 二、司法改革基本情况

### （一）人员岗位设置及其分类管理考核

1. 明确人员岗位设置

按照该院《司法体制改革先行试点工作实施方案》，将司法人员分为法官、司法辅助人员、司法行政人员三类，分别占编制数的39%、46%、15%，依法报批任命员额法官26名，司法辅助人员35名，司法行政人员10名，保证了把85%的司法人力资源放到执法办案的第一线。结合实际制定了《人员分类管理办法》，明确了三类人员的工作职责。

2. 辅助人员的任命

根据工作实际，制定《未入额人员转任转岗方案》，本着个人自愿和组织安排的原则，任命法官助理16名、书记员10名、司法警察3名。下一步，将按照省高级法院的统一安排部署，对首批未入额的法官进行规范化、高标准的培训，以提升司法能力，迎接下一批法官遴选。

3. 建立完善司法人员分类管理考核办法

制定了《法官审判绩效考评办法》《法官助理管理办法》《书记员管理办法》。对法官的考核以法官职责和办理的案件为主要依据，全面考评德、能、勤、绩、廉，重点考评案件质效。制订了《司法警察管理办法》《司法行政人员管理办法》，做到对不同人员进行分类考核管理。

4. 建立完善司法业绩档案

由院审判管理办公室对参与办案的法官、法官助理、书记员分别建立司法业绩档案。将考核评价结果记录入档，作为人员选拔、专业等级升降和交流任职的重要依据，构建分类、科学化的职位序列及管理体系。

### （二）法院员额的确定和遴选工作

1. 法官员额测算具体方案

该院结合实际，制定了《格尔木市人民法院法官员额测算方案》，以中央政法专项编制 75 人为测算基数，按 39% 的比例确定员额制法官 29 名。

2. 做好法官遴选工作

该院制定了《员额制法官遴选方案》等配套制度措施，向全院符合遴选条件的所有审判员、助理审判员发放了《员额制法官自愿选择申请表》和《员额制法官自我推荐表》，积极组织司法人员参加法官遴选工作。2015 年 3 月 15 日，组织符合选任条件的 27 名审判人员参加了全省司法体制改革首批法官入额考试。确定了考核的主要内容为民主测评（占 20%）、工作实绩考核（占 70%）、任职资历量化（占 10%），另外还包括个人荣誉、调研论文获奖情况等突出加分。2015 年 4 月 23 日，组织 24 名通过笔试、考核的审判人员参加了全省法院首批法官入额面试工作。2015 年 5 月 17 日，组织 22 名通过笔试、考核、面试的审判人员参加全省法院首批入额法官任职培训。2015 年 6 月 1 日，按省法官检察官遴选委员会要求，对 21 名首批入额法官进行了公示。我院首批入额法官 21 名，占法官总员额的 72.4%，符合省司改办首批法官员额控制在 75% 以内的要求。本着个人自愿和组织安排的原则，将 10 名未入额的审判员、助理审判员转任法官助理，将 1 名未入额的助理审判员转任司法警察。

### （三）入额法官定岗工作，创新办案庭审设置

根据《青海省先行试点法院内设机构设置改革工作指导意见》，格尔木市人民法院目前设置了 11 个内设机构，分别是立案庭、刑事审判庭、民事审判庭、行政审判庭、环境资源审判庭、审判管理办公室、执行局、河西法庭、行政事务管理办公室、司法警察大队。为了合理利用资源，打破原有业务庭人员配置，按照法官、法官助理、书记员 3∶1∶1 的基本模式设置 9 个合议庭。平衡办案力量，将各庭长、业务骨干均衡分到各合议庭，确保了法官、法官助理、书记员全部在岗办案。9 个合议庭分别归入一线审判业务庭。同时，结合工作实际，适当调整设置审判管理办公室、诉讼服务中心机构，以深化推进审判权运行机制改革。

在分案方面，坚持随机分案方式，所有案件均通过立案系统随机分至法

官名下。在文书签发方面，自2015年6月10日起，所有案件的裁判文书由独任法官和审判长签发，院、庭长不再审核签发。其中，较为新颖的是该法院于2015年11月在充分准备的基础上，在全州率先组建环境资源庭，进一步畅通环境资源类案件的诉讼渠道，统一裁判尺度，保障环境资源相关法律正确实施。既是对格尔木市当地丰富自然资源的特殊考量，亦为我国环境资源庭的探索与资源保护提供有效借鉴。

### （四）法官责任制的改革与完善

#### 1. 主审法官、合议庭办案责任制

该院结合实际制定了《格尔木市法院法官、合议庭办案责任制办法》。该办法明确了法官、合议庭成员对办案负责，对独任制审判和合议制审判的权力和责任进行了明确规定。独任制下法官对案件全权负责；合议制下合议庭法官按照审判权限和在庭审中发挥的作用，分别承担相应的办案责任。形成权责明晰、统一、有序的审判权力运行机制，从源头上防止“审者不判、判者不审”。

#### 2. 办案质量终身负责制和错案责任追究制

该院制定《法官违法审判责任追究办法》和《法官违法审判责任追究办法》，规定了法官、合议庭成员对所办理的案件，实行终身负责制并按照权、责、利相统一的原则，分别承担责任。并规定了法官违法审判责任追究的范围和程序问题，对独任审判案件和合议庭审判案件的责任承担问题进行了明确划分。

### （五）法院审判委员会的改革和完善

#### 1. 完善审判委员会议事规则

制定《格尔木市人民法院审判委员会工作规则》，完善审判委员会议事规则和决策程序。审判委员会实行民主集中制的议事规则。审判委员会讨论决定案件和有关事项按照听取汇报、提出询问、讨论研究和表决的程序进行。

#### 2. 规范审判委员会工作职责

进一步明确和规范了审判委员会职责，把审判委员会的主要职能放在讨论决定疑难、复杂、重大案件的法律适用问题和监督、管理、指导审判工作上，减少就个案作出具体处理意见。

3. 建立健全审判委员会委员履职考评机制

制定《格尔木市人民法院审判委员会委员履职考评办法》。考评内容包括审委会委员承办案件，参加合议庭或担任审判长，文书签署，旁听重大、疑难、复杂案件庭审以及参加审判委员会的出席率等。

4. 选任优秀法官进入审判委员会

将审判委员会委员资格与行政职务脱钩，引入竞争机制，通过民主推荐、业绩考核、党组研究等程序，选拔 2 名司法能力突出、审判经验丰富的优秀法官进入审判委员会。

（六）落实财物省级统一管理

成立资产清查小组，办公室负责集中清查登记车辆、办公设备和业务用房等各类资产，共清查登记法院各类资产 5682 万多元，为划转省级部门统一管理做好准备。在省财政厅的统一安排下，认真学习相关系统软件，通过了财务省级统一管理模拟测试。制定《格尔木市人民法院关于加强资产管理的工作办法》，完善管理体制，建立健全办公设备的购置、发放、管理制度；实行固定资产管理与使用人责任相结合，按需发放，责任到人；制定固定资产标签，定期清查盘点；加强事后监督，严防国有资产流失。

（七）建立办案人员权力清单制度

该院结合实际，制定《格尔木市人民法院办案人员权力清单》。详细规定了院长、副院长、审判委员会委员、独任制法官、合议庭法官各自的司法权力。同时还规定，院长、庭长在其权限范围内行使审判管理职责，在支持法官依法独立行使审判权的同时，必须按有关规定对审判权运行进行监督管理，履行相关职责；不履行或不正确履行审判监督权造成后果的，承担相应责任。

## 三、访谈实录

**问：**请问贵法院在落实和实施法官员额制这一过程中存在什么问题？

**答：**在法官员额制确定上，我院严格按照上级规定实施考核确立，最终呈现出入额法官年轻化的执业特征，即以 70 后、80 后的年轻法官队伍为主；年龄偏大的法官则选择放弃竞争法官名额这一机会。对于未入额人员，我们对其进行转岗工作，其中法官转任法官助理，法官助理转任司法警察。在现实，许多法官等人员无法接受成为法官助理或转为行政岗位，而选择离职。在转任后的“非法官员额”人员中，亦存在着职称上的调整与不适应，消极的对待工作岗位等情况，这需要我们院领导进行辅导、做工作，以调整他们的心态。

**问：**请问贵法院是否存在法官外流现象以及法院如何限制这一现象？

**答：**我院由于地处青海西部，经济等各方面不是很发达，确实存在优秀人才外流的困境。但我院为了留住优秀的青年法官，让他们在这里安心工作和生活，在保障优秀法官名额的职业水准之基础上，规定了本法院自身需求下的规则，包括：上级法院从我们法院进行人才遴选要通过本法院有关领导签字；要求入职法官在本法院最少服务 8 年。我们法院之前有 4 个青年法官通过参加调任考试等考出去，之后我们规定不再允许考出去，但是存在夫妻长期两地分居、身体不能适应本地生活的除外。我们认为在当下基层法院本身就难以留住优秀法律人才的背景下，从下级法院遴选优秀法官到上级法院工作这一制度，本身就构成了某种意义上的正当途径的人才流失。

**问：**请问贵法院在司法人员职务序列与保障上存在哪些问题？

**答：**在司法人员职务序列与保障上，我院的法官助理和书记员的职责界限划分的不是很明确，存在活多人少，即人手不够的问题。理想中法官助理分担法官工作的作用完全没有实现。在司法人员职务序列中，法官助理与书记员的具体职责以及法官助理在庭审中的角色定位等尚需法律规则的完善、细化。除此之外，法官助理和书记员等辅助人员还存在着能力不足、待遇不够、没有积极性等问题。

至于人身安全保障，我们法院的司法警察保障还是不到位。法警队应该是专业的，并且能保证每个法庭都有法警到岗，这在我们法院还是做不到。我们法院没有门禁，只有十来个审判庭，没有专门调解室，调解工作只有在法官办公室中进行。至于物质保障，目前改革定位中的物质保障也还未得到落实，“案多钱少”依旧是基层法官们的抱怨之处，在目前的体制下，法官干多干少所得到的工资待遇一样，缺乏相应的激励措施。

**问：**请问贵法院在审判委员会的改革方面存在哪些问题？

**答：**在审判监督委员会改革上，我认为要切实保障法官的审判独立。当前法官联席会议决定不了，并有重大分歧的要提交审委会。并且将审委会资格和行政职务脱钩，法官不能担任行政职务。正如上述改革措施中所述的，优化审判监督委员会的委员素养，培养出尊重司法运作规律的、能够保障法官审判独立的监督队伍。

**问：**新的案件分配模式与庭审的设置存在哪些问题？

**答：**在新案件分配模式与庭审的设置上，我们认为随机分案，便于管理和操作，但弊端在于这会导致我们不能分到自己擅长处理的案子，这不仅大大地影响了我们的办案效率，还浪费了司法资源；同时，这还涉及案件量和工资的问题，比如是否可以按照案件难易程度和处理案件的数量数来计算工资；对案件采用调解方式还是判决方式来计算工资。在我们法院的实际运作上，目前还是遵循在旧有的案件分配方式中，逐步让法官过渡与适应案件新的分配模式。司改的目的与理想是美好的，但在实践上需要给予法官们一定的适应期。

**问：**司法实践上的执行困难与审判执行改革存在哪些问题？

**答：**虽然格尔木地处西北内陆，但实际上人员流动非常频繁，据我们以前的统计，流动人口犯罪比例达到90%，这就导致了我们法院存在着不同于西北一般地区的执行困难问题。当然送达也存在这一问题，送达不成则不能开庭审理。根据我们法院的内部统计，当地案件调撤率高达70%，调解撤诉率过高导致我们执行庭也有压力。对508件案件开启执行程序，其中调解结案的就有300多件，自动履行率还都很差。因为我们作出判决的工作量很大，审查证据之类的事情要花费很多的精力和时间，故我们更倾向于调解结案。但是我们要控制调解结案案件的执行，应该尽量让调解结案案件的执行自动履行。但是现在调解结案案件的履行效果不是很佳。目前司改中所提倡的“审执分离”有一定的合理性，但是在实践中并不好操作，因为执行的人员对案情不熟知。实施“审执分离”还不如直接在法院执行局内部加大投入，比如让执行人员享受法警待遇。

**问：**请问贵法院在实行立案登记制后对法院产生哪些影响？

**答：**我院严格落实最高人民法院《关于人民法院登记立案若干问题的规定》，严格执行登记立案制度，对于符合法律规定的民事、行政起诉和刑事自诉，初次提出的强制执行和国家赔偿申请，自2015年5月1日起与全国同步，一律实行登记立案，做到有案必立，有诉必理。我院做了一个阶段的初步统计，实行立案登记制后案件量增加了37%，2015年新收2300件案件，这表明了立案登记制度的意义。相对应的，民事立案标的额也有所提升，由以前的100万元提升到现在的500万元以下。此外，另外一个影响以前法院不受理的案子主要都是证据不足即原告赢不了的案件，改为登记制之后，在形式上保障了原告的诉权，但是大多数原告由于前面所述的缺乏证据还是赢不了官司，这就给法院增加了压力，甚至说在一定程度上浪费了司法资源。

（吴昊、向虎、王芳、吴珏、王振湘、沈拓）

# 宁夏回族自治区司法运行过程实证调研报告

## 一、基本情况介绍

（一）青铜峡人民法院

青铜峡市人民法院现位于青铜峡市区北部，全院现有政法核定编制108名，事业编制5名；现有政法在编人员90名，工勤人员6名，共96名。该院共设有17个内设庭室。包括13个审判业务庭（刑事审判庭、民事审判第一庭、民事审判第二庭、行政审判庭、立案庭、审判监督庭、审管办、执行局、司法警察大队）及4个派出法庭（青镇法庭、小坝法庭、瞿靖法庭、大坝法庭）；院机关设办公室、政工科、纪检室和机关后勤服务中心。

近年来，青铜峡市人民法院一手抓执法办案，一手抓队伍建设，突出能动司法、和谐司法、为民司法、廉洁司法，各项工作取得了新进展、新成效。近年来，“四位一体”、司法公开、小额速裁等创新举措取得了明显成效，得到了上级部门充分肯定和人民群众、社会各界的广泛认同。该院被最高人民法院确定为全国42个诉与非诉衔接改革试点法院之一、“全国司法公开示范法院”；执行局荣获“全国法院先进集体”荣誉称号；立案信访窗口获自治区级“巾帼文明岗”、全区“党群共建创先争优妇女先进集体”，为青铜峡市经济社会又好又快发展提供了强有力的司法保障。

（二）吴忠市中级人民法院

吴忠市中级人民法院作为全国第二批司法改革试点法院，按照最高人民法院“四五改革纲要”和《关于完善人民法院司法责任制的若干意见》的精神，出台了一系列相关配套的制度。吴忠市中级人民法院的司法改革试点主要从司法人员分类管理、完善司法责任制、省以下地方法院检察院人财物统一管理、司法人员职业保障四个方面推进。一是探索人员分类管理。改变过去行政化管理模式，将法院工作人员划分为法官、司法辅助人员、司法行政人员三大类，实行分类管理。二是完善司法责任制。实行主审法官、合议庭办案责任制，加强对司法权力的制约监督。实行办案质量终身负责制，法官在各自职权范围内对案件质量终身负责。实行责任倒查制度，建立完善司法过错责任追究惩戒机制。畅通律师监督渠道，充分发挥律师在诉讼中的作用。完善和落实司法机关之间相互监督制约机制。同时，进一步加大司法公开力度，实行司法公开事项和不公开事项“双清单”制度，对不公开事项实行反向审批制度，切实推进执法办案程序和结果的公开，提高司法工作透明度。全面推行司法活动的信息化管理和监控，做到全程留痕。三是实行人、财、物统管。建立全区法院人员由自治区级统一管理体制，实行全区法院、检察院司法人员统一招录体制和法官、检察官统一遴选、统一惩戒机制，为依法独立行使审判权提供可靠保障。建立全区法院、检察院财物由自治区统一管理体制，建立经费统一管理、资产统一管理、基础设施建设统一审批管理体制等。四是健全司法人员职业保障制度。

## 二、司法改革基本情况

### （一）青铜峡人民法院

#### 1. 立案登记制改革

在开始司法体制改革试点之前，立案登记制改革拉开了青铜峡法院改革的序幕。全国法院立案登记制改革会议召开后，青铜峡市法院提前谋划，积极应对，采取措施，扎实推进立案登记制改革，从制度上破除“立案难”。

立案信访部门及4个法庭在规定实施日起将每天遇到的新典型案件和立案具体情况报告自治区高级人民法院，并根据上报情况进行研究；建立网上立案、预约立案、巡回立案等功能一体化的网络便民服务措施，为当事人行使诉权提供便利；在《吴忠日报》、青铜峡电视台等新闻媒体及本院宣传平台上宣传立案登记制改革的指导思想，主要内容，与立案审查制的区别，立案登记范围等，向广大群众宣传规定，引导群众理性行使诉权。

2. 法官员额制改革

从2015年7月，宁夏召开司法体制改革试点启动大会，至调研进行之时(2015年11月)，青铜峡法院已完成首批法官遴选，该院员额比例为30%，共遴选33位审判人员，其中审判员27位，助理审判员6位。过去人员分配是大立案、精审判、强执行，改革之后，执行庭工作人员最多，有四五十个，但执行法官少了，立案庭配备的员额法官也相应减少，法官主要集中于审判庭。

改革之前，该院共有审判员和助理审判员55位，在遴选之前有7位审判员放弃遴选机会，原因主要有二：一是部分人员长期从事行政职务，没有办案经验；二是由于法官职业保障工作的不到位，某些办案能力不错的法官在实践中会遇到当事人的辱骂、刁难，担心独立裁判和责任终身制之后当事人会变本加厉，使得自己的人格尊严和人身安全得不到应有的尊重和保障。虽然有少数有资格的审判员放弃遴选，但是整体上来讲，青铜峡法院法官遴选工作开展得比较顺利。员额外法官应有5年过渡期，法律职务仍在，仍然应该参与办案，但是没有进入员额的法官办案激情有所减弱，极少数法官还把案子交还庭长，不愿接受分配。

3. 审判委员会改革

审委会作用是总结经验、指导实践、监督管理。为了完善司法责任制，完善主审法官、合议庭办案责任制，加强对司法权力的制约监督，青铜峡法院开展了对审委会职责的改革工作。审委会改革主要体现在限定提交讨论的案件数量上，为提高效率，审委会主要讨论法律适用的问题。从改革之初到2015年9月，裁定和判决的签字权都已经下放给法官，不由领导签字，承办法官自己决定的自己签字。因为基层法院疑难案件很少，每年案件类型都差不多，新型案件一年也就几件，所以法官自己作出实体裁判的自己签字也是切实可行的。

除了减少审委会讨论的案件数量之外，青铜峡法院还以现代科技手段推进审判委员会规范化建设，效果显著。按照上级法院的有关要求部署，青铜峡法院加快了信息化建设步伐，重点装备了审委会办公室，为每位审委会委员配备了专门的笔记本电脑、实物展示设备，安装了专门的审委会应用系统软件，并聘请专业技术人员为全体审委会委员、法官进行了审委会系统应用技能培训。

在新系统下，审委会秘书提前对需要研究的事项进行排期，审委会委员可以登录自己的账户浏览待讨论事项的有关材料。在汇报人汇报时，审委会委员能够实时观看材料，案件的证据、开庭笔录、审理报告能够被实时扫描上传、展示。审委会委员的发言能够通过审委会笔录系统得到实时记录、校对，及时更正不规范表述，待委员当场表决签字后归档。以前审委会委员讨论案件，秘书手写记录，记载内容不全面、不详细、表述不规范等现象不复存在，并且，以前审委会讨论案件主要在承办人起草的审理报告的基础上讨论，现在可以通过实时查看上传的证据、开庭笔录等材料对案件进行全面的分析、讨论，从以前主要针对法律问题的讨论，延伸到可以兼顾法律与事实的全面研究讨论阶段，更有利于保证审委会讨论案件结论的精确性，提高了审委会的工作效率。同时，审委会秘书再也不用担心纸质审委会材料的销毁问题，节约了办公资源。从此，青铜峡法院审委会讨论案件、研究决策步入了一个崭新的规范化阶段。

### （二）吴忠市中级人民法院

在司法改革试点中，吴忠市中院让法官回归办案主业，对入员额院长、副院长的办案比例以制度的形式进行确定定——院长不再只是指导、监督、管理审判工作，而是更直接地参与到疑难复杂案件的审判中来。“纸上得来终觉浅，绝知此事要躬行。”将军只有打头阵、磨兵器，才能知晓利害，明辨是非。法院的管理者亲自上阵审案，不仅能缓解案件数量压力，提高办案质效，有效地落实院领导履行审判职责，还能在审判中获得经验，更利于指导，易于管理，同时对其他法官也有鼓励助劲和示范带头作用，使大家“快办案、办好案”的积极性更高，推动了审判工作规范高效运行。随着案件数量大幅上升，吴忠市中院在司法改革中采取审判团队分工不分家的方式，尤其是民事审判，虽然明确各团队专属审理案件范围，但是对其他案件均衡分配，实现审判工作专业化和办案数量均衡化，充分发挥审判团队的整体功能。同时，由各业务理论水平高、办案经验丰富的法官组成专业法官会议，对重大、疑难、复杂案件能够更准确地把握。

我们调研团队进行调研时，吴忠市中院按照法官员额制改革的比例已经开始实行法官入额了，按照法官、司法辅助人员和司法行政人员各占39%、46%和15%的比例，吴忠市中院当时入额法官只有29人，比例差不多是

30%，没有达到39%的原因是员额不能一次性填满，必须要留有年轻人员的上升空间。而由于立案登记制的实行，法院的案件量却在不断增加，截止到2015年9月，相比2014年同期受案量有37%的增加，而真正入员额审判的法官却减少了，这就出现了案多人少的局面，法院审判压力非常巨大。平均2天要结1个案，1天开4个庭。由于三级法院的案件量都不相同，以及各地区法官人员配备数量也不一样，那么员额制的比例应该也不能一刀切，三级法院应该有各自不同的比例。法官们认为员额制改革肯定是必要的，但是不能操之过急，短时间内1个法官配1个法官助理和1个书记员的比例根本就达不到。员额制处于初步推行阶段，对于司法辅助人员中的书记员和法官助理定位并不清晰，职责分配不均，而关于法官助理是否出庭，是否在裁判文书上署名，以及其职业前景都没有具体规定。改革后法官与司法辅助人员的比例失衡，司法辅助人员数量不足以满足审判执行工作需要，司法辅助人员的素质在法院案多人少的情况下，根本跟不上。而法官在员额制改革中有3年的过渡期，以往未入员额的法官仍然保留其职务，但各自的待遇问题并未确定。虽然提出了组建审判团队，但是法官和书记员、法官助理之间并没有合作和激励的关系，法官待遇也没有绩效考核，干多干少都一样。但是工作量有硬性规定，必须完成，所以法官压力非常大。

对于立案登记制，法官们认为改革的准备不足，各大诉讼法不进行修改，将会与立案登记制严重脱节。立案登记是否需要必要的证据审查也是一个重要问题，而且这可能不光光是一个理论问题，还是一个现实的执行问题。由于最高人民法院在宣传上存在着一定的偏差，导致了公民在立案时根本没有原则性，这大大增加了法院的负担。不同级别法院的立案标准应该是有所不同的，这一点也存在着问题。

在法院的地位方面，可以从法院与当地人大和政府的关系中作出判断，根据我国《法官法》第11条，院长、副院长的任免是由地方人大通过选举产生，这样院长须对人大负责，受人大监督，而且我国法律规定法院独立行使审判权不受行政机关、社会团体和个人的干涉。在我国人大可以通过个案监督等形式对法院进行监督。在法院系统院长、副院长又领导着法院的审判工作，无疑法官的工作属于此范围。我国对法官的人事管理是横向管理，即受本地人事部门管理，而不是上级部门管理。这样法官的审判工作间接受到人大机构的制约，审判权的独立行使或多或少受到影响。在法官的薪资待遇方面，由于我国地方法院的财政开支直接由本地方财政部门负责，包括法官的薪资待遇也是由地方财政负责和保障。这样无论是整个法院的财政开支还是法官的薪资待遇都受制于地方财政部门，而在同一个地方法院与政府机构之间，法官与地方政府工作人员之间避免不了要保持联系和来往，这样就产生一定的利害关系。这样法官的职业保障和法院的财政开支、法官的薪资待遇容易受到不必要的干扰，无疑使法院和法官的审判工作容易受到地方政府机构的限制。

另外，吴忠中院的法官认为，最高人民法院的政策宣传偶尔会出现偏差，加上公民素质不高，缺乏法律理念，这非常不利于法院威信的树立。负有公正审判职能的法院成了一种服务性质的机构，老百姓认为法官也是为人民服务的，法院的威严、判决的威严严重受损。以往的立案庭都改名成了“诉讼服务中心”，这是一种很奇怪的现象。最高人民法院应该作为中基层法院的坚强后盾，但是在社会舆论出现偏差，对地方法院不利或者对司法公平公正不利的时候，最高人民法院可能作为不及时。他们还认为司法改革应该从上而下，而不是从下而上。司法改革给吴忠中院法官最大的感受就是司改方案并没有设计得十分细致，但是又有一些硬性的要求，试点单位实际上没有试点的权力，而只是在执行司改的要求。他们理想的改革方案应该是方案设计的非常精细，然后在试点推行的时候，各试点根据本地实际情况对方案进行修正，然后再反馈到最高院。司法改革的顶层设计并没有做得足够具体，一味地想要地方基层法院反馈方案，只会让法院问题加重，这种自下而上的要求存在问题。对于人财物的管理以及机构设置，都必须是自上而下的，而像立案庭法官依然必须是员额法官这种资源浪费就应该自下而上地来进行。

## 三、访谈实录

### （一）青铜峡人民法院

**访谈时间：**2015 年 11 月 13 日

**访谈对象：法官代表、书记员代表**

**问：**立案登记制实施以来，进入法院的案件数量有无明显变化？

**答：**立案登记制便利了当事人行使诉讼权利，但立案登记制实施以来，就我院而言,案件数量相比去年有所增加,但并没有出现“井喷式”的增长现象。近些年来,我院的案件数量呈现平稳略减的趋势。我院今年诉讼案件5000多件,2006年和2007年为6000至7000件,2008年数量最多,高约8500件,从2009年案件数量开始下降。这主要是因为我院在2009年开始创建多元纠纷化解机制,自行创新纠纷解决模式,依靠人民调解员,依托乡镇党政机关,外加司法局的行政调解,很多纠纷案件在诉前就得到了顺利解决。由法院出具调解书,案件不能再进入诉讼程序,此种解决方式当事人大多比较满意,执行也较容易。因此诉讼案件数量也比较稳定,而且近些年来逐年减少,因此立案登记制并没有对我院的案件数量产生较大的变化。

**问:** 请问您如何看待司改过程中去地方化、去行政化的问题,这对于司法独立有何作用?

**答:** 去地方化和去行政化确实一定程度上有利于依法、独立、公正地行使审判权,但是目前去地方化和去行政化的声音稍微有所减弱。因为一味地强调去地方化和去行政化,一方面容易把法院边缘化。实行法院省级以下统一管理的模式,会使地方党委和地方领导认为法院独立出去了,可以不用帮法院解决问题。但实际上解决疑难、复杂案件,还是很需要地方党委支持和地方政府部门的配合。另一方面不利于法院干警的交流和提拔:法院人事管理全部去地方化、去行政化,在地方自身相对封闭,不利于干警在各机关之间交流。

因此去地方化不可以绝对的去除,尤其是对基层法院而言,去行政化应该是去内部行政化,减少法院内部的审批程序来提高效率,而非去外部的行政化。比如信访这一块就很需要政府帮忙解决。基层法官的法律能力以及对基本乡土人情、乡规村约的熟识都相当重要,基层法院送达与执行等一些程序大都需居委会或村委会配合。对于当事人的困难情况等问题,法院需要通过政府提供司法救助等问题,基层法院的角色比较多样,这也就说明法院有时候需要依靠地方党政机关。

**问:** 司法改革决定实行司法责任制,您如何看待这一改变?

**答:** 这有利于让法官回归本应有的角色,回归办案一线,离开办公室、纪检监察、审管办等岗位,实实在在地去一线办案,但其中,涉最大的问题就是法官司法能力问题。年轻法官基础理论强，但办案能力稍差，解决不了复杂的案件，司法调解能力以及驾驭司法文书的能力都存在不足，导致案件上访量增大。另外法官流失造成断层，本院法官多为60后和80后，中间年龄出现断层。新人进入法院3年左右就开始做法官，阅历经历都有欠缺，容易出错。因此在此过程中应注重培养其驾驭庭审、案件调解以及文书制作等各方面的能力。高院组织了一些有针对性的培训，我院院内也开设了培训班，并实行特色的“传帮带”活动，由老一代法官带教新一代法官，目前也都取得了良好效果。

**问：**司改中规定实行法官员额制，请介绍一下本院的法官遴选工作以及过程中的问题？

**答：**我院已完成首批遴选。我院的法官比例是30%，选了33名法官，其中27个审判员，6个助理审判员。一方面保证法官年龄梯度，另一方面注重年轻法官的培养。现有审判员和助理审判员55个，有7个主动放弃，不愿参加入额考试。其理由大多是：害怕承担责任，感觉做法官风险较大，不仅要承担案件责任，还要忍受当事人的辱骂等，心理压力大；长期在行政岗位做事，自身没有办案经验。

虽然实行了员额制，将法官队伍和其他司法辅助人员以及行政人员划分开来，但是薪酬制度目前都没有落实，大家工资也没有变化，还是一样的待遇。员额内法官有5年过渡期，其法律职务仍在，仍然应该办，但是没有进入员额的法官积极性有所下降。

**问：**请问法官、法官助理和书记员的比例是怎样的？

**答：**目前的比例连1∶1∶1都做不到，更别说1∶n∶n了，因此团队搭配比较困难。机构扁平化管理，内设机构虚拟化，因此建议打破庭与庭之间的界限，比如本院民事案件与商事案件分别派给民一庭和民二庭，但其实两个庭案件量不同，以后就要打破这种分案模式，案件数量少的庭可以接别庭的案子。基层法官万能化，什么案子都能办，一定程度上又与专业化、精英化背道而驰。

法院的法官助理少、书记员少，目前模式是“n+1+1”，即几个法官共用一个助理。普通案件人民陪审员可以凑数，简易程序不行，但是基层法院简易程序又比较多，这种情况下人员配置就很困难。司法辅助人员数量和素质都不够，尤其是法官助理，普遍存在出工不出力的现象。

（二）吴忠市中级人民法院

**访谈时间：**2015 年 11 月 15 日

**访谈对象：刑庭庭长、民庭法官、政策研究室主任**

**问：**司法改革前后您有什么具体的感受吗？

**答：**法官 A：首先代表院里欢迎同学们的到来。我本人普通话说得不好，口音比较重，所以我尽量说得慢一点。司法改革前后，最显著的一个变化就是工作量突然加大了。两点原因：入额的法官少了，所以实际干工作的人少了；立案的口子宽了，案件数噌噌地涨起来 。这一增一减，着实给我们的工作带来了巨大的压力。我五十多岁了。每天坚持 6：30 起床，跑步 5000 米，打一套太极拳，吃早饭。基本上 7:30 开始工作。午餐和间休就忽略不计，基本一干就是一整天，七八点下班是常态。尤其我们吴忠市是北方毒品犯罪最严重的的地区，有些案子发生了，上头会有一些具体的要求，比如规定多长时间结案，而且对案件处理的方方面面的细节都要求非常高，一旦遇到这种情况，那基本上是天天加班。之前我们这有一个 20 多公斤的海洛因的案子，我们庭几位法官基本上一个星期都吃住在单位。这两位是我们庭今年新来的大学生，中国政法大学生的研究生，都到了谈婚论嫁的年龄了，可是你看现在，连个对象都没有。他们天天忙得扎在单位，哪有时间呢？

法官 B：司改后，感觉压力更大了，我一个女同志，天天待在单位，没办法顾及家庭，有时候心里很有愧疚感，上次我女儿发高烧，住在医院，吵着要见我，当时手头上有一个重要的案子在赶，也没法去陪她。因为我爱人也在咱们法院工作，所以对我的情况是理解的，不然我觉得早都出现家庭危机了。

**问：**请问贵法院在司法人员职务序列与保障上存在哪些问题？

**答：**在司法人员职务序列与保障上，我院的法官助理和书记员的职责界限划分的不是很明确，存在活多人少即人手不够的问题，所以包括整理卷宗、送达等很多事情都需要法官自己去完成。理想中法官助理分担法官工作的作用完全没有实现。这就要求在司法人员职务序列中，法官助理与书记员的具体职责，以及法官助理在庭审中的角色定位等等尚需法律规则的完善、细化。除此，法官助理和书记员等辅助人员还存在着能力不足、待遇不够、没有积极性等问题。

至于人身安全保障，我们法院的司法警察保障还是不到位。因为我们市是西北部最大的毒品集散地之一，审理的很多案件以及当事人具有极大地危害性。事实上，法警队应该是专业的，并且能保证每个法庭都有法警到岗，这在我们法院还是做不到。之前刑庭主审一件数量几十公斤的海洛因案件时，毒贩家人、朋友等来了几十辆车，将法院围了好几圈，刑庭的法官那周考虑到人身安全问题，基本都待在院里。至于物质保障，目前改革定位中的物质保障也还未得到落实，“案多钱少”依旧是基层法官们的抱怨之处，在目前的体制下，法官干多干少所得到的工资待遇一样，缺乏相应的激励措施。

（吴昊、向虎、王芳、吴珏、王振湘、沈拓）

# 附　录

# 司法文明建设大事记（2015 年）

## 1 月

### 1 月 1 日上海市知识产权法院正式运行

1 月 1 日，上海市知识产权法院正式运行。自 2014 年底北京、广州知识产权法院相继设立以来，三家知识产权法院根据中央统一部署，在最高人民法院指导下，锐意进取、大胆探索。审判工作有序开展，改革探索深入进行，司法的权威性和公信力不断提升，展示了中国知识产权司法保护的新形象，为推动实施国家创新驱动发展战略起到了有力的服务和保障作用，实现了良好开局。

### 1 月 28 日最高人民法院巡回法庭挂牌

1 月 28 日，为了进一步明确巡回法庭案件受理范围和审判权运行机制等问题，最高人民法院印发了《最高人民法院关于巡回法庭审理案件若干问题的规定》，并于 2015 年 2 月 1 日起施行。随后，最高人民法院第一巡回庭和第二巡回庭相继成立。设立最高人民法院巡回法庭，是党的十八届四中全会作出的重大改革部署，也是此轮司法改革中一个格外引人关注的改革举措。司法改革的“先行者”“排头兵”“试验田”……自 2015 年 1 月挂牌成立以来，巡回法庭就被社会各界寄予了厚望。

### 1 月 30 日深化司法体制改革实施方案出台

经中央全面深化改革领导小组审议通过，2 月 24 日中共中央办公厅、国务院办公厅印发了《关于贯彻落实党的十八届四中全会决定进一步深化司法体制和社会体制改革的实施方案》。办案质量终身负责制和错案责任倒查问责制等84项改革举措，将在3年内出台具体政策、措施。该实施方案提出了进一步深化司法体制和社会体制改革的目标任务，并绘就了改革的路线图和时间表。对条件成熟、难度不大的改革举措，要求加快推进、早见成效；对重大改革，尚不具备全面推进条件的，要求先行试点，积累经验后再全面推开；对情况复杂、牵涉面广、条件暂不成熟的，要求抓紧研究论证，尽早拿出改革方案；对需要修改法律或 得到立法机关授权的，按照法定程序办理。

### 1月31日检察院改革方案率先出台

最高人民检察院发布关于贯彻落实《中共中央〈关于全面推进依法治国若干重大问题的决定〉的意见》，共9个方面42条。该意见强调，检察机关作为国家法律监督机关，是建设社会主义法治国家的重要实践者和推动者。备受关注的加强《宪法》权威及错案防止、纠正和责任追究制度均有所涉及。

## 2月

### 2月26日最高法发布关于全面深化改革的意见

最高人民法院发布《最高人民法院关于全面深化改革的意见》，即修订后的《人民法院第四个五年改革纲要（2014～2018）》。该意见确立了全面深化人民法院改革的总体思路；提出了全面深化人民法院改革的5项基本原则；围绕建成具有中国特色的社会主义审判权力运行体系这一关键目 标，提出了7个方面65项司法改革举措。它是指导当前和今后一个时期人民法院改革工作的重要纲领性文件，也是人民法院贯彻落实党的十八届三中、四中全会精神的重要抓手。该意见发布后，最高人民法院将配套推出贯彻实施分工方案，明确各项改革措施的牵头部门和参加部门，建立情况通报、督导检查、评估总结制度，实行台账式督办和项目式管理，做到每项改革任务都有布置、有督促、有检查，确保各项任务不折不扣完成。

### 2月28日检察院深入推进检务公开

最高人民检察院下发《关于全面推进检务公开工作的意见》，要求以加强办案过程中的信息公开为重点，进一步拓展检务公开范围，丰富检务公开形式，健全检务公开机制，强化检务公开保障，提升检务公开效果。

### 2 月 28 日囚犯出庭受审不穿囚服

最高人民法院、公安部联合制定并下发《关于刑事被告人或上诉人出庭受审时着装问题的通知》，明确要求人民法院开庭时，刑事被告人或上诉人不再穿着看守所的识别服出庭受审。

## 3 月

### 3 月 10 日人民监督员制度改革方案

中央全面深化改革领导小组第十次会议审议通过了《深化人民监督员制度改革方案》。最高人民检察院、司法部近日将该方案印发实施。该方案着眼加强对检察机关职务犯罪案件查办工作的外部监督制约，明确了人民监督员制度改革的总体思路，从人民监督员选任管理方式、监督范围、监督程序、知情权保障、加快制度立法等方面提出了具体改革任务，人民监督员制度自此进入全面深化改革的新阶段。

### 3 月 30 日干预司法受记录和追责

中央政法委印发《司法机关内部人员过问案件的记录和责任追究规定》，明确排除非法干预、保证公正司法，首先要从司法机关内部做起，从司法领导干部做起。要在记录和责任追究环节上下功夫，凡是司法机关内部人员过问案件的，要一律予以记录；属于违反规定干预办案的，要及时予以通报；构成违纪的，要依照有关纪律规定进行责任追究。

## 4 月

### 4 月 1 日立案登记改革

中央全面深化改革领导小组第十一次会议审议通过了《关于人民法院推行立案登记制改革的意见》，最高人民法院公布了《意见》，改革人民法院案件受理制度，变立案审查制为立案登记制，对依法应该受理的案件，做到有案必立、有诉必理，保障当事人诉权。该意见将于 5 月 1 日起施行。作为切实解决人民群众反映强烈的立案难问题的关键之举，立案登记制备受关注。

### 4 月 1 日《关于进一步深化狱务公开的意见》出台

司法部在总结狱务公开试点经验基础上，出台《关于进一步深化狱务公开的意见》，各地认真贯彻落实，进一步创新狱务公开方式方法。目前，全国监狱系统已普遍实行狱务公开制度，根据社会公众、罪犯近亲属及罪犯等公开对象的不同需求，进一步深化狱务公开内容。

### 4 月 11 日全国首例检察机关直接提起环境公益诉讼案

由江苏徐州市人民检察院直接提起诉讼的“徐州市鸿顺造纸有限公司环境污染公益诉讼案”在徐州市中级人民法院公开开庭审理。据悉，这是全国人大授权检察机关开展公益诉讼试点后，全国首次开庭审理此类案件。徐州市人民检察院在履行职责过程中发现鸿顺造纸有限公司非法排放生产废水造成环境污染的线索，向徐州市符合提起民事公益诉讼主体资格的三家环保社会 组织发出了督促起诉意见书，三家组织收到后分别复函称，不具备开展公益诉讼的能力，无法承担提起诉讼的责任。徐州市检察院就检察机关作为公益诉讼人起诉该案问题层报最高人民检察院，获批复同意。11 日下午，徐州市中院作出一审判决：被告徐州市鸿顺造纸有限公司赔偿生态环境修复费用及生态环境受损害至恢复期间服务功能损失共计 105.82 万元，支付至徐州市环境保护公益金专项资金账户。

### 4 月 23 日上海市司法改革方案出台

上海全面推进司法体制改革试点工作会议正式宣布，在 8 家试点法院、检察院基础上，在全市所有法院、检察院全面推行司法体制改革。会议首次提出，全市试点法院、检察院进入员额内的法官、检察官收入暂按高于普通公务员 43% 的比例安排，同时将试行基层女法官、女检察官延迟 5 年至 60 周岁领取养老金的方案。

## 5 月

### 5 月 5 日法律援助制度完善

中共中央办公厅、国务院办公厅印发了《关于完善法律援助制度的意见》，并发出通知，要求各地区各部门结合实际认真贯彻执行。法律援助工作是一项重要的民生工程，要把维护人民群众合法权益作为出发点和落脚点，紧紧围绕人民群众实际需要，积极提供优质高效的法律援助服务，努力让人民群众在每一个案件中都感受到公平正义。

### 5 月 5 日司法责任制各地区试点改革

中央全面深化改革领导小组第十二次会议召开并同意山西、内蒙古、黑龙江、江苏、浙江、安徽、福建、山东、重庆、云南、宁夏开展推进司法责任制，司法人员分类管理，司法人员职业保障，省以下地方法院检察院人财物统一管理四项改革试点。这是继去年上海、广东、吉林、湖北、青海、海南、贵州 7 个试点省市后的第二批试点。会议要求试点地方要加强组织领 导，细化试点实施方案，推动制度创新。

### 5 月 20 日人民陪审员制度改革试点工作启动

最高人民法院和司法部联合研究制定了《人民陪审员制度改革试点工作实施办法》。该办法共 34 条，对试点地区人民陪审员的选任条件、选任程序、参审范围、参审职权、退出条件、惩戒机制和履职保障等问题作出规定。办法明确指出“被人民法院纳入失信执行人名单”的 7 类人员不能担任陪审人员。同时，最高人民法院公布《中华人民共和国人民陪审员宣誓规定（试行)》，明确规定担任人民陪审员需要进行宣誓。

### 5 月 29 日最高人民检察院首次面向省级检察院遴选 10 名检察官

为认真贯彻党的十八届四中全会关于“建立检察官逐级遴选制度”的要求，全面落实中央有关深化司法体制改革的决策部署，5 月 29 日，最高人民检察院发布《最高人民检察院 2015 年面向省级人民检察院逐级遴选检察官公告》，首次面向省级检察院遴选 10 名检察官。此次逐级遴选检察官，是最高检党组遵循检察官队伍建设规律，建立健全科学合理的检察官培养选拔机制，提升检察官队伍专业化、职业化水平的一项重要改革举措，对于优化最高检机关检察官队伍结构，提高检察官队伍思想素质、业务工作能力和职业道德水准，畅通检察机关优秀人才内部合理流动渠道，具有重要意义。同时，也将为地方各级检察机关开展逐级遴选检察官工作起到示范作用。

## 6月

### 6月5日法律职业资格制度完善

中共中央办公厅、国务院办公厅印发了《关于完善国家统一法律职业资格制度的意见》。该意见贯彻落实党的十八大和十八届三中、四中全会精神，提出了完善国家统一法律职业资格制度的目标任务和重要举措。该意见强调，完善国家统一法律职业资格制度，必须遵循以下基本原则：一要坚持正确方向。按照政治过硬、业务过硬、责任过硬、纪律过硬、作风过硬的要求，选拔培养社会主义法律职业人才。二要坚持整体规划。加强顶层设计，注重整体谋划，确保国家统一法律职业资格制度各项改革措施的系统性、整体性和协同性。三要坚持遵循规律。遵循法治工作队伍形成规律，遵循法律职业人才特殊的职业素养、职业能力、职业操守要求。四要坚持积极稳妥。实行老人老办法、新人新办法，只对新进法律职业岗位人员实行考试和职前培训，促进新旧制度妥善对接。

### 6月5日法官助理、检察官助理招录机制改革

中央全面深化改革领导小组第十三次会议审议通过了《关于招录人民法院法官助理、人民检察院检察官助理的意见》，该意见认为建立从政法专业毕业生中招录法官助理、检察官助理的规范机制，对推进人民法院、人民检察院队伍正规化、专业化、职业化建设，提高司法队伍整体职业素质和专业水平具有重要意义。要根据司法队伍的职业特点、职位性质、管理需要，遵循司法规律，建立符合审判、检察人员职业特点的招录机制，贯彻公开、平等、竞争、择优原则，坚持德才兼备、以德为先的标准，对艰苦边远地区实行政策倾斜，确保新录用的审判、检察人员具有良好的政治和专业素质。

### 6月5日司法人员与当事人等接触交往受规范

最高人民法院、最高人民检察院、公安部、国家安全部、司法部联合印发《关于进一步规范司法人员与当事人、律师、特殊关系人、中介组织接触交往行为的若干规定》，切实保障案件当事人的合法权益，维护国家法律统一正确实施，维护社会公平正义。该规定依法规范司法人员与当事人、律师、

特殊关系人、中介组织的接触交往行为，对全面推进依法治国、建设社会主义法治国家、确保司法机关公正廉洁司法十分重要。要坚持从严管理，完善预防措施，加大监督力度，不断完善司法行为规范，优化司法环境。广大司法人员要做公正司法的实践者和维护者，守住做人、处事、用权、交友的底线，管好自己的生活圈、交往圈，自觉维护法律尊严和权威。

### 6 月 29 日《行政诉讼法》修改后第一案开庭

最高人民法院公开开庭审理了“广州德发房产建设有限公司诉广州市地方税务局第一稽查局税务处理决定申请再审一案”。最高人民法院行政审判庭李广宇副庭长担任审判长，被申请人广州市地方税务局第一稽查局负责人出庭应诉。该案是 2015 年 5 月 1 日修改后的《行政诉讼法》实施后，最高人民法院公开开庭审理的第一起行政案件，也是修改后《行政诉讼法》实施后最高人民法院审理的首起行政机关负责人出庭应诉案件。庭审在审判长主持下有序进行，当事人围绕税务稽查局的主体资格，税务机关能否在拍卖价格之外另行核定应纳税额，如何认定纳入义务人申报的计税依据明显偏低且无正当理由，税务机关追缴少缴税款时是否应当加收滞纳金等 问题进行了举证、质证和辩论。

### 6 月 30 日《关于完善法律援助制度的意见》出台

中共中央办公厅、国务院办公厅印发了《关于完善法律援助制度的意见》，多项民生事项纳入法律援助事项范围，建立值班律师制度，法律援助参与刑事和解、死刑复核，实现法律援助咨询服务全覆盖，市、县级财政将法援经费全部纳入同级财政预算。

## 7 月

### 7 月 1 日公职人员宪法宣誓

十二届全国人大常委会通过了《关于实行宪法宣誓制度的决定》。该决定规定，凡经人大及其常委会选举或者决定任命，“一府两院”任命的国家工作人员，正式就职时公开向《宪法》宣誓。同时提出所有宣誓人员适用统一的 65 字誓词。2016 年 1 月 1 日起，国家公职人员就职时将进行公开宪法宣誓。

### 7 月 2 日检察机关提起公益诉讼试点工作方案出台

最高人民检察院发布《检察机关提起公益诉讼试点工作方案》。据悉，该方案对试点案件的范围、诉讼参加人、诉前程序、提起诉讼和诉讼请求等作出明确规定，根据该方案，检察机关将重点对生态环境和资源保护领域的案件提起行政公益诉讼。

### 7 月 20 日检察官以案释法被规范

最高人民检察院印发《最高人民检察院关于实行检察官以案释法制度的规定（试行）》，对检察官以案释法工作的原则、方式、内容、责任等进行明确规范。该规定指出，检察官以案释法，是指检察官结合检察机关办理的案件，围绕案件事实、证据、程序和法律适用等问题进行释法说理，开展法治宣传教育等活动。检察官以案释法包括向当事人等诉讼参与人以案释法和向社会公众以案释法，工作中应当坚持必要性原则、合法性原则、规范性原则、及时性原则。

## 8 月

### 8 月 6 日最高人民检察院出台职务犯罪侦查工作“八项禁令”

最高人民检察院制定并印发《最高人民检察院职务犯罪侦查工作八项禁令》。这“八项禁令”包括：严禁擅自处置案件线索、随意初查和在初查中对被调查对象采取限制人身、财产权利的强制性措施；严禁违法使用指定居所监视居住措施；严禁违法干涉涉案企业正常生产经营活动；严禁违法违规处理查封、扣押、冻结涉案财物；严禁阻止或者妨碍律师依法会见犯罪嫌疑人；严禁在未全程同步录音录像情况下进行讯问；严禁刑讯逼供以及其他非法取证行为；严禁违反办案安全纪律。

### 8 月 29 日《刑法修正案（九）》通过

十二届全国人大常委会第十六次会议，表决通过了备受关注的现行《刑法》第九个修正案。这次修改《刑法》坚持宽严相济的刑事政策，维护社会公平正义，对社会危害严重的犯罪惩处力度不减，保持高压态势；同时，对一些社会危害较轻，或者有从轻情节的犯罪，留下从宽处置的余地和空间。

## 9月

### 9月15日《法官、检察官单独职务序列改革试点方案》发布

中央全面深化改革领导小组第十六次会议审议通过《法官、检察官单独职务序列改革试点方案》。开展法官、检察官单独职务序列和工资制度改革试点，是促进法官、检察官队伍专业化、职业化建设的重要举措。要突出法官、检察官职业特点，对法官、检察官队伍给予特殊政策，建立有别于其他公务员的单独职务序列。要注重向基层倾斜，重点加强市（地）级以下法院、检察院。

### 9月15日《法官、检察官工资制度改革试点方案》发布

中央全面深化改革领导小组第十六次会议审议通过《法官、检察官工资制度改革试点方案》。要实行全国统一的法官、检察官工资制度，在统一制度的前提下，体现职业特点，建立与法官、检察官单独职务序列设置办法相衔接，有别于其他公务员的工资制度。要建立与工作职责、实绩和贡献紧密联系的工资分配机制，健全完善约束机制，鼓励办好案、多办案。要加大对一线办案人员的工资政策倾斜力度，鼓励优秀人员向一线办案岗位流动。

### 9月16日依法保障律师执业

最高人民法院、最高人民检察院、公安部、国家安全部、司法部9月16日印发《关于依法保障律师执业权利的规定》的通知。该规定分别就保障律师知情权、申请权、申诉权，以及会见、阅卷、收集证据和发问、质证、辩论辩护等方面的权利作出规定。

### 9月21日《最高人民法院关于完善人民法院司法责任制的若干意见》发布

最高人民法院举行新闻发布会，发布《最高人民法院关于完善人民法院司法责任制的若干意见》。意见内容分别为改革审判权力运行机制、明确司法人员职责和权限、审判责任的认定和追究、加强法官的履职保障等，较为完

整地明确了审判责任的前提、基础、范围、规则、程序、保障等主要问题。主要包括以下八个方面的内容：①探索改革审判组织模式；②改革裁判文书签署机制；③推行院庭长办案常态化；④建立专业法官会议；⑤改革审判委员会制度；⑥明确司法人员职责和权限；⑦明确违法审判责任的七种情形；⑧加强法官依法履职保障。

### 9 月 28 日《关于完善人民检察院司法责任制的意见》发布

最高人民检察院发布《关于完善人民检察院司法责任制的意见》，更好地保障人民检察院依法独立公正行使检察权，提高司法公信力。完善人民检察院司法责任制，是建立权责统一、权责明晰、权力制约的司法权力运行机制的关键，其将有利于将司法办案的责任落到实处，减少内外部人员对司法办案的不当干预，保障人民检察院依法独立行使检察权，提高司法公信力，努力让人民群众在每一个司法案件中感受到公平正义。

## 10 月

### 10 月 13 日审议通过了《关于加强和改进行政应诉工作的意见》

中央全面深化改革领导小组第十七次会议审议通过了《关于加强和改进行政应诉工作的意见》。行政诉讼是解决行政争议，保护公民、法人和其他组织合法权益，监督行政机关依法行使职权的重要法律制度。做好行政应诉工作是行政机关的法定职责，既要解决掣肘行政审判工作开展、影响行政诉讼制度功能发挥的突出问题，也要考虑行政管理实际，严格要求行政机关依法履责。行政机关要支持人民法院受理和审理行政案件，保障公民、法人和其他组织的起诉权利，认真做好答辩举证工作，依法履行出庭应诉职责，配合人民法院做好开庭审理工作。要加强组织领导，支持推动行政部门做好应诉工作，加大对行政应诉工作监督考核力度，严格落实行政应诉责任追究。在国家法治建设历史上，如此高规格地专门对行政应诉工作提出明确要求，还是头一回。这是落实《中共中央关于全面推进依法治国若干重大问题的决定》所提出的“健全行政机关依法出庭应诉、支持法院受理行政案件、尊重并执行法院生效裁判的制度”的重大举措，充分体现了党中央对行政应诉工作特别是发挥行政审判职能作用的高度重视和从严要求，对从深层次促进司法公正、建设法治政府将产生深远的影响。

### 10 月 13 日审议通过了《关于完善矛盾纠纷多元化解机制的意见》

中央全面深化改革领导小组第十七次会议审议通过了《关于完善矛盾纠纷多元化解机制的意见》。会议指出完善矛盾纠纷多元化解机制，对于保障群众合法权益、促进社会公平正义具有重要意义。要坚持党委领导、政府主导、综治协调，充分发挥各部门职能作用，引导社会各方面力量积极参与矛盾纠纷化解；坚持源头治理、预防为主，将预防矛盾纠纷贯穿重大决策、行政执法、司法诉讼等全过程；坚持人民调解、行政调解、司法调解联动，鼓励通过先行调解等方式解决问题；坚持依法治理，运用法治思维和法治方式化解各类矛盾纠纷。要着力完善制度、健全机制、搭建平台、强化保障，推动各种矛盾纠纷化解方式的衔接配合，建立健全有机衔接、协调联动、高效便捷的矛盾纠纷多元化解机制。

### 10 月 16 日最高院接收 10 名法律研修学者和 50 名法律实习生进行研修学习

最高人民法院确定接收 10 名法律研修学者和 50 名法律实习生进行研修学习。确定的 10 名研修学者中教授 6 名，副教授 4 名。确定接收的 50 名法律实习生，来自北京大学、清华大学等 32 所京内外院校，其中博士研究生 5 名，硕士研究生 39 名，大学本科生 6 名。

研修学者制度主要采取项目课题制，专家学者到最高人民法院可不固定岗位，通过负责项目课题的形式开展工作。根据研究工作需要，研修学者可以出席或列席最高人民法院的有关会议，参加有关重点工作、重要司法解释等调研论证，对审判工作提供专家意见等。

法律实习生制度主要采取导师制，实习生担任实习法官助理或实习书记员，全面了解我国审判实践活动。

### 10 月 23 日首例跨行政区域环境公益诉讼案

2015 年 10 月 23 日，重庆市万州区人民法院一审公开审理了“重庆巫山千丈岩水库水污染责任纠纷一案”。该案是三峡库区首例环境公益诉讼案，也是首例跨行政区域环境公益诉讼案。2014 年 8 月 13 日，湖北省恩施自治州建始县磺厂坪矿业有限责任公司将产生的废水、尾矿未经处理就排入厂区附近有溶洞漏斗发育的自然洼地，导致供5万多名群众饮水的重庆巫山县千丈岩水库水质出现异常，给周边群众饮水造成影响。经过重庆巫山县和湖北建始县相关部门的紧急处理，2014年8月18日，千丈岩水库水质基本恢复正常。2014年11月13日，重庆绿色志愿者联合会向重庆市万州区人民法院提起环境公益诉讼，请求判令被告湖北建始县磺厂坪矿业有限责任公司停止侵害、恢复生态并向公众道歉。

## 11月

### 11月16日最高院发布第11批指导性案例

最高人民法院审判委员会讨论决定，“将福建海峡银行股份有限公司福州五一支行诉长乐亚新污水处理有限公司案”“福州市政工程有限公司金融借款合同纠纷案”等四个案例，作为第11批指导性案例发布。此次公布的四个案例均为民事案件，涉及金融借款合同、保证金专户、专利保护范围、管辖权异议。案例中对于特许经营收益权能否质押等司法实践难题作出明确规范，统一了裁判标准，有利于提高诉讼效率。

## 12月

### 12月9日通过《关于在全国各地推开司法体制改革试点的请示》

2014年以来，先后18个省区市启动两批改革试点。试点地方改革取得明显成效，在全国推开司法体制改革试点的条件时机已经成熟。中央全面深化改革领导小组第十九次会议同意于2016年在北京、天津等13个省区市和新疆生产建设兵团适时推开司法体制改革试点。试点地方要加强组织领导，科学组织实施。

### 12月9日推进人民警察管理制度改革

中央全面深化改革领导小组第十九次会议审议通过了《公安机关执法勤务警员职务序列改革试点方案》《公安机关警备技术职务序列改革试点方案》。会议指出，开展公安机关执法勤务警员职务序列和警务技术职务序列改革试点，是推进人民警察管理制度改革的重要内容。要根据人民警察武装性、实战性、高强度、高风险等职业特点，以及公安队伍规模大、层级多、主要集中在基层一线等实际情况，完善执法勤务警员职务序列，建立警务技术职务序列，拓展执法勤务警员和警务技术人民警察职业发展空间，完善激励保障机制，激发队伍活力。

### 12 月 16 日规范刑事执行检察工作

为深入贯彻修改后《刑事诉讼法》赋予检察机关法律监督新的职责和要求，认真落实十二届全国人大常委会对《最高人民检察院关于刑罚执行监督工作情况的报告》的审议意见，最高人民检察院下发了《关于全面加强和规范刑事执行检察工作的决定》。

### 12 月 22 日最高人民法院和银行业金融机构实现网络对接

最高人民法院和中国银行业监督管理委员会联合下发了《人民法院、银行业金融机构网络执行查控工作规范的通知》。该通知要求各银行业金融机构总行应当在 2015 年 12 月底前，通过最高人民法院与中国银行业监督管理委员会之间的专线，完成本单位与最高人民法院的网络对接工作。

### 12 月 29 日中办国办印发《深化国税、地税征管体制改革方案》

中共中央办公厅、国务院办公厅印发的《深化国税、地税征管体制改革方案》正式公布，其中明确、合理划分国税、地税征管职责，并在纳税服务等环节实施国税、地税深度合作。方案中提出的第一项任务就是“理顺征管职责划分”，明确中央税由国税部门征收，地方税由地税部门征收，共享税的征管职责根据税种属性和方便征管的原则确定。这份方案还从创新纳税服务机制、转变征收管理方式、深度参与国际合作等方面提出 6 大类 30 多项具体举措，很多与纳税人紧密相关。最重要的是在建立促进诚信纳税机制方面，对进入税收违法“黑名单”的当事人，将实施禁止高消费、限制融资授信、禁止参加政府采购、限制取得政府供应土地和政府性资金支持、阻止出境等惩戒。方案还提出了 2020 年改革目标，建成与国家治理体系和治理能力现代化相匹配的现代税收征管体制，降低征税成本，提高征管效率，增强税法遵从度和纳税人满意度，确保税收职能作用有效发挥，促进经济健康发展和社会公平正义。

# 后　记

纸上得来终觉浅，绝知此事要躬行。在象牙塔里进行的司法研究，因为缺少对现实的观察，对正在进行的司法实践总是有一种既熟悉又陌生的感觉。为了解决“盲人摸象”式的研究困境，我们在“2011 计划”司法文明协同创新中心和武汉大学法学院的支持之下，在 2015 年 11 月份进行了中国司法运行过程实证调研。对全国二十余省份的司法运行过程实效进行了调研，希望通过实地调研的方式可以对目前的司法国情形成全面系统的认识。

在本次调研成果的基础上，结合司法领域内的重大改革举措，我们选取了关涉司法体制和机制的核心问题，如司法人员管理体制改革、司法权运行机制改革等内容进行深入研究，完成了本年度的司法文明年度报告。我们希望通过本书的出版可以起到抛砖引玉的效果，启发更多的学者将目光投向正在发生巨变的司法实践之中。果能如此，便是功莫大焉。

本报告的完成绝非一人之功，在一年多的前期准备过程中，我们先后在广州大学、昆明理工大学、武汉大学、安徽大学举办了四场司法文明年度报告撰写学术研讨会，在此我们要对与会专家学者的中肯意见，以及四家单位周到的会议安排表示由衷的感谢！同时，此次司法文明年度报告所依靠的数据材料主要来源于我们去年进行的司法调研，参与调研的人员主要是武汉大学法学院的硕博士研究生，详细的名单已经附在了本书后面，作为他们的老师，我要特别感谢每一位同学在其中的辛勤付出。

最后，我们还要感谢为本次调研活动提供鼎力支持的各家单位，他们分别是：最高人民法院第一巡回法庭、最高人民法院第二巡回法庭；上海市第二中级人民法院、上海市徐汇区人民法院；重庆市渝中区法院、重庆市九龙坡区检察院；广东省检察院、广东省广州市黄埔区人民法院、广东省佛山市顺德区人民检察院、广东省深圳市前海合作区人民法院；浙江省杭州市中级人民法院、浙江省杭州市人民检察院、浙江省杭州市萧山区人民法院、浙江省嘉兴市海宁人民法院；江苏省苏州市工业园区人民检察院、镇江市中级人民法院；吉林省检察院、吉林省长春市中级人民法院、吉林省长春市检察院、吉林省吉林市检察院；黑龙江省检察院农垦区分院、黑龙江省哈尔滨南岗区王岗镇派出法庭；湖北省武汉市中级人民法院、湖北省襄阳市中级人民法院、湖北省黄石市人民检察院、湖北省利川市人民法院；海南省海口市美兰区检察院、海南省海口市龙华区法院龙泉法庭、海南省临高县法院、海南省临高县检察院；云南省昆明市西山区人民法院、云南省昆明市呈贡区人民法院；贵州省高级人民法院、贵州省兴义市人民法院；安徽省高级人民法院、安徽省蚌埠市中级人民法院、安徽省凤阳县人民法院；青海省格尔木市人民法院；宁夏回族自治区吴忠市中级人民法院、宁夏回族自治区吴忠市青铜峡人民法院。

本书得以顺利出版，还得益于中国政法大学出版社的长期支持，各位编辑的辛勤工作使本书日臻完善，最终才得以与读者见面。虽经多次审读校对，本书不可避免地还可能存在一些疏漏的地方，不当之处，恳请各位读者批评指正。

江国华

丙申孟秋

# 司法文明年度报告参与人员

**总报告撰写**

何盼盼

**专题报告撰写**

何盼盼　贺　宁　陈珊珊　赵明明　张　权　左迪昂　罗仙凤
邓书琴　彭　珮　周　勇　徐文康

**调研团队**

李福林　唐　亮　李　卓　何盼盼　孙胜东　黄　瑞
庞远福　阳曼怡　胡祎玮　王　萌　刘新鹏　卞晓玉
张筱倜　张　彬　张广明　杨艳宇　刘树雯　周　星
杨丽娟　佘嘉玲　李青龙　宋　静　林佳燕　彭帅华
刘文君　刘诗琪　赵新磊　罗仙凤　孟诗然　李江峰
梅　扬　付中一　牟　丹　赵嘉君　吴　悠　曹婷玉
王昭华　彭维汉　李　玄　马　啸　张　慎　吴　昊
向　虎　王　芳　吴　珏　王振湘　沈　拓

**数据统计团队**

姜梦婷　华伟建　陈家勋　陈　梅　连　灿　吴　畅　王旭东
杨凯均　周烨岚　左正刚　邱　叶　邢　凯

**审读校对**

梅　扬　付中一　肖妮娜　贺　宁　王昭华　张　硕　何盼盼

声　　明　　1. 版权所有，侵权必究。

2. 如有缺页、倒装问题，由出版社负责退换。

**图书在版编目（CIP）数据**

司法文明年度报告. 2015/江国华主编. —北京:中国政法大学出版社,2016. 10
ISBN 978-7-5620-7053-5

Ⅰ. ①司… Ⅱ. ①江… Ⅲ. ①司法制度－研究报告－中国－2015 Ⅳ. ①D926

中国版本图书馆CIP数据核字(2016)第240179号

---

出 版 者　中国政法大学出版社
地　　址　北京市海淀区西土城路 25 号
邮寄地址　北京 100088 信箱 8034 分箱　邮编 100088
网　　址　http://www.cuplpress.com (网络实名: 中国政法大学出版社)
电　　话　010-58908586(编辑部) 58908334(邮购部)
编辑邮箱　zhengfadch@126.com
承　　印　固安华明印业有限公司
开　　本　720mm × 960mm　1/16
印　　张　28.5
字　　数　465 千字
版　　次　2016 年 10 月第 1 版
印　　次　2016 年 10 月第 1 次印刷
定　　价　69.00 元